記憶と追悼の宗教社会学

戦没者祭祀の成立と変容

Memory and Memorials
A Sociological Study of the Formation and Transformation of Religious Rituals for Fallen Soldiers

粟津賢太 ❖ 著

北海道大学出版会

企画協力　南山宗教文化研究所

目次

第Ⅱ部　事　例　編

はじめに
——本書の対象と方法

一　追憶の共同体

日常言語学派の創始者のひとりであり、『心の概念』を著したイギリスの哲学者ギルバート・ライル（Gilbert Ryle）は次のような寓話的な例を挙げて「カテゴリー錯誤（category-mistake）」ということについて説明している。

オックスフォード大学やケンブリッジ大学を初めて訪れる外国人は、まず多くのカレッジ、図書館、運動場、博物館、各学部、事務局などに案内されるであろう。そこでその外国人は次のように尋ねる。「しかし、大学はいったいどこにあるのですか。私はカレッジのメンバーがどこに住み、事務職員がどこで仕事をし、科学者がどこで実験をしているのかなどについては見せていただきました。しかし、あなたの大学のメンバーが居住し、仕事をしている大学そのものはまだ見せていただいておりません。」この訪問者に対しては、この場合、大学とは彼が見てきたカレッジや実験室や部局などと同類の別個の建物であるのではない、ということを説明しなければならない。まさに彼がすでに見てきたものすべてを組織する仕方が大学にほかならない。すなわち、それらのものを見て、さらにそれら相互の間の有機的結合が理解されたときに初めて彼は大学を見たということになるのである(1)。

ここでいう「大学」のように、社会学が対象とするのは、それを構成する個々の要素に還元することはできない存在であり、いわば集合的な水準にある存在である。たとえば「社会」の他にも「民族」や「国家」など、我々が自明なものとして使っている日常的な概念の多くが、実はこのような集合的な存在である。社会学はこうした集合的な水準において、ある観念がいかに構成され、維持され、あるいは変化するのか、を問うものであり、そうした観念に、人々がどう突き動かされているのかを問うものである。

社会学の創始者のひとりであるマックス・ウェーバー(Max Weber)は、社会主義の理想に与することなく強固な民族主義者・国家主義者であったとされる(2)が、「国家」について次のように述べるときにこのような集合的な水準を想定している。

現代の国家の少なからざる部分は、或る人々が、国家は存在するものである、いや、法律的秩序が効力を持つのと同じ意味で存在すべきものであるという観念に自分たちの行為を従わせているお蔭で、人間の特殊な共同行為のコンプレックスとして存在しているのである(3)。

国家そのものは存在しない。それは一つの観念であり、あたかもある信仰のように、その観念に従って人々が行動しているだけである。ウェーバーのこうしたものの見方は、社会構成主義的な理解として現代社会学の中では定着しているが、単に古典というだけではなく今日的意義を持っている。そして本書で扱うナショナリズムや集合的記憶の問題の本質を突いてもいる。ここではまず、ナショナリズム研究における、彼の寄与を明らかにしておきたい。それは本書が対象とするものを明確にするのに役立つからである。

「国民」という概念は一般的にははっきりと定義づけられようが、しかし国民にかぞえ入れられた人々に共通する経験的な特質に応じて定義づけることのできない一個の概念である[4]。

ウェーバーは、まず、国民(Nation)の定義のむずかしさを指摘している。「国民は同一言語集団とも一致しない」と述べ、セルビア人とクロアチア人などの例をあげて、言語の共同だけでは必ずしも充分でないと指摘する。一方、スイス国民の例をあげ、言語の共同は必要要件であるわけでもないことを指摘している。次に、ドイツに対するドイツ系スイス人やアルザス人、イングランドに対するアイルランド人などのように、社会構造や慣習の相違、民族的・人種的要素に結び付けられることもあると指摘する。さらに、言語や慣習以外にも、宗派の違いなどの他の文化的な資源によって形成されてもいることを指摘している。国民に対するウェーバーのこうした理解は、後に述べるように、現在のナショナリズム研究を先取りしている。

次にウェーバーは、国民という観念がごく最近創り上げられたものであることも指摘している。

また、ある人間集団は時にはある特殊な態度を通じて「国民」たるの資格を「獲得」することがあり、または「努力の結晶」として、それも短時日のうちに、国民たるの資格を要求することができるように思われる[5]。

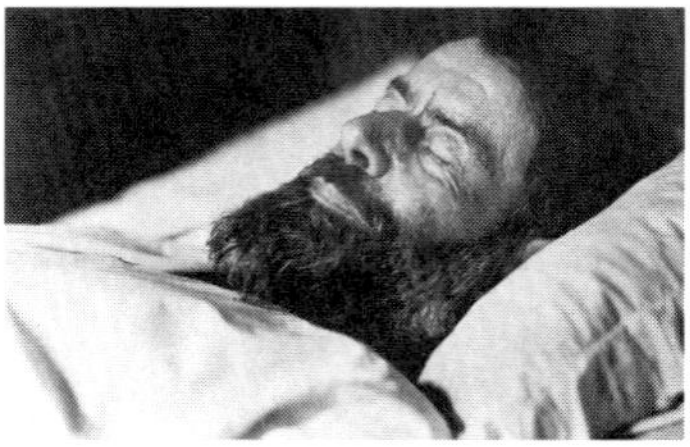

図 1　死の床にあるマックス・ウェーバー（1920 年 1 月 20 日）

こうした箇所には、ウェーバーの生きた時代状況をみてとることができる。それはまさに「国民」の時代であった。一義的に定義することのできない、雑多なルーツを持ったネーションというものが近代において各地で次々に勃興し、拡大していく状況を、彼はつぶさに観察したであろう。そのように雑多な「国民」観念と、それに突き動かされる人々、そして国民によって塗りつぶされていく世界地図を、ウェーバーはみていたはずである。それは二一世紀に入った現在でも、未だ解明され尽くされてはおらず、人類が克服できていない観念である。

第一次世界大戦が勃発すると、ウェーバー自身、志願してハイデルベルクの陸軍野戦病院で軍役についた。一日一三時間働き、年に二日しか休みを取らなかったという。さらに彼は夜勤明けの時間を使い、半円形の臨床講義室を利用して、回復を待つ負傷兵たちに向けて二時間にも及ぶ講義をしていたという。その講義で彼は次のように語っている。

平時においては死は理解されざるもの、何としてもそこから意味を汲《く》取《み》ることのできぬ背理的な運命としてわれわれをおとずれる。われわれはただそれを甘受するほかはない。しかし諸君たちは皆、運命が自分に白羽の矢を当てたとき自分が何の故に、何のために死ぬのかを知っている。それを免れているものは明日のための穀種である。われわれの民族の自由と名誉のための英雄的な死は、子供の時代になっても孫の時代になっても意味のある最高の功労なのだ。そのようにして死ぬこと以上に偉大な栄光、それ以上気高い終末はない。そして多くの者にこのような死は、生きていれば得られなかったような完成をあたえたのであった。(6)

今日的なナショナリズム研究にとって、そして本書のような宗教社会学研究にとってきわめて重要だと考えられるのは、国民という概念はさまざまな要素に根を張った雑多なものであることを認識しつつも、ウェーバーが、そこにある本質をみてとっている点である。

この概念を折にふれて用いる人々の観念では、国民という概念は、まず疑いもなく、或る人間集団に他の人間集団に対して特殊な連帯感情が要求されるであろうというほどの意味を持っている。したがって、それは価値の領域に属するわけである。(7)

この「価値」の領域とはなんであろうか。ウェーバーは「それは何よりもまず、他国民との政治的運命の共同への追憶に結びつけられるであろう(8)」と述べる。そしてこの「運命の共同への追憶」として考えられているのは「死」の問題である。その死とは闘争であり、戦争である。彼は次のように述べる。

政治共同体は、その共同行為が少なくとも普通、局外者ならびに関与者自身の生命や行動の自由を危うくし無にすることを通じて強制を及ぼす共同体のひとつである。この場合、個々人に対しおそらく共同体の利益に沿うよう要求がなされるのは、死という冷厳な事実によるのである。それは政治共同体に特有な情熱をもちこむ。それはまた政治共同体の永続的な感情の基礎を打ち立てる。共同の政治的運命、すなわち何はさておき生死を賭した共同の政治的闘争は、追憶の共同と結びつくが、後者は文化・言語・または血統の共同というきずなよりも強い影響を及ぼすことがままある。追憶の共同体こそは「国民意識」に最後の決定的な色調を与えるものにほかならない。(9)

ウェーバーのいう「追憶の共同体」とは、ドイツ語の Erinnerungsgemeinschaften という表現である。erinnerung は英語の memory に相当する語であり、これと共同体を表す gemeinschaft が結び付いた語であり、今日の研究に引き付けて表現すれば「記憶の共同体」ということとなろう。「死という冷厳な事実」に対峙した「追憶」として集合的記憶に着目することは、社会学的なナショナリズム研究にとって本質的な意味がある。次に、この観点からナショナリズム研究を整理してみよう。

二　ナショナリズム研究における宗教社会学的な問い

哲学や宗教学においては、多くの研究者が近代国家も何らかの「聖性」を持っていることを、その鋭敏な洞察力によって指摘してきた。

哲学者であるエルンスト・カッシーラー(Ernst Cassirer)も、ナチス国家を論じた著書で、近代国家の持つ神話性を批判している(10)。

オランダの宗教史学者であるヘラルドゥス・ファン・デル・レーウ(Gerardus van der Leeuw)は、哲学における現象学の手法を宗教学に応用し、その古典に位置付けられる『宗教現象学入門』において、国民国家の持つ聖性について論じている。彼によれば「国民(Nation)とは国家と民族(フォルク)とが合流したものであり、近代になって出現したもの」である。

部族や民族の聖性は、国民(Nation)や国家(Staat)に移行する。ギリシアのポリスは、村落や部族から国家への発展をよく示している。聖なる共同体から、時間が経つにつれてより一層独自の原理をもった共同体が形成されるが、この原理は決して全面的に世俗的なものではない。「中性的」な国家というものは存在しないからである。国家は、かつての共同体のとは違った独自の聖性を持っている。宗教共同体と政治共同体は次第に区別されるようになってきたが、しかし両者ともそれ独自の「聖性」を持っている[11]。

こうした問題意識は、世俗国家における国家儀礼の問題として機能主義的な社会学、とりわけ宗教社会学において、タルコット・パーソンズ(Talcott Parsons)に代表されるような統合理論の中に定式化されてきた[12]。また、世俗主義の体制をとる近代国家であっても一般化された聖なる次元を持つという考えは宗教社会学においては市民宗教論(civil religion thesis)として議論されてきた。第六章で詳しく検討するように、その議論が提起する問題領域は広いが、大きくいうと次の二つの主題化が行われ、それぞれの研究や議論が促された。

第一に、「国民を裁定する超越的な倫理基準」という主題と規範的な研究である[13]。それは、公的領域における宗教の重要性と社会変動との関係を問うものであり、世俗化や私事化、公共哲学、公共宗教などの問題として、宗教社会学のみならず、哲学をはじめとした関連諸学において議論されてきた。

第二に、「国民的自己礼賛の形式」という主題と国家イデオロギーを批判する研究である。こうした研究では、市民宗教を「ナショナル・イデオロギーにおける宗教的なテーマ[14]」と考え、ネーションを美化し崇拝する「宗教的ナショナリズム(religious nationalism)[15]」として扱うものである。また、ネーションと政治が宗教化(religion-izing)される現象であるとも指摘されている[16]。

「宗教的ナショナリズム」論の理論的な位相について整理した中野毅は、現実に起こっている社会運動や現象によってモデルを構築すべきことを指摘している。彼はユルゲンスマイヤー(Mark Juergensmeyer)[17]の「宗教的ナショナリズム」論や吉野耕作[18]の「文化ナショナリズム」論を批判的に検討し、宗教的ナショナリズムを、「その文化的同一性の象徴として伝統的宗教や伝統的教会との再結合をめざす運動」と定義し、この概念をより限定的に、かつ対象となる運動や現象に対応した分析概念として位置付けようとしている。[19] 後述するように、この限定的な使用という指摘は重要である。

ユルゲンスマイヤーの提起した「世俗的ナショナリズム」と「宗教的ナショナリズム」という二分法は、問題を整理したというよりも、やや問題を混乱させている。

彼のいう「宗教的ナショナリズム」は、基本的には非西洋諸国におけるナショナリストたちの主張から描き出したものであり、従来「ファンダメンタリズム」と表現されてきた現象の概念的な言い換えである。彼は、「ファンダメンタリスト」という流布している概念は、侮蔑的であり、二〇世紀初頭の米国のキリスト教徒の運動に起源を持ち、それゆえグローバルな比較のカテゴリーとして不適切であり、政治的に中立な概念ではないと批判し、その代替として「宗教的ナショナリズム」という用語を使うと述べている。[20] つまりこれは彼のいう「政治的な状況に宗教的なやり方で対応している」人々を指し示そうとした操作的な概念である。中立で先入観を与えることのない概念を鍛えてゆくべきであるということには賛成できる。しかし、この概念は、非西欧におけるナショナリズム運動を特徴付ける指標としては役に立つかもしれないが、それを従来のようにファンダメンタリストと述べても、実態そのものに違いはない。

それにもかかわらず、この概念は、ナショナリズムに「世俗的ナショナリズム」と「宗教的ナショナリズム」とがあり、前者は本質的に世俗的であり、後者は宗教的であるかのような印象を与えてしまう。しかも、彼自身は、世俗的ナショナリズムを世俗的であるとはまったく考えていないし、世俗的ナショナリズムは構造的にも機能的にも宗教と同一であるとすら述べている。[21] また、ナショナリズムも宗教も、ともに「秩序のイデオロギー」であり、潜在的にライバル関係にあることも指摘している。

つまり、彼のいう世俗的ナショナリズムとは、あえていえば世俗主義的ナショナリズムであろう。それは世俗主義を標榜し、それを理想とするようなナショナリズムのことであり、そうしたナショナリズムが二〇世紀の最後の四半世紀以降失墜し、現在では反旗を翻されていることを述べているのである。そうした信仰の失墜は、世俗主義的ナショナリズムが近代化の理想とセットになっており、近代化プロジェクトの失墜とともにその幻想が凋落したことや、世俗主義的ナショナリズム自体が隠蔽してきたキリスト教的な起源と性質についての批判などによるものである。つまりナショナリズムは根源的に宗教的なものであるが、運動体としてみれば、世俗主義的なナショナリズム運動と宗教的なナショナリズム運動がある。やはり前述した中野の指摘にみたように、宗教的ナショナリズムという概念は宗教的ナショナリズム運動という個々の運動体に限定付けて使用すべきであろう。

また、この概念が西洋と非西洋との二分法に基づいているとする中島岳志による次の批判は非常に説得的である。

彼の議論は原著タイトル *A New Cold War?* に端的に表れているように、「世俗」／「宗教」の二分法的対立を今後の世界を規定する対立軸としているため、従来のファンダメンタリズム論が示す構図と基本的に同一であり、それとの決定的な差異を見出すことは難しい。ユルゲンスマイヤーは宗教ナショナリズムを非西洋世界に限定された現象として捉えているため、世俗ナショナリズムと宗教的ナショナリズムの対立を「西洋世界」対「非西洋世界」という図式に転化してしまっている。また、宗教復興の潮流とナショナリズムの高揚が連動している現象やその特徴を描いたに過ぎず、宗教的ナショナリズムの構造を論じるまでにはいたっていない(22)。

世俗化論を補助線として考えると理解しやすいだろう。世俗化が近代化に不可分の過程であり、世界はより非宗教的になってゆくとする一種の近代化テーゼがある。二〇世紀の最後の四半世紀以降、現在では、各地で宗教復興運動が観察され、単線的で不可逆な過程としての世俗化論が疑問視され、少なくとも同じ西洋であっても欧州と米国との宗教状況の違いや、脱私事化論、公共宗教論が論じられている。[23]

また、ユルゲンスマイヤーは「宗教的ナショナリズム」の運動を特徴付けているのは、それが「反現代」の運動であるからとも述べている。つまりこの概念は現代の地域研究において使用されるべき、政治的な回路を通して行われる宗教復興運動を指し示す概念である。ナショナリズムには、それまでのライバルであった宗教勢力(フランスにおけるカトリック教会のように)を抑えて成立した経緯があり、それゆえ自らは世俗的な装いをとってはいるが、それは擬態であり、実際には色濃く宗教性を帯びている。[24]

その宗教性が、個別の教団や宗派を超えた一般化されたものである場合に、ナショナリズムは世俗的なものと考えられてきた。しかし、市民宗教論などにみられるように、宗教学あるいは宗教社会学的な問いは、その一般化された宗教性をこそ問題としてきたのである。

近代国家のもつ宗教性を問おうとする宗教社会学におけるこれらの議論で主題化されてきたのは、ナショナリズムの文化的領域である。そのことはナショナリズム研究からも裏付けることができる。

ナショナリズム研究を今日的な問題関心のもとに位置付けたベネディクト・アンダーソン(Benedict Anderson)は、その影響力のある業績『想像の共同体』において、ネーションを、西洋に始まった特殊な観念であり、それがいかにして歴史的・社会的に客体化されてきたのかという問題を設定した。そこでは社会構成主義的な問題設定が歴史研究に適用されたのである。[25]

同時に、彼は「想像の共同体」をまったくのフィクションであると主張している訳ではない。ナショナリズムは無から生み出されたものではなく、そこには文化が介在している。それはナショナリズムの死を正当化する文化的側面に関する問題である。近代主義者とみなされることの多い彼においても、そこで強調されているのは、次にみるようにナショナリズムの原初的な局面である。

近代の発明物にしか過ぎないもののために、人は何故、死ぬ用意が出来ているのだろうか？(26)

おそらく、ナショナリズムを社会的にも学問的にも問題化するものは、ナショナリズムのもつ独特の強靭さ、つまり自らの「ネーション」に対する前論理的ともいえる、強烈な一体観であろう。それは政治家や知識人にみられるようなある程度体系だった思想であるだけではなく、むしろより情緒的・感情的なものである。こうした強烈な感情は、社会学や人類学ではしばしば「原初的な(primordial)」と表現されてきた。

社会学の文脈において、原初的絆(primordial tie)という概念を初めて用いたのはおそらくエドワード・シルズ(Edward Shils)であろう。シルズは社会学や文化人類学におけるゲマインシャフトや第一次集団などの議論にみられる集団の共同性や凝集(人々の結束)の問題としてこの概念を提起している。彼はマクロ社会学の立場から、現代社会における価値統合の問題に関心を払い続けた研究者であるが、原初的絆に関する論文には、彼の立場がよく表れている。

社会学者たちや人類学者たちが社会における文化的価値や信念体系と呼ぶものは、部分的、断続的、そして曖昧なあり方においてのみ生きられうるものである。社会学者や人類学者たちは、あたかもすべての人々が宇宙や社会についての一貫したイメージと、秩序だった選好の体系とを持った哲学者か神学者であるかのように描き出してしまうが、これは真実からは程遠い[27]。

人は日常に埋没して生きている。社会における中心的価値に従って日々の生活を送っているわけではない。たしかに、社会において周期的に訪れる宗教的・儀礼的な機会（復活祭やクリスマス、戴冠式や近親者の葬式や結婚式、子供の洗礼など）においては、そうした中心的価値は確認されるが、日常の中ではそれは曖昧なままであり続ける。そして、近代社会というような大規模な社会であっても、第一次集団にみられるような、日常における具体的な道徳観や価値意識、家族に対する愛情、顔の見える人々と地域に対する愛着、日々の仕事を全うすることなどによって、実際に社会は運営され、維持されているのである。そうした絆は、自分が生まれる前から受け継がれてきたものであるし、それに自分が何かを付け加え、自分の死後もずっと続いていくであろうものである。そうシルズは述べている。

後に、文化人類学者のクリフォード・ギアツ（Clifford Geertz）は、自ら編集した著作『古い社会と新しい国家』において、第二次世界大戦後独立した新興諸国におけるネーションの核となるものを議論した[28]。その際に「原初的絆」について再考し、人々が原初的な愛着（primordial attachment）を持つ対象として①血の絆、②人種、③言語、④地域、⑤宗教、⑥慣習の六つをあげている。

ナショナリズム研究において、国民の死を正当化してしまう感情、またネーションに対する「原初的な愛着」はいかに考えられてきたのだろうか。

ナショナリズムを古来から連綿と続いた文化であり、さらには民族の「血」であるとする「原初主義」的な解釈と、アーネスト・ゲルナー（Ernest Gellner）[29]のように、ナショナリズムを近代の創作物であり、産業社会に適したイデオロギーであるとする近代主義的解釈との両者があるが、いずれの解釈をとったとしても、この原初的な愛着という問題を説明するのは困難である。なぜなら、民族の血についての信仰は遺伝学的にも確かめられてはおらず、ナショナリズムの覚醒も、それは覚醒のレトリックにすぎないからである。つまり特定の生物学的形質と近代国家が標榜する文化的・政治的な概念である「民族」とのつながりは恣意的なものにすぎない。同時に、近代主義や道具主義の立場からだけでは、なぜ人々がネーションのために進んで生命を捧げようとするのかを解明することはできないからである。[30]

相容れないかにみえるこうした二つの解釈は、ナショナリズムの文化的特質に着目したアンソニー・スミス（Anthony Smith）の論によって整理し、さらに問いを進めることが可能である。

彼はエトニー（ethnie）という分析概念を用いて、エスニシティを形成する要素を次のように特徴付ける。それは、①集団に固有の名前、②共通の祖先に関する神話、③歴史的記憶の共有、④集団独自の共通文化、⑤特定の「故国」との心理的結び付き、⑥集団を構成する主要な人口構成体における連帯感、の六つの属性である。[31]

一方、ネーションを、①歴史上の領域、②共通の神話と歴史的記憶、③大衆的・公的な文化、④全構成員に共通の経済、⑤共通の法的権利・義務、という属性を持つものと指摘している。[32]つまり、ネーションは、文化的共同体であるとともに、政治的・経済的共同体なのである。ウェーバーが価値の領域と指摘したように、この文化的共同体という考えこそが、エスニシティとネーションの両者によって共有されている。[33]言い換えるならば、ネーションにはエスニシティの核となるような文化的特質（エトニー）が引き継がれているのである。

『世界の諸宗教』という大著をものしたニニアン・スマート（Ninian Smart）は、早い段階からナショナリズムと宗教の類似性を主張してきた研究者である。[34]

彼は世界の諸宗教を比較するにあたって七つの次元という分析的な枠組みを提示している（①行事と儀礼の次元、②経験的・感情的な次元、③物語的ないし神話的な次元、④教義的・哲学的次元、⑤倫理的・法的な次元、

⑥社会的・制度的な次元、⑦物質的次元)。注目すべきは、こうした次元によって分析できるのは宗教的な伝統のみに限らない。ナショナリズムやマルクス主義も「人間存在を突き動かしてきた思想と慣習」として扱い、分析の対象としていることである[35]。

また、彼は、遂行的な行為(performative action)によって意味の充填された日常世界において、彼の指摘するこれらの次元でネーションがいかに立ち現われてくるのかについて考察し、いずれの次元においてもナショナリズムは宗教に相当するものであると結論付けている[36]。さらに、ナショナリズムには、普遍宗教のような超越性がみられないことから、部族宗教に近いものであると指摘している[37]。

宗教とナショナリズムとの接点について研究史を遡っていくと、ハンス・コーン(Hans Kohn)の残した業績にたどり着くだろう。ナショナリズムとは、「個人の最高の忠誠が国民国家に対するものであると感じる、ある心的状態である[38]」という彼のナショナリズムの定義はあまりにも有名である。コーンの論考はこの問題を考える手がかりとなるだろう。

コーンによれば、その近代性にもかかわらず、ナショナリズムの特徴は長い時間をかけて発展してきたものであり、①選ばれた民という観念、②過去と未来の希望についての共通の記憶、③民族的なメシアニズムという、ヘブライの三つの伝統に系譜的に特徴付けられるという[39]。

また、近代史におけるナショナリズムの台頭の過程は、宗教が脱政治化(depolitization)されていったプロセスと期を一にしており、その意味でナショナリズムが宗教にとってかわったものであるという[40]。

宗教の脱政治化は近代以前から始まったものであり、長い時間をかけた歴史プロセスである。コーンのこの主張は、宗教社会学においてブライアン・ウィルソン(Bryan Wilson)が主張してきたような世俗化論と整合性がある[41]。世俗化とは、宗教の公的領域からの撤退現象を長いスパンの社会変動論として捉えるものである。

つまり、コーンは、ナショナリズムはきわめて近代的な思想であるが、古代ユダヤ教から引き継いだ一神教的要素を持っており、それが近代国家における自民族あるいは自国民中心主義的な信条の淵源であると指摘しているのである。

だが、こうした淵源が、歴史的状況下にあるひとつの社会において、いかに維持され、あるいは新しい世代に獲得されるのかという問題に答えなければならない。社会科学が経験科学であるならば、民族の血のような先験的与件を認めるわけにはいかない。したがってそうした特殊な観念がいかにして生成され維持されるのかという問題は、そうした観念を生成する社会的装置の問題として考察しなければならない。そしてその装置の重要なもののひとつに本研究で扱う「記憶の場」があったと考えられる。[42] コーンの指摘した特徴は、こうした記憶の場において引き継がれ、あるいは新たに生成されたと考えられるのである。

さらにたどれば、一九世紀にエルネスト・ルナン(Joseph Ernest Renan)が『国民とは何か』において「国民とは魂であり、精神的原理である」と述べたときに、ネーションは「犠牲」を要求するものであることがすでに含意されていた。

> 共通の苦悩は歓喜以上に人々を結びつける。国民的追憶に関しては、哀悼は勝利以上に価値がある。というのも、哀悼は義務を課し、共通の努力を命ずるからである。／国民とは、したがって、人々が過去においてなし、今後もなおなす用意のある犠牲の感情によって構成された大いなる連帯心である。それは過去を前提している。[43]

ルナンの主張は、ウェーバーが述べた「追憶の共同体」の通奏低音をなしている。ネーションの核にあるのは、

「人々が過去においてなし、今後もなおなす用意のある犠牲の感情によって構成された大いなる連帯心」であり、その感情は「国民的追憶（souvenirs nationaux　英 national memories）」における哀悼において獲得されるものと考えられている。

それゆえナショナリズムの宗教性の問題は、近代国家と犠牲の問題として問い直すことができるだろう。つまり、近代国家が軍隊や警察を持っている限り、どのような形にせよ国家への犠牲は必ず発生し、それを意味付ける文化的枠組みが必要とされる。その枠組みは合理的あるいは功利的な言明によって意味付け正当化するだけでは不十分である。国民に死を要求するようなナショナリズムの文化的側面は、国家による死の正当化はいかになされるのか、という社会学、とりわけ宗教社会学が扱うべき問題を提起している。

ナショナリズムの形成期は、同時に大規模な近代戦争の時代でもあった。大量に発生した戦没者を追悼し記念するための施設が、近代国家では作られてゆく。近代国家は、さまざまな記念事業や国家儀礼を産み出したが、他の国家的なモニュメントと違い、戦没者追悼施設は、現実に存在した「死」を表象するものでもあり、その解釈でもある。そして近代以前の記念施設と異なり、それは傑出した一人の英雄へ捧げられるものではなく、一般的な国民兵士のための記念施設なのである。このような成員の死は、地域社会においていかに解釈され、その解釈はどのように形成されていったのだろうか。これはすぐれて宗教社会学的な問題である。

三　本書の対象と方法

ウェーバーの指摘した「追憶の共同体」について問うことが本書の主題である。それは、ナショナリズムが、いかに「死」を正当化したのかという問題を、戦没者にいかに対処してきたのかという問題であると読み替え、戦没者の追悼や顕彰、慰霊の問題として考えようという試みである。つまり、本書では、ナショナリズムの文化的側面の中でも、死を正当化する観念を再生産する社会的装置および、それに関連した言説の問題として考察している。その社会的装置として考えてきたのは戦没者追悼・記念施設であり、具体的には英国においては戦争記念碑（War Memorials）や英連邦戦死者墓地（the Commonwealth War Grave）であり、日本においては招魂碑や忠魂碑といわれる碑表や、忠霊塔という納骨施設を伴ったモニュメント、およびそれらを中心とする追悼儀礼であり言説である。

本書で考察する対象はこのような戦没者記念施設である。戦没者に関する記念施設といっても、死者の追悼や慰霊の形態はそれ自体きわめて多様である。それは同一の文化内であってもそうである。本書では多様なそれらの実態のすべてを扱うことはできない。ここでは、何らかの公的性格を持ったものに限定したい。

歴史家のジョージ・モッセ（George Mosse）は、通常は疑問視されることのない「市民的道徳」や、「正常」とされる性道徳などの中にナショナリズムは深く根を張っており、それを「現代最強のイデオロギー」であると指摘している(44)。

また、モッセは戦争記念碑や戦没者墓地の研究に早くから取り組んだ一人であり、この対象がニューヒストリー研究者たちによる「死」への態度の研究において看過されていることを批判している(45)。こうした死の問題の研究において、モッセが取り上げるのは「戦没者祭祀（the Cult of the Fallen Soldiers）」である(46)。

モッセによれば、ドイツにおいて戦没者祭祀は、ドイツ解放戦争（German War of Liberation）以来、とりわけ第一次世界大戦以降ドイツの国民意識の重要な部分となった(47)。

戦場での死が、触れて感知できる崇拝の場所へと変換されたことによって、それらは民族共同体を常に想起させ、血と殉教によって再び強められた同胞愛を提供した。ナチス・ドイツはこの祭祀形態の上に打ち建てられ、儀式に耽溺した。（中略）戦没者祭祀は、ドイツ解放戦争以来、とりわけ第一次世界大戦以降ドイツの国民意識の重要な部分となった。それは真の国民を形成する生者と死者との同胞愛に肉体と物質を与えた。戦争記念碑と戦没者共同墓地は国家崇拝の祭壇となった。（中略）そして戦没者祭祀は、ドイツだけではなく、すべての国家において、国民意識とそれが土台としている伝統について多くのことを述べている。こうした戦没者祭祀の発展は世俗化のプロセスを説明するという点で、宗教と近代性を対峙するものと捉える議論よりも重要である。(48)

戦没者の共同墓地と戦争記念碑は、生と死の永遠のリズムを象徴するのみならず、「民族共同体 *Volksgemeinschaft*」のような抽象的な観念を、「触れて感知できる、そして崇拝できる具体的なもの」にしており、ナチス・ドイツはこの祭祀形態の上に打ち建てられ、その儀式に耽溺した、という。

モッセは、こうした意味において、戦争記念碑と戦没者共同墓地は「国家的崇拝の神殿（shrines of national worship）」であり、それは真の国民（true nation）を形作る生者と死者との共同性に物質性を与えるものであり、それらのモニュメントは、「ナショナリズムの市民的な宗教（civic religion of nationalism）」(49)へと捧げられた聖なる場所を占めていると述べている。

確かに戦没者の追悼や記念を客観的に観察するなら、その儀礼に不可欠な要素であり、中心的な象徴であるのは「死者」である。そこに込められた意味がどうであれ、その形態からみれば、それは近代国家の成立以降に始まった「死者崇拝」の新しい形態であろう。

また、本書はニニアン・スマートのいう物質的な次元を手がかりに考察を行おうという意図を持っている。物質性への着目は、ミーム(mime)論[50]以降の、観念の伝播や再生産という問題関心を持つ進化生物学や認知心理学を踏まえるならば、こうした追悼記念施設はナショナリズムの乗り物《ヴィークル》であるだろう。ただしその乗り物は固有の文化を持ち、それが成立し変容していく社会—歴史的な過程がある。その過程こそが、文化や歴史を扱う社会学や歴史学の研究領域である。

こうした施設が、国家や地方において、公的な追悼式や記念祭などの催される場を提供してきたし、現在も提供している。それは世俗国家を標榜する近代国家が持つ宗教的次元の存在を示していると同時に、具体的な「モノ」として物質的次元に根を下ろしている。換言するならば、戦没者追悼施設は近代国家の象徴的次元が物理的基礎を獲得している場所である。戦没者祭祀は、物理的な建造物である何らかの記念施設を中心に執り行われる。それらは公的空間に作られ、公的意味を持つ。それゆえ多くの場合、歴史文書にその痕跡を残している。したがって、こうした史料を発掘することにより、歴史的なプロセスの詳細を分析することができるし、それらを集合的記憶研究の中に位置付け直すことができる。

本書を特徴付けているものは、「記憶の場」という特殊な場所性への着目であろう。後の章において詳述していくが、ここで扱う「記憶の場」とは、戦没者を追悼あるいは記念する何らかの構造物と、そうした構造物を中心として執り行われる追悼式や慰霊祭などの、宗教的あるいは世俗的な儀礼を可能とする場のことである。記憶の場に着目することによって、文化理論における過度の抽象化を免れ、具体的な施設とそれをめぐる資料という分析対象を獲得することができる。本書では、日本および欧米の戦没者追悼施設に関する、筆者が入手することのできた資料をもとに考察していく。それゆえ本書は、近代戦争による犠牲者や戦没者をめぐる追悼記念施設を具体的な対象とし、歴史資料をもとにしてなされる宗教社会学的考察を行うものである。

このように対象を定めることで、ナショナリズムや集合的記憶が社会学や人類学の研究としていかなる理論的な位置にあるのかを明らかにしようとした。また、宗教学や宗教社会学においては、個別の教会や教団を越えて存在する社会の宗教性という次元を具体的に問題とすることを可能にするひとつの方法になると考えている。このようなテーマを追求したのは、大きな概念や問題に取り組むことで近代社会そのものの理解に寄与するという、宗教社会学が持っていた本来の目論見をもう一度取り戻そうとするためである。ナショナリズムをひとつの宗教と考えるならば、その教義の研究はこれまでにも行われてきた。本書が意図しているのは、その儀礼の研究である。

本書では、まず、理論編として三つの論考によって集合的記憶に関する社会学的な議論を整理する。その後、事例編として英国、米国、日本の事例を扱う。国家的追悼施設と新しい死者崇拝の文化がいかに成立し、変容し、伝播したのかについて考察する。

さらに、沖縄における遺骨収集に関するフィールド調査により、集合的記憶――特に、国家への対抗的記憶と呼びうるようなもの――が生み出される局面を、複数の行為者に着目して考察する。

事前に断わっておかなければならないことは、本書では靖国神社に関する論考を意識的に省いていることである。それはこの問題が重要でないからではない。靖国神社をめぐる言説はあまりにも政治化されており、研究それ自体が個人の政治的立場の表明と不可分であるかのように形成されてきた。また率直にいって、この問題を扱うには筆者の力量も研究も現時点ではまだ不足している。しかし、同時に、靖国神社を正面から取り上げないからこそ、従来の靖国論によって見えなくなってしまっている多くの問題がより鮮明になるものと考える。

（1） G・ライル『心の概念』坂本百大・井上治子・服部裕幸訳、みすず書房、一九八七年、一二頁。（原著：Ryle, G., *The Concept of Mind*, Routledge, 2009=1949.）

(2) 内藤葉子「マックス・ヴェーバーにおける国家観の変化——暴力と無暴力の狭間」(1)・(2完)『法学雑誌』四七巻、大阪市立大学、二〇〇〇年。(1)一号一一六—一五八頁。(2完)二号三四〇—三六五頁。

(3) マックス・ヴェーバー『社会学の根本概念』清水幾太郎訳、岩波文庫、一九七二年、二四頁。(原著：Weber, M., *Soziologische Grundbegriffe*, Utb Gmbh, 1984=1921.)

(4) マックス・ヴェーバー『権力と支配』濱島朗訳、みすず書房、一九五四年、二〇八頁。(原著：Weber, M., *Die Typen der Herrschaft, Wirtschaft und Gesellschaft, Grundriss der verstehenden Soziologie*, Mohr Siebeck, 2002=1922.)

(5) 同前、二一一頁。

(6) マリアンネ・ウェーバー『マックス・ウェーバーⅡ』大久保和郎訳、みすず書房、一九六五年、四〇一頁。(原著：Weber, Marianne., *Max Weber: Ein Lebensbild*, Mohr Siebeck, 1984.)

(7) 同前、二〇八頁。

(8) 同前、二一〇頁。

(9) 同前、一七七—一七八頁。

(10) E・カッシーラー『国家の神話』宮田光雄訳、創文社、一九六〇年。(原著：Cassirer, E., *The Myth of the State*, Yale University Press, 1961.)

(11) G・ファン・デル・レーウ『宗教現象学入門』田丸徳善・大竹みよ子訳、東京大学出版会、一九七九年。(原著：van der Leeuw, G., *Einführung in die Phänomenologie der Religion*, Gütersloher Verlagshaus Gerd Mohn, 1961.)

(12) これらの詳細について、特に儀礼国家論については第二章において、市民宗教論については第二章および第六章において詳述する。

(13) Bellah, R. N., *Beyond Belief: Essays on Religion in a Post-Traditionalist World*, University of California Press, 1991=1970.(R・N・ベラー、『社会変革と宗教倫理』河合秀和訳、未来社、一九七三年。)

(14) Fenn, R. K., *Toward A Theory of Secularization*, SSSR monograph series, No. 1., 1978, p.41.

(15) Richey, R. E. and D. G. Jones, "The Civil Religion Debate," in Richey, R. E. and D. G. Jones (eds.), *American Civil Religion*, Harper & Row, 1974. ここで提示された整理は Gehrig にも踏襲されている。Gehrig, G., *American Civil Religion: An Assessment*, SSSR mono graph series No. 3.-24., 1979.

（16）Richardson, H. "Civil Religion in Theological Perspective," in Russell and Jones, *op. cit.*, pp.161-184.
（17）Juergensmeyer, M., *The New Cold War?: Religious Nationalism Confronts the Secular State*, University of California Press, 1994.（邦訳：M・K・ユルゲンスマイヤー『ナショナリズムの世俗性と宗教性』阿部美哉訳、玉川大学出版会、一九九五年。）
（18）吉野耕作『文化ナショナリズムの社会学――現代日本のアイデンティティの行方』名古屋大学出版会、一九九七年。
（19）中野毅『宗教の復権――グローバリゼーション・カルト論争・ナショナリズム』東京堂出版、二〇〇二年、一九頁。また、中野の「宗教的ナショナリズム」の定義をこのように評価しているものとして、近藤光博「宗教復興と世俗的近代」国際宗教研究所編『現代宗教２００５』東京堂出版、二〇〇五年、八三―一〇五頁。
（20）Juergensmeyer, *op. cit.*, p.4-6. ユルゲンスマイヤー前掲書、一五―一七頁。
（21）ユルゲンスマイヤー前掲書、第一章。
（22）中島岳志『ナショナリズムと宗教――現代インドのヒンドゥー・ナショナリズム運動』春風社、二〇〇五年、五八頁。
（23）宗教学や宗教社会学における世俗化論の理論的批判と検討については以下のものを参照。藤原聖子「九〇年代の世俗化論」『東京大学宗教学年報』第一五号、一九九八年、二七―四三頁、諸岡了介「世俗化論における宗教概念批判の契機」『宗教研究』八五巻三輯、二〇一一年、一―二二頁、岡本亮輔「私事化論再考――個人主義モデルから文脈依存モデルへ」『宗教研究』第八一巻一輯、二三―四五頁、二〇〇七年、同、『聖地と祈りの宗教社会学――巡礼ツーリズムが生み出す共同性』、春風社、二〇一二年、伊藤雅之「二一世紀西ヨーロッパでの世俗化と再聖化――イギリスのスピリチュアリティ論争の現在」『現代宗教二〇一五』、二〇一五年、二四九―二六九頁。
（24）後述するアンソニー・スミス(Anthony Smith)のエトニー論へ着目して、中島は次のように述べている。
宗教的ナショナリズムは、エリート・ナショナリストが道具主義的に宗教を流用することではじめて現れるような作為的なものではなく、ナショナリズムの内部に組み込まれた構造そのものに由来する存在として捉えなければならない。宗教ナショナリズムは、近代主義に対する反発、抵抗などではなく、近代ネイションおよびナショナリズムそのものが備えた特質なのである。だが、その存在は近代の世俗化パラダイムによってこれまでおおいかくされていた[た]め、近代主義者たちによって世俗的であることがナショナリズムの本質であると誤認されてきた。宗教の脱私事化が進行し公共宗教の重要性が高まる今日、宗教ナショナリズムは、自らに覆いかぶさっていた世俗化パラダイムというヴェールを脱ぎ捨て、

近代ナショナリズムの構成要素として顕在化して「見せる」のである。（中島前掲書、六二頁）

ナショナリズムは本質的に宗教性をもっているという彼の理解は本書と共通している。しかしながら、用語法として考えるならば、「宗教ナショナリズム」を再び使用することによって、ユルゲンスマイヤーへの批判として提起した二分法を再び招き入れてしまう危険があるといわねばならないだろう。

（25）Anderson, B. R. *Imagined Communities: Reflections on the Origin and Spread of Nationalism*, revised, Verso, 1991, p.141.（邦訳：『増補　想像の共同体――ナショナリズムの起源と流行』白石さや・白石隆訳、NTT出版、一九九七年。）

（26）*Ibid.*, 1991, p.141. また、この問題意識はアンソニー・スミスによっても共有されている。Smith, A. D., *National Identity*, Penguin Books, 1991（邦訳：『ナショナリズムの生命力』高柳先男訳、晶文社、一九九八年）を参照。

（27）Shils, E., "Primordial, Personal, Sacred and Civil Ties," in *Center and Periphery: Essays in Macro-sociology*, The University of Chicago Press, 1974, pp. 111-126. この論文の初出は次のものである。*The British Journal of Sociology*, vol. 8（1957）, pp. 130-145.

（28）Geertz, C., "The Integrative Revolution: Primordial Sentiments and Civil Politics in the New States," in Geertz, C.（ed.）, *Old Societies and New States: The Quest for Modernity in Asia and Africa*, Free Press, 1963, p.105-157.

（29）Gellner, E., *Nations and Nationalism*, Blackwell, 1983. および、Hickman, M. J., *Religion, Class and Identity: The State, the Catholic Church and the Education of the Irish in Britain*, Hants and Vermont, 1995. なお、アンダーソンまでも「近代主義」に含めるスミスの理解は、後述するように正しくない。

（30）この点の理論的な困難こそが宗教社会学の対象とすべき問題であると考える。この論点については、中野前掲書、二〇〇二年、三五―三七頁でも詳しく論じられている。

（31）Smith, A. D., *The Ethnic Origins of Nations*, Blackwell, 1986.（邦訳：アントニー・D・スミス『ネイションとエスニシティ――歴史社会学的考察』巣山靖司他訳、名古屋大学出版会、一九九九年。）

（32）*Ibid.*, 1986.

（33）この点についてはヨーロッパ近代史の研究者である谷川稔が簡潔にまとめている。谷川稔『国民国家とナショナリズム』（世界史リブレット35）山川出版社、一九九九年。谷川はピエール・ノラの『記憶の場』の代表的翻訳者の一人である。ピエール・ノラ（編）『記憶の場――フランス国民意識の文化=社会史』谷川稔訳、岩波書店、二〇〇二年。集合的記憶論に関しては第一章において詳述する。

（34）Ninian Smart, *The World's Religions*, 2nd Ed., Cambridge University Press, 1992.（邦訳：ニニアン・スマート『世界の諸宗教Ⅰ・Ⅱ』阿部美哉訳、一九九九年、教文館、および『世界の諸宗教Ⅱ』石井研士訳、教文館、二〇〇二年。）

（35）*Ibid.*, p.10.

（36）この七つの次元であるが、ニニアンは当初六つの次元を考えていた。これは一九八三年に出版された以下の書籍に収録された論文である。Merkl, P. H. and Ninian Smart（eds.）, *Religion and Politics in the Modern World*, New York University Press, 1983, Religion, Myth, and Nationalism, pp.15-28.　その論文の初出は一九八〇年に *The Scottish journal of religious studies* に掲載されたものであり、最後の「物質的次元(material dimension)」が後に加えられた。これは本書の関心からも重要である。

（37）*Ibid.*, p. 27.　前述したように、ユルゲンスマイヤーはスマートのこの論に同意している。

（38）Kohn, H., *Nationalism: Its Meaning and History*（revised）, Krieger, 1982=1965, p. 9.

（39）*Ibid.*, p. 11.

（40）Kohn, H., *The Idea of Nationalism: A Study in Its Origin and Background*, Macmillan, 1945, pp.23-24.

（41）ウィルソンの立場を集大成したものに Wilson, B. R., *Religion in Sociological Perspective*, Oxford University Press, 1982（邦訳：ブライアン・ウィルソン『宗教の社会学――東洋と西洋を比較して』中野毅・栗原淑江訳、法政大学出版局、二〇〇二年）がある。

（42）本論では第六章において詳述するが、地方都市における戦没者追悼式のもつ社会的構成における重要性を社会学の文脈で最初に指摘したのはロイド・ウォーナーであろう。「アメリカの市民宗教」の注でロバート・ベラー自身も触れているが、ウォーナーの先駆的な業績がなければ「市民宗教」概念は生まれなかったかもしれない。これは先駆的な業績であり、現代の研究者が正面から取り組まなければならない古典であろう。Warner, W. L., "An American Scred Ceremony," in Richey, R. E. and Jones, D. G.（eds.）, *op. cit.*, 1974=1953.　この論文は後に、大著である Yankee City Series に収められた。Warner, W. L., *The Living and The Dead: A Study of the Symbolic Life of Americans*, Yale University Press, 1959.

（43）Renan, E., *Qu'est-ce qu'une nation?*, Calmann Lévy, 1882（pp.NP-32）.　仏語原文についてはオンラインテキスト https://fr.wikisource.org/wiki/Qu%E2%80%99est-ce_qu%E2%80%99une_nation_%3F　二〇一六年一月二八日閲覧。英訳版は、

Hutchinson, J. and Smith, A. D. (eds.), *Oxford Readers: Nationalism*, Oxford University Press, 1994, pp.17-18. を参照。日本語訳はE・ルナン、J・G・フィヒテ、J・ロマン、E・バリバール『国民とは何か』鵜飼哲他訳、インスクリプト、一九九七年、四一―六四頁を一部改訳した。

（44）G・L・モッセ『ナショナリズムとセクシュアリティ――市民道徳とナチズム』佐藤卓己・佐藤八寿子訳、柏書房、一九九六年。（原著：Mosse, G. L., *Nationalism and sexuality: middle-class morality and sexual norms in modern Europe*, University of Wisconsin Press, 1988.）

（45）Mosse, G. L., "National Cemeteries and National Revival: The Cult of the Fallen Soldiers in Germany," *Journal of Contemporary History*, Vol. 14, SAGE, 1979, pp. 1–20.

（46）Mosse, G. L., *Fallen soldiers: reshaping the memory of the world wars*, Oxford University Press, 1991.（邦訳：ジョージ・L・モッセ『英霊――創られた世界大戦の記憶』宮武実知子訳、柏書房、二〇〇二年。）the Cult of the Fallen Soldiersを「英霊祭祀」と訳すことには民俗学者からの批判がある。例えば、新谷尚紀「民俗学からみる慰霊と追悼」『明治聖徳記念学会紀要』復刊第四四号、二〇〇七年、一七一―一八〇頁。本書では直訳体の「戦没者祭祀」と訳し、日本以外の文脈では「慰霊」の語を用いない。

（47）Mosse, 1979, *op. cit.*, p. 16.

（48）Mosse, 1979, *op. cit.*, pp. 16–17.

（49）Mosse, 1991, *op. cit.*, p. 101.

（50）リチャード・ドーキンス『利己的な遺伝子――生物―生存機械論』日高敏隆他訳、増補改訂版、紀伊国屋書店、一九九一年。（原著：Dawkins, R., The Selfish Gene, Oxford University Press, 1989.）ミーム論自体は自己複製子という遺伝学的なアナロジーに縛られてしまっている。また、文化的存在にミームというようなものが仮にあるとしても、遺伝子という生物学的実体を離れてしまったミームの存在が、果たして淘汰の結果であるといえるのかには疑問がある。

第Ⅰ部　理論編

第一章　集合的記憶のポリティクス

はじめに

本章では、一九九〇年代以降、とりわけ二〇〇〇年代に活況を呈した「集合的記憶」研究を整理し、このアプローチが何を対象とし、いかなる利点があるのか、換言するならば、このアプローチの持つ社会学や歴史学研究における寄与を明らかにする。また、社会学における集合的記憶の理論を手がかりに、儀礼理論をより広い社会的・歴史的文脈に位置付ける理論的視野について考察する。儀礼による知識の生成や情緒性、「モノ」への着目、ミクロな象徴研究とマクロな社会―歴史的文脈との接合などの論点は、集合的記憶研究の中ではいかに位置付けられるのだろうか。先取りして述べるなら、集合的記憶論は、過去に関する知識の社会的構成と社会的配置、および記憶をめぐる集団的ダイナミクスを理論化しようとする知識社会学の新しい動向であると理解することができる。また集合的記憶を社会構成主義の立場から間主観的な文化システムと捉え、その固有の論理を解明し、意味の解釈と独自のメカニズムの解明を行うことを目指す研究でもある。媒介項として集合的記憶に着目することによって、ミクロ、メゾ、マクロの各レベルの分析を、還元主義に陥ることなく連結して行うことが可能となる。つまり、集合的記憶論は、象徴的な内容それ自体の分析とより広い社会とのダイナミクスを解明する可能性を提示している。

このような理論からみると、戦没者記念施設は、集合的記憶の物質的枠組みであると考えることができる。この「記憶の場」は、戦没者の慰霊や顕彰をめぐって、諸集団によって記憶が構築される想起の実践(mnemonic practice)の場であり、また複数の記憶が競合する記憶のポリティクスが発動する場でもある。本章で検討するように、こうした諸集団による想起の実践の場という視角は、多様で自主的な文化的・社会的営みが、結局は国民国家へ回収される事態しか描き出すことのできない国民国家論とは異なった分析の可能性を示唆するものである。

一　集合的記憶の問題系——記憶の構成性

集合的記憶(collective memory)は社会学における基本的な概念のひとつである。デュルケームの集合的沸騰(1)、アルヴァックスの集合的記憶(2)、シルズの伝統(3)など、これらの論は、社会における儀礼の重要性を主張し、社会における価値の伝達と再生産に関する研究領域を形成してきた。

近年、集合的記憶に関連付けた研究が多く公刊されている。それらをここでは仮に「集合的記憶論」と呼ぶことにする。しかしながら、「集合的記憶」という概念を使用することによって、これまで歴史研究が行ってきた対象といかなる違いがあるのであろうか。もしもそれが歴史認識や歴史観といって済むものであるならば、新たに「集合的記憶」などという用語を使用する必要はないであろう。この概念を使用することにより、何が問題として立ち現れてくるのであろうか。まずは社会学上の概念を整理することにより、そこで何が対象となっているのかを明らかにしておく必要があるだろう。

集合的記憶の社会学は、提唱者であるモーリス・アルヴァックス(Maurice Halbwachs)の業績に多くを負っている。アルヴァックスは、自身の研究構想を完遂することなく他界してしまったので、彼の理論は断片的であり、相互に矛盾する点もある。しかし、彼の集合的記憶研究の理解は、この分野の研究にいくつかの決定的な影響を与えており、その前提であるとすらいえるであろう。近年の集合的記憶論におけるアルヴァックスの貢献は、少なくとも次の二点である。第一に、集合的記憶の社会的構成性、とりわけ集合的記憶における物質や空間の持つ重要性を指摘し、フレーム(枠組み)という考えを提起したこと。そして第二に、集団による記憶と制度化された記憶とを区別するという考えを導入し、集合的記憶が並列・競合しうるものであるとし、集合的記憶の闘争的側面を扱うことを可能にしたこと、である。

まずは第一の点から検討してみよう。アルヴァックスによれば、記憶と忘却は、生理的な現象であると同時に、すぐれて社会的な現象でもある。社会集団は集合的記憶というべきものを持っており、個人の記憶は集合的記憶と切り離すことはできない。また、記憶と想起においては知覚イメージと社会的な意味付けが互いに浸透しあっているという。

図 1-1　モーリス・アルヴァックス

後の研究者たちが指摘するように、アルヴァックスの試みは、まず個人史的記憶と歴史的記憶との区別であった。個人の記憶であってもそれは社会性を持ち、それは「意味ある他者(significant others)」によって担保されている。一方、歴史的記憶は、「制度」として担保されている。それは制度化された記憶の貯蔵庫であり、解釈であり、そこでは特定の事件、出来事に関する「解釈」が制度化されているのである。ここでいう制度とは、公的教育に使われる教科書であったり、博物館であったり、モニュメントなどの記念施設である。歴史化とは物語化に他ならず、制度的に保持された物語である。アルヴァックスは次のように述べる。

一連の出来事の記憶が、集団の支えを、つまり、これらの出来事に巻き込まれたり、それから影響を受けたり、それらを目撃したり、それらの出来事の最初の主役や見物人の生きた話を聞いた集団そのものの支えを、もはや持たなくなった時には、あるいはまた、そうした記憶が、幾人かの個人の心の中に散失してしまい、こうした事実とはまったくかかわりがないため、それらの事実にはもはや関心を示さないような新しい社会の中に、埋没してしまったりした時には、これらの想い出を救う唯一の方法は、それらを筋の通った物語の形で書き留めておくことである(4)。

もし過去が実際にわれわれを取り囲む物的環境によって保持されていなければ、過去を取り戻せるということは理解されないであろう(5)。

こうした箇所でアルヴァックスが述べているのは、①記憶は社会的に保持される、②記憶は空間的・物質的に保持される、という二つの考えである。それゆえ、集合的記憶は、素材となる物質的・空間的枠組みと、その意味や解釈を支える集団という社会的枠組みの二つの次元を持っており、この両者は切り離すことができない。耳慣れない用語である記憶の社会的枠組みは、むしろ「記憶の社会的構成」と読み替えたほうがよいだろう。端的にいうならば、集合的記憶とは過去に関する知識の社会的構成を問題にする立場であり、同時に、その構成を解明するアプローチとして物質的な基礎を重視し、研究の手がかりとするものである。

とりわけ、アルヴァックスは石造物の集合的記憶への寄与を指摘する。個体としての人間に比べ永続性を持つ石は、集合的記憶の連続性を構成する素材である。アルヴァックスはこれを物質的枠組みと呼ぶが、象徴や記号の物質的な基礎に着目する今日的な問題関心とも通ずる考え方である。物や空間について、アルヴァックスは次のようにも述べている。

事物は社会の一部を成すものであるとは言えない。しかしながら、家具、装飾、絵画、台所用品や置物などは、集団の内部で流通しており、そこで評価や比較の対象となり、各瞬間に流行や趣向の新しい方向を洞察させ、かつまた、昔の社会的慣習や社会的栄誉を想起させる。(6)

空間のイメージだけが、その安定性のせいで、時を経ても変わることなく、現在の中に過去を再び見出すという幻想をわれわれに与えてくれるからである。(7)

このように、アルヴァックスは、記憶の社会的構成に果たす物質や空間の重要性を指摘しているのである。我々の記憶や想像力は物質や空間に依拠している。過去を想起する可能性それ自体も空間に枠付けられているのである。これはきわめて唯物論的な立場であり、またいわば日常生活の現象学的な分析を先取りした視点であろう。物質が担っている意味は世代や時間を越えて了解されうる。また、もしも毎朝、起きるたびに自分を取り巻く風景や物質的な環境が一変してしまうとしたら、我々は永続性という概念を持つことはできないであろう。集団に安定性や持続性を感じさせているのは空間と物質の相対的な安定性なのである。

こうしてみると、記念施設は集合的記憶の形成に重要な意味を持っていることが分かる。本来、記念碑（monument)という言葉は、「思い出させる」を意味するラテン語 monere に由来し、派生語の monumentum は「記憶の場」という意味であるが、(8) それは集合的記憶の物質的枠組みであるとともに、空間的枠組みである風景をも形成するからである。そうした記憶の場が歴史的にいかに形成されてきたのか、同時に、そうした物や空間を中心として行われるさまざまな社会的行為によって、いかに現在の集団における価値や観念が形成されるのか。集合的記憶論は、こうした問題を考えることができる。つまり、知識の社会的配置や生成、歴史変化を、具体的な事物に着目することによって検討する可能性を呈示しているのである。

二　多声的《ポリフォニック》な歴史と記憶のポリティクス

次に、集合的記憶の闘争的側面、記憶のポリティクス論についてみてみよう。

アルヴァックスの英訳者でもあり、『社会闘争の機能』(9) を著したルイス・コーザー(Lewis Coser)によれば、アルヴァックスの集合的記憶についての考え方は、エミール・デュルケーム(Emile Durkheim)が提唱した社会における儀礼の役割という考えを一歩進めたものである。つまり、社会的紐帯――これをデュルケイミアン(デュルケーム学派)たちは社会的凝集(social cohesion)というが――の源泉として、社会の成員たちが集合表象を獲得するのは、定期的に行われる儀礼という集合的な沸騰状態の中である、とするものである。このデュルケームの社会構想は、後の社会学における均衡理論や社会統合理論へ展開した。しかし、社会が儀礼に覆い尽くされる、いわば宗教的祝祭の期間はきわめて限られており、日常的な時間が実際にはほとんどである。(10) アルヴァックスの集合的記憶の観点からいえば、日常的な時間の中にこそ、社会的紐帯の源泉は求められるべきである。この祝祭の期間と日常との空隙は、集合的記憶によって満たされている。たとえ、全体社会を巻き込むような大規模で宗教的な祝祭の期間を前提にしなくとも、英雄的な働きをした人物を顕彰するさまざまな形態の儀礼や儀式的行為によって、また、朗詠される叙事詩によって、その記憶は日常の中に埋没せずに生かされている。共同体をひとつに結び付けている過去の偉大な出来事の想起は、宗教的な儀礼や儀式における我を忘れさせるような集合的沸騰によってのみ維持されているのではない。社会全体を熱狂の中に巻き込むようなものでなくとも、日常生活の中で、暦に沿ったさまざまな祝典を通して出来事を記念することによって、集合的記憶は強化されているのである。集合的記憶は、物語や詩や記念碑や記念行事などの象徴的なディスプレイによって、あるいは単に大人から子供へ、年長者から年少者へ語り継がれることによって、世代から世代へと伝達される。ひとつの祝祭から次の祝祭までの空白の期間は、こうして集合的記憶によって埋められる。個人と社会とを日常生活の中で結び付ける媒介項(as an intermediate variable)として、考えるべきであるというのである。(11)

また、社会がみずからの統合のために集合表象を生み出す、というデュルケームの考えは、社会が先か集合表象が先かという一種の循環論に陥ってしまう。(12)ジェフリー・オーリック(Jeffrey Olick)によれば、デュルケーム学派の理論的前提とするこの大文字の「S」、すなわち「社会」を、アルヴァックスは「集団(group)」に置き換えたとされる。(13)つまり、社会といってもそれは所与の前提とされるべきものではない。単一の一枚岩的な「社会」があるのではなく、実際には諸集団、つまりより下位の社会集団があるのである。集合的記憶は、社会的・集団的に保持されるのであるから、集団が異なればその記憶も異なる。同一の歴史的な出来事について複数の異なる記憶が成立しうる。物質的・空間的に基礎付けられた記憶は全体社会そのものではなく、アルヴァックスが指摘したように宗教教団などのような、より小さな複数の人間集団によって保持されているからである。

すでに、制度化され物語化された歴史的記憶と、集団によって保持される記憶との区別がアルヴァックスによってなされていることをみたが、彼のこの考えは後の研究者たちによって推し進められた。闘争の場としての集合的記憶研究や記憶の複数性を重視すべきという立場である。コメモレーション(commemoration, 記念・祝祭)は「共に(com)」「記憶にとどめる(memorare)」というラテン語の語源にあるように集団的な行いである。そしてこれらの立場に立つ研究では、むしろ、複数形の「コメモレーションズ(commemorations)」と表現すべき状況が描き出されている。

物語化された歴史、制度化された歴史に対し、物語の複数性・多声性ともいえる記憶を対置する方法は、まずミシェル・フーコー(Michel Foucault)によって提唱された。[14] フーコーは、ニーチェの系譜学にならい、歴史をなめらかで必然的な進化発展の流れであるとは捉えない。そこには断絶があり、歴史は勝者・支配者の歴史であり、これらの公的記憶に対抗する記憶を考えることができるとし、「対抗記憶(counter-memory)」の概念を提起した。フランス社会史家であるピエール・ノラ(Pierre Nora)たちによる『記憶の場』には「対抗的記憶(コントル・メモワール)」の章が設けられ、統合からの逸脱であるさまざまな反乱の記憶が検討されている。[15] ノラたちによる壮大な成果の全体についてここで論評する能力を筆者は持たないが、谷川稔によれば、このプロジェクトは「記憶の場」の分析を通した国民感情や心性の研究から、「単一にして不可分の共和国」ではなく、複数形の「レ・フランス」という「ポリフォニックな歴史研究」への軌道修正が行われているという。[16]

公的記憶と個別民衆的《ヴァナキュラー》な記憶という対置を提唱しているのが、ジョン・ボドナー(John Bodnar)である。彼は、記念碑が多声的(multivocal)な性質を持っていると述べ、戦没記念碑を「エリートの歴史観と個別民衆的(vernacular)価値との対話、あるいは闘争の場であり、妥協の場でもある。その相互作用の結果として公的記憶(public memory)が産出されるのである」と指摘する。[17]

早い段階から政治文化の象徴的側面に着目してきた石田雄は、「集合的記憶」「集団的記憶」をもっとも広い定義として使う。そして公的記憶を公共圏の意味を含むものとして捉えるべきで、官製の記憶に「公的」を使うことを避ける。代わりに彼はアンダーソンの「想像の共同体」概念を援用し「記憶の共同体」という用語を使用する。これは官製の記憶を、いわばナショナル・メモリーという意味で使用しているのだと思われる[18]。

細谷千博はこのような集合的記憶のポリティクスの次元を、サブナショナルなグループによる記憶行為と捉えている。慰霊祭や追悼式(ここでは意識的に複数形のコメモレーションズが用いられている)という場は、エスニック・グループ、在郷軍人会、宗教団体、被爆者、引揚者、特定団体などの各個の集団において共有され、グループの凝集度を高める機能を果たすものとして集合的記憶が考えられている。これらの複数の記憶は競合するものであるが、こうした中から公的記憶も生成されてくるとする。こうした集合的記憶には、「時にサブ・ナショナルなレヴェルを超えて、国家内部の成員により広く共有される記憶とみなされ、公的な認知を受ける状態に昇華することがある」としている[19]。

公的記憶を資料論の点から考えるなら、出来事の記録化という側面は重大であろう。それは出来事の公的な認知を示しているからである。若尾裕司と羽賀祥二による共同研究は、記録の側面と記憶の側面の両者に着目したものである。その共同研究では、米国、イギリス、中国、日本などの事例が検討されているが、若尾によれば「近代の記録・記憶行動のグローバルなテーマ化」であり、史誌編纂と記念碑建設に焦点を絞った国際比較が目指されている[20]。

羽賀は、個人的な見解であると断った上であるが、さらに研究対象を歴史文化・民俗文化に関する記録と記憶の作業とし、「記録すること、公認すること、記憶すること、敬礼すること」の四つの行為に着目している。記憶行為は、最終的に「敬礼されること」によって、「反復される心的体験と共有される感情・価値観」を社会の成員にもたらしているとしている[21]。

藤原帰一は、近年の「記憶」に関する研究の活況は、これまでの文献資料に基づいた実証史学に対する批判であるとする。[22] 彼はノラに依拠して、制度化され、生き生きとした魅力を失ってしまった歴史への批判として「記憶」へ着目するという方法がとられていると指摘している。それゆえ、ここでの「記憶」とは、文献資料に対するものとして捉えられており、具体的には口承伝承や聞き書きを指している。藤原によれば、記憶研究は、①補完としての聞き書き、②現在に意味を与える源、③物語の回復であり党派性の獲得、の三つを示すものだという。

また、近年の集合的記憶への関心は、同時代性と戦争という二つの関心が相互に結び付いた現象でもあることが指摘されている。彼によれば、「戦争の記憶」に関する研究が増えているのは、抑圧されていた災厄の記憶であるからだという。戦争についての語りは、ある程度の時間の経過によって可能となった、トラウマティックな過去の出来事を振り返り意識化する行為であるという。同時に、戦争は全体社会的な出来事であるために、個人・共同体・民俗・国家などの各レベルに痕跡をとどめている「集団横断的な記憶」であるとしている。それゆえ「戦争の記憶」は公的性格を持つ「公的記憶」である。また、エリック・ホブズボーム(Eric Hobsbawm)らの『伝統の創造』[23]に言及して、公的記憶は「政府の作るフィクションの一種であり、政治的動機によってあやつられている」とまでいっている。[24]

確かに、集合的記憶への着目は、単に学問上のアプローチだけの問題ではない。それは二〇世紀の最後の一〇年間から現代にみられる、同時代的な現象として捉えられるべきであろう。テッサ・モーリス=鈴木(Tessa Morris-Suzuki)はこうした指摘を早い段階から行っており、「ナショナリズムのグローバル化」という逆説的な現象の一つであることを指摘している。[25]

戦争の記憶に結び付いた政治性は、冨山一郎によっても提示されてきた問題である。彼は、戦争をむしろ日常の延長線上に捉える視点を提示している。[26] 彼のいう「証言の領域」は、ナショナルな語りに回収されない語りの位置である。彼は戦死者の遺骨をめぐる語りを「ナショナルな語り」として次のように批判する。

戦死者をめぐるナショナルな語りは、語る主体と死者とのある種の実践的関係を否認し、死者を認識上の対象へと回収するのである。その結果死者は、まさしく語られることによって、ものいわぬ遺骨(観察対象)になるのだ(27)。

そして代替的な語りの可能性を、生者と死者の実践的関係、ナショナルな語りに回収されない政治的分節化の立ちあらわれる領域の可能性として、冨山は次のように指摘している。

死者の『かわりに語る』のではなく、死者とともにある時間性のなかで死者と対話しつづけることにより紡がれる語りとして、証言というものを設定するならば、こうしたある種の実践的関係やそこに継起する時間性を否認し、死者を国民の分類の対象として回収していくプロセスこそ、自己同一性を保証しわれわれの時間を表出するのである(28)。

冨山のいう「ナショナルな語りに回収されない」次元の存在は民俗学においても追及されている。岩田重則は、これまでの民俗学における戦死者祭祀の研究は、御霊信仰や英霊祭祀など、戦没者を特化させる民俗的な仕組みへの着目であり、家やムラのレベルでの分析が欠如していることを指摘する(29)。

彼の問題関心は「生活する側が戦死者をみずからのもとへ取り戻すための論理の構築」を目指すべきだという主張に現れている。これは戦没者たちの個別性を取り出そうとする試みでもある。個々の戦没者たちは「戦没者」として一括される存在ではなく、各々が家の一員であり、名前を持った個別の存在である。彼は次のように指摘する。

彼らは、国民である以前にひとりひとりの私的人間であった。戦争がなければ、私的人間として生をまっとうできる生活者であった。ひとりひとりがムラの、そして、家の人間であったこと、こうした次元からの戦死者祭祀の解明が必要であったのであり、それによって『英霊』祭祀とは異なる戦死者祭祀のありようを提出することが可能である[30]。

国家および国民の次元での戦死者祭祀の政治的・思想的意味を解明することも重要である。しかし、兵隊として送り出させられ、死を迎え入れさせられた家およびムラが、どのような戦死者祭祀を行ってきたのか、というどこにでもある事実の解明がもっとも必要であったのである[31]。

岩田のこの指摘は重要である。なぜなら、国家に回収されない戦死者祭祀のあり方は常に存在していたものであり、それを取り出せず、御霊信仰や英霊崇拝などの回収の論理ばかりを強調してしまったのは実は研究者の側であったことを示しているからである。

しかし、同時に、ムラが戦死者を特化する民俗を必要としたのもまた事実である。彼も指摘するように「アジア太平洋戦争の戦死者は、それまでの家とムラの民俗にとって、経験したことのない死の形態であった。（中略）戦死が、本来は非日常的でありながら、ムラにとっては日常的になっていた[32]」。その事実が、本来の民俗から離れた新しい戦死者祭祀を生み出してきた。しかし、それはナショナルな回収の論理とは別の次元にあり続けていたという。

日本の家およびムラは戦死者祭祀を行ってきた、家についていえば最終年忌の五十回忌までをも完結させた、という事実であった。そうした事実が存在していること、それ以上に必要な何かがあるのであろうか。ふつうの死者のように家での戦死者祭祀も済まされ本来の戻るべきところに戻って行った、それでよいのであり、たとえば、国家が不自然な多重祭祀を生み出すことなど、死者への冒涜のきわみといってよいだろう。(33)

岩田が描き出したのは、ムラや家の戦死者祭祀は、ナショナルな回収の論理にあったのではなく、各家で最終年忌までも行い、国家とはまったく別に完結している、という事態である。確かに、戦死者祭祀の並立性を示している、あるいはそれぞれが没交渉に多重化しているという状況が描き出されてはいる。しかし、それはきわめてスタティック(静的)な像となってしまうであろう。これら相互の関係は問うことはできないのであろうか。岩田は、戦死者祭祀の多重性や個別性を指摘するが、それは国家とはまったく没交渉の、ムラあるいは家の中の個別の出来事であるだけなのだろうか。個別の祭祀と、より広い社会とのダイナミクスを扱うことはできないのであろうか。

さて、このように概観してくると集合的記憶のポリティクスという視角は次のようにまとめることができるであろう。

オフィシャルにしろ、ナショナルにしろ、パブリックにしろ、それらは国家によって承認された、あるいは統治権力によって承認された歴史解釈という意味合いで使用されている。確かに、ホブズボームらが示したように、政治的変動や権力の移動によって過去の意味は塗り替えられる。過去や伝統も現在の政治的な目的によって創造される。それは、何を公的・ナショナルな記憶とするかという闘争の場であるが、同時に、国家に回収されない記憶、語り、儀礼という行為の場を取り上げることができるのである。多声的な記憶をめぐるポリティクスへの着目は、国民国家論を解釈の終着点にするのではなく、こうした闘争的局面、諸集団のダイナミクスをうまく扱いうるのである。

オーリックは、集合的記憶を「アイデンティティを形成するアクティヴな過去(the active past that forms our identities)」であると指摘する。(34) 諸集団によって記憶が構築されるというこの事態は、諸集団によって記憶構築の行為がなされていると言い換えてもよい。この行為を想起の実践と呼ぶことができるだろう。(35) 記念行為(コメモレーションズ)が行われる記憶の場とは、想起の実践の場であり、また諸記憶が競合する記憶のポリティクスが発動する場でもある。諸集団による想起の実践の場という視角は、多様で自主的な文化的・社会的営みが、結局は国民国家へ回収される事態しか描き出すことのできない国民国家論とは異なった、よりダイナミックな分析の可能性を示唆するものである。個々の想起の実践は国民国家に吸収・回収されてしまうのではない。それは逸脱や対抗的記憶、さまざまなサブナショナルな想起の実践の総体であり、闘争の場として、いわば国民国家のゆらぎの側面を考えるべきである。集合的記憶のポリティクスという視角は、国家自体を不動の実体として物神化してしまうのではなく、国民国家それ自体が不断に構築され、変化にさらされている場を考えることを可能とするのである。

もちろん近年の記憶研究の活況には、現在の政治的な問題を理解するという関心もあるであろう。モーリス＝鈴木のいうように、これを、ナショナリズムのグローバル化の現象であるということもできるであろう。(36) 彼女によれば、これは一九九〇年代から顕著になってきた世界的な現象であり、公的記憶をめぐる闘争であると理解することができる。日本においても、それまでの公的な記憶を自虐史観として攻撃し、自由主義史観を提唱するグループの問題を扱いうる。修正主義者たちの執拗な攻撃は、サンフランシスコ講和条約によって規定された戦後体制において公的記憶となってきた東京裁判、南京大虐殺、従軍慰安婦などのトピックをめぐって行われてきた。靖国神社や新しい国立追悼施設をめぐる問題においても、国家護持を求める運動も、あるいはそれに反対する運動も、慰霊・顕彰施設という物質的枠組みをめぐって行われている公的記憶へのサブナショナルな闘争として、集合的記憶のポリティクスの視角からは理解することができるのである。

三　文化システムとしての集合的記憶

集合的記憶論というアプローチが対象とする第三のものは、集合的記憶を文化システムと捉える立場である。こうした立場の研究者にはバリー・シュワルツ(Barry Schwartz)や前述のオーリックがいる。シュワルツによれば、これまでにみたような集合的記憶の研究者たちの認識論的前提には二つの立場がある。それを彼は「集められた記憶(collected memory)」派と「集合的な記憶(collective memory)」派と表現している(37)。

「集められた記憶」派にとっては、集合的記憶といっても、実際に記憶するのはあくまでも諸個人である。そうした記憶を収集することによって、実際に起こった出来事の別の側面を呈示し、解明するとする立場であるといえる。資料論の側面からいえば、歴史研究において、文献資料よりも聞き取りを重視する立場であろう。沈黙していた人々が語り出すことであり、ナショナルに回収されない語りの収集である。これらを集めることによって、生き生きとした歴史が取り戻され、我々にとっての歴史を有意味なものとすることができるのである。すでに述べたように、文献史学を補完し現在における意味の源泉であることを強調する藤原帰一による記憶論の整理も、ここに位置付けることができるだろう。ここにある認識論的な前提は、記憶し、語る主体はあくまでも個々の人々である、というものである。

一方、「集合的な記憶」派は、集合的記憶も文化システムとして考えることができるとする。つまり、集合的記憶は、個々の主体に還元することのできない、間主観的(inter-subjective)な性質を持っているという立場である。もちろん、後者は、個人の記憶という前提を排除するわけではない。おそらくこの文化システムという考え方は、言語をモデルとして考えると分かりやすいだろう。構造言語学が指摘してきたように、言語は、文法などの固有の規則を持っているが、実際の言語の使用によって、常にそこにはズレが生じる。それが長い時間をかけてある言語に独自の変化をもたらし、特質を与えているのである。同様に、集合的記憶も独自の論理と変化の領域を持っているはずである。これらは、記憶し、語る、個々の主体からは相対的に独立したものとして分析することができるし、理解すべきである。「集合的な記憶」派は、このような立場であるといえるであろう。このような立場に立つことによって、いかなる問題を対象化することができるのであろうか。

アンダーソンは、これまでの社会科学では、記念碑などの物質的な表象は、政治的な覇権を誇示する装飾か、あるいは人心操作のために用いる手段であるとしか理解されてこなかったことを指摘し、「殆どの観察者が、記念碑は一種の発話であると気づいておらず、何が話されているのか、またなぜその発話の形式と内容は、そうした特定の形をとるのかについて具体的に認識しようとはしなかった」と嘆いている[38]。

シュワルツは、集合的記憶の研究はポリティクス論を超えて、さらに一層深い次元の解明へ進むべきことを主張している。

実際、集合的記憶は現代の権力闘争において効果的な武器であろう。記憶をめぐる戦場としての社会イメージは、それだけに拠ってしまうならば集合的記憶の源泉と機能についての理解を妨げてしまう。記憶のポリティクスそれ自体が位置している文化的領域の探求に向かわなければならない[39]。

つまり問題は、なぜ集合的記憶が政治的な重要性を帯びてしまうのか、ということである。これは「集められた記憶」派のアプローチとも相補的な関係になるだろう。なぜそうした語りの形式がとられるのか。そこには文化的な枠組みが存在している。文化的システムとして集合的記憶を考えることは、集合的記憶それ自体の内在的論理を解明するという方向性を持つ。どのように過去が象徴化され、その象徴による意味伝達はどのように果たされているのか、これはすぐれて文化的な現象であるといえる。

彼は、集合的記憶を「言語」であると同時に「地図」でもあるとし、その二重性を強調している。彼によれば、集合的記憶は「表出的シンボル(expressive symbol)」であり、現在が直面している問題を明確化する。また同時に「方向付けシンボル(orienting symbol)」として、我々がどこから来てどこへ行くのかに関連付けることによって現在の問題に対処するための地図ともなっている、という。つまり、過去とは常に現在の問題や関心によって構成される社会的構築物であり、集合的記憶とは、社会における価値観が表出される場であると同時に、価値観を再定義し、作り上げている場なのである。

集合的記憶のもつ社会的機能は分析的に二つに区別できる(40)。第一に、集合的記憶は「社会のモデル(model of society)」である。それは、その社会が直面している必要、問題、恐れ、心性、願望の反映である。第二に、集合的記憶は「社会のためのモデル(model for society)」である。それは、その社会の経験を定義し、価値と目的を明確化し、それらを実現するための認知的、感情的、道徳的方向付けをするプログラムである。こうして彼は、集合的記憶を、現在を理解すること自体を可能とするテンプレートを提供する文化的な枠組みであるとするのである。

さらに、想起の実践という行為それ自体が持つ固有の論理を考えることもできるだろう。個々の想起の実践と、そこにみられる論理や象徴にも、おそらく歴史がある。

オーリックは、想起の実践が、それ独自の生成・変化の論理を持っているという(41)。追悼式や記念祭にみられる一般的な言説は「過去によって現在がある」というものであるが、近年の研究はその政治性を暴露することになった。実際には、過去や伝統は、現在の政治的な関心によって作られたものである。むしろ、現在が過去を作っているのである。確かに、過去の持つ意味はかなりな程度幅広く解釈することができるものであり、現在の環境がそうした潜在的な意味を制限して利用するものである。しかし、ときに「過去」は変更に対して頑強に抵抗する場合がある。我々は、まったく何でも捏造できるというわけではない。ではなぜ、過去のある部分はあまり変わらず、他の部分は変わりやすいのか。

彼は、「現在の我々の過去のイメージを作り変える能力は、手が届き利用しうる過去、個人の選択、集団的闘争などのそれぞれの構造によって制限されている(42)」と指摘している。集合的記憶は、現在と過去との関係についてこれまでなされ、呈示されてきた解釈の集積によって強く規定されている、という。これを彼は「経路依存性(path-dependency)」と表現している。彼が主張しているのは次のような事態である。想起の実践という行為それ自体にも歴史がある。ある過去の出来事とそれに対する記念行事が行われたとする。国家によるものにしろ、サブ・ナショナルな集団によるものにしろ、それらは想起の実践の場であり、過去と現在の解釈が提示され、産出あるいは更新される記憶の場である。その実践が何年も何十年間も続いてきた場合を考えることができるだろう。その場合に、現在行われている想起の実践は、過去に何度となく繰り返されてきた想起の実践の集積と、現在行われている構築や再構築とに依存する。つまり過去の想起の実践の集積は、それ自体が現在の想起の実践に文脈を提供する記憶としての意味を持っている。

表 1-1　沖縄の戦没者記念施設数

建立場所	市町村関係	都道府県関係	戦友・遺族関係	同窓会・職域関係	沖縄県遺族連合関係	その他	計
県　内	194	46	40	22	15	13	330
海　外		2	4	1			7
計	194	48	44	23	15	13	337

注）沖縄県護国神社，平和祈念堂，平和の礎，国立戦没者墓苑は含まない。
出典）沖縄県『沖縄の慰霊塔・碑』（沖縄県生活福祉部援護課，1998 年）

四　沖縄県における戦没者記念施設

沖縄はアジア・太平洋戦争において、現在の日本国内では唯一地上戦が行われた場所である。一九五七（昭和三二）年、当時の琉球政府の推計では、日本軍兵士、軍属、市民を合わせて一八八、一三六名が戦没者として考えられており、これに米軍戦没者を加えると二〇〇、六五六名の犠牲者を出したと考えられている。より最近の推計は、平和の礎の刻銘者数である。これによると、二〇一六年六月現在二四一、四一四名の戦没者であるとされている。いずれにしても二〇万人以上の犠牲者を出した熾烈な戦争を経験した地である。(43)

表1-1に示したように、沖縄には現在までに多数の戦没者記念施設が作られてきた。その建立主体は国、沖縄県、都道府県、市町村、米軍関係、その他戦跡などがある。沖縄県が公にしている資料によればこれら施設の総数は三三七である。県内にあるものに限るなら三三〇であり、これらに沖縄県護国神社、国立戦没者墓苑などを含めると三三四施設となる。これらの多くは摩文仁《まぶに》の丘にある平和祈念公園内に集中している。日本で唯一の国定戦跡公園に建設された平和祈念公園は沖縄県が管理し、沖縄県平和祈念資料館、沖縄平和祈念堂（内閣府所管の公益法人、財団法人沖縄協会の管理運営）、国立沖縄戦没者墓苑（図1-2）、各都道府県の記念碑等が集中している。また、刻銘対象者を「国籍を問わず、沖縄戦で亡くなったすべて

図 1-2　左：国立沖縄戦没者墓苑　右：平和の礎

の人々」とする記念碑である「平和の礎」が、戦後五〇年を迎えた一九九五年六月に除幕された[44]。いくつか、その形態を紹介する。

戦後、沖縄の占領統治は一九四五年から一九七二年までの二七年間に及び、現在も米軍の基地問題をはじめ、国家と、日米の軍事的協力関係の諸矛盾が集約されている場である。同時に、現在の沖縄は、日本の平和主義を考える上で象徴的な位置を占めている。平和の礎は沖縄戦の犠牲者すべてを追悼する施設である。そこでは死者が選ばれていない。慰霊や不戦のための祈りの場として、沖縄がいかに構築されてきたのかを歴史的に検討することも必要であろう。

確かに、多大な犠牲者を出したことは歴史的事実である。それはもはや公的な記憶となっているといってもよいであろう。記録され、教科書化され、収集され、収蔵され、展示されている。国立戦没者墓苑や平和の礎といった記念施設が作られ、記憶の場を提供し、国家元首や県の首長が追悼儀礼を執行し、慰霊祭が行われ、平和学習のコースとなり、修学旅行生や団体の観光客が立ち寄る観光コースとなっている。しかし、この公的記憶はどのように形成されていったのだろうか。その内容と形式、そうした記憶それ独自の論理はいかに表現され、象徴化されてきたのか、という問題を考えることができるであろう。集合的記憶という視角からすれば、そうした記憶の歴史を考えることが必要であろう。その際に、物質的枠組みであるこれらの記念施設に着目し、その多声性を考えることができる。こうした記念施設の集中という状態それ自体が、さまざまな集団によって支えられた「諸記憶」を考える素材を提供している。

五　市町村における記念施設

都道府県の記念碑は巨大で抽象的なオブジェクトとなっているものが多い。ここでは特に、より小規模の、市町村における記念施設を考えたい。日本の他の都道府県におけるこうした戦没者記念施設は、その多くが碑の形態をとっているのでほとんどの場合内部に遺骨が入っていないことが多いが、沖縄の市町村における戦没者記念施設（沖縄では多くの場合「碑」ではなく「塔」という名称を用いている）の場合は遺骨が収めてある。下部に納骨施設を持つ、というよりも、納骨施設の上部にシンボルが置かれている、と表現したほうがより正しいような、独特の形態を持っている。

中南部、特に南部は沖縄戦の最後の激戦地であり、多くの部隊あるいは村が全滅した。ここには戦後すぐに大量に散らばっていた遺骨を、地域住民が一箇所に集め、弔った記念施設が多く建設されている。その中に、糸満市字真壁仲間原の「萬華の塔」がある。一九五一（昭和二六）年八月に建立され、現在は真壁自治会によって維持管理されている。ここには一九、二〇七名の遺骨が納められている。その特徴的な形態を図1－3に示す。

同じ敷地内、入り口付近にある「萬華廟《みたまや》記」という金属製の朽ちかけたプレートには次のように記されている。

図 1-3　萬華の塔（筆者撮影／左：2003 年当時の形，右：現在の形）

萬華廟記
当地方は昭和二十年六月
沖縄戦最後の決戦場で
喜屋武《きやん》、摩文仁、真壁三村が
全滅した決戦場で日米両軍
陸海空の玉砕部隊が寸土を争って
怒涛の如く折り重なって
玉砕された聖地であります
因って茲に遺骨の収集を成しとむらい
本廟を献立して感謝の誠を捧げるものであります
八紘一宇安保
昭和二十年八月十五日

もっとも、県のデータによれば、この納骨施設の建設は公式には昭和二六年八月となっている。これを昭和二〇年八月一五日とするのは後付けの論理であったのであろう。しかし、たとえ後付けであろうとも（いや、そうであるからこそ）、そのように解釈し、終戦が発表されたまさにその日付と関連付けられ、「日米両軍」が「怒涛の如く折り重なった」場所として、金属板に刻まれているのである。

予備的調査の際に出会ったインフォーマントによれば、「米兵とも日本兵とも、民間人ともつかない骨がたくさん出てきて農作業ができない。そこで一箇所にまとめて葬ることにした。その後、日本政府の遺骨収集が行われたが、その際にも半分は提供したが、残りは提供しなかった。それは遺骨の中には地元民のものも混ざっており、それを故郷から手放すことはしたくなかったからだ」という。

図 1-4　萬華廟記（筆者撮影）

また、碑の上に設置された十字架のシンボルであるが、これがキリスト教を意味するシンボルであるかどうかは定かではない。それを示唆する証言は得られなかった。しかし、ここには日米分けることなく（事実上、分けることは不可能だったとする）遺骨が合葬してあることが認識されている。兵士以外の遺骨、さらには日本人以外の遺骨が一緒に葬られていると考えられている事例は他の都道府県にはみられないものである。もちろんそれは掃討作戦により兵士も民間人も無差別に殺戮された記憶の痕跡でもあるのだが、この「選べない骨」という特徴は、後の沖縄の記念・慰霊施設の展開を考える上で重要なモチーフであろう。

　こうした十字架のシンボルについては異なる解釈もある。それは「萬華の塔」のようにクリスチャンでもない沖縄県民が立てた古い納骨堂には十字架がかかっていることが多かった。「戦後、占領軍である米軍が頭蓋骨を持ち出したりしたらしく、その防止のために十字架をかけたようだ」[45]、あるいは「一九五〇年代に建てられた納骨堂には、十字架が付けられたものが多かった。米兵たちがしゃれこうべを持ち出しいたずらをすることがあったので、クリスチャンの雰囲気を出しておけば被害が防げるであろう」と考えられ、上部に十字架のシンボルが付けられたというものである。[46]調査の聞き取りでも、同様の証言を得ている。

戦後の沖縄では、畑や道、茂みの中に放置されていた無数の遺骨を集める作業がボランティアによって行われた。そのように収集された遺骨を納めた施設のひとつに「魂魄の塔」がある。これは、那覇市真和志地区住民の収容所跡に遺骨を集めた納骨施設に始まる。この施設は村長が米軍と交渉して入手したセメントで作ったといわれている。遺骨を集めて施設を作りそこに納める作業は、地域住民やさまざまな民間団体のボランティアによって行われた。次節でも触れるが、琉球列島米国民政府文書によれば、こうした作業にはキリスト教教会も関わっており、そうした中で、墓を示し、慰霊の意味を込めて十字架のシンボルが上部に据えられるという形態が生み出されていったのかもしれない。

前述の「萬華の塔」のある場所は、一〇メートル四方ほどの、集落の小さな広場である。最後の激戦地であり、玉砕地であったことから、多くの部隊碑が建立され、このわずかな土地には多くの記念碑が集中している。具体的にいうならば、「沖縄連隊区司令部戦没職員　慰霊碑」「山三四八〇部隊（野砲兵第四二連隊）終焉之地　鎮魂」「馬魂碑」「独立重砲兵第百大隊（球一八八〇四部隊）鎮魂碑」「砲兵山吹之塔野戦重砲第一連隊」、さらに個人碑「珊瑚礁を朱に染めて」などが建てられており、さらに個人の墓碑、木製あるいは石製の塔婆が乱立している。碑銘には個人名に霊位、碑、供養碑、墓などの文字が付されている。その他、砲弾型のオブジェクトや、日本の新宗教である白光真宏会による「世界人類が平和でありますように(May peace prevail on earth)」と記されたピースポール(peace pole)と呼ばれる白い標柱なども立てられている。

白光真宏会は大本系教団のひとつである生長の家から分派し独立した教団である。[47]一九四九年に初代教祖、五井昌久によって始められたとされる。世界平和は教団組織の活動目標であり、同時に、戦争で悲惨な目にあった敗戦国の日本にこの宗教運動が始まったことに使命感を感じるべきであるとする。つまり、ここでは世界平和そのものを神格化する興味深い教義を持っている。一九六四年より平和ポスター(ピースステッカー)の貼付活動を始め、一九七六年から世界平和祈願柱(ピースポール)の建立活動を始めた(48)。

このように、多重に意味付けられた空間がそこには存在している。同一の空間にきわめて多様な、サブ・ナショナルな諸集団の記憶実践をみることができる。各々の集団の記憶が託され、同一の空間的に記憶を担保するさまざまな物質的枠組みがひしめいている。こうした、さまざまな石碑の並んだ風景自体を空間的枠組みといってもよいであろう。碑が集まっていること自体の空間的な意味も問われるべきであろう。もちろんこうした現象は沖縄に限ったことではないし、具体的に諸集団による慰霊行為がいかに準備され、行われているのか、それが地域の住民によっていかに見つめられ解釈されているのかを含めて、調査し、理解する必要がある。

六　記念施設をめぐるポリティクス

沖縄には少なくとも一九四基の、こうした市町村レベルの記念施設が存在する。これらは各県の施設あるいは国立沖縄戦没者墓苑に吸収されず残って(残されて)いる。そしてそこには、戦後日本政府によって遺骨収集が行われたにもかかわらず、いまだに遺骨が納められていると考えられている。これは集合的記憶の物質的枠組みという観点からきわめて興味深い問題を提起している。これらはなぜ残され、維持されてきたのだろうか。その歴史過程を明らかにする必要がある。これは確かに難しい問題であるが、琉球列島米国民政府資料を手がかりとすることによって、考えてみたい。

一九四五年、沖縄には米国海軍政府が設立され、一九五〇年、名称が琉球列島米国民政府(USCAR=United

States Civil Administration of the Ryukyu Islands）となった。サンフランシスコ講和条約第三条によって沖縄は引き続き米国によって信託統治されることになった[49]が、住民の実感からいえば、信託統治は実質的な軍政であったという[50]。一九五七年からは高等弁務官制となり、在沖縄陸軍の司令官が琉球列島高等弁務官となった。また、住民の自治政府である琉球政府（GRI=Government of the Ryukyu Islands）の主席は高等弁務官の任命制であった。この体制は一九六八年二月に住民の直接選挙による主席の選出をUSCARが認めるまで続いた。

現在、沖縄公文書館には統治時代のUSCAR文書のマイクロフィルムが収められている。統治期のUSCAR文書は沖縄戦後史を明らかにする上で貴重な一次資料であるが、復帰後三〇年が経過した二〇〇二年にならなければ公開されないはずであった。しかし一九九五年の大統領令によって早期に公開されることが決まり、一九九七年から、米国公文書館で公開が開始された。

日本では沖縄県立公文書館と国立国会図書館が、この三二〇万ページにわたる文書と写真資料のマイクロフィルムによる複製化を進め、所蔵・整理を行っている[51]。USCAR文書は、一九九八年一一月四日から、その一部の一般公開が開始された。その後も資料の整理の進展に伴い順次公開が進んでいる[52]。もっとも、米軍基地や外交・軍事上の政策決定過程の全容解明には、米国国防総省、国家安全保障会議、国務省などに四五〇万件以上も所蔵されているといわれる沖縄関係の未公開資料を研究する必要があり、これらの公開を要求していくことが必要とされている[53]。

公開されたUSCAR文書の中には遺骨収集および戦没者記念施設に関係する機密扱いの文書が一括して収められており、当時の日本政府と琉球政府、米国それぞれのやりとり、また米国の政策決定過程を知ることができる。米国民政府の渉外局文書（USCAR Records, The Liaison Department）がそれである。渉外局の主な任務は「効率的で責任ある地元政府を育てるための事業や企画を行うこと」であり、資料には「日米両政府のUSCA

R訪問者への対応、日本政府沖縄事務所の活動、日本政府援助に関する文書など」が含まれている。今回参照できたのは「Reference Paper Files Concerning U. S. War Dead on Okinawa, 1962-1970」というシリーズ名の「Remains and Memorial Services, 1956-1971. Miscellaneous」というタイトル、資料日付一九五六年四月一日から一九七一年一月三一日までの一括資料のマイクロフィルムである。[54]実際にはこの期間に作成された文書であっても、さまざまな関連文書が添付されていることがある。その中には一九五六年以前の日付を持つ文書も多く存在するので、問題の時系列的な流れを知る上できわめて有益な資料群であるといってよいだろう。

これら文書全体にわたる詳細な分析は今後の課題とし、ここでは特に最初の遺骨収集に至るまでの政策決定過程を示す文書を検討する。当該文書では一九五一年の情報局による調査報告書から一九五七年の識名における中央納骨所での慰霊祭の実施までの二三文書を確認することができた。[55]

これらの文書によると、沖縄における遺骨収集の実施は一九五六（昭和三一）年から、日本政府が琉球政府に委託する形で始められた。[56]遺骨収集は、サンフランシスコ講和条約が発効し、日本が終戦直後の混乱期やGHQによる占領統治時代を終えて独立を回復した一九五二年以降、法的には可能となる。沖縄の場合、同年の一〇月に日本国外務省と米国大使館とで交わされた口上書（note verbale）という非公式な外交覚書（No. 722, No. 885, A5）によりすでに申し入れが行われていたようである。一九五六年四月四日付USCAR文書には、添付書類としてA1. No. 448という外務省の口上書の翻訳（英訳）が添えられている。

実はこれに先立って、USCARでは未収骨遺骨の存在が主張されている場所の特定と状況の調査が行われている。この調査は、米国の建設作業班によって遺骨が道路に撒き散らかされているという陳情についての現地調査として行ったものである。この件に関する資料は、一九五一年八月二八日付「Alleged Mistreatment of Japanese Remains（遺骨に対する不適切な取扱いの申し立て）」と題するUSCARの副知事室（Office of Deputy governor）からの命令書、および Office of Okinawa Team の情報局副官（Information Adjutant）であったオスカー・R・フォスター（Oscar R. Foster）中尉による、一九五一年九月七日付ＡＰＯ７１９という報告書案および報告書である。

同報告書案および報告書によれば、「スタッフは一〇日間に渡って沖縄本島南端部をまわり、二七の墓、五箇所の墓地、そしてひとつの壕を調査した。地域住民から得た情報などから、沖縄南部の村々には少なくとも三〇箇所ほど、農地などで発見された遺骨の集積場所（gathering places）が作られていた。遺骨には、米兵のものであるという疑いがあった場合の他は、身元を確かめようとする試みはなされてこなかった。こうした身元不明の遺骨の八〇パーセントから九〇パーセントが日本兵のものであると推測できる。米国の建設作業班によって道路に撒き散らかされているという風説は誤りであり、茂みや洞窟などに隠れてしまっている場合は別として、地元住民によって遺骨は集積されている。浦添村では、地域住民と日本の建設会社などによって「魂魄の塔」が建設されており、ここにはすでに多くの遺骨が集められ葬られている」ということなどが示されている。この遺骨の収集はボランティアによって行われている。仏教徒の団体、女性団体、キリスト教教会、青年団体、教員組合、大学、その他、地域の諸団体がこの遺骨収集に関わっていた。毎週土曜と日曜に各団体から三〇人ずつが遺骨収集に参加している(57)。

戦没者の慰霊顕彰、とりわけ旧日本軍の遺骨収集と実際の遺骨の処理と戦没記念施設の建設などに関しては、南方連絡事務所を通してＵＳＣＡＲ宛てに数度にわたって要請が出され、それを受けてこの問題はＵＳＣＡＲ内部でもたびたび議論されている。遺骨収集計画には、未収集の遺骨・遺品の収集と共に、それらを一箇所に集中的に集めた国立の戦没者記念施設を建設し、そこで慰霊祭を行うという計画が含まれていた。これが問題とされ、一九五四年の段階では、この計画を「明らかに、日本政府が琉球政府へ影響力を持とうとする新たな動き」であ

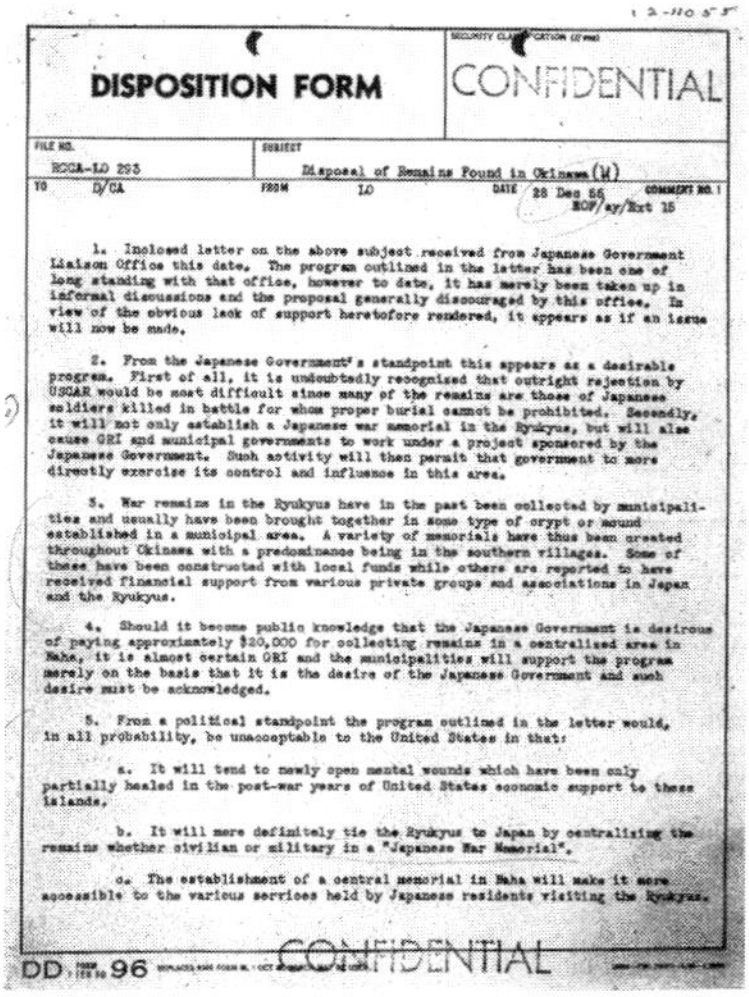
12-11055

DISPOSITION FORM

SECURITY CLASSIFICATION (If any): CONFIDENTIAL

FILE NO. RCCA-LO 293
SUBJECT Disposal of Remains Found in Okinawa (U)
TO D/CA　FROM LO　DATE 28 Dec 55　COMMENT NO. 1
ECF/ay/Ext 15

1. Inclosed letter on the above subject received from Japanese Government Liaison Office this date. The program outlined in the letter has been one of long standing with that office, however to date, it has merely been taken up in informal discussions and the proposal generally discouraged by this office. In view of the obvious lack of support heretofore rendered, it appears as if an issue will now be made.

2. From the Japanese Government's standpoint this appears as a desirable program. First of all, it is undoubtedly recognized that outright rejection by USCAR would be most difficult since many of the remains are those of Japanese soldiers killed in battle for whom proper burial cannot be prohibited. Secondly, it will not only establish a Japanese war memorial in the Ryukyus, but will also cause GRI and municipal governments to work under a project sponsored by the Japanese Government. Such activity will then permit that government to more directly exercise its control and influence in this area.

3. War remains in the Ryukyus have in the past been collected by municipalities and usually have been brought together in some type of crypt or mound established in a municipal area. A variety of memorials have thus been created throughout Okinawa with a predominance being in the southern villages. Some of these have been constructed with local funds while others are reported to have received financial support from various private groups and associations in Japan and the Ryukyus.

4. Should it become public knowledge that the Japanese Government is desirous of paying approximately $20,000 for collecting remains in a centralized area in Naha, it is almost certain GRI and the municipalities will support the program merely on the basis that it is the desire of the Japanese Government and such desire must be acknowledged.

5. From a political standpoint the program outlined in the letter would, in all probability, be unacceptable to the United States in that:

a. It will tend to newly open mental wounds which have been only partially healed in the post-war years of United States economic support to these islands.

b. It will more definitely tie the Ryukyus to Japan by centralizing the remains whether civilian or military in a "Japanese War Memorial".

c. The establishment of a central memorial in Naha will make it more accessible to the various services held by Japanese residents visiting the Ryukyus.

CONFIDENTIAL

DD FORM 96

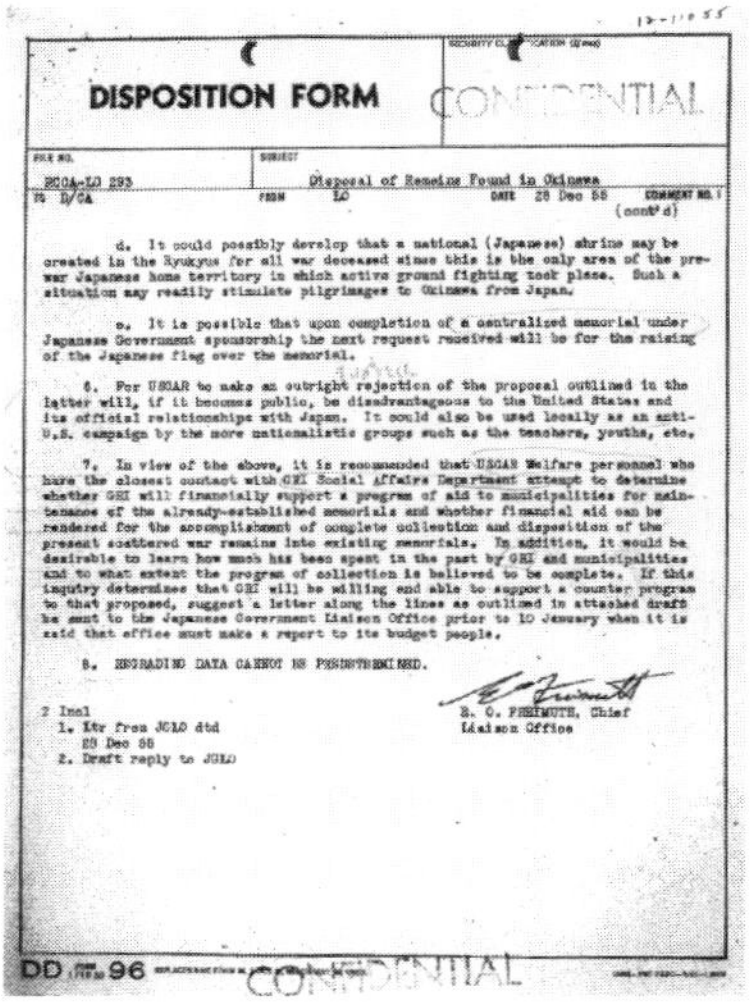
12-11055

DISPOSITION FORM

CONFIDENTIAL

FILE NO. RCCA-LO 293
SUBJECT Disposal of Remains Found in Okinawa
TO D/CA　FROM LO　DATE 28 Dec 55　COMMENT NO. 1
(cont'd)

d. It could possibly develop that a national (Japanese) shrine may be created in the Ryukyus for all war deceased since this is the only area of the pre-war Japanese home territory in which active ground fighting took place. Such a situation may readily stimulate pilgrimages to Okinawa from Japan.

e. It is possible that upon completion of a centralized memorial under Japanese Government sponsorship the next request received will be for the raising of the Japanese flag over the memorial.

6. For USCAR to make an outright rejection of the proposal outlined in the letter will, if it becomes public, be disadvantageous to the United States and its official relationships with Japan. It could also be used locally as an anti-U.S. campaign by the more nationalistic groups such as the teachers, youths, etc.

7. In view of the above, it is recommended that USCAR Welfare personnel who have the closest contact with GRI Social Affairs Department attempt to determine whether GRI will financially support a program of aid to municipalities for maintenance of the already-established memorials and whether financial aid can be rendered for the accomplishment of complete collection and disposition of the present scattered war remains into existing memorials. In addition, it would be desirable to learn how much has been spent in the past by GRI and municipalities and to what extent the program of collection is believed to be complete. If this inquiry determines that GRI will be willing and able to support a counter program to that proposed, suggest a letter along the lines as outlined in attached draft be sent to the Japanese Government Liaison Office prior to 10 January when it is said that office must make a report to its budget people.

8. REGRADING DATA CANNOT BE PREDETERMINED.

E. O. FREIMUTH, Chief
Liaison Office

2 Incl
1. Ltr from JGLO dtd 28 Dec 55
2. Draft reply to JGLO

CONFIDENTIAL

DD FORM 96

図 1-5　USCAR 文書(1955 年 12 月 28 日付，JGLO No. 11/D)

るとUSCARは考えていた。占領前に立案された沖縄の上陸および占領統治作戦では、沖縄の人々は沖縄人(Okinawan)とされ、日本人と異なる民族であると認識されていた。USCARにもこうした認識は受け継がれており、文書上にもOkinawanという言葉が出てくる。[58]そして、沖縄の統治にあたっては日本政府の直接的な介入を許さず、その影響力を排除し、日本から分離するという政策をとっていた。つまり遺骨収集計画は、米国本国、USCAR、琉球政府、南方連絡事務所を介在した日本国政府、これらのさまざまな統治機構の政治的な争点ともなっていったのである。

USCARがこうした計画の何をどのように問題としていたのかを、詳細かつ網羅的に示しているのは次の資料である(図1-5)。

一九五五年一二月二八日付、JGLO No. 11/D という正式な文書として発信されているこの文書は、「Disposal of Remains Found in Okinawa」と題された作戦行動計画書(Disposition Form)であり、米国民政府渉外局長のエドワード・O・フライマス(Edward O. Freimuth)

からこの問題に関する報告および指示を要請したものである。これはUSCAR渉外局から上層部、さらには極東司令部へ、いわば下から上へ打診された文書であると思われる。文書には、那覇日本政府南方連絡事務所の所長である Seizo Takashima による遺骨収集の計画についてその許可を要請した英文書簡が添えられている。

この文書でフライマスは「日本側の要求をきっぱりと拒絶することはできないが、政治的な見地からするといくつかの受け入れがたい問題がある」と述べ、以下の問題点を指摘している。

a　戦後、米国の財政的援助によって癒えてきた戦争の傷跡を再び切り開いてしまう可能性がある。

b　日本の戦没者記念施設(Japanese War Memorial)に、民間人、軍人を問わず遺骨を集め合葬すること(centralising)は、琉球と日本をきわめて強く結び付けてしまう。

c　中央集中化されたメモリアルを那覇に建設することは、日本住民が琉球を訪れるさまざまな活動を促進させてしまう。

d　日本の戦前の国土の中で唯一戦闘が行われたところであるので、すべての戦没者を祭るような国家的民族的な日本神社(a national 'Japanese' shrine)となってしまう可能性がある。

e　日本政府の資金提供の下に一元的に合葬した戦没者記念施設が建設された場合に、次に来る要求は、その施設に国旗を捧げたいということになるであろう。

遺骨収集とメモリアルの建設というこの計画への対応について、USCARはあるジレンマに陥っていたことが分かる。つまり、USCARがこうした日本の要求をきっぱりと断ると、講和条約後の平和的な日米関係を損なってしまう。またそのことによって民族主義者や教師、若者による反米運動が高まる可能性がある。しかし、だからといって中央的なモニュメントの建設を許してしまうと、それは靖国神社のようなものとなってしまい、ナショナリズムを再活性化させる恐れがある。こうした認識をUSCARは明らかに持っていたことが資料からはうかがわれる。そこで方策として、琉球政府主導で、各市町村に遺骨を納めた施設の現状や改築・修理の必要性の調査を行うことが提案された。それは遺骨を過度に集中させずに、市町村の施設をそのまま残すという分散政策が目指されていたということを示している。

この調査は、実際に遺骨収集の事前調査としても行われ、施設の所在調査を含めた報告書が存在する。それによれば未収集の場所として三五箇所が選定されており、ここには二五〇〇人分の未収集遺骨が存在すると推定されている。また市町村における戦没記念施設は一八八がすでに建設されているとされ、そのうち移転が希望されているものが二〇とされている。これらの施設はそれ以前の文書では記念碑(memorial)となっているが、この調査報告書では納骨堂(ossuary)という言葉が使われていることからも、やはり実態に基づいていると考えられる。

この問題に対する米国の政策を決定付けたのは、一九五六年六月一五日付で米国大使館から極東司令部宛てに出された次の文書である(図1-6)。この文書は、遺骨収集と中央的な納骨施設に関する問題について、基本的に日本側の要求を認めるべきことが通達されている。

a　USCARが認識しているように、この要求を拒絶した場合、とりわけ日本人の死者(先祖など)に対するきわめて取り扱いの繊細さを考慮すると、米国に対する悪感情が増大する恐れがある。

b　一般の人道的な理由からも、この種の計画を合衆国は認めるべきである。戦没者の遺骨を集め共同墓地や記念碑を設けることは自由世界において一般的に行われている。

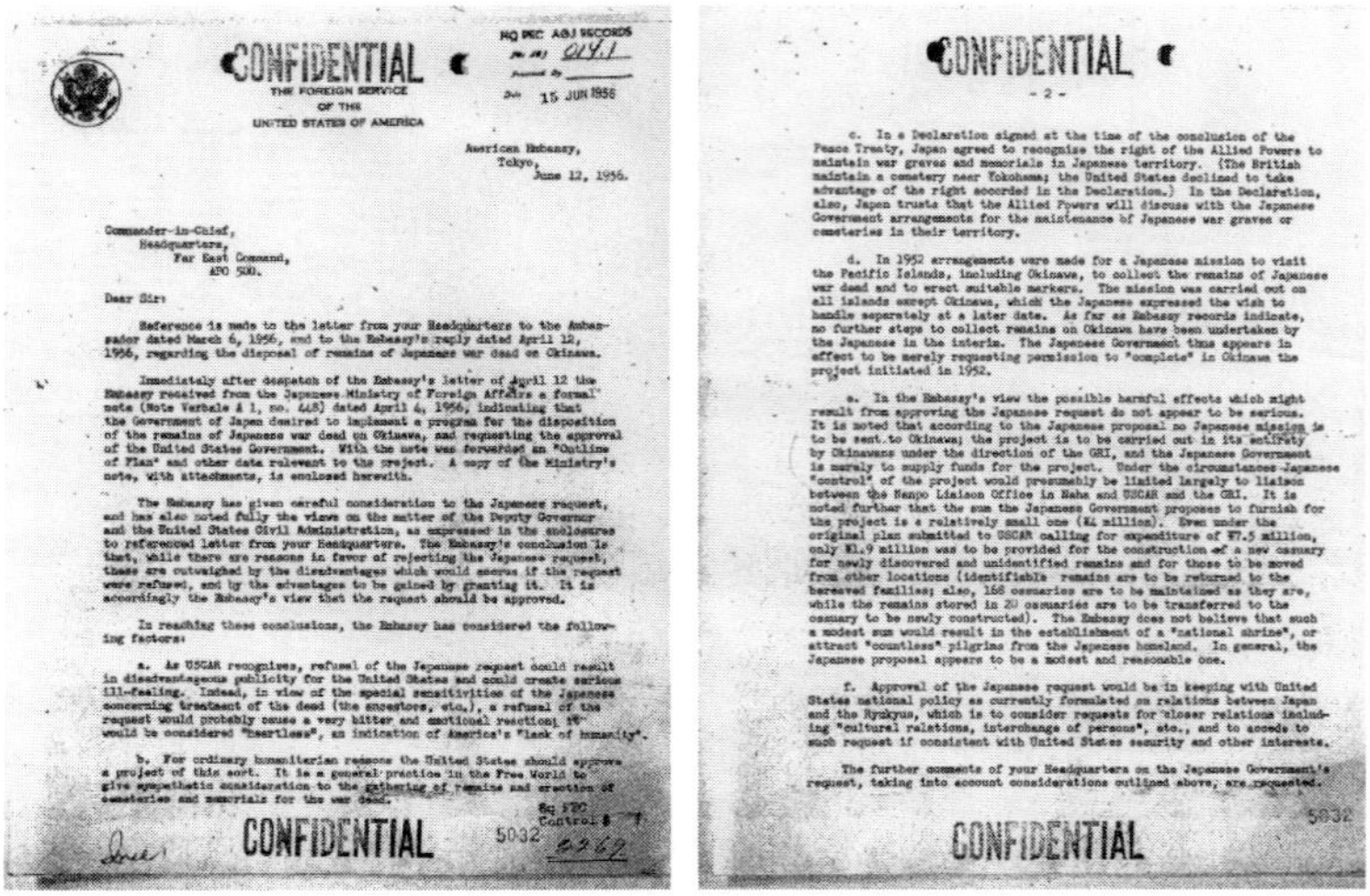

CONFIDENTIAL
THE FOREIGN SERVICE
OF THE
UNITED STATES OF AMERICA

HQ FEC AGJ RECORDS
014.1
15 JUN 1956

American Embassy,
Tokyo,
June 12, 1956.

Commander-in-Chief,
Headquarters,
Far East Command,
APO 500.

Dear Sir:

Reference is made to the letter from your Headquarters to the Ambassador dated March 6, 1956, and to the Embassy's reply dated April 12, 1956, regarding the disposal of remains of Japanese war dead on Okinawa.

Immediately after despatch of the Embassy's letter of April 12 the Embassy received from the Japanese Ministry of Foreign Affairs a formal note (Note Verbale A 1, no. 448) dated April 4, 1956, indicating that the Government of Japan desired to implement a program for the disposition of the remains of Japanese war dead on Okinawa, and requesting the approval of the United States Government. With the note was forwarded an "Outline of Plan" and other data relevant to the project. A copy of the Ministry's note, with attachments, is enclosed herewith.

The Embassy has given careful consideration to the Japanese request, and has also noted fully the views on the matter of the Deputy Governor and the United States Civil Administration, as expressed in the enclosures to referenced letter from your Headquarters. The Embassy's conclusion is that, while there are reasons in favor of rejecting the Japanese request, these are outweighed by the disadvantages which would accrue if the request were refused, and by the advantages to be gained by granting it. It is accordingly the Embassy's view that the request should be approved.

In reaching these conclusions, the Embassy has considered the following factors:

a. As USCAR recognizes, refusal of the Japanese request could result in disadvantageous publicity for the United States and could create serious ill-feeling. Indeed, in view of the special sensitivities of the Japanese concerning treatment of the dead (the ancestors, etc.), a refusal of the request would probably cause a very bitter and emotional reaction; it would be considered "heartless", an indication of America's "lack of humanity".

b. For ordinary humanitarian reasons the United States should approve a project of this sort. It is a general practice in the Free World to give sympathetic consideration to the gathering of remains and erection of cemeteries and memorials for the war dead.

Hq FEC
Control #
CONFIDENTIAL　5032

CONFIDENTIAL
- 2 -

c. In a Declaration signed at the time of the conclusion of the Peace Treaty, Japan agreed to recognize the right of the Allied Powers to maintain war graves and memorials in Japanese territory. (The British maintain a cemetery near Yokohama; the United States declined to take advantage of the right accorded in the Declaration.) In the Declaration, also, Japan trusts that the Allied Powers will discuss with the Japanese Government arrangements for the maintenance of Japanese war graves or cemeteries in their territory.

d. In 1952 arrangements were made for a Japanese mission to visit the Pacific Islands, including Okinawa, to collect the remains of Japanese war dead and to erect suitable markers. The mission was carried out on all islands except Okinawa, which the Japanese expressed the wish to handle separately at a later date. As far as Embassy records indicate, no further steps to collect remains on Okinawa have been undertaken by the Japanese in the interim. The Japanese Government thus appears in effect to be merely requesting permission to "complete" in Okinawa the project initiated in 1952.

e. In the Embassy's view the possible harmful effects which might result from approving the Japanese request do not appear to be serious. It is noted that according to the Japanese proposal no Japanese mission is to be sent to Okinawa; the project is to be carried out in its entirety by Okinawans under the direction of the GRI, and the Japanese Government is merely to supply funds for the project. Under the circumstances Japanese "control" of the project would presumably be limited largely to liaison between the Nanpo Liaison Office in Naha and USCAR and the GRI. It is noted further that the sum the Japanese Government proposes to furnish for the project is a relatively small one (¥4 million). Even under the original plan submitted to USCAR calling for expenditure of ¥7.5 million, only ¥1.9 million was to be provided for the construction of a new ossuary for newly discovered and unidentified remains and for those to be moved from other locations (identifiable remains are to be returned to the bereaved families; also, 168 ossuaries are to be maintained as they are, while the remains stored in 20 ossuaries are to be transferred to the ossuary to be newly constructed). The Embassy does not believe that such a modest sum would result in the establishment of a "national shrine", or attract "countless" pilgrims from the Japanese homeland. In general, the Japanese proposal appears to be a modest and reasonable one.

f. Approval of the Japanese request would be in keeping with United States national policy as currently formulated on relations between Japan and the Ryukyus, which is to consider requests for closer relations including "cultural relations, interchange of persons", etc., and to accede to such request if consistent with United States security and other interests.

The further comments of your Headquarters on the Japanese Government's request, taking into account considerations outlined above, are requested.

5032
CONFIDENTIAL

図 1-6　米国大使館文書（1956 年 6 月 15 日付）

c　サンフランシスコ講和条約によって、日本側は横浜の英連邦戦死者墓地などの連合国側の記念施設の維持管理の権利を認めている。

d　一九五二年から始まった南方諸島における遺骨収集の一環として沖縄の遺骨収集も含まれており、今回の遺骨収集もその完成を目指したものである。したがって沖縄のみを対象としたものではない。

e　日本側は資金提供をするのみで、実際には南方連絡事務所と琉球政府の協賛によって沖縄人（Okinawan）によってなされるものであって、日本の直接的な影響力の強化にはつながらない。また、資金も比較的少ない。

遺骨の集中化も「穏やか」なものである。一八八の納骨施設のうち一六八はそのまま維持され、集められるのは二〇箇所である。これは新たな「national shrine」の創設にはつながらないだろう。また、日本本土から沖縄への際限のない「巡礼」の誘引とはならないだろう。そして、琉球と日本との「文化的関係」を認めるというのが米国政府の政策であり、今後もこの方針に基づいて対処すべきである。

こうして遺骨収集は予定通り行われ、一九五七(昭和三二)年には那覇市識名に「戦没者中央納骨所」が建設された。この納骨所にはその後も引き続き収骨された遺骨が納められ続けることになる。収骨数が増えるにつれ狭隘となったことから、現在の摩文仁の丘にある国立沖縄戦没者墓苑へ一九七九(昭和五四)年移転し、その際に遺骨が移動され納められた。

むすびにかえて

ここまでみてきたことをまとめよう。集合的記憶論が描き出しているのは、過去についての解釈や言説が現在の社会的現実そのものを構成する、という事態である。つまり、集合的記憶論は、過去に関する知識の社会的構成と社会的配置、およびその知識をめぐる集団的ダイナミクスを理論化しようとする知識社会学の新しい形態である、といえるだろう。このアプローチのもうひとつの利点は、集合的記憶を間主観的な文化システムと捉え、その解釈を目指す研究を排除しない点にある。このことは、宗教的・文化的な意味の理解、ミクロな象徴分析や文化システムの意味解釈の可能性と接合するものとなるだろう。こうして、媒介項として集合的記憶へ着目することによって、ミクロ・メゾ・マクロの各レベルの分析を、何らかの還元主義に陥ることなく連結し、統一的な絵を描くことが可能となる。換言するならば、集合的記憶への着目は、象徴的な内容それ自体の分析とより広い社会とのダイナミクスを解明する可能性を提示している。こうした視角から事象を観察することには大きな発見的な意義があるであろう。しかしそれは理論で決着の着く問題ではなく、あくまでも実際の歴史過程の中に検証する必要がある。

　ここではアジア・太平洋戦争における慰霊の地としての沖縄における慰霊形態の特徴のいくつかを指摘した。とりわけ市町村における慰霊施設が納骨堂として始まったこと、それゆえ戦没兵士のみを慰霊・記念したものではなく、いわば戦争犠牲者の象徴となっていることをみた。この「選べない骨」というモチーフは、もちろん掃討戦という歴史的事実の結果であることは間違いないが、それ自体、語りのモチーフでもあり、象徴的な意味を持っていると考えられるだろう。物質的フレームに基づいたこうした語りや象徴が、国立墓苑から平和の礎へ至るその後の沖縄の平和主義の拠点や祈りの場としての構築に影響を与えるような、媒介項として働いていたのではないかと思われる。

　沖縄の市町村における慰霊・納骨施設が残されたのは、日米両国の政策的な妥協点であって、いわばマクロなポリティクスの結果として、意図的に残されたものである。しかし、そのことは通常想起されることはなく、むしろ別の意味と役割を担っていった。「選べない骨」のモチーフは、地域共同体で自発的に作られた、遺骨の集積場所に始まる納骨施設を表す表現であるだけでなく、戦後沖縄の平和主義の拠点としての構築にまでつながる原理ともなっていった。これは言説化の過程といってもいいであろうが、USCAR文書が公開されたことで、戦後資料を丹念に検討することによって、ミクロな表象とマクロな社会構築が記憶の場をめぐって接続され、媒介されてきたことを歴史的に解明することもできるであろう。

　さらに諸集団レベルを考えるならば、沖縄は、国家、沖縄県、各都道府県、市町村と多重的・多層的な社会的構築の場となっている。さらに現在も保存されている戦跡も存在している。また、記憶の場は、本章でふれた新宗教の他、ユタと呼ばれる民間巫者による個人的な慰霊など、さまざまな意味付け、慰霊・記念行為が集中した意味の結節点として構築されており、また構築されてゆく過程にある。(59) このような諸記憶の見取り図を作ることと同時に、さまざまな集団によって現在も行われている記憶実践をフィールドに基づいて記述すること、いわば集合的記憶の民俗誌を書くことを構想することもできるであろう。

(1) デュルケム『宗教生活の原初形態(上・下)』古野清人訳、岩波文庫、一九七五年。(原著：Durkheim, É., *Les formes élémentaires de la vie religieuse. Le système totémique en Australie*, Paris: Les Presses Universitaires de France, 1968.)

(2) M・アルヴァックス『集合的記憶』小関藤一郎訳、行路社、一九九九年。(原著：Halbwachs, M., *On Collective Memory*, translated from French by Coser, L. A., The University of Chicago Press, 1992 (=1952).)

(3) Shils, E., *The Constitution of Society*, The University of Chicago Press, 1982.

(4) アルヴァックス前掲書、一九八九年、八七頁。

(5) 同前、一八二頁。

(6) 同前、一六四頁。

(7) 同前、二〇七頁。

(8) 横山正「記念碑」『世界大百科事典』平凡社。

(9) ルイス・A・コーザー『社会闘争の機能』新睦人訳、新曜社、一九七八年。(原著：Coser, L., *The Functions of Social Conflict*, Free Press, 1964=1956.)

(10) 片桐雅隆は同様の箇所について、「期間」を「時代」と訳しているが、これはあまりに自説に引き付けた訳であろう。片桐雅隆『過去と記憶の社会学——自己論からの展開』世界思想社、二〇〇三年。

(11) Coser, L. A., "Introduction," in, Halbwachs, *op. cit.*, 1992 (=1952), pp. 1-34.

(12) この循環論に関しては竹沢尚一郎『象徴と権力』勁草書房、一九八七年。粟津賢太「モーリス・ブロックのイデオロギー概念に関するノート——宗教的知識の多様性の理論的検討のために」『宗教と社会』第二号、一九九六年、九八—一一九頁。

(13) Olick, J. K., "Collective Memory: The Two Cultures," Sociological Theory 17: 3, November, 1999b, pp. 335-348.

(14) Foucault, M. *Language, Counter Memory, Practice*, Cornell University Press, 1980. 同書に収められた counter-memory(邦訳では「反記憶」と訳されている)関連の論文は、いくつかに分散して邦訳されている。ミシェル・フーコー「作者とは何か」根本美作子訳、ミシェル・フーコー『ミシェル・フーコー思考集成3　歴史学・系譜学・考古学』蓮實重彦他監修、一九九九年、二二三―二六六頁。ミシェル・フーコー「劇場としての哲学」蓮實重彦訳、ミシェル・フーコー同前、三九六―四二八頁。ミシェル・フーコー「ニーチェ、系譜学、歴史」伊藤晃訳、ミシェル・フーコー同前、一一―三八頁。

(15)『記憶の場』第一部の冒頭論文であり、カリフォルニア大学の *Representations* 誌の「カウンター・メモリー」特集号に英訳掲載されている。Nora, P., "Between Memory and History: Les Lieux de Memoire," *Representations*, No. 26, Special Issue: Memory and Counter-Memory, Spring, 1989, pp. 7-25. その後、日本でも翻訳紹介されている。ピエール・ノラ「記憶と歴史のはざまに――記憶の場の研究にむけて」長井信仁訳、『思想』No・911、二〇〇〇年、一三―三七頁。

(16) 谷川稔「社会史の万華鏡――『記憶の場』の読み方・読まれ方」『思想』No・911、二〇〇〇年、四―一二頁。

(17) J・ボドナー『鎮魂と祝祭のアメリカ――歴史の記憶と愛国主義』野村達朗他訳、青木書店、一九九七年。(原著：Bodnar, J., *Remaking America: Public Memory, Commemoration, and Patriotism in the Twentieth Century*, Princeton University Press, 1993.)

(18) 石田雄『記憶と忘却の政治学――同化政策・戦争責任・集合的記憶』明石書店、二〇〇〇年。同『近代日本の政治文化と言語象徴』東京大学出版会、一九八三年。ただしこの用語法は独特であるため混乱を招く。例えばフジタニはパブリック・メモリーという概念は「公共圏」の概念ではないことを強く主張している。T・フジタニ「思想の言葉」『思想』(パブリック・メモリー特集号)、No・890、一九九八年、二―四頁。

(19) 細谷千博「総説」、細谷千博・入江昭・大芝亮編『記憶としてのパールハーバー』ミネルヴァ書房、二〇〇四年、一―一二頁。

(20) 若尾祐司・羽賀祥二『記録と記憶の比較文化史』名古屋大学出版会、二〇〇五年、一六頁。

(21) 同前、三九〇頁。

(22) 藤原帰一『戦争を記憶する――広島・ホロコーストと現在』講談社現代新書、二〇〇一年。

(23) Hobsbawm, E. and T. Ranger (eds.), *The Invention of Tradition*, Cambridge University Press, 1992=1983.(邦訳：エリック・ホブズボウム／テレンス・レンジャー編『創られた伝統』前川啓治他訳、紀伊国屋書店、一九九二年。)

(24) 藤原前掲書、五四頁。

(25) テッサ・モーリス=鈴木「グローバルな記憶・ナショナルな記述」『思想』(パブリック・メモリー特集号)、No・890、一九九八年、三五―五六頁。彼女はアイヌ問題の研究者でもあり、オーストラリアという多文化主義の文脈からなされる記憶論はマイノリティやエスニック・グループの問題として主題化されている。同『辺境から眺める――アイヌが経験する近代』大川正彦訳、みすず書房、二〇〇〇年。

(26) 冨山一郎『戦場の記憶』日本経済評論社、一九九五年。

(27) 同前、九三頁。

(28) 同前、九三―九四頁。

(29) 岩田重則『戦死者霊魂のゆくえ――戦争と民俗』吉川弘文館、二〇〇三年。

(30) 同前、二頁。

(31) 同前、三一頁。

(32) 同前、三一頁。

(33) 同前、三二頁。

(34) Olick, J. K., “Genre Memories and Memory Genres: A Dialogical Analysis of May 8, 1945 Commemorations in the Federal Republic of Germany,” *American Sociological Review*, 1999a, pp. 381-402.

(35) 想起の実践(mnemonic practice)という用語はオーリックにならったものである。Olick, *ibid*., 1999a, p. 381. また、mnemonic という言葉はギリシャ神話における記憶の女神であるムネモシューネ Mnemosyne に由来する。Davis, N. Z. and R. Starn, Introduction, Representations, No. 26, Special Issue: Memory and Counter-Memory, Spring, 1989, pp. 1-6.

(36) グローバル化における「普遍主義の個別化と個別主義の普遍化」という現象は、地球化が地域主義的イデオロギーを刺激し強化するという意味でグローカル化であるともいわれる。Robertson, R., *Globalization: Social Theory and Global Culture*, Sage, 1992.（原著：R・ロバートソン『グローバリゼーション――地球文化の社会理論』、阿部美哉訳、東京大学出版会、一九九七年。）

(37) この二つの立場については、Schwartz, B., *Abraham Lincoln and the Forge of National Memory*, The University of Chicago Press, 2003, pp. 13-17 において詳細に議論されている。もちろんこの文化システムという考え方は、クリフォード・ギアーツの論考から取り入れられたものである。C・ギアーツ『文化の解釈学』吉田禎吾他訳、岩波書店、一九八七年。（原著：Geertz, C., *The interpretation of cultures: selected essays*, Basic Books, 1973.）同『ローカル・ノレッジ――解釈人類学論集』梶原景昭他訳、岩波書店、一九九一年。（原著：Geertz, C., *Local Knowledge: Further Essays in Interpretive Anthropology*,

Basic Books, 1983.)

(38) B・R・アンダーソン『言葉と権力――インドネシアの政治文化探求』中島成久訳、日本エディタースクール出版部、一九九五年。(原著:Anderson, B. R. *Language and Power: Exploring Political Cultures in Indonesia*, Cornell University Press, 1990.)

(39) Schwartz, *op. cit.*, p. 17.

(40) ここでは現在米国ジョージア大学で社会学・社会心理学の講座を持つバリー・シュワルツの定義によっている。彼の社会的記憶と知識社会学に関する研究には次のものがある。*George Washington: The Making of an American Symbol*. New York: The Free Press, 1987. *Vertical Classification: A Study in Structuralism and the Sociology of Knowledge*. Chicago: University of Chicago Press, 1981. "Social Change and Collective Memory: The Democratization of George Washington," *American Sociological Review*, 56, pp. 221-236, 1991. "Memory as a Cultural System: Abraham Lincoln in World War II," *American Sociological Review*, 61, pp. 908-927, 1996. また、これらをまとめた近著に、Schwartz, *op. cit.* がある。

(41) Olick, *op. cit.*, 1999a.

(42) *Ibid.*, 1999a, p. 381.

(43) 碑の基数などについては、主に沖縄県『沖縄の慰霊塔・碑』沖縄県生活福祉部援護課、一九九八年を参照。

(44) 大田昌秀『沖縄 平和の礎』岩波新書、一九九六年。その他、各施設は公の機関によって維持管理がなされているため、厚生労働省はじめ、沖縄県、財団法人沖縄協会などのホームページにおいて基本的な情報は公開されている。

(45) 戦争遺跡保存全国ネットワーク編著『日本の戦争遺跡』平凡社新書、二〇〇四年。

(46) この解釈はインターネット上から得たものである。http://www.kaze.gr.jp/fwokinawa/fwokinawa2002/fwokinawa02top.htm(二〇〇五年六月一二日閲覧)

(47) 『新宗教事典』縮刷版、本文編、弘文堂、一九九四年。白光真宏会については Kisala, R., *Prophets of Peace: Pacifism and Cultural Identity in Japan's New Religions*, University of Hawaii Press, 1999 および上之郷利昭『教祖誕生』講談社文庫、一九九四年なども参照。

(48) 同前『新宗教事典』一二九―一三〇頁。一九八〇年の五井昌久の逝去後は養女である昌美(本名・悦子)が後継者となる。昌美の旧姓は尚といい琉球王家(尚氏)の末裔であるという。

（49）第三条【信託統治】
日本国は、北緯二九度以南の南西諸島（琉球諸島及び大東諸島を含む。）、孀婦（そふ）岩の南の南方諸島（小笠原群島、西ノ島及び火山列島を含む。）並びに沖の鳥島及び南鳥島を合衆国を唯一の施政権者とする信託統治制度の下におくこととする国際連合に対する合衆国のいかなる提案にも同意する。このような提案が行われ且つ可決されるまで、合衆国は、領水を含むこれらの諸島の領域及び住民に対して、行政、立法及び司法上の権力の全部及び一部を行使する権利を有するものとする。

藤原彰『日本軍事史　下巻　戦後篇』日本評論社、一九八七年。
（50）『沖縄タイムス』一九九九年八月六日付、朝刊。
（51）国立国会図書館憲政資料室には「日本占領関係資料」の一部として「沖縄占領関係（沖縄戦、琉球列島米国民政府）」として収められている。同「資料一覧」によると当該資料の全体は以下のように分類されている。
〈一般〉
米国の沖縄占領行政（U.S. Administration of the Ryukyu Islands, 1946-1972）
〈沖縄戦〉
米海軍沖縄作戦記録（OKINAWA Index: Action Reports, War Diaries, Operation Plans and Orders, and British Records）
米海兵隊記録太平洋戦争記録（Records of the U.S. Marine Corps in the Pacific War）
琉球列島米国民政府（USCAR）
高等弁務官室文書（USCAR Records, The Office of the High Commissioner）
高等弁務官に対する諮問委員会文書（USCAR Records, The Former Advisory Committee to the High Commissioner）
復帰準備委員会（米国側代表）文書（USCAR Records, The U. S. Element of the Preparatory Commission）
民政官室・副民政官室文書（USCAR Records, The Office of the Civil Administrator and the Deputy Administrator）
総務室文書（USCAR Records, The Administrative Office）
計画局文書（USCAR Records, The Comptroller Department）
経済局文書（USCAR Records: The Economic Department）
厚生教育局文書（USCAR Records, The Health, Education and Welfare Department）
渉外局文書（USCAR Records, The Liaison Department）

公益事業局文書(USCAR Records, The Public Works Department)
民政官府文書(USCAR Records, Civil Affairs Teams)
文書の来歴等に関する文書(USCAR Records, Non-record Material)
規格外(各部局大型文書)(USCAR Records, Over-Sized Film)

(52) 沖縄県立公文書館は資料目録の公開など、閲覧・研究の便が優れていることは特筆に値するであろう。

(53) 『沖縄タイムス』一九九八年一月二八日。

(54) Reference Paper Files Concerning U.S. War Dead on Okinawa, 1962-1970, Foreign Government Activity Files, 1965. Award to the War Dead.(沖縄県公文書館所蔵マイクロフィルム、資料コード U81100983B, 受 99S253-0421)

(55) 以下は沖縄県立文書館において筆者が行った調査でも資料的な発見である。北村毅『死者たちの戦後誌——沖縄戦跡をめぐる人びとの記憶』御茶の水書房、二〇〇九年は、この発見を認め、考察を加えている。また、この文書については、日本側の外国文書においても確認されている。浜井和史「沖縄戦戦没者をめぐる日米関係と沖縄」『外交史料館報』一九、二〇〇五年、八九—一一五頁。

(56) 厚生省援護局『引揚げと援護三十年の歩み』ぎょうせい、一九七七年。

(57) これらすべての団体の実態は現時点では必ずしも詳らかではないが、原文では次の通りである。Buddhist Association, Naha Women's Association, Christian Church, Naha Youths' Association, Teachers' Association, University of the Ryukyu, and many of other local associations.

(58) 大田昌秀『沖縄の帝王　高等弁務官』朝日文庫、一九九六年。

(59) 沖縄における戦没者慰霊と民間巫者については佐藤壮広が精力的に研究を進めている。佐藤壮広「戦死者の記憶と表象をめぐる試論」『日本史の脱領域——多様性へのアプローチ』森話社、二〇〇三年、一七二—一八七頁。同「追悼の宗教文化論——沖縄における平和祈念と民間巫者」国際宗教研究所編『新しい追悼施設は必要か』二〇〇四年、二二三—二四四頁。

第二章　儀礼国家論と集合的記憶
――集合的記憶の社会学構築のために

はじめに

本章では、集合的記憶研究を宗教社会学の文脈に位置付けるために、儀礼国家論の理論的批判を中心的に行う。宗教社会学や文化人類学において、国家儀礼の問題がいかに議論され、どこに問題があったのかを明らかにする。

世俗国家における儀礼の存在は社会学、とりわけ宗教社会学において世俗化論や市民宗教論などをめぐって議論されてきたのみならず、人類学や政治学、歴史学に至る広大な問題領域を形成している。かつて世俗社会といわれた現代社会、あるいは近代国家を、儀礼に着目することによって理解しようとするいくつもの試みがなされてきた。確かにそれは、啓蒙主義的前提に立つ合理的行為モデルによっては解明されることのない社会学的な研究対象たりうるし、単線的で不可逆な過程としての世俗化論の反証たりうる。世俗社会は世俗的なのか、世俗社会における国家儀礼は単なる前近代の残存物なのかを問うものである。

しかしながら、これらの論考では漠然と国民的アイデンティティやナショナリズムの高揚と国家儀礼の関係が語られているが、その理論的立場は、かならずしも明らかではない。また国家における儀礼的次元を解明するために「劇場国家論」や「儀礼国家論」といいうるような分析や論考も数多くなされてきたし、そうした接近方法に対する批判もすでになされている。それらの批判の多くは、①儀礼国家論や劇場国家論は国家儀礼自体の静態的分析に留まってしまい、それゆえ②実際の支配―被支配の関係や、国家儀礼が作られ、あるいは強制されてきた歴史的過程を捨象してしまっているという二点に主に集中している。(1)

一　儀礼国家論

近代国家における儀礼の執行に積極的な機能を見出す儀礼国家論は、近代化という社会変動論に基づいた従来の世俗化論に鋭く対立している。立憲君主制下における国家儀礼の意義を社会学の文脈において主張した影響力のある業績は、シルズとマイケル・ヤング(Michael Young)による「戴冠式の意味」と題された論文である。(2)

シルズらは一九五三年に行われた英女王の戴冠式を観察し、国家儀礼として執行される一連の王室儀礼を記述的に分析している。彼らによれば、それらの六つのシークエンスからなる王室儀礼が意味しているのは、神から国民を預かった国王の道徳的義務の主張である。そのような国王の卓越した道徳性やその儀式の執行における「国家」や「国民」は、さまざまな社会的な差異や階層を越えた「ひとつの国家」「ひとつの国民」を意味している。戴冠式における儀礼は「よく統治された、またよい社会に不可欠の道徳的価値の一連の儀礼的確認」であるとしている。(3)「社会はその基本的な道徳的規律の聖性に関する内的な一致によって結び合わされて」おり、通常、不完全で曖昧であり、めったに現れるものではないが、そのような中心的な価値は国家的儀礼の場において顕現するのだというのである。ここにはシルズの主張する「あらゆる社会は中心を持ち、それは価値と信念の領域である」とする彼の機能主義的な社会理論上の立場をみて取ることができる。(4)

シルズらの分析は、後年ジェイ・ブラムラー(Jay G. Blumler)らによって再検討されている。ブラムラーらは(5)

王室儀礼における参加者の意識調査を行い、その結果を「君主制に対する態度」と題した論文として発表している。彼らが扱ったのは一九六九年に行われた英国皇太子の叙任式に対する人々の態度上の変化である。叙任式はマスメディアによってさまざまな形で大きく取り上げられ、国民全体にほぼ三週間にわたる儀礼の期間を経験させる。その期間の前と後における一般人口集団の態度上の変化を、四つの調査機関からの資料と、彼らの行ったインタビュー調査に基づいて分析したのである。彼らが強調したのは、映画スターなどの大衆娯楽における偶像に期待されるイメージと、臣民が女王に対して持つイメージとの差異が一般人口集団の意識にみられることであり、後者には宗教的なアナロジーが見出せるということである。つまり「王室」儀礼は、一般人口集団によって、「マスメディアによる単なる偶像」ではなく、むしろ「宗教的な」価値を持っているものと考えられているのである。一般人口集団の態度には君主制に対する情緒的なコミットメントが存在し、「国王」や「皇太子」は道徳的な卓越性をもつというイメージを示している。彼らは前述した戴冠式に関するシルズらの分析を支持し、「王室」儀礼によって、「ある根底的な（家族的紐帯や国家的自尊心などの）価値が再確認された」ものとしているのである(6)。

儀礼の存在が社会統合に果たす重要性を主張するこのような研究は、君主制をとる社会を対象としたもののみに限られるわけではない。「アメリカ合衆国」という高度に機能分化した多元社会における「宗教的価値」の存在を主張し、さまざまな議論と同じ視点にたった多くの研究を啓発したという点で影響力のある業績は、ロバート・ベラー（Robert Bellah）による「米国の市民宗教」と題された論文である(7)。「市民宗教（civil religion）」という用語はルソーが『社会契約論』において用いたものであるが、ベラーはこの用語を近代社会における意味統合の問題に結び付けたのである。

彼は一九六一年に行われたジョン・F・ケネディの大統領就任演説の記述から論を始める。米国大統領の演説には神に対する言及が繰り返し現れ、それは大統領としての責任を果たすことを神に対して宣誓するという形式を取っている。同時に、これは特定のある宗派における神ではない。例えばケネディはカトリック教徒であったが、そこで言及された神とはカトリックの神を意味していない。政教分離された米国社会においては公職にある大統領が特定の私的な宗教に対する信念を公的な立場において言及してはならない。大統領が言及したのは高度に一般化された「神」であり、米国を「神の下の国(Nation Under God)」であるとする観念なのである。そしてこのような神への言及は、票集めのための単なるジェスチャーではなく、近代社会の持つ「公的な宗教的次元」である。これをベラーは「市民宗教」と呼び、米国社会には「高度に制度化された」市民宗教が存在し、それは「一連の信仰、象徴、儀式に表現されて」いるとしている(8)。

市民宗教は米国人の大多数が共有している「宗教的志向」の「共通要素」であり、一般化された宗教的志向はある規範を社会の成員に提供する。大統領の就任式は「最高の政治的権威の宗教的正統化を再確認する」ものである(9)。ベラーは、宗教を超越的・普遍的な尺度から自己を省みるための枠組みを提供するとする機能的な定義を採用している。それは米国という近代社会においても存在しており、それゆえ彼はあらゆる国民は「宗教的自己理解に達する」ものとしている。それは支配イデオロギーではなく、民主主義を擁護し、「アメリカの制度の発展において決定的な役割を果たしてきた」のだと主張する(10)。ここには彼の規範的な立場が明瞭に現れている。

シルズらの英国の国家儀礼に関する論考については、社会の成員のそれぞれの差異を越えて合意された価値の存在をみることなどできないとする批判がその当初からなされている。ナータン・ビルンバーム(Nathan Birnbaum)は、英国王室の儀礼を宗教的な熱狂をもって迎えるのではなく、むしろ王室に対して批判的な意見を持つ多数の者たちの存在を指摘し、シルズらの論考が、現在の体制に賛同するイデオロギー的立場の表明でしかないとしている(11)。また英国史家のデイヴィッド・キャナダイン(David Cannadine)らも、国家儀礼を執行することの重要性は、歴史的にみると大きく移り変わっており、決して一定したものではない。また、それは古来から連綿として受け継がれてきたものではなく、近代国家の建設にあたってさまざまな形で新しく意味付けがなされ、創り上げられてきた「創造された伝統」にすぎないことを指摘している[12]。そのような立場からは、国家儀礼の存在を社会に深く根づいた「中心的価値」の表出であると考えることはできない。

またベラーの「市民宗教」論についてもすでに多くの批判がなされている。それらの中で最も徹底した批判者にはリチャード・フェン(Richard Fenn)があげられる。フェンによれば、現代の機能分化した米国社会においては、包括的な宗教的価値は存在しえないばかりか、もはや不必要であるとしている。現代社会は制度的に宗教的価値の影響下を離れ、完全に機能的合理性によって運営されるに至っている。さらに市民宗教論は、米国という国家をひとつのまとまった社会であるとする国家と社会との同一視に基づいた疑わしい仮定にすぎないと批判している[13]。フェンによるこのような批判は、必ずしも直線的なプロセスではないが、先にみた世俗化論の立場に立っていることが分かる。

儀礼国家論や市民宗教論に対するこれらの批判は次の三点に整理することができる。第一に、儀礼国家論を特定の支配イデオロギーや現状肯定にしかすぎないとするイデオロギー批判。第二に、大衆セレモニーとしての国家儀礼の大々的な執行は、古来から連綿として存在し続けている中心的価値の表出ではなく、近代以降の比較的新しい創造物であるとする歴史的批判。そして第三に、儀礼国家論の依拠している理論的仮定に対する批判である。

第一のイデオロギー批判は、もしもこの批判が単純なイデオロギー論に基づいたものであるならば、それは批判的価値を失うであろう。これから述べるように、イデオロギー批判は第二の歴史的批判と結び付けて考えられる必要がある。

近代日本を考えてみよう。明治維新以降、近代天皇制下の日本は、天皇が宗教的存在であることを国家が主張し、それが国民の崇拝を勝ち得ていたと常識的には理解されている。換言するならば、為政者の意図通りに民衆が統合されていたとする、いわばイデオロギーの成功例として引き合いに出される。だがこれはイデオロギーという為政者からの情報のインプットにより、国家に対する民衆の絶対的忠誠がアウトプットされるという、きわめて単純なイデオロギーの機械論的モデルにすぎない。問題はそれほど簡単ではない。

なぜなら、このモデルでは、第一にそのような支配に異を唱え、それゆえ迫害された少数者の存在や反乱といった歴史的事実が示すような支配イデオロギーからの逸脱が説明できないし、第二に、これは単純な陰謀説でしかない[14]。単純な陰謀説が描き出してしまうのは、権謀術数に長けた有能な支配者たちと騙されやすい哀れな民衆という図式でしかない。このような単純な枠組みは、運動論的には意味を持つかもしれないが、イデオロギーの問題を解明することはない。むしろ民衆をステレオタイプ化してしまうことによって、運動論さえも導き出せはしないであろう。

問題ははるかに複雑であり、第二次世界大戦下の日本において天皇制イデオロギーが成功を収めた背景には、それまでに民衆の制度的および精神的な選択肢がすでに奪われてしまっていたことが指摘されねばならない。つまり、国家儀礼としての皇室儀礼の執行と連動して、学校や市町村レベルにおけるさまざまな儀式が執行され、特定の崇拝の様式が民衆の日常生活の隅々にすでに浸透していたこと。また国家神道体制という、天皇の下に他の宗教体系を従属させる日本型政教関係が制度的にすでに成立していたこと。同時に、治安維持法等の制限的立法がすでに制定され、特高警察が組織されていたという点を見逃してはならない。さらに、「日本型立身出世主義」や「出世民主主義」などと指摘されてきた民衆のエトスによって戦前までの体制は裏打ちされていたことを忘れてはならない。つまり、民衆の従順さは、決して為政者側の儀礼の執行のみによって達成されていたわけではないのである(15)。

だが、このようにイデオロギーに関する単純な機械論的モデルを放棄し、実際の歴史過程を考慮に入れたとしても、儀礼国家論の問題が解明されたわけではない。筆者はこのような歴史的批判が国家儀礼の問題を解消してしまうことはないと考える。なぜなら、このような視座からは、現代国家における儀礼の存在が過去の「残存物」としか捉えられなくなるからである。現代社会における国家儀礼への学問的・社会的関心は、日本においては昭和天皇崩御から大嘗祭に至る一連の出来事や、前世紀末から問題化している国際社会におけるエスノナショナリズムなどを契機に高まっている。また、西暦二〇〇〇年の終わりという区切りを目指してさまざまな記念祭が世界各地で頻繁に行われていたことも指摘されている。さらに戦争やテロの犠牲者への追悼式典や、日本における「靖国問題」や国立追悼施設の建設をめぐる議論などもますます注目されている(16)。国家儀礼は過去の残存物ではなく、現代社会においても現実を構成する機能を持ち続けている。それが過去の残存物にしかみえないのは、儀礼の独特のコミュニケーション特性によるものである。

もしもこのように、機械論的モデルが放棄されるならば、国民国家形成期における大規模な儀礼の執行の増大はいかなる意味を持つのであろうか。また、シルズやベラーらの主張に存在する問題は、何に由来しているのであろうか。必要なのはこれらの儀礼国家論それ自体を放擲してしまうことではなく、有効な問いを発するための理論的視座の獲得なのである。

ここで検討した儀礼国家論や市民宗教論に共通しているのは、国家儀礼が社会統合に不可欠な根底的価値を表出し、かつ、国家儀礼においてそれらの価値が社会の成員によって再確認されるという事態を描き出している点である。そしてこのような事実は、宗教的なものによって社会統合が達成されていることの証明であるとされているのである。またいずれの論考も、デュルケーム理論に対する明示的な依拠がみられる。それゆえ、儀礼国家論が依拠する重要な理論的前提として、社会に対する機能主義的理解を検討することは適切であろう。

二　デュルケイミアン・レガシー

ここでは、集合的記憶の社会学という観点から、デュルケームの古典的業績『宗教生活の原初形態』において提示された儀礼の理解を簡単に再確認しておこう。

彼は、オーストラリアのアボリジニ社会における諸々の宗教的儀礼に関する報告をもとに、宗教的な儀礼体系を、消極的礼拝と積極的礼拝との二つに、分析的に概念化した。前者は、聖なるものを隔離するための禁忌(abstention)の体系であり、後者は聖なるものとの積極的な交流が目指されるものである。積極的儀礼を示すものとして、彼は、ウィチュティと呼ばれる青虫をトーテムとするアルンタ族(Arunta)の氏族において行われるインティチュマ儀礼(*Intichiuma*)を取り上げている。注意すべきは、時間性への着目である。彼は自然の運行リズムの中に儀礼を置き、次のように述べている。

　インティチュマが行われる日付は、大部分は、季節によっている。中央オーストラリアには、鮮明に分割された二季節がある。すなわち、一つは、乾燥した季節であって、これは長い間続く。もう一つは、雨季で、これは反対にきわめて短く、しばしば、不規則である。雨がやってくると、あたかも妖術によるかのように植物は土から萌え出で、動物は繁殖し、そして、前夜までは不毛な砂漠にすぎなかった国々は、豪華を極めた動物帯と植物帯とで被われる。よい季節が近づくと思われるまさにそのときに、インティチュマが執行されるのである。(17)

また、その自然の景観には、彼らの歴史が刻まれているさまざまな石や岩、場所が存在している。「彼らがたどっていく国は、光栄ある祖先たちが残した思い出にまったくみたされている」。儀礼は、それらをたどる旅でもあると解釈されている(18)。

デュルケームは、インティチュマ儀礼の他にさまざまな模擬的儀礼も考察しているが、これらは一種の豊饒儀礼であり、積極的儀礼は多くの場合、儀礼による自然に対する働きかけなどがこれに相当する。トカゲの氏族がトカゲの祖先を表す岩を剥ぎ取り各方角へ投げる儀礼のほか、蜜蜂、カンガルー等、祖先はさまざまな形態をとるが、それらは同じ儀礼のバリエーションであると述べている。豊穣を約束するものこそが「寓話的」で「不朽」な祖先であり、それらとの交流なのである。その交流は次のように行われる。

各氏族がその子孫であると考えられている寓話的祖先は、かつては地上に生きて、そこに通路の痕跡をとどめたことを、われわれは想起する。これらの痕跡は、とくに、祖先たちが若干の場所に置いた、あるいは、彼らが地中に沈み込んだ地点に形成された、石または岩からなっている。これらの岩や石は、祖先の身体、あるいは、身体の一部とみなされ、その思い出を呼び起こす。これらは祖先を表象するのである。ひいては、岩や石は、これらの同じ祖先にとってトーテムとして役立った動物や植物を表現する。個人とそのトーテムとは、同一のものだからである。それゆえ、人々は、これらの祖先に、現在生きている同じ種の動物や植物に帰すのと同じ実在、同じ固有性を帰す。しかし、これらに較べて、これらの祖先は、不滅であり、疾病と死とを知らない点で、長所をもっている。それゆえ、これらの祖先は、いつでも自由に処分できる、恒久、不易の、動植物の生命の貯蔵所のようなものを構成している。したがって、かなり多くの場合、種の繁殖を保証するため、年毎に赴くのは、この貯蔵所にである(19)。

しかし、デュルケームは、これらの積極的儀礼によって、物理的自然に働きかけようとする、儀礼に対する宗教的あるいは呪術的な意味付けは、当事者たちの説明から導き出されたものであり、それは儀礼が執行される真の意味を開示してはいないと述べる。物理的な成果が期待されていない儀礼も存在しているし、それらを見ることによって、儀礼が執行される真の意味を把握することができるという。物理的効力や豊穣を意図したものとしてのみ、儀礼を考えるのは誤りである。なぜなら、「人が儀礼を行うのは、依然として、過去に忠実であろうがためであり、集合体にその道徳的特色を保有するためであって、儀礼が生み出しうる物理的効果のためではない[20]」からである。

インティチュマ儀礼においても、岩や石とそれに対する巡礼と過去への想起などが着目されていることをみた。「彼らがたどっていく国は、光栄ある祖先たちが残した思い出にまったくみたされている」のである。記憶の物質的枠組み、想起など、「集合的記憶」の古典的提唱者であるアルヴァックスの発想は、すでにこの『原初形態』の中にみることができる。

デュルケームは、儀礼を「何にもまして社会的集団が周期的に自己を再確認する手段[21]」とし、「われわれが研究した他の儀礼は、まさに、この本質的な儀礼の諸様態にすぎない[22]」と述べる。そして、こうした立場からデュルケームは、積極的礼拝の中で、収穫豊穣、雨乞いなどの、何ら物理的効力を目的として行われるのではない儀礼をもまた析出した。それが記念的儀礼と贖罪的儀礼(rites piaculaires)である。こうした過去の出来事を記念する儀礼の典型として示されているのが、ワーラムンガ族の祖先タラウアラ(*Thalaualla*)を記念する儀礼である。そうした儀礼では「単に表象するだけの、人々の心にもっとも深くきざみつけておくだけの目的で、過去が表象されている。自然に対する決定的な活動も、これらの儀礼には期待されていない[23]」という。彼は、儀礼の持つ上演性や舞台性、そしてそれが記念的行為であることを繰り返し強調している。

儀礼は、一に過去を追憶させ、いわば、過去をまことの劇的表出によって現在とすることにある。この場合、祭司は自らが表明している祖先の化身とはけっしてみなさていれない。それだけに、われわれのいった言葉は精確である。すなわち、祭司は一役を演じている一人の俳優である。(24)

記念的祭儀は、祖先タラウアラの神話史を、彼が大地を出てから決定的にそこに戻るときまでを上演するのである。これらの祭儀は、この祖先のあらゆる旅を通して追跡する。神話によれば、滞在した地所のいずれにおいても、彼はトーテム祭儀を行った。人々は、これらの祭儀を、本来相ついでなされたといわれているとおりの順序で、反復するのである。(25)

デュルケームにおいて儀礼は、「集団に共通な信念の総体」の活力を維持し、これらが記憶から消え去るのを防ぐことである。(26)

また、こうした箇所には、不朽性という特定の時間に関する表象への着目をみることができる。民族の不朽性という表象が民族を強化する「効果」を生むのである。また、その記念的上演は、凹地や岩、大地の裂け目などの自然物や景観という物質的に枠付けられている。そうした場所自体がトーテムに用いられてさえいるのである。デュルケームはまた、喪(deuil)や、公的災害が起こったときなどに行われる贖罪的儀礼についても考察している。これらの儀礼もまた参加者たちに「沸騰の状態」(27)をもたらし、集合的感情を強める。(28)

喪の祭儀は、それを生んだ諸原因そのものを、しだいに、中和する。喪の起源にあるのは、集団が成員の一人を失ったときに痛感する衰弱の印象である。しかし、この印象そのものが、個人を互いに接近させ、より密接な関連のもとにおき、同じ魂の状態に結びつけ、しかも、そうすることによって、原本の衰弱を償う助力の感覚を引き出す結果を招来する。一緒に泣くから、人々はいつも互いに助け合うのであり、また集合体の蒙った打撃にもかかわらず、損なわれないのである。(29)

喪が終わると、家族社会は、喪そのものによって、再び静穏になる。社会は自信を取り戻す。個人たちは彼らに及ぼされる辛い抑圧を軽減される。彼らはいっそう気楽に感じる。したがって、死者の霊は、善良な保護者となるために、敵対的感情を放棄した、と考えられる。(30)

デュルケームにとって、集合的感情や道徳的力、集合表象は、個人の精神の中に存在する非人格的存在であると捉えられている。後のレヴィ＝ストロースのいう構造という概念の原型すら、そこにみることができる。祝祭にしろ、喪や贖罪にしろ、それらは人々を集わせ、同じ儀礼に従事させることによって同一の社会的感情を共有する。人々が集い合うこと自体が、社会の道徳的力を高め、刷新し、人々に力を与えるのである。集合表象の起源は集合体にあり、それが弱まったときには再び集合体の中に浸す、デュルケームが想定したのはこのような事態なのである。

三　ネオ・デュルケイミアン理論としての儀礼国家論

デュルケームの提起した集合表象学説によって、社会学や人類学における儀礼の問題は定式化された。儀礼という非日常的な「集合的沸騰（collective effervescence）」の中で、参加者は集合表象を獲得し、それが日常的な社会的紐帯の原初的形態であるとするのである[31]。この考えは後の機能主義によって引き継がれた。このような単純な未開社会を考察することによってなされたデュルケームの定式が、近代社会の分析において理論的に仮定されたのである。つまり、複合社会においても、それがひとつの社会としてまとまっている限り、そこには何らかの統合機能が働いており、それは社会の成員が共有している集合表象によるものである。それは何らかの価値、超越的・宗教的な価値である。前述したシルズによる「中心と周縁」論やベラーによる「市民宗教」論、またはサミュエル・アイゼンシュタット(Shmuel Noah Eisenstadt)による「伝統」論[32]等々の論者らは、まさしくこのような立場にある。これらの論はデュルケームの「集合的沸騰」の理論から「価値合意(value consensus)」の理論への移行であるといえる[33]。社会における中心的価値の存在を主張するこれらの論は、世俗化論と鋭く対立したものにならざるをえないが、それは社会における宗教的次元の機能主義的な前提、換言するならば、社会統合に果たす宗教の機能という理論的前提に由来している。

スティーブン・ルークス(Steven Lukes)は、社会統合に果たす宗教的次元の存在を強調する論者らを、その前提としている理論的立場によって特徴付け、それをネオ・デュルケイミアン(neo-Durkheimian)という呼称でまとめ、整理・検討している[34]。彼によれば、こうしたネオ・デュルケイミアンたちの主張において、政治的儀礼は価値統合の存在を示す証拠であるとされ、「価値の統合はある一つの社会の統合の中心的な局面であり、価値のコンセンサスは社全体系の均衡を維持しており、それゆえ政治的儀礼は近代産業社会の統合に根底的な役割を果たしている」ものと考えられていることを指摘している[35]。

またネオ・デュルケイミアンたちの主張には多くの疑問点があり、それらはいわゆる「秩序の問題」を前提してしまっていることに由来している。仮に「秩序」が存在しているとするならば、それはきわめて複雑な問題である。とすれば、第一にそれがいかにして存在しているかが説明されねばならないし、そのためにはネオ・デュルケイミアンの解答は過度に単純である。彼らは多くの問題に応えた後にのみ、ひとつの全体としての社会における ある「秩序」の存在や、それを前提とした「価値合意」の問題を語ることができるのであるとする。(36)

こうしてルークスは、社会統合があまりにも単純な概念であり、価値合意が疑問の多い「仮定」にすぎないゆえに、ネオ・デュルケイミアンの理論は近代産業社会の統合という問題を理解するためには何の役にも立たず、また、彼らのアプローチが、「統合―強化」の儀礼しか扱いえない（つまり反乱の儀礼などは扱いえない）限定されたものであるがゆえに、政治的儀礼の問題の解明にもほとんど貢献していないと批判している。(37)

つまり、ネオ・デュルケイミアンが扱う儀礼は先にみたように戴冠式や叙任式などであり、そうした儀礼が分析対象となるのは、その儀礼の中に繰り返し現れてくる象徴が表現している内容から判断されているというのである。儀礼の中に現れる国家的象徴や国家についての象徴的言及を、換言するならば明らかに支配の正当性を表現しているかのような儀礼を、その象徴内容から「統合―強化」であるとするならば、その分析は必然的に「一面的」で「無批判な」ものとならざるをえないばかりか、儀礼の持つより根底的な効果を見逃してしまう「狭量なもの」となってしまうというのである。

このような批判に明らかなように、ルークスは近代社会における政治的儀礼の存在を否定しているのではなく、むしろ儀礼の存在により根底的な働きを見出しているのである。彼の提示する考察の新しい方向性は、社会を統合する価値を「表象し、促進し、構成する」とする儀礼の捉え方を棄却し、儀礼の持つ「認知的次元（cognitive dimension）」という考え方をとることにある。(38)

彼によれば、このような方向性もまたすでにデュルケームによって提起された「集合表象」の参加者に対する内在化の問題なのである。分析の枠組みをこのように「認知的次元」に、換言するならば知識の「社会的生成」に置くことによって、例えば法の執行や選挙や行政手続きなどの制度化された日常的行為それ自体が政治的パラダイムや集合表象を参加者に内在化し、それが社会を正当化し、永続させていることなどが分析できるとしているのである[39]。

つまり、ルークスの提案は、日常的な制度の持つ儀礼的性質と、その認知的効果を扱うべきだとし、現代社会における儀礼は、社会に存在する価値合意を表現していると捉えるのではなく、儀礼の認知的性質こそが、特定の表象を成員に内面化させていると捉えるべきであるとするのである。

デュルケームによって定式化された「儀礼」と「秩序」の理論に内在する問題は、ある社会の成員は儀礼において獲得される「集合表象」によって社会的意識（価値合意）を得る。しかしその「集合表象」も社会によって産出されたものとする。つまり、循環論に陥っているのである[40]。

ネオ・デュルケイミアンたちの陥った誤りはここに存在し、同じ理由で、象徴を表現とのみ捉え、その語る内容それ自体の解読、換言するならば象徴体系それ自体の分析によって実際の社会全体系を理解しようとする試みも成功することはないといえる。この問題を回避し、有効な問いを発するためになされたのがルークスによる「認知的転回（cognitive turn）」であるといえるだろう。

また、これら価値合意の理論がうまく扱うことのできなかったものに、物質的な枠組みの問題がある。次に、より物質的なフレームに着目した研究について考えてみよう。

四　機能から効果へ

ジョン・オースティン（John L. Austin）[41]は、言語哲学の立場から「遂行的発話行為（performative speech act）」という考えを提起している。これは、何かを叙述することではない発話が存在し、発話によって何かが遂行されるという事態を引き起こす言語の領域があることを指摘したものである。「命名する」「約束する」等の言明は、何かを言うことが何かを行うことと同義となるような発話であり、それを言うことはそれを行うことと同義なのである。あるいは、それを行うことはそれを言うこと（宣言すること）と同義なのである。

オースティンを引き継いだジョン・サール（John R. Searle）は、この発見をさらに精緻化させ「構成的規則（constitutive rule）」の概念を提出している[42]。構成的規則とは、将棋や野球やさまざまなゲームを構成する規則そのものである。彼はこうした規則の性質を以下のように指摘している。

構成的規則は、たんに統制するだけではなく、新たな行動形態を創造（create）したり、定義したりするものである。たとえば、フットボールやチェスの規則は、フットボールやチェスの競技を統制するのみではなく、いわば、そのようなゲームを行う可能性そのものを創造する[43]。

この指摘において重要なのは、このような規則は、ゲームを行う「可能性そのものを創造する」という点である。要するに、この規則を実行するということは、そのゲームを行うことそれ自体を意味するということなのである。そして、こうした構成的規則の存在は、儀礼の持つ基本的な性質そのものを示していると考えられる。

例えば、かつて、ロベール・エルツ（Robert Hertz）が『死の宗教社会学』の中で考察したような「葬送儀礼」を想定してみよう[44]。エルツは、インドネシアの諸部族の葬送儀礼を考察し、この社会では、成員の単なる生物学的な死は、そのままただちに本当の死とはみなされず、それが本当に「死んだもの」とみなされるまでには、何ヶ月にもわたる長い一連の儀礼を通過しなければならないことを指摘している。

こうした葬送や服喪の儀礼については、日本仏教の葬送儀礼においても、通夜、告別式、初七日、四九日、一周忌等々という服喪の過程を経ることが知られている。エルツはこの一連の儀礼を考察し、以下のように機能主義的な結論を導き出している。

集合意識にとって、普通の状態での死は、当人を一時、人間界の外に出すことを意味している。この追放は、結果として、かれを生者の可視的な世界から先祖たちの不可視的な世界へと移行させる。喪というものは、もともと生者がかれらの親族を《本当に死なせる》ための参加である。だからそれは、この〔真死〕の状態になるまで続けられる。おわりに社会現象としての死は、精神的な分離と統合という二重の作業から成っている。そしてこの作業が終わったとき、社会ははじめて平安に戻り、死に打ち克ったことになるわけである。(45)

ある成員の死がもたらす近親者にとっての悲しみを、さまざまな段階を経ることによって徐々に和らげてゆくという心理的機能や、成員の死という合理的には解釈不能な社会的脅威を、作り上られた死者の世界への移行として解釈することによって、社会が安定を得るという社会的機能を、エルツはこの長い葬送・服喪の儀礼にみているのである。

こうした服喪儀礼は文化によって異なっており、それを理論づけている信念体系も異なっている。異文化に属する観察者にとって、このような個々の服喪行為は奇妙な行為である。それゆえ、この行為は、観察者が単に彼らと文化を共有していないがゆえに理解することのできない「象徴的行為」なのだと考えられる。これは観察者の視点からはその意味は理解できず、そこで、こうした儀礼は当事者の視点から理解されなければならないと主張したのがこれまでの象徴論の立場であった。この立場からは、その背後に存在する信念体系や宇宙論と関連付けることによって、個々の象徴の意味を理解するという方法がとられることとなる。

こうした解釈によって儀礼の当事者たちの奇妙な行為＝象徴的行為は意味を与えられ、個々の服喪行為はそれぞれみな意味深い象徴として解釈される。儀礼の当事者たちも、そのような意味があるからこそ一見、奇妙にみえるさまざまな服喪行為を行っているのだと理解されてしまう。けれども注意しなければならないことは、こうした儀礼の当事者の目でみるということは、日常生活を送る当事者たちの視点「そのもの」ではなく、実は観察者によって想定された当事者の視点にすぎない、という点である。

実際には彼らも、慣習であるから、あるいは伝統であるからそのような行為を行っているのに他ならない。死者は葬らなければならない。その方法は文化によってさまざまであるが、いずれにしても、それは何らかの葬送儀礼を行うことによって構成され、かつ成立するのである。つまり、彼らにとって葬送儀礼を行うことは死者を葬ることであり、かつ、死者を葬ることはそうした葬送儀礼を行うことなのである。この二者は同義である。

ところで、当事者たちにしても、そうした儀礼を構成しているさまざまな規則に関する個々の具体的知識を持っているのにすぎない。これはまったく我々の場合でも同じことである。我々が例えば霊前に線香をあげるときに持っている知識と同じなのである。霊前に線香をあげることは弔意を表すことであり、弔意を表すことは線香をあげることと同義なのである。我々が知っているのはそれを行う場合の身体の動かし方であり、さまざまな行為規則、頭の下げ方、合掌の仕方、線香の灯し方等々なのである。これらはサールの指摘したような、構成的規則それ自体なのであり、儀礼には何らかの実体があるのではない。実際にはこのような構成的規則としての慣習的な行為が存在するだけなのである。

このような考え方は、象徴人類学を批判する論者達に共有されている。例えば、ピエール・ブルデュ（Pierre Bourdieu）は、「儀礼はそれ自体が目的である実践であって、その完全な姿がその遂行と一体となった実践である。すなわち、儀礼とは、『慣例である』から、あるいは『しなければならない』からする行為であり、またしばしばそうする以外にはやりえないからやる行為」であるとして考察を始めている。そして、このような「慣習的行為」として行われる儀礼行為の特質を以下のように指摘している。

儀礼的行為には、厳密にいえば、意味も機能もない。ただし、それ自身の実在が含む機能は存在するし、また『何かを言ったりやったりするために』言ったりやったりする(『これ以外にやり方はない』時には)身振りや言葉の論理の中に、あるいはもっと正確に言うと身振りや言葉が産出される発生的構造の中に、あるいは極端な場合には身振りや言葉が行われる方位空間の中に、客観的に刻み込まれた意味は勿論存在する。(46)

このように儀礼とは形式化・固定化された行為であり、慣習的に、意味を問われずになされる実践であるという意味でプラクティスであり、こうした慣習的実践＝プラクティスによって特殊な儀礼的知識が伝達される。この知識は行為者によって反省的に獲得される知識ではなく、むしろ前反省的にそれを実践してしまうような知識である。だが、このような「慣習的実践」として儀礼を捉えた場合、それが行われることによってもたらされる社会学的な意味をいかにして解明すべきだろうか。

ブルデュは、このような行為遂行的(performative)な「効果」を持つゆえに、儀礼は、恣意的な境界や社会的差異を正当化し、自然化する「聖別(consecrate)」の効果をもたらすことを指摘している。(47)未開社会における割礼儀礼などの通過儀礼は、差異の存在しないところに差異を生み出している。すなわち、割礼を受けた者(大人)と割礼を受けない者(子供)。あるいは、割礼を受けられる者(男性)と割礼を受けられない者(女性)。さらに、割礼を受けられる者でかつ割礼を受けた者(この男性は真の男性である)という聖別を生み出す。彼のあげるよく知られている例は、試験化された現代社会である。現代の受験社会においても、一流校の入学試験に合格した最後の者と、不合格だったトップの者との実質的な差異はほとんどないにもかかわらず、その差異は、彼らの後の人生や彼らを取り巻く社会関係上のきわめて広範な差異を正当化してしまっているのである。

つまり聖別とは、ルークスの示唆したごとく、現代社会における制度そのものが、日常的実践のゲームのルールを構成する儀礼であるとする考えである。このように、恣意的に作り出された境界を正当化する遂行的な発話行為としての儀礼、そしてその儀礼が聖別する表象によって、階級構造は再生産され、アイデンティティが付与され、表象の授受をめぐって、実際には人間はさまざまに態度変更をし、それが社会行為の起動力となっているのである。(48)ブルデュが描き出したのは、このような事態であるといえるだろう。

近年の人類学にみられる儀礼に関するこのような考え方は、儀礼を単なる意味を伝達するコミュニケーションの手段としてではなく、独自の儀礼媒体を使用することによって知識を生成する特質を持っていることを主張する。つまり、儀礼は価値合意の表出などではなく、独自の儀礼コミュニケーションによって認知的な特質を持つ。そこで伝達されるものは特定の時間感覚を生み出し、かつ遂行的な性格を持ったイデオロギー的知識であるといえる。この意味で儀礼の存在は国家支配を正当化するイデオロギー装置たりうる。

オーストラリアや米国の二百年祭を分析したリン・スピルマン(49)(Lyn Spillman)をはじめ、国家と記念祭、社会構造と象徴的行為との関係は、これまでにも問題化されてきた。その問題意識は集合的記憶研究に引き継がれており、多くの研究者に共有されている。ポール・コナトン(Paul Connerton)は、文化人類学の立場から、「過去のイメージや過去の回想された知識は(多かれ少なかれ儀礼的な)パフォーマンスによって伝達され、維持される」とし、記念式典と身体の実践に分析の焦点を当てるべきことを指摘し、次のように述べている。

もしも、社会の記憶というものが存在するとすれば、多くの場合、それは記念式典のなかに見いだせる。しかし、記念式典は遂行的である限りにおいてのみ、記念となる。遂行性《パフォーマビリティ》は習慣《ハビット》という概念を抜きに考えられない。そして、習慣は身体の自動性《オートマティズム》の観念を抜きに考えることはできない。この意味において、社会構造とは何かに関する現存のいかなる正統な学説にも適切に説明されない慣性が、社会構造には存在する。[50]

この遂行性は、ブルデュのいう、意味を問われずになされる実践であろう。習慣であるから、それは中立ではありえず、そこにはすでに何らかの価値観や宗教観が埋め込まれている。こうした価値観を伴った実践が、何かしらの慣性として社会構造を支えている。そして、この慣性について、我々はまだよく分かっていない。みずからも属する社会において、こうした慣性を対象化して分析することは困難であるが、追悼や慰霊の機会を分析することによって、その一端をうかがい知ることができるであろう。

現代社会学の潮流の一翼を担うアンソニー・ギデンズ(Anthony Giddens)においても、このような行為遂行性(performativity)を理論に組み込むことを、その構造化の理論において提唱している。まず彼は、これまでの社会学における構造主義と機能主義への強力な批判から論を始め、「非機能主義」という立場を打ち出している。[51]彼のいう構造化(structuration)の概念の意図は、次のようなものである。

> 構造化の概念が意図しているのは、構造主義や機能主義のいちじるしい特徴である共時性／通時性あるいは静態的／動態的などの区別との決別である。もちろん、これまで構造主義や機能主義が時間に関心を示さなかったわけではない。しかし、とりわけ機能主義思想においては、時間を通時的なものと同一視する傾向があり、共時的分析は、社会についての「時間のないスナップ写真」を表している。その結果、時間は社会

変動と同一視されている。／時間と変動との同一視は、裏返せば「時間がないこと」と社会的安定性との同一視を意味している。(52)

ギデンズはまた、静態的分析の不可能性を論じて次のように指摘する。

第一には、事実上、「静態的」分析など実際にできるものではない。社会活動の研究は、社会活動自体がそうであるように、時間の経過を含んでいる。第二には、理論のレベルにおいても、静態的と安定的との同一視は、暗黙裡に時間性を組み込んでいる。「安定性」は時間の連続性を意味するから、社会的安定性を語るからといって、時間を削除することはできない。安定的な社会秩序とは、現在のありようと過去のありようとのあいだに高い類似性があることだ。(53)

多くの社会理論にみられることだが、とくに機能主義は、相互行為を時間の経過のなかに位置づけるのに失敗した。なぜなら、多くの社会理論は、共時的／通時的の区別にもとづいて展開されているからである。社会的再生産は自明なものとして社会システムの共時的なイメージによって描かれている。すなわち、すでに述べたように、時間と変動の同一視は、もうひとつの側面として、瞬間的なものや静態的なものと安定性とを等置する。社会科学者が「パターン」としての相互行為のシステムについて語るさい、社会的相互行為の諸関係にかんする「スナップ写真」をぼんやりと頭に描いている。これは「静態的安定性」のはらむ欠点と同じである。すなわち、相互行為のパターンは時間の経過のなかにしか存在しないのだから、このスナップ写真は、実際にはいかなるパターンも明らかにはしない。相互行為は時間の経過のなかで検討されてはじめて「パターン」となる[54]。

機能という考えを捨てない限り、これまでの国家儀礼に関する批判においてみたような硬直性を逃れることはできない。機能ではなく、（認知的な）効果に着目したのが文化人類学者たちがとった新しい方向性であった。ギデンズが次のように語るとき、モーリス・ブロック（Maurice Bloch）やブルデュなどのように、日常性、あるいは日常において意味を問わずになされるような実践のレベルに分析を集中している。このことはこれまでの社会理論が、合理的で明瞭な意図や動機をもった行為（action）の理論であったことと対比させてみると明らかであろう。そこにはすでに権力が織り込み済みのものとなっているのである。

ブルデューの観点は、私が示そうとしている観点に、ある点では類似している。私のいう構造の二重性について、ブルデューは次のように記している。「客観的な構造は、歴史的実践を生み出すとともに、歴史的実践によってたえず再生産され変革される。歴史的実践の生産原理は構造の生産であり、この原理こそ構造の再生産をもたらすものである」というブルデューの主張をわれわれはおさえておく必要がある。この主張を簡潔にすると、社会生活は本来、再帰的であるということである。パーソンズのように価値基準に動機づけを結びつけるのではなくて、ブルデューは習慣（habitus）という概念を導入している。（中略）社会的行為の根底にある要素の多くは、行為を促進する明確な「動機」にもとづいているというよりも、認知的に（必ずしも「言説的利用可能性」の意味で意識されないにしても）確立されているのである[55]。

また、空間に関しては、「多くの社会理論は社会行動の時間性のみならず空間性をきちんととりあげることに失敗してきた」と指摘している。そして日常生活の中で身体性のレベルから構築される権力作用を扱うために、舞台装置としての「場」についても着目している。

ほとんどすべての集合体は活動の場(locale)をもっており、ほかの集合体と結合する場面とは空間的に異なる。「場」は、社会地理学でいう「場所(place)」という言葉よりも、二、三の点ですぐれた言葉である。というのは、「場」は、相互行為が行われる舞台装置としての空間という意味内容を持つからである。舞台装置は、空間的要因ではなくて、相互行為が「生起する」場の物理的環境である。つまり、相互行為の部分として動員される要素なのだ。相互行為の舞台のさまざまな特色は、空間的物理的側面を含んでおり、(中略)社会的行為者がコミュニケーションを維持しようとして日常的に用いるものである。(56)

空間は「相互行為の部分として動員される要素」であるというギデンズの指摘は正しい。そして空間は時間が凝縮される場でもあるのである。空間の中に生態学的に棲み分けが行われることによって、時間の経過とともに文化が「沈殿」する。(57)しかし、彼の空間の分析は、単なる階級の棲み分けといった社会生態学的な意味に留まっている。より複雑な相互作用を扱うには空間の特性自体を明らかにするアプローチ、換言するならば、空間の社会理論が必要である。

むすびにかえて

アンリ・ルフェーブル(Henri Lefebvre)は、空間を日常的実践の領域という視点から社会的空間として捉える視点を提示している。その空間には絶対空間としての宗教的建造物や記念建造物があるとする。空間は、問われ、思惟され、言説化される前に、まず身体経験として「生きられる」のである。空間に足を踏み入れる者は、その空間の一部を担う。参加者それ自体も空間の属性となってしまう。それゆえ空間は、実践と権力が身体性の中に結び付けられる場となる。(58)

第一章で論じたように、集合的記憶がときに競合するものであり政治的闘争を生起させる理由が、この観点から明らかとなる。集合的記憶に関する言説は時間を凝縮／沈殿し、構造化する言説であるからである。そして構造化された言説は以後の行為の与件となる。つまり主体を構造化するものとなるのである。

ブロックのように「儀礼を歴史的にみる」方法を示すとイメージしやすくなるだろう。ブロックによれば、儀礼は、人間の認知的次元に働きかける効果によって身体と知識に特定の権力を織り込んだイデオロギー的な知識を産出する。儀礼とはそうした効果を持つ装置なのである。ブロックの立場は、こうした儀礼が一定の幅を持つ歴史の中にどのように表れてきたのかを「あたかも分子加速器の中の素粒子の動きを観察するかのように」みようとする立場である。こうした歴史的に俯瞰するような視点を獲得するために、空間の持つ物質的な特性に着目することは有効であろう。(59)また、歴史学研究者からも、ウォーナーの業績や市民宗教学説を批判的に再検討すべきことがすでに指摘されている。(60)

(1)　日本語文献としては哲学・政治学的批判として宇波彰「政治演劇論の陥穽」『現代思想』一九八四年四月号が、歴史学からの批判として池上俊一「儀礼の人類学と儀礼の歴史学」『歴史学研究』一九九一年六月号が、人類学からの批判としては関本照夫「東南アジア的王権の構造」、伊藤亜人他編『現代の社会人類学3　国家と文明への過程』東京大学出版会、一九八七年があげられる。「劇場国家論」とそれに類似の立場についてはこれらの批判が意を尽くしていると思われるので本稿では割愛する。

(2)　Shils, E. and M. Young, "The Meaning of the Coronation," *Sociological Review*, 1953.

（3）*Ibid.*, p. 67.
（4）Shils, E., *Center and Periphery: Essays in Macro-sociology*, The University of Chicago Press, 1974.
（5）Blumler, J. G., J. R. Brown, A. J. Ewbank and T. J. Nossiter, "Attitude to the Monarchy: their structure and development during a ceremonial occasion," *Political Studies*, Number 2, 1971.
（6）*Ibid.*, p. 170.
（7）Bellah, R. N., *Beyond Belief: Essays on Religion in a Post-Traditionalist World*, University of California Press, 1991=1970.（邦訳：R・N・ベラー『社会変革と宗教倫理』河合秀和訳、未来社、一九七三年。）
（8）*Ibid.*, p. 168.
（9）また背後に存在するとされる聖書宗教的テーマについては、*ibid.*, p. 172, p. 175, pp. 177-78 および p. 186.
（10）規範的機能、個人的動機については、*ibid.*, pp. 180-181.
（11）Birnbawm, N., "Monarchies and Sociologists: A Reply to Professor Shils and Mr. Young," *Sociological Review*, 3, 1955, pp.5-23.
（12）デイヴィッド・キャナダイン「儀礼のコンテクスト、パフォーマンス、そして意味——英国君主制と『伝統の創出』、一八二〇—一九七七年」収録。E・ホブズボウム・T・レンジャー編『創られた伝統』前川啓治他訳、紀伊国屋書店、一九九二年、一六三—二五八頁。（原著：Hobsbawm, E. and T. Ranger (eds.), *Invention of Tradition*, Cambridge University Press, 1992=1983, pp. 101-164.）
（13）Fenn, R. K., *Toward A Theory of Secularization*, SSSR monograph series, No. 1, 1978.　特に chapter 4 を参照。
（14）陰謀説については、すでに関本、前掲（一九八七）の批判がある。
（15）筆者はすでにこれらの論点をまとめている。近代天皇制に関する筆者の立場については、粟津賢太「近代天皇制国家における正当性の問題に関する社会人類学的考察」『創価大学大学院紀要』第一五集、一九九三年、および粟津賢太「近代日本のナショナリズムと天皇制」中野毅・飯田剛史・山中弘共編『ナショナリズムと宗教』世界思想社、一九九七年、一九四—二一六頁を参照。
（16）これはW・M・ジョンストン『記念祭・記念日カルト——今日のヨーロッパ、アメリカにみる』小池和子訳、現代書館、一九九三年（原著：Johnston, W. M., *CEREBRATIONS: The Cult of Anniversaries in Europe and the United States Today*,

Transaction Publishers, 1991）における問題関心であった。

（17）Ｅ・デュルケム『宗教生活の原初形態（下）』古野清人訳、岩波文庫、改訳版、一九七五年、一六六頁。（Durkheim, E., *Les Formes elementaires de la Vie religieuse*, Le Systeme totemiqueen Australie, Paris, 1912.）

（18）同前、一六九―一七〇頁。

（19）同前、一六八―一六九頁。

（20）同前、二四五頁。

（21）同前、二七二頁。

（22）同前、二七三頁。

（23）同前、二五三頁。

（24）同前、二四四―二四五頁。

（25）同前、二四六―二四七頁。

（26）同前、二五〇―二五一頁。

（27）同前、二九二頁。

（28）同前、二九三頁。

（29）同前、二九六―二九七頁。

（30）同前、三一五頁。

（31）古野清人はこの点に関して、以下のように指摘している。「宗教社会学の分野でも、集合表象説は必然に儀礼主義と結びついて卓越した貢献をもたらしている。（中略）儀礼は集団への新入者には、社会的の価値を伝達し、また集団の構成員にこの感情を一定の強度をもって維持していくのに役立つのである。儀礼は集合的情緒を表現する独自の方法であり、これによって（宗教的）感情は高揚し精錬される。そして、この儀礼および（宗教）社会学はこれらの各部分を対象としてさらに探究の歩を進むべきであろう」（古野清人「宗教社会学」『古野清人著作集7　宗教の社会学・心理学』南斗書房、一九九〇年。）

（32）Eisenstad, S. N., "Some Observations on the Dynamics of Traditions," Smith, D. E. (ed.), *Religion and Ligitimation of Power in Thailand, Laos and Burma*, Chambersburg, 1978.

（33）これらの立場、特に市民宗教論の概観については Gehrig, G., *American Civil Religion: An Assessment*, SSSR mono graph

series, No. 3, 1979 を参照。
(34) Lukes, S., "Political Ritual and Social Integration," in Lukes, S., *Essays in Social Theory*, London, 1977.
(35) *Ibid.*, p. 62.
(36) *Ibid.*, p. 63.
(37) *Ibid.*, p. 64.
(38) *Ibid.*, p. 68, p. 69.
(39) *Ibid.*, pp. 72-73.
(40) この点では、竹沢尚一郎の以下の指摘もある。
「この(デュルケイムの—引用者)議論に一種の循環論法を認めることは容易であろう。彼によれば、社会が個人にたいして拘束力をもつのは聖化された象徴のおかげであり、宗教象徴が聖なる力をもつのはそれが社会を象徴するためである。これでは社会が最初なのか、それとも象徴の聖なる力が最初なのか、解決は困難である。おそらくデュルケイムの議論の難点は、象徴を表現としてのみとらえ、象徴の操作によっていかなる社会的効果が生みだされるかという、のちの研究者がもつにいたる視点を獲得することができなかった点にあった。その意味で彼は、象徴を隠された『実在』の表現としてとらえるロマン主義的・キリスト教的な視点を、脱することができなかったのである」(竹沢尚一郎『宗教という技法——物語論的アプローチ』、勁草書房、一九九二年、一七九—一八〇頁)。

また、前述した歴史家キャナダインは、テクスト分析のコンテクスト依存性を説得的に主張している。Cannadine, D., "The Context, Performance and Meaning of Ritual: The British Monarchy and the "Invention of Tradition" c. 1820-1977," in Hobsbawm, *op. cit.* を参照。
(41) J・L・オースティン『言語と行為』坂本百大訳、大修館書店、一九七八年。(原著：Austin, J. L, *How to Do Things with Words*, Oxford University Press, 1962.)
(42) J・R・サール『言語行為——言語哲学への試論』坂本百大・土屋俊訳、勁草書房、一九八六年。(Searle, J. R., *Speech Acts: Essays in the Philosophy of Language*, Cambledge University Press, 1969.)
(43) サール、同前、五八頁。
(44) R・エルツ『右手の優越——宗教的両極性の研究』吉田禎吾・内藤莞爾訳、垣内出版、一九八五年。(原著：Hertz, R.,

“Contribution a une etude sur la representation collective de la mort,” in *Annee sociologique*, 1re serie, t. X, 1907. および “La Preeminence de la main drote,” in *Revue philosophique*, XXXIV, 1909.）

（45）同前、三〇—三一頁。

（46）P・ブルデュ『実践感覚I』今村仁司・港道隆訳、みすず書房、一九八八年。（原著：Bourdieu, P., *Le Sens Pratique*, Les Editions de Minuit, Paris, 1980.）

（47）Bourdieu, P., *Language and Symbolic Power*, Raymond G., and M. Adamson（trans.）, Harvard University Press, 1991, p. 118.

（48）*Ibid.*, p. 119.

（49）Spillman, L., *Nation and Commemoration: Creating national identities in the United States and Australia*, Cambridge University Press, 1997.）

（50）ポール・コナトン『社会はいかに記憶するか』芦刈美紀子訳、二〇一一年、新曜社、七頁。（原著：Connerton, P., *How Societies Remember*, Cambridge University Press, 1989.）

（51）アンソニー・ギデンズ『社会理論の最前線』友枝敏雄他訳、ハーヴェスト社、一九八九年。（原著：Giddens, A., *Central Problems in Social Theory: Action, Structure, and Contradiction in Social Analysis*, University of California Press, 1979.）

（52）同前、二一九頁。

（53）同前、二二〇頁。

（54）同前、二二三—二二四頁。

（55）同前、二三九頁。

（56）同前、二二七—二二八頁。

（57）同前、二二七頁。

（58）Lefebvre, H., *The Production of Space*, trans. by Nicholson-Smith, D., Blackwell, 1991.（邦訳：アンリ・ルフェーヴル『空間の生産』斎藤日出治訳、青木書店、二〇〇〇年。）

（59）Bloch, M., *From Blessing to Violence: History and Ideology in the Circumcision Ritual of the Merina of Madagascar*, Cambridge University Press, 1986.（邦訳：モーリス・ブロック『祝福から暴力へ——儀礼における歴史とイデオロギー』田辺繁

治・秋津元輝訳、法政大学出版局、一九九四年。）

（60）Inglis, K. S., "WAR MEMORIALS: TEN QUESTIONS FOR HISTORIANS," *Guerres mondiales et conflits contemporains*, No. 167, Les Monuments Auxmorts de la Premiere Guerre Mondiale, Presses Universitaires de France, 1992, pp. 5-21.

第三章　現在における「過去」の用法
――集合的記憶研究における「語り」について

はじめに

戦没者に関する記念施設や追悼式は、社会学における集合的記憶論において焦点とされてきた。戦争に関連する記憶を主題とする研究プロジェクトはすでに各国・地域で企画され、膨大な論文や著作が刊行されている。それらのすべてを読み解くことは不可能であるし、すでに欧米では基本文献集《リーダー》が出版されてもいる。(1) こうした状況の背後には何があるのだろうか。

安川晴基は、こうした状況の背景として、①歴史の変遷、②記憶産業、③歴史の複数性に関する基本的想定の三つを指摘している。(2) 冷戦構造の崩壊以降のエスノナショナリズムの高揚の中で、民族や国民のさまざまな伝統が集団の政治的アイデンティティを構築するために新たに発見されたこと、脱植民地化と移民の流れの中で、社会のマイノリティの歴史像を構築する多元的な想起の文化が出現したこと、第二次世界大戦の「経験記憶」を持つ世代が消滅しつつあり、何を記憶し、何を忘却するか、選択的な過去の再構成が起こっていることなどが指摘されている。しかし、なぜ記憶という言葉が使われるのだろうか。

ジョン・ギリス(John Gillies)は「記憶とアイデンティティ」と題した小文で次のように指摘している。(3) 承認を求める政治であるアイデンティティ・ポリティクスという闘争や、過去の贖罪、補償等々、近年、アイデンティティと記憶について多く語られている。あたかも、記憶なしにアイデンティティはありえず、逆もまた然りであるかのように捉えられている。つまり記憶の強調はアイデンティティの希求でもある。しかし、同一性というその言葉の本来の意味とは裏腹に、民族そのものに固有の実体はなく、歴史的アイデンティティには一貫性はない。それは社会—歴史的な文脈において、多重であり、断絶していて、その状況に応じてその都度構築されるのである。それでもなお、あるいはそれだからこそ、これらの言葉は使われる。アイデンティティと記憶はともに強力なレトリックの力を持っているからだ。

過去についての語りの中では、記憶はアイデンティティの根拠となる不可欠の要素であると捉えられている。しかし、アイデンティティも記憶も、人間の脳や個人の心理の領域以外で使われる場合は、人間の身体を擬したレトリックなのである。それゆえ、ここで問うべきは、過去を語ることは何なのかということである。何のために過去を語るのか、ではない。過去を語ることで人は何を行っているのか。

本章の課題は集合的記憶についての社会学的な研究のためにナラティヴ（語り）の持つ位置付けを行うことである。集合的記憶の分析において、ナラティヴは、いかなるものと理解し、分析をすべきなのか。そして語りを分析するということは、集合的記憶研究においてどのような位置を占めるのだろうか。

一　現在における「過去」

「過去」には、何か特権的なものがある。それは独特の真正性（authenticity）の感覚に包まれている。それは現在の審判者であり、あるいは現在を正当化するようなヴァルター・ベンヤミン（Walter Benjamin）が「アウラ」

と表現したような畏敬の感覚を持っている。[4] こうした真正性は何に由来するのであろうか。我々の知覚において「過去」とは一体どのようなものなのだろうか。アンリ・ベルクソン（Henri-Louis Bergson）は知覚と記憶の関係について次のように述べている。

われわれがこの現在を、存在しなければならないものと考えているときには、それはまだ存在していない。そして、われわれがこの現在を、現実に存在するものと考えているときには、それはすでに過ぎ去っている。（中略）あなたの知覚はどれほど瞬間的であろうと、このように、数え切れないほど多くの思い出された諸要素から構成されているのであり、実を言うと、すべての知覚はすでに記憶なのである。われわれは、実際には、過去しか知覚していない。純粋な現在は、未来を侵食する過去の捉え難い進展なのである。[5]

夜空の星の光が、実際には何万年も前に放たれ地球に届いたものであるように、距離と時間のアナロジーにおいて知覚と時間が思考されている。

シルズが『伝統』と題した著作の中で主題化したのも、集合的記憶の問題であった。[6] シルズは、「現在における過去」と題する論考の中で、次のように述べる。

個人が「過去」から区別して「現在」とみなすもの、それは実際には直接的な「現在」ではない。現在というのは瞬間であり、速やかに過ぎ去ってしまう。「現在」とは、少なくとも、わずかながら「過去」を含んでいる。その境界はきわめて曖昧である。[7]

もちろん、「過去それ自体」というものは存在しない。それゆえ、何らかの喚起力を持つ媒介物、象徴、表象によって、re-presentation（代理＝表象）されるものである。過去という時間の感覚を生み出し、それに真正性を与えているもの、それは記憶の場を構成するさまざまな物質的、空間的な枠組みである[8]。

現代社会学においてあまり言及されることはないが、アルヴァックスの業績を明示的に参照することなく、シルズは彼独自の「集合的記憶」論を展開している。後の研究者が持つに至った物質的フレームについての関心と同様に、シルズも「過去の事物の耐久性」について言及している。

シルズによれば、人には過去の遺物に対する尊敬の念（veneration）があるという。古《いにしえ》の建造物、遺跡、骨董品、記念碑、コインやメダル、美術品、古文書や記録、これらのものは時間の中における「物質的残存」である。

物質的対象は、その物質としての自己保持能力を持っている。ひとたびそれが作り上げられると、人間よりも長く生き延びる[9]。（中略）記念碑は、それ自体の実用性を持たない。それは後の世代が、過去を記憶にとどめることを目的に、当初から作られている。別の言い方をすれば、未来の世代にとっての「伝統」となることを意図して作られている[10]。

シルズにおける「過去」は、「取り返しのつかない（irretrievably）もの」として捉えられている。そしてシルズは、過去というものには二重性が存在しているとする。

二つの過去がある。ひとつは、出来事や行為の結果としての過去であり、それは先人たちの複雑な行為の結果として現在までもたらされているものである。家族、学校、教会、政党、派閥、軍隊、政府機関などの諸制度である。また物理的対象についての技術的な行為、芸術や文学の蓄積など、これらは本当の過去、ハードな事実の過去(the past of hard facts)であり、過去に行われた人間行為の残存である。この過去それ自体は変えようがない。(中略)もうひとつの過去は、読み取られた過去(perceived past)である。より人工的な作りあげられた過去である。記憶や書かれたもののなかに記録されたハードな事実としての過去についての探し求められた解釈のように、現在に生きる人間によって、懐古的に再編成された過去である。(11)

シルズはマクロ社会学の立場から、現代社会における価値統合の問題に関心を払い続けた研究者である。原初的絆(primordial tie)に関する論文には、彼の立場がよく表れている。

社会学者たちや人類学者たちが社会における文化的価値や信念体系と呼ぶものは、部分的、断続的、そして曖昧なあり方においてのみ生きられうるものである。社会学者や人類学者たちは、あたかもすべての人々が宇宙や社会についての一貫したイメージと、秩序だった選好の体系とを持った哲学者か神学者であるかのように描き出してしまうが、これは真実からは程遠い。(12)

人は日常に埋没した形で生きている。社会における中心的価値に従って日々の生活を送っているわけではない。しかしながら、社会において周期的に訪れる宗教的・儀礼的な機会において、そうした中心的価値は確認される。また、日常的な世界における「秩序」の観点からみると、「過去」はきわめて重要な機能を持つものであることが分かる。なぜなら、次にみるように、人は「所与のものに対する愛着」を持つからである。

伝統とされた所与のものとしての過去は、規範性を持つ。人は与えられているものに対して愛着を持つ。物事の「自然な」やり方となる。ひとたび、それが自然なやり方であると受け入れられたならば、それは従うべき規範であることとほとんど同義となる。合理的に説得されるかあるいは強制によって押しつけられる以外にないようなことでも、それが伝統的な行為や信念のあり方であると愛着を持たれた場合には、容易に解体されることはない[13]。

このように、シルズにおける「過去」は、自然なものと見なされた規範として、現在における「秩序」の問題と結び付いている。また、読み取られた過去についても指摘している。それは現在から働きかけられた「過去」である。シルズが問題化しようとしたのは、過去そのものではなく、むしろ現在における「過去」の用法であり、その観点は、現代の研究者が引き継ぐべきものであろう。

さらにいえば、集合的記憶論は、過去に関する知識の社会的な配置、およびそれをめぐる社会的な相互作用を問題にする立場である。その意味では、それは知識社会学のひとつの形態であるともいえるだろう。また、集合的記憶の社会学的な研究は、過去に関する知識の生成をも扱おうとする。「過去」はどこでどのようにして生み出されているのだろうか。

二　もうひとつの生産

次に、こうした記憶の場をめぐる言説を生み出す主体を考えてみよう。第一章で述べたオーリックは、「想起の実践(mnemonic practice)」という概念を提起している[14]。「想起」されることによって、記憶は強化・更新される。また「想起」されることによって再び社会との相互作用が行われる。オーリックはそうした集合的な行為のレベルを分析の対象と考えている。

これまでにも、ロイド・ウォーナーが行ったような、米国のメモリアル・デイについての精緻な分析などもある[15]（第六章参照）。しかし、そこにみられるのは、社会統合に果たす儀礼の役割の重要性の主張であり、これらはデュルケーム以来の集合表象学説、言い換えるならば社会統合論の補完理論にすぎない。

そもそも「過去を語る」というのは、一体どのような行為なのだろうか。例えば戦死者の表象の問題を考えてみよう。戦没者慰霊の場では、慰霊祭であれ追悼式であれ、遺族たちにより戦没者の表象をめぐってさまざまな行為が行われる。いうまでもないことであるが、死者みずからは語りはしない。慰霊にしても語りにしても、あくまでも生者たちの間で行われる行為であり、語りである。

しかし、表象が作られたということ、記憶の場が成立し、それに関する言説が流通していたということ、それらのことは、実は物語の半分でしかない。過去を語ることによって、何が行われているのであろうか。ここには、ミシェル・ド・セルトー（Michel de Certeau）が『日常的実践のポイエティーク』で指摘した、「消費」の問題が残されているといえよう。

一社会の表象や行動のありかたをあきらかにしようとめざす研究は数多く、なかにはみごとな研究成果も少なくない。このような知識を活用すれば、さまざまな集団や個人のおこなっている使用という行為を探りあてることができるように思われるし、またそうしなければならないように思われる。たとえば、テレビのながす映像（表象）の分析とか、ひとがテレビの前にじっとして過ごす時間（行動）の分析といったものは、文化の消費者がその時間のあいだ、その映像を相手に何を「製作」しているのか、それをあきらかにする研究によって補完されるべきであろう。都市空間の使用や、スーパーマーケットで買い求めたさまざまな商品、あるいは新聞が広める物語や伝聞の使用にかんしても同様である(16)。

セルトーのこの著作は、現代社会におけるさまざまな表象の流通、消費社会における象徴的行為の分析において古典的な位置を占める業績とされる。しかし、これは何も消費社会の分析だけにとどまるものではない。人間のコミュニケーション行為に対するより根底的な問いかけである。つまり、受動的にみえる行為であってもそこでは何らかの意味生成が行われているのである。それをセルトーは「製作(ファブリケーション)」と指摘している。邦題にもなっている「ポイエティーク」は、原註によれば、ギリシア語の *poiein*(創造する、発明する、産出する)に由来する。

こうして明るみにだすべき「製作」はひとつの生産であり、ポイエティークである——ただし、それは見えないように隠されている。というのもこのような製作は、特定の諸地域に散らばり、「生産」システム(テレビ、都市、商業、等々)に場を占領されているからであり、また、これらのシステムがますます全体をおおうように拡張をとげて、もはや「消費者」には自分たちがさまざまな製品を使ってなにを作りあげているのか、それを表示できるような場が残されていないからだ。拡張主義的で中央集権的な、合理化された生産、騒々しく、見世物的な生産にたいして、もうひとつの生産が呼応している。「消費」と形容されている生産が。こちらのほうの生産は、さまざまな策略を弄しながら、あちこちに点在し、いたるところに紛れこんでいるけれども、ひっそりと声もたてず、なかば不可視のものである。なぜならそれは、固有の生産物によってみずからを表わさず、支配的体制によっておしつけられたさまざまな製品をどう使いこなすかによっておのれを表わすからだ。[17]

セルトーの「支配的体制によっておしつけられたさまざまな製品をどう使いこなすか」という観点は後の文化研究に大きな影響を与えることとなったが、ここでセルトーは、スペインによるインディオの同化政策を例にあげている。スペインはインディオたちの植民地化に成功したが、その「成功」は両義的なものであった。「かれらインディオたちは、押しつけられた儀礼行為や法や表象に従い、時にはすすんでそれをうけいれながら、征服者たちがねらっていたものとは別のものを作りだして」いたのである。[18]

この例は、見かけの上の表象の流通と、その受け手である実際の使用者にとっての表象の意味は同義ではないことを示している。そして彼は次のように指摘する。

ある表象（説教家とか教育者とか、文化の普及者たちが社会経済的な昇進の規範として教え込むもの）が存在し流通しているからといって、それを使用している者たちにとってその表象がいったい何であるのかということは少しもわかっていない。そうした表象の製造者ではないが実際にそれを使っている人々がどのようにそれに手をくわえているか、それを分析する仕事がのこっている。それをあきらかにしてはじめて、イメージの生産とそのイメージを使用するプロセスとのあいだにどのような隔たりがあり類似があるのかを理解することができるだろう。[19]

言語行為論を受け入れることによってなされた、「言語の使用」に関する次のような彼の洞察は、過去に関する「語り」についても当てはまる条件であろう。

　このパースペクティヴにたてば、話すという行為がなにより重要になってくる。まず、話すというこの行為は、言語システムの領域のただなかで遂行される。また、話すことによって話し手は言語に適応する。あるいは再適応するのである。さらに話すというこの行為は、時間についても場所についても、ある現在性をつくりだす。最後に、この行為は、さまざまな地位と関係の織りなす網の目のなかで、他者(対話者)とのあいだにひとつの契約を生じさせるのである。[20]

「話すこと」によって、人は言語を無から生み出しているのではない。使用しているのである。使用することによって、人は言語に再適応している。また言語が使用されることによって、そこでは意味が生産されている。通常、我々が意識することもなく、日常の会話の中で行っているのは、言語の使用による意味の生産なのである。そして、過去の語りを考える場合に重要なのは、我々は、過去を「どう使いこなしているのか」という視点である。

　セルトーのこうした視点は、日本の文化人類学において、「流用／領有(appropriation)」の概念として導入されてきた。早い段階からこの用語を紹介し、取り入れてきた太田好信は次のように述べている。

　「流用」という概念は、他者が支配する領域で生きる術を身につけた狡知の実践者たちについての研究から生まれた。そのような実践者たちとは、自己を語ることすらなく歴史の周縁に押しやられていた、名もなき民衆や植民地支配を受けていた人々などである。／もちろん、レヴィ＝ストロースはブリコルール(器用人)を出来事から構造をつくる人とみなしたが、ここでは「自分たちの利益にかなうように規則を読み替える」創造力を駆使する人というように、レヴィ＝ストロースの考えを流用しよう。したがって、流用とは、ブリコルールが行う文化の創造といえよう。支配的な文化要素を取り込み、自分にとって都合のよいように配列し直し、自己の生活空間を複数化(pluralize)してゆくのだ。それは、整序され文法化された社会空間を意図的にズラし、そこに新たな意味をみいだす、いわゆる「意味産出実践(signifying practice)」である。[21]

また、池田光穂は appropriation に「領有」の語を当て、次のように定義している。

領有とは、キリスト教会が団体として聖職碌を専有できることを定めた教会法に由来する。つまりこの語は、奉仕義務(=聖職者の実践)行為によって受け取ることができる便益(=財産の可処分権の取得)を保証するという意味から出発している。/今日、ポストコロニアル理論やフェミニズム研究において「領有」には新しい意味が割り当てられつつある。私の理解するところでは、この領有とは、文化の複数性を自明の出発点とし、支配的/ヘゲモニックな「文化」と従属的な「文化」が接触する時に起こる、文化の要素間の利用(=流用)のことを指している。[22]

こうした「流用」概念を用いた文化人類学的研究についての、井上雅道の次のような評価は適切であろう。

流用の概念は、例えばそれがポスト・コロニアル批評において重要な位置を占めてきた事からも窺えるように、他者(しばしば権力を握る者)の文化要素・過程を自らの文脈において別の意味で用いる現象(中略)の記述を可能にし、権力の戦略と弱者の解釈とのずれや、両者の間で行われる複雑な意味構築のプロセスを明らかにしてきた。そしてポスト・コロニアルなモーメントを生きる人類学がこの流用の概念を流用した時、

「消滅する文化」という従来のノスタルジックな語りとは異なる語りを獲得すると共に、抑圧された人々が単に権力に蹂躙される無力な存在ではなく、権力を換骨奪胎しながらその文化要素・過程に新たな意味付けを行い、自らのアイデンティティを組み換えてミクロ状況を変革させていることを明らかにして、社会運動・抵抗研究に新鮮な刺激とインパクトを与えてきた(23)。

井上は、また、文化人類学における「流用」概念について、次のように批判を行っている。

とはいえ流用の概念は、その新しさにも拘わらず、階級闘争論や独立論といった古い運動論と同様に、当事者(我々)と権力(あなた)の二分法に基づいている。／古い運動論がいわば到達目標としていた二分法的対抗関係をむしろ運動の常態とし、もってあらゆる運動を「我々」と「あなた」の二者空間における脱構築や転倒の親密なゲームに還元してしまう危険性――必然性ではない――も抱え込んだ。(中略)つまり、流用論は抵抗主体の読み替え、解釈、意味構成などの微細な抵抗を評価するまさにそのことにおいて、権力を追認する論理に反転してしまう危険を孕んでいるのではないか(24)。

このような、文化人類学にみられる「流用」概念は、ポストコロニアル研究の影響のもとに導入されたものである。それゆえ、そこに支配―従属という不均衡な権力関係が読み込まれている。いや、そうした関係における文化の動態を分析するツールとして「流用」されてきたのである。もちろん、セルトーの「消費」や「戦術」概念にしても、スペインによるインディオの「同化」が例としてあげられていることからも、そうした植民地下あるいは植民地的状況における意味構築を読み解こうとする試みなのである。

しかし、過去に関する語りという本章の問題関心からすれば、これらの文化人類学の業績にみられる*appropriation*の概念は、権力の問題に矮小化されてしまっているともいえる。意味創出の実践を解明するために、より詳細な語りの分析において、この概念は使われる必要がある。そのためには一度、権力の問題をカッコに入れる必要があるだろう。もちろん、権力の問題を度外視するわけではない。むしろ、権力は言語使用のより根底的な次元に働いているのである。

三　拡張された「心」

どこで心が終わり、残りの世界が始まるのだろうか?（Where does the mind stop and the rest of the world begin?）

これはアンディ・クラーク（Andy Clark）とデヴィッド・チャルマー（David Chalmer）による「拡張された心（The Extended Mind）」と題された共著論文の最初の一文である[25]。この論文は一九九八年に『アナリシス』に掲載され、その年に公開された最も興味深い一〇本の哲学論文のうちのひとつとして評価され、*The Philosopher's Annual* に再録されている。その後、この論文が提起した問題は「拡張された認知仮説（ＨＥＣ）」として現在でも議論されている。

本章の問題関心にとってまず重要なものは、次の記憶の外在性に関する議論である。少し長くなるが引用しよう。

インガは友達からニューヨーク近代美術館で展覧会があると聞いて、見に行こうと思った。彼女は一瞬考え、美術館は五三番通りにあることを思い出したので、五三番通りに行って、美術館を訪れた。彼女は美術館が五三番通りにあると信じており、記憶を参照する前から、美術館は五三番通りにあると信じていたと言えるだろう。あらかじめ生起していた信念ではなかったが、我々のもつ信念も同様である。それは記憶のどこかでアクセスされるのを待っていた信念である。

次にオットーの例を見てみよう。オットーはアルツハイマー病を罹っており、多くのアルツハマー病患者と同様に、生活のリズムを保つため、環境内の情報に頼っている。オットーは肌身離さずノートを持ち歩き、何か情報を得るとそれを書き留める。古い情報が必要なときに彼はこれを参照する。彼にとって、彼のノートは生物学的な記憶と同じ役割を果たしている。ある日オットーは近代美術館での展覧会について聞き、行こうと思った。彼はノートを参照し、美術館は五三番通りにあると書いてあったので、五三番通りに行って美術館を訪れた。

明らかに、オットーが五三番通りに行ったのは、美術館に行きたいという欲求があり、五三番通りに美術館があるという信念を持っていたからである。インガは記憶を参照する前から信念を持っていた、と考えられるように、オットーもノートを参照する前から信念を持っていた、と考えられる。というのもこの二つの例は全く類似であるからである。オットーのノートはインガの記憶の役割を果たしている。ノートは通常の非生起的な信念が構成する情報と同じように機能する。ただ、この情報は皮膚の外にあるだけなのだ(26)。

クリストファー・ノーラン(Christopher Nolan)監督による映画『メメント』の主人公は、脳の機能障害によって記憶が一〇分間しか続かない。彼は出会った人々の写真をポラロイドにおさめ、メモをし、そして重要なことはタトゥにして身体に書き込んでいく。この映画は、外部記憶、あるいは記憶の外在性をテーマとした興味深い作品である。(27) この主人公のように、「拡張された認知仮説」は、認識論的には外在主義のひとつであると批判され、それに対する反論も行われてきた。(28) クラークによる反論では、この映画についても言及し、(29) 能動的外在主義の立場をより鮮明なものとしている。またこの仮説は、人工知能（ＡＩ）研究からも注目されている。記憶の外部装置化は、現代社会では実際に大きく進んでいる。無線によるインターネット環境の遍在化とコンピュータの装着可能性《ウェアラビリティ》は、今後ユビキタス社会を到来させるであろう。

ともあれ、認知的な道具は、たとえそれが目に見えないものであれ、外在化されている。そのことは経験的にも知ることができる。例えば、珠算の訓練を積んだ人が暗算をするときに目に見えない珠を弾くしぐさをするように、外部化され、局在化されている。

身体性の拡張、とりわけ身体の知覚的側面と外在的な物質との関係を扱った哲学者としてモーリス・メルロ＝ポンティ(Maurice Merleau-Ponty)が想起されるだろう。次にみるように、人間の知覚は物理的な外在性を持つ杖の先にまで拡張されている。

車を運転する習慣を私がもっているならば、私はある道路に乗り入れるにあたって、車の泥よけの幅と道路の幅とを比較しなくても、「通れる」ことを見てとる。戸口を通過する際に、戸口の大きさと私の身体の大きさとを比較しないのと同様である。（中略）盲人の杖は彼にとってはもはや一つの対象ではなくなっている。もはやそれ自身としては知覚されず、その先端は感受性をもった地帯に変わってしまっている。杖は触覚の幅と範囲を増大させ、まなざしに似たものとなっている。対象を探るにあたって、杖の長さは、はっきりした形で中間項として介入するのではない。つまり盲人は杖の長さによって対象の位置を知るというより、むしろ対象の位置によって杖の長さを知るのである(30)。

また、重要であるのは、「拡張された認知仮説」が、言語の外在性について言及している点である。クラークらによれば、人間の生理的な脳は外部環境を取り入れながら、外在性と連結して問題を解決してきたと考えられる。

言語は認知プロセスを世界にまで拡張する中心的な方法である。皆でアイデアを出し合ったり、何かを書き留めながら考えをまとめる場面を想像して欲しい。このように連結したシステム間で認知資源を拡張するため、言語は進化したのかもしれない。／個々の有機体に目を転じても、個体の学習は認知の拡張物に依存しながら脳を形成する。言語、数式などは認知の拡張物として子供に教えられていく。認知の進化と発展を制約する環境の重要な役割を自覚するなら、拡張された認知が認知プロセスの付けたしではなく核であることが判るであろう(31)。

拡張された認知仮説は、記憶という現象が外部世界との交渉の中で発生していることを指摘するものである。このように記憶とは個人の頭脳の中でだけ生起する内的な心理的現象であるのみならず、外部環境と連結し、それらを媒介することによって生起しているのである。また、ここでいう「モノ」とは、必ずしも物理的な存在に限られているわけではない。「言語」や「数式」はすでに外在的な「認知的拡張物」なのである。

言語は意味のある音である。短期記憶あるいはワーキングメモリーとされる一時的な記憶の保持能力は種によって決まっており、人間に保持できる音の数(あるいは時間)は限られている。もしも話されている言葉がひとつも保持されず次々に忘れ去られてしまうのなら、その会話を理解することはできないであろう。

たとえ文字がなくても、言語に抑揚をつけたり、リズムや音階を付けたり、シャレや掛け言葉のように音の意味を多重化させたり、特定の物語の形をとったり、起承転結を付けたりすること、つまり音楽や口承伝統は、文字の発明以前に、過去を保持するための文化的な工夫であろう[32]。文字の発明と伝播は、外在性の点で、それを飛躍的に向上させた。こうして考えると、モノが記憶の外在化にいかに適しているかが分かる。

こうした外在性という観点から、アルヴァックスが主張した物質的フレームを考えると、モノは観念の乗り物《ヴィークル》であり、本書で扱う記念碑や追悼式という儀礼は、ナショナリズムの乗り物となりうるであろう。死者の存在と想起の実践、それが追憶の共同体としてのナショナリズムを保持し、伝達し、再生産する外在化された物質的基礎を提供している。そのようにいいうるかもしれない。しかし、それには二つ問題がある。

第一に、伝達や再生産は、そのメカニズムがほとんど解明されていない。ある特定の観念が他者へと、どのようにして「伝達」されるのだろうか。一般に使われるこの伝達という言葉はアナロジーでしかない。観念は熱の伝導のように伝わるのではない。それは、相手側に理解され、獲得される、ということだ。相手側のシステムがそのように理解する、いわば受け手側の主体的な取り組みなのである。

その主体性は、通常は意識されない脳の中の推論システム(inference system)において働いている。認知心理学の立場から、パスカル・ボイヤー(Pascal Boyer)は、宗教はある特定の自律的な反応(あるいは理解)を人間から引き出すと指摘している。

> 実験的証拠は、固有の領域ごとに異なる推論システムがあることを示している。宗教的概念は、これらのうち特定の種類のシステムを活性化し、それによって心のなかにこの種の概念が形成されやすくなり、それ

らの概念が直観的に適切に見えるようになる。その結果、人はそれらの明示的な表現を受け入れやすくなり、科学の影響のようなものに侵されなくなる。[33]

ボイヤーは別の箇所でこうした推論システムの活性化を「認知的な性向（cognitive predisposition）」とも述べているが、[34]宗教的信念は、こうした認知プロセスによって「可能性の高いものになっている」[35]というのにすぎない。つまり、ある特定の宗教的概念の伝播についての認知心理学的な研究はまだ緒についたばかりである。

第二の問題は、乗り物と観念との結びつきには歴史があるということである。追悼記念施設はナショナリズムの乗り物であるかもしれないが、その形態に特定の認知を引き起こすような必然性や普遍性があるだろうか。その乗り物は多くの偶然性に左右される固有の文化を持ち、それが創設され解釈が与えられ、また意味が変容していく社会―歴史的な過程がある。その過程こそが、文化や歴史を扱う社会学や歴史学の研究領域である。

では、こうした外在物と主体との関係を文化研究の中にいかに位置付け、具体的な研究を構想することができるだろうか。本章の関心に沿って、この点についてさらに検討してみよう。

四　媒介される「心」

ジェームズ・ワーチ（James V. Wertsch）によれば、人間の心的機能は社会文化的な道具によって根底的に媒介されている。記憶の場合も同様である。彼が提示する興味深い例を取り上げてみよう。

ある書籍を友人に紹介しようとしたときに、その正確な書名などが思い出せないということがある。その場合、もしも手近にコンピュータがあれば、有名なオンライン書店のアマゾンにアクセスし、大量のデータベースを検

索して、すぐさまその正確な書名を思い出すことができる。(36)
これは日常的に行われている行為であろう。しかし、そうした日常的な行為にこそ問われるべき問題はある。この場合、記憶していた主体は自分なのか、アマゾンなのか、という問いである。能動的行為者(agent)と社会文化的道具(sociocultural tool)との中間に、記憶という行為は成立している。行為者と媒介的道具とのどちらにも還元されない緊張(irreducible tension)の上に、記憶は存在しているのである。こうした媒介的道具は行為者に外在するという点で物質性をもっている。それはより根底的であり、言語による媒介においてもそうである。

媒介手段は、いくつかの事例においては、典型的な第一次的人工物(石斧、やじりなど)が示しているような物質性を持っていないものがある。もっとも非物質的なものと思われる好例は、話しことばである。話しことばの物質性に比べて書きことばの物質性を認める方がより容易である。つまり、書きことばは、それが媒介手段として採用されないでいる場合でも存在し続けるからである(何十年もの間、未使用のままトランクに眠っている原稿など)。書きことばと違って話しことばの物質性は、ことばが録音されるという稀な場合を除き、一瞬の存在の後に消えてしまうのである。しかしながら、物質性というのは、どんな媒介手段にもあてはまる特性である。話しことばにおける聴覚的な「記号媒体(sign vehicles)」がほんの瞬間的にしか現れないという事実は、この文化的道具の物質的側面の把握を困難にしているが、それによって、その媒介手段が物質性を持っていないということにはならない。(37)

人間の心的機能は、本来、外在的な文化的道具を習得し、自分のものとして「専有する」ところに発生する。ここでワーチは、「他者に属する何かあるものを取り入れ、それを自分のものとする過程(38)」として、「専有(appropriation)」の概念を使用している。このような、文化的道具としての物質的対象の使用は、行為者の側に変化を引き起こす。[39]

しかしながら、文化的道具によってある種の能力が高められるというようなことに狭く焦点を絞ってしまうと、一面的で身勝手な像しか描けなくなってしまう。それは、本来的に媒介手段が持っている反対の側面――つまり、私たちが行っている行為の形態を制約したり制限したりしてしまうこと――を見落としてしまうからである。[40]

彼はケネス・バーク(Kenneth Burke)に依拠し、「言語は私たちに強力な制約を押しつける」[41]という。つまり、「現実について理解したり行為したりするどのような試みも、私たちが余儀なく採用する媒介手段によって本来的に制限されている」[42]のである。ここには、言語の使用そのものが持つ、根底的な権力性が指摘されている。ある言語体系はそれ独自の語彙の歴史を持ち、独自の時制を持っている。言語を習得するということは、否応なく、それらの暗黙の制限事項を受け入れることである。押し付けられた制約の中で、人は言語を「使いこなしている」のである。そこには常に抵抗や軋轢が存在する。

文化的道具は行為者にそれほどたやすくかつスムーズに専有されることはない。そこではしばしば抵抗があり、媒介された行為におけるその独特な使用との間に「軋轢(friction)」と呼ばれるものが生じている。／このような抵抗や軋轢といったもののいくつかの形式は、例外ではなくてむしろ通例である。言葉は、ある特定の状況で私たちが言おうとしていることを反映したり、伝えたりするために初めから作られてはいない。そうではなくて、私たちが話す時はいつでも、すでにある言語学的用語や概念のセットに「従わなくては」ならないのである[43]。

このような、媒介された行為(mediated action)として記憶も考えられるべきであり、過去について語るときに用いられる媒介的な道具が「ナラティヴ」である。ここでいうナラティヴとは、はじめ、中間、終わりというシークエンスを持ち、その中に何らかの中心的な主題が含まれた語りである。人は、この媒介的な道具を使用して、過去を語る。それゆえ、集合的記憶の分析単位としてナラティヴを考えることができる。

彼は米国、ソ連、そしてソ連に併合されソ連崩壊後独立したエストニアなどの事例をもとに、ナラティヴの中に現れる中心的な主題、その専有、抵抗、戦術、拒絶などを分析している。

　公式の歴史(official history)についてのナラティヴ(narratives)といった文化的道具が私たちがそれに疑問を感じ抵抗しようとするときにさえ、大きな影響を及ぼす。／合衆国の起源についてアメリカ人大学生の説明を研究した結果、私にとってもっとも印象的だったことは、公式の「自由への探求(quest-for-freedom)」というナラティヴにたいしてかなり批判的な学生でさえ、この公式のナラティヴを中心に記述を構成してしまっていたのである[44]。

また、ナラティヴの微細な分析によって、公式の歴史を生み出す国家という強大な権力機構の存在が照射されている。彼は、集合的記憶が社会的枠組みを前提としている、というアルヴァックスの主張を逆転し、国民国家においては、むしろ公式の記憶こそが国家の前提となっていると述べる。国家は、ナショナリズムを「自然化」

するナラティヴを流通させる制度として、一般教育を義務として国民に課していると指摘する。(45) ここには、文化的道具の外在性における権力と、アクティヴな過去についての支配的なナラティヴを流通させる国家機構としての権力という二重の権力性が析出されている。歴史教科書は公式のナラティヴの流通に大きな役割を果たしており、その出版にはさまざまな権力が働いている。

「アメリカの歴史」教科書の出版には、アカデミックな研究から得られた知見のほかに、多くの勢力が影響を及ぼしている。(中略)歴史教科書の出版にはこれまでずっと国家主義と愛国心を唱える諸勢力が関与してきた。そのような諸勢力は現在でも一定の役割をたしかに果たしているし、今後もそうだろう。(46)

どのような過去についてのナラティヴであっても、それは社会文化的道具によって媒介されている。その媒介的な道具が形成され、流通するにあたっては、社会文化的に条件付けられている。つまりそれらは常にコンテキストを持ち、現実の状況の中にあるのである。そうした語りの中には、いかなる主題をみることができるだろうか。そこにみられるのは、流通しているナラティヴの専有であり、あるいは押し付けられたナラティヴに対する抵抗であるだろう。ナラティヴの中で、人は何を自分のものとして語り、あるいは作り変え、何に対して抵抗しているのか、それを丁寧に読み解くことで、集合的記憶の生成の局面を扱うことができるであろう。

むすびにかえて

本章の目論見は、セルトーなどの文化研究を、認知論を経由することによって集合的記憶研究へ接合し、具体的な研究対象を構想することであった。

ナラティヴを集めることによって歴史的な事実へ到達できるというアプローチは、シルズのいう「ハードな事実としての過去」を知る方法としては一定の有効性を持つと考えられる。しかし、集合的記憶研究は、もうひとつの「読み取られた過去」についても考察の対象とすることができるであろう。そこではナラティヴを分析単位と考え、ナラティヴにみられる「主題」や「用法」を分析するというアプローチが有効であると思われる。過去についての「もうひとつの生産」である語りを分析することによって、我々は、現在における「過去」の用法について、より詳しく知ることができるようになるのである。

さらに「拡張された心」や「媒介される心」という視角は、フィールド調査や聞き取りに基づく他者理解のために新しい観点を提示するものである。ナラティヴもそれ自体は外在性を持つ。そのナラティヴを媒介として、つまりそのナラティヴの流用、抵抗などを通して人々の「現在における過去」がいかに使いこなされているかをみることができる。その可能性を本章では示している。

そして、これは理論だけで決着のつく問題ではなく、実際のフィールド調査や聞き取りの現場を経て、検討されるべき問題であろう。本書第九章では、沖縄において遺骨収集に携わる人々の調査において、その試みを行っている。

（1）　Olick, J. K., V. Vinitzky-Seroussi, and D. Levy eds. *The Collective Memory Reader*, Oxford University Press, 2011.

（2）　安川晴基「文化的記憶のコンセプトについて――訳者あとがきに代えて」アライダ・アスマン『想起の空間――文化的記憶の形態と変遷』安川晴基訳、水声社、二〇〇七年、五五五―五七五頁。

（3）　Gillies, J. R. ed. *Commemorations: The Politics of National Identity*, Princeton University Press, 1994.

（4）　ヴァルター・ベンヤミン『複製技術時代の芸術』佐々木基一訳、晶文社、一九九九年。（原著：Benjamin, W., *Das Kunstwerk im Zeitalter seiner technischen Reproduzierbarkeit: Drei Studien zur Kunstsoziologie*, Suhrkamp, 1963.）

（5）アンリ・ベルクソン『物質と記憶』合田正人・松本力訳、ちくま学芸文庫、二〇〇七年、二一五頁。（原著：Bergson, H., *Matière et Mémoire*, 1896.）

（6）Shils, E., *Tradition*, The University of Chicago Press, 1981.

（7）*Ibid.*, p. 50.

（8）集合的記憶論における「物質的な枠組み」への着目は社会学に限ったことではない。矢野敬一は、日本民俗学の概念を整理し、「死者を表象するモノ」「記念的物件」等とこれまで扱われてきたものを概念化することによって、戦争の記憶を研究する際の具体的な対象として考察している。矢野敬一『慰霊・追悼・顕彰の近代』吉川弘文館、二〇〇六年。

（9）Shils, *op. cit.*, p. 63.

（10）*Ibid.*, pp. 772-773.

（11）*Ibid.*, p. 195.

（12）Shils, E., “Primordial, Personal, Sacred and Civil Ties,” in *Center and Periphery: Essays in Macro-sociology*, The University of Chicago Press, 1974.

（13）Shils, 1981, *op. cit.*, p. 200.

（14）Olick, *op. cit.*

（15）Warner, W. L., *American Life: Dream and Reality*, University of Chicago Press, 1953. 本書は非常に高い評価を受け、後に Yankee City シリーズに収録された。このプロジェクトは一九三〇年代の、典型的なニューイングランドの町であるといわれるマサチューセッツ州エセックス郡にあるニューバリーポートをフィールドとした調査である。*The Living and the Dead: A Study of the Symbolic Life of Americans*, 1959, Yale University Press. その後、次のものに収録されている。Warner, W. L., “An American Sacred Ceremony,” in Richey, E. R. and Jones, D. G., 1974, *American Civil Religion*, Harper & Row, pp. 89-111. ウォーナーについての筆者の批判的検討は次のものを参照。粟津賢太「集合的記憶のエージェンシー——集合的記憶の社会学構築のために」『国立歴史民俗博物館研究報告』第一四七号、二〇〇八年。（本書第2章に加筆・修正して再録）

（16）ミシェル・ド・セルトー『日常的実践のポイエティーク』山田登世子訳、国文社、一九八七年、一四頁。（原著：de Certeau, M., *L'Invention du quotidien, 1, Arts de faire*, U. G. E., coll. 10/18, 1980.）

(17) 同前、一四頁。
(18) 同前、一四頁。
(19) 同前、一五頁。
(20) 同前、一五―一六頁。
(21) 太田好信『トランスポジションの思想――文化人類学の再想像』世界思想社、一九九八年、四七―四八頁。
(22) 池田光穂「民族医療の領有について」『民族学研究』六七巻三号、三〇九―三二七頁、二〇〇二年、三一一頁。
(23) 井上雅道「当事者の共同体、権力、市民の公共空間――流用論の新しい階梯と沖縄基地問題」『民族学研究』六八巻四号、五三四―五五四頁、二〇〇四年、五三五頁。
(24) 同前、五三六頁。
(25) Clark, A. and D. J. Chalmers, "The Extended Mind" (http://consc.net/papers/extended.html) Published in *Analysis*, 58, pp. 10-23, 1998. Reprinted in Grim, P. ed., *The Philosopher's Annual*, vol XXI, 1998. 翻訳は http://www5e.biglobe.ne.jp/~urbe/note/extended_mind.html/note/extended_mind.html（二〇一五年一一月一五日閲覧）に依ったが、一部改訳した。
(26) *Ibid*.
(27) ジョナサン・ノーラン(Jonathan Nolan)脚本、クリストファー・ノーラン(Christopher Nolan)監督作品『メメント(原題：memento)』制作国アメリカ。二〇〇〇年。
また、映画『手紙は覚えている』で扱われているのも、記憶の外在化の問題である。ベンジャミン・オーガスト(Benjamin August)脚本、アトム・エゴヤン(Atom Egoyan)監督作品『手紙は覚えている(原題：Remember)』、制作国カナダ・ドイツ合作、二〇一五年。
(28) こうした議論を的確にまとめているものとして服部裕幸「『拡張された心』仮説について」南山大学紀要『アカデミア』人文・自然科学編、第三号、二〇一二年、一―九頁がある。
(29) Clark, A., "Memento's revenge: the extended mind extended," Menary, R. (ed.), *The Extended Mind*, MIT Press, 2010, pp. 43-66.
(30) メルロ゠ポンティ『知覚の現象学』中島盛夫訳、法政大学出版局、一九八二年、二四二―二四三頁。(原著：Merleau-Ponty, M., *La phenomenologie de la perception*, Gallimard, 1945.)

(31) Clark and Chalmers, *op. cit.*

(32) Rubin, D., "Oral Traditions as Collective Memories: Implications for a General Theory of Individual and Collective Memory", in Boyer, P. and J. Wertsch (eds.), *Memory in Mind and Culture*, Cambridge University Press, 2009, pp. 273-287.

(33) パスカル・ボイヤー『神はなぜいるのか?』鈴木光太郎・中村潔訳、NTT出版、二〇〇八年、三八七頁。(原著：Boyer, P., *Religion Explained: The Human Instincts that Fashion Gods, Spirits and Ancestors*, Vintage: London, 2002, p. 342)

(34) Boyer, P., "Cognitive Predispositions and Cultural Trfansmission," in Boyer and Wertsch (eds.), *ibid.*, 2009, pp. 288-319.

(35) ボイヤー前掲書、二〇〇八年、三八八頁、Boyer, *ibid.*, p. 343.

(36) Wertsch, J. V., *Voices of Collective Remembering*, Cambridge University Press, 2002, pp. 11-12.

(37) J・V・ワーチ『行為としての心』佐藤公治他訳、北大路書房、二〇〇二年、三三頁。(Wertsch, J. V., *Mind as Action*, Oxford University Press, 1998.)

(38) 同前、五九頁。

(39) 同前、三三頁。

(40) 同前、四二頁。

(41) 同前、四三頁。

(42) 同前、四四頁。

(43) 同前、六〇―六一頁。

(44) 同前、一五五頁。

(45) Wertsch 2002, *op. cit.*, chapter 4 において詳しく論じられている。

(46) ワーチ、前掲書、一五五―一五六頁。

第Ⅱ部　事例編

第四章　偉大なる戦争

——英国の戦没者祭祀における伝統と記憶

はじめに

英国およびヨーロッパにおいて戦争記念碑建設の画期となったのは第一次世界大戦であった。いうまでもなくこれは戦死者の大量発生と呼応している。第一次世界大戦は大戦争《ザ・グレート・ウォー》(the Great War)と呼ばれているように、近代国家としての英国が経験した初めての大戦争であった。徴兵制の導入に踏み切った初の戦争であり(1)、七四五、〇〇〇人の英国軍兵士の戦死者を出した(2)。これは全兵士の一〇%に当たり、八五九〇人(五%)の戦死者、七五、〇〇〇人の戦傷者を出したボーア戦争に比べて戦死率は倍増している。表4-1に示したように英領や英連邦を含めた全戦死者は九〇八、三七一名を超える。戦争による食糧不足などによって死亡した民間人犠牲者は一〇九、〇〇〇人を超え、加えてインフルエンザの大流行《パンデミック》(スペイン風邪)による死者も一〇万人を超えており(3)、人口構成に深刻な影響を及ぼした(4)。また、この戦争は英国が経験した初の総力戦であり、西部戦線《ウェスターン・フロント》などと同様に、国内も戦線であると捉えられ国内戦線《ホーム・フロント》(日本的にいえば「銃後」)といわれた。この大規模な犠牲によって、英国における戦没者祭祀の必要が生まれ、それは現在の記念や追悼のあり方の基礎となっている。

例えば、戦没者の追悼のために路上で黙祷を捧げるという集団的な行為は近代になって始まったものである。

表 4-1　第一次世界大戦における英軍戦死者数

国籍	戦死者数(上段)・戦傷者数・(中段)・捕虜数(下段)		
	将校・士官	兵士	計
ブリテン諸島	37,452 79,445 6,482	664,958 1,583,180 163,907	702,410 1,662,625 170,389
イギリス領インド帝国 英国	1,382 1,733 172	1,011 592 52	2,393 2,325 224
イギリス領インド帝国 インド	904 1,680 258	61,152 65,209 10,812	62,056 66,889 11,070
カナダ自治領	2,887 6,347 236	53,752 143,385 3,493	56,639 149,732 3,729
英連邦オーストラリア	2,862 6,304 173	56,468 145,867 3,911	59,330 152,171 4,084
ニュージーランド自治領	735 1,724 10	15,976 39,593 488	16,711 41,317 498
南アフリカ連邦	336 569 70	6,785 11,460 1,468	7,121 12,029 1,538
ニューファウンドランド	54 65 6	1,150 2,249 144	1,204 2,314 150
その他の植民地	91 158 —	416 652 —	507 810 —
計	46,703 98,025 7,407	861,668 1,992,187 184,275	908,371 2,090,212 191,682

出典）The War Office, *Statictics of the Military Effort of the British Empire during the Great War 1914–1920*, London: His Majesty's Stationery Office, 1922.

この儀礼は、英国において第一次世界大戦の停戦を記念する式典の中で戦没者を追悼する儀式として始められ、その日は、後にすべての戦没者を追悼する日となった。

本章では戦争記念碑に関する調査が最も進んでいると考えられる英国における戦没者祭祀の制度を、日本への影響関係にも目を配りながら検討する。これまでの章で提示した構成主義的な儀礼理論の視角から、具体的な歴史的対象を考察する。そのことによって集合的記憶の場である戦没者追悼施設の持つ独自の性質を見出し、こうした施設の社会学的意味を考察する。

一　戦没兵士追悼記念日と沈黙の儀礼

英国では、第一次世界大戦の戦闘が終わったとされる一一月一一日が戦没兵士追悼記念日とされる。この日が近くなると退役軍人やその家族の福祉のため、全国で募金を呼びかけ、募金をしたしるしに赤いケシの造花を胸につける習慣がある。由来は、第一次世界大戦の激戦地であったフランドル地方で終戦後にたくさんのケシの花が咲いたことによる。地中にあったケシの種子が、当時の塹壕戦によって掘り返され、活性化したといわれる。また赤い色は兵士の血を連想させ、若くして命を落とした兵士たちが切り取られた花にたとえられているともいわれている。こうした募金活動や地方における追悼式は、英国全土に支所を持つ退役軍人支援機関である英国退役軍人会(Royal British Legion)が行っている。地方のどんな小さな町や村に行っても、その中心地には必ずといってよいほど戦争記念碑が存在する。

現在、一一月一一日はリメンブランス・デイ(戦没兵士追悼記念日 Remembrance Day)と呼ばれる。これは一一月一一日の午前五時に第一次大戦の停戦協定がフランス北部で署名され、六時間後の午前一一時に休戦協定

図 4-1　戦没者追悼式の様子とセノタフ（ロンドン）
出典）*Times*, 1928 年 11 月 12 日

（Armistice）が発効したことに由来する。本来この日は休戦記念日（Armistice Day）と呼ばれていたが、現在では一一月一一日にもっとも近い日曜日とされ、リメンブランス・サンデイとも呼ばれる。当日の一一時には全国で一斉に二分間の黙祷が行われる。この儀礼では、英国の中枢であるロンドンのホワイトホール（官公庁街）にあるセノタフ（the Cenotaph）と呼ばれる戦争記念碑が中心的な役割を担っている（図 4-1）。記念碑の前に、国王をはじめ首相、国教会主教などの各界指導者が一堂に会し、国王がその記念碑に花束を捧げる儀礼が厳粛に行われる(5)。この首都にて行われる儀式と平行して、全国の市町村においても地元の犠牲者の記念碑にケシの造花を捧げる儀礼が行われる。この儀礼は王室と国家、中央と地方、同胞意識と犠牲者の存在というナショナリズムの重要な特性である同時的連続性を構成する国家儀礼である。

これらの追悼式における儀式やパレード等の形態は当初から周到に議論され決定されたものであり、そこでは宗教的であるよりもむしろ国家的であることが重視されている。これは現在ではより顕著なものになっている。式典の原型自体は変わらないが、二〇〇〇年紀を機に、ユダヤ教をはじめ各宗の聖職者の代表が正式に参加するようになった。これは現代英国、カナダ、オーストラリア、ニュージーランドなどの英連邦諸国において政策の基本として掲げられている多文化主義が反映された変化である。

二〇〇〇年一一月一二日の式典では、六千人の退役軍人、二千人の民間人がホース・ガード・ゲイトからセノタフへ到るパレードに参加したが、そのパレードには、イスラム教徒、ヒンドゥー教徒、仏教徒、ギリシア正教徒などの、英国国教会以外の信仰を持つ者たちが正式に参加した。またそれら宗教コミュニティの代表たちも正式に参列しており、この国家儀礼は宗教的な多元性をあらわな形で認める方向に進んでいるといえる。これは本国以外でも同様である[6]。

cenotaph は「空の墓(empty tomb)」を意味するギリシア語 kenotaphion に由来する。別の場所(外国など)に葬られた人を記念する墓碑である。cenotaph 自体は記念碑をさす一般名詞であるが、ロンドンのホワイトホールにあるセノタフは特に定冠詞(The)をつけ、語頭を大文字化《キャピタライズ》することによって区別されており、現代英国ではもっぱらロンドンにある戦争記念碑をさす[7]。

これはエドウィン・ラティンズ(Sir Edwin Lutyens)によって設計され、一九二〇年に完成したものである。彼は第一次世界大戦後、帝国戦争墓地委員会のデザイナーとなり、他にも the Great War Stone や Military Cemeteries in France などを手がけ、植民地インドの首都ニュー・デリーの提督府を含む都市設計も行っており、一九一八年にナイトの称号を受けた。彼は第一次世界大戦後の古典主義の建築家の一人であり、その作品は、特に古典的なものと現代的なものとを融合したものと評価されている[8]。

図 4-2　エドウィン・ラティンズ

セノタフの意匠(design)、設置位置などは内閣で議論された。それが式典の行進のルート上にあること、キリスト教のシンボルであることを一切表現せず、それでいて死者の冒涜とはならないような厳格で簡潔な意匠であることなどが周到に考えられていたのである。こうした要求に応えるものとして、ラティンズの作品が採用された。碑銘には「栄光ある死者（The Glorious Dead）」と刻まれ、英国のすべての戦没者を一括して記念するものとされた。[9]

一方、二分間の黙祷であるツー・ミニッツ・サイレンスの方も議論を重ねて決定されたものであった。第一次世界大戦の戦闘が終わったとされる一一月一一日が戦没兵士を追悼する記念日と決められ、この日の午前一一時に、何らかの形で敬意を表すべきことが当時の内閣で議論されていたが、一九一九年一〇月一五日にパーシー・フィッツパトリック卿（Sir Percy Fitzpatrick）からのメモが内閣へ提出された。フィッツパトリックは、戦時中、南アフリカの高等顧問であり、メモは、彼が現地で経験した「三分間の中断」と呼ばれる儀礼の利用を提案していた。この提案は、帝国中の国民が同日の同時刻に各自で実行できるような単純で簡潔な儀礼であり、兵士たちへの尊敬の念はいかなる言葉によっても表現され尽くせないということからも支持された。そして英国での独自性が考慮され、黙祷は「三分では長すぎるし、一分では、すでに米国のルーズベルト大統領の葬儀に前例がある」ことから、二分間とされた。式典直前の一一月七日、すべての新聞紙上で国王からの要請として、この新しい儀礼は発表され、実施されたのである。[10]

このように、二分間の黙祷には二つの先例が存在した。フィッツパトリックの提案にあった「三分間の中断」は、英領南アフリカのケープタウンの市長であったハリー・ハンズ（sir Harry Hands）の創案によるものである。ハンズはフランス戦線で長男レジナルドを失っていた。この儀礼の発想のもととなったのはカトリックの伝統である「アンゲルスの祈り（the Angeles prayer）」であった。日本ではお告げの祈りとして知られる日々の活動を中断して行う黙祷である。ミレーの有名な絵画である「晩鐘」に、農夫が祈りを捧げるモチーフが描かれているように、教会は「お告げの祈り」のために、午前六時、正午、午後六時に鐘を鳴らす。[11]

また、ケープタウンでは、植民地時代から正午を告げる時報として「正午の砲声（Noon Gun）」が海軍によって行われていた。これを合図として、交通機関をはじめ、すべての昼間の活動を中断し、三分間の追悼の儀礼を行うことが提案され、実行されたのである。三分間のうちの最初の一分間は生還した兵士たちに感謝を捧げるため、残る二分間は戦死者たちのために祈りを捧げるという意義を持っていた。

一九一八年五月一三日、『ケープ・タイムズ』紙上で翌日の火曜日から実施することが発表された。しかし、実際に行ってみるとやはり三分間は長すぎるということで、翌々日の一五日には二分間にする旨が発表され、この儀礼は、一九一九年一月一七日まで毎日続けられた[12]。

もう一つの先例は、一九一九年一月七日にニューヨークで行われたセオドア・ルーズベルト(Theodore Roosevelt)大統領の葬儀である。ニューヨークではルーズベルト大統領への尊敬の念を示すため(mark of respect)、葬儀の時間に合わせて一分間の黙祷が行われ[13]、ニューヨーク株式市場も休場した[14]。また、この黙祷は各州で行われ、イリノイ中心部では、一一時四五分から五〇分までの間、すべての列車が五分間停止し[15]、シカゴでは、通りのすべての車が五分間停止した[16]。

前述したように、この追悼記念日には、後に第二次世界大戦の戦没者もこれに加えられる形で追悼されるようになったが、それが決定されるまでには多くの議論があった。当初は多大な犠牲を払った世界戦争を繰り返さないという意味を持っていたが、いまや二度経験されてしまったからである。すでにドイツ降伏直後の一九四五年五月一四日から内務省、各宗教指導者、退役軍人会などを中心とし、国家の休日としての戦没者追悼記念日をいつにするかという議論は水面下で始まっていた。

両大戦について、それぞれの記念日を設けるのは煩瑣に過ぎ、国民の関心とエネルギーを分散させてしまうので、両方を含めて同じ日を選定するのが望ましいという結論になった。その後、マグナ・カルタに署名がなされた六月一五日、米国の独立記念日である七月四日、チャーチルとルーズベルトの共同宣言である「大西洋憲章」

の八月一四日、第二次世界大戦が始まったとされる九月三日、ドイツ軍が降伏した五月八日（VEデイVictory in Europe）、ノルマンディ上陸作戦が開始された六月六日（Dデイ）、日本が降伏した八月一五日（VJデイVictory in Japan）、百年戦争とも結び付けられていた万霊節（All Souls Day）である一一月二日などの候補が議論された。あまりにも抽象的で他の歴史的な意義を持った日ではいけないし、同時に、他の連邦諸国にも意味のある日でなければならない。また万霊節はあまりにも宗教的すぎるなどの消去法で、結局は第一次世界大戦の休戦記念日であった一一月一一日が残ったという。結局この問題は一年ほど議論を重ねられ、一九四六年に両大戦を合わせた追悼記念日として国家的休日を定め、今日のリメンブランス・サンデイが正式に決定された。

戦没兵士追悼式において中心になる儀礼が「二分間の黙祷」であるということは重要である。沈黙であるからこそ、国内における人々の意見の違い、帰属の違いを表沙汰にしない。むしろ国王（現在は女王）をはじめとし、退役軍人までのすべての階級がともに兵士の死を悼み、兵士たちの犠牲が尊い行為であったということを顕彰する場として成立している。特定の宗教的象徴（例えば十字架など）ではなく、セノタフという記念碑を中心として行われるために、それは宗教的な儀式であるよりも、国家的な儀礼であるということが明確に表明されているし、意識されてもいる。

実際、セノタフと黙祷の両者に共通しているのは「簡潔さ・単純さ（simplicity）」であり、それがこの儀礼が受け入れられ継続されてきたことの理由であったとされる。特定の神を明示しない意匠だからこそ、日の沈まぬといわれた広大な帝国内に存在する個々の文化的・宗教的差異を表立たせることはない。また、沈黙の儀礼であるからこそ、さまざまな解釈の相違は浮かび上がらないのである。こうして、戦没兵士追悼記念日には、セノタフという空虚な墓の前で、また、地方の戦争記念碑の前で、あるいは仕事を中断した職場で、全国各地で二分間という空虚な時間が送られることになった。

二　黙祷儀礼の日本への導入

英国で初めて行われた二分間の黙祷の様子は、「全市死せるが如き光景／休戦記念日の二分時黙祷」と題して日本のメディアでも報じられた。

休戦第一周年記念日に於て倫敦《ロンドン》市は極めて印象深き二分時の黙祷を為して誠意を表せり其死せるが如き光景は何に例へんものもなく全市民は轟然たる信号花火の爆声を聞くや立所に停止し車馬は悉く進行を止めたり幾千の群衆はホワイトホールの記念碑前に集まり無数の花環は山積せられ中に皇帝皇后陛下より賜はりたる一箇には名誉ある戦死者の霊に捧ぐと銘記されたり(17)

黙祷の日本への導入は、一九二一年に裕仁親王(後の昭和天皇)がイギリス王室を表敬訪問した際、現地の無名戦士の墓や戦争記念碑であるセノタフを訪れた際の経験がもとになっている(18)。『昭和天皇実録』には、英国に到着した当日の午後一時三〇分からバッキンガム宮殿にて催された歓迎の非公式午餐の様子が記されている。この席上、皇太子は今回の訪問の目的を「世界大戦の戦跡弔訪、連合国軍の事績討究、大戦の結果社会各方面に勃興した新趨勢を視察すること」と述べている。午餐終了後、午後四時過ぎには「ホワイトホールの忠魂碑セノタフ」に花環《リース》を捧げ、その後、ウェストミンスター寺院へ訪問している(19)。同日午後七時には、ボーイ・スカウトの創始者ロバート・ベーデン＝パウエル(Robert Baden-Powell)と会い、彼の活動に関心を示し、スカウトの最高勲章であるシルバーウルフ勲章を受けている(20)。また、二一日のスコットランド訪問時にはスコットランド・ボーイ

図 4-3　日本の黙祷の様子（『朝日新聞』大正 15 年 9 月 2 日）

スカウト幹部に、イートン校の訪問時にもスカウトのメンバーから歓迎を受けている。(21)

皇太子のヨーロッパ訪問から二年後、関東大震災が発生し、東京市内および関東では多くの犠牲者を出した。震災の翌年である一九二四（大正一三）年、東京市をはじめ東京都商工会議所などの団体によって一周忌の追悼行事が計画されていたが、その機会に天皇皇后によって犠牲者に対して下賜された花輪を捧げる儀式が行われた。また、裕仁親王は居城である東宮御所（現在の赤坂迎賓館）において皇室の儀礼として英国式に「二分間」の黙祷を行った。震災犠牲者に対する、特定の宗教・宗派を明示しない形による敬意の表し方として、黙祷が初めて日本に導入されたのである(22)（図 4-3）。

当日の状況は次のようなものであった。

> 両陛下より花環御下賜／九月一日の追悼会へ／東宮殿下は赤坂御所で二分間の黙祷
>
> 天皇、皇后両陛下には九月一日本所被服廠跡に於ける東京市主催の震災大追悼会に対し花環を御下賜あらせらるべき旨御沙汰あり、同時に東宮同妃両殿下にも同様花環を御下賜あらせられる事となった。尚同日東宮殿下には全市黙想の午前十一時五十八分を期し赤坂

御所に於て二分間の御黙祷を遊ばされ、各宮殿下にも御同様黙祷遊ばされる筈である。右につき宮内省は同時刻振鈴を以て時刻を報じ、宮内官一同も亦黙祷する事になっている。

当日午前十一時五十八分を期し、市電は一分間停車し、社寺は鼓鐘を、工場は汽笛を鳴らし同時に一般市民はそれ等の鳴り止むまで祈念黙想する事を提唱し、一方当日を「白粉、酒なしデー」とし、節約によって剰した金は記念貯金若しくは公益事業に寄付する。東京市では本所被服廠跡で市長司会の追悼式を行ひ、更に午前十一時から神道、午後二時から佛教五十八派の追悼会ある他、佛教各派では当日供養の辻説教を行ひ、キリスト教徒も当日は月曜であるが各教会において集まりを催す筈である。(23)

こうして「黙祷」は陸軍記念日や靖国神社臨時大祭などの機会に行われていき、皇居「遥拝」などと同様に、学校や軍隊を媒介として浸透していった。当初は英国式に二分間であったものが、徐々に一分間となって定着していったが、皇室では二分間の黙祷が続けられていった。

「黙祷」という言葉自体は唐代の詩人である韓愈の詩の中に「潜心黙祷若有応」と記されているのを見ることができる。(24)これは、声に出して祈らなくても神に通じるという意味であり、追悼や慰霊という今日みられるものとは異なっており、また公的な機会に人々が一斉に行う集団的な行為などではなかった。その後、「黙祷」という この新しい習慣は、全国的に浸透していったものと考えられる。黙祷儀礼は現代の日本では一般的なものとなっているが、その起源が英国にあることは通常忘れられている。集合的記憶とは儀礼化された選択であり、記憶は忘却の側面を持っていることが分かる。

また、国体明徴運動以降、黙祷は批判の対象にもなっていく、一九四〇（昭和一五）年の皇紀二六〇〇年祭に際して設置された神祇院は、「国礼の統一」のもとに、この黙祷儀礼の廃止を提言した。一九四一（昭和一六）年一月一日付の『朝日新聞』朝刊には「黙祷は今年から廃止／一億の国礼統一と敬米運動」と題する次のような記事が掲載された。黙祷がキリスト教起源の儀礼であることをその理由とするものであった。

従来英霊並に前線の皇軍将兵に対する感謝とか、震災の犠牲者を追悼するのに総て黙祷を以てその意を表しているが黙祷はキリスト教の形式で震災記念日に帝都の市民が当時を偲んで毎年九月一日午前十一時五十八分に一分間の黙祷をするのが漸次全国に広がったものらしく神祇院は今後この西洋思想の流れを汲む黙祷を排し日本古来の最敬礼を二拝二拍手一拝の礼式を国礼として制定する意向を持っている。即ち宮城遥拝をはじめ、これまで黙祷して来た各種の記念日等は総て最敬礼に代え、伊勢神宮、明治神宮、靖国神社以下各神社の遥拝に際しては神道の精神に則り二拝二拍手一拝の礼式を採って誠意を披歴しようというのである。また従来區々《まちまち》だった神社参拝も一切この形式に統一する筈である。(25)

しかし、黙祷は神祇院の批判を越えてすでに全国に浸透しており、それを覆すことはできなかった。この問題をめぐって大政翼賛会文化部、文部省、神祇院の三者が協議し、「黙祷は日本人の日常生活に融合、慣習化されている。国民全体が敬神感謝の意を表する適切な形式である」(26)という見解がまとめられ、その後も継続されていった。

三　無名戦士の墓と英連邦戦争墓地

セノタフのあるホワイトホールから程近く、英国の国家的霊廟であるウエストミンスター寺院（Westminster

Abbey)がある。いうまでもなくここは歴代王室の霊廟であるが、無名戦士の墓はこの寺院内の一角に安置されている(図4-4)。無名戦士の墓といっても、日本における無縁仏というのとは違い、ここには多くの遺体が納められているのではない。一九二〇年一一月一一日に、象徴的に一名の遺体だけがフランスのフランドル戦線から回収され納められた。遺体安置の儀式では、多くの遺族、未亡人、退役傷痍軍人、看護婦たちの見守る中、運ばれる棺のすぐ後を国王が歩いて行ったという。当時のタイムズ紙は、無名戦士の墓の意義を次のように表現している。

> 彼は水兵であったかもしれないし、歩兵であったかもしれないし、航空兵であったかもしれない。イングランド人であったかもしれないし、スコットランド人であったかもしれない、ウェールズ人であったかもしれない、アイルランド人であったかもしれない、カナダ自治領の人間だったかもしれない。シーク教徒であったかもしれない、グルカ兵であったかもしれない。それは誰にも分からない。しかし彼が誰であったとしても、彼が大英帝国の人々のために命を捧げた者であることに変わりはない……今、彼の身体は棺の中にあるが、彼の霊は王の傍らに王とともに歩む。(27)

図 4-4　無名戦士の墓(ウエストミンスター寺院)

無名戦士は大英帝国を守護した一般的な人間(a

plane man）の代表であるという論理がそこにはある。墓碑に刻まれているように「名前によっても階級によっても特定されない（UNKNOWN BY NAME OR RANK）」という点こそが重要なのである。こうした匿名性の高さは当時の大英帝国の多様性、すなわちさまざまな差異を表面化せず、かつ差異を超えた連帯や一体性の表現である。しかし、セノタフが国家的儀礼である追悼式において中心的な役割を担っているのに対して、この無名戦士の墓は周縁的である。周縁化されたのは、当時、第一次世界大戦によって負傷し障害の残った傷痍軍人に対する福祉や支援が充分でなく、そうした不満が社会問題化したという歴史的背景があるとされる。また、やはりこの霊廟自体が、現在でも毎日欠かさず礼拝が行われている英国国教会の重厚な宗教施設そのものであって、あらゆる階層や連邦、宗教や民族などの現実の差異を取り込むことが、実際には不可能だったことも周縁化の原因であると考えられる。

英国および英連邦諸国では戦没者は死亡した地に葬る習慣がある(28)。各戦地にこうした戦争墓地が存在しており、現在では一四三箇国、二五〇〇箇所に存在する。こうした墓地の管理運営は英連邦戦争墓地委員会（The Imperial War Grave Committee, 後に The Commonwealth War Grave Committeeと改称）が行っている。

この戦争墓地委員会はフェビアン・ウェア（Sir Fabian Ware）の創始による組織である。彼は一九〇五年から『モーニングポスト』の編集長を務めたジャーナリストであったが、第一次世界大戦当時、一九一四年九月に英国の赤十字の部隊の指揮官としてフランスに入った。本来の役割は前線の戦傷者を救助することだった。戦没兵士たちは戦地にて埋葬されたが、埋葬地には個々の遺体ごとに木製の十字架が立てられた。これらの戦地に埋葬された兵士たちの身元を確認し、どこに誰が埋葬されたのかを確定する仕事をウェアの部隊は行っていた。死傷者が増加するとともに、ウェアの部隊は拡大し、赤十字の組織ではなく、英国陸軍へ移管された。一九一七年には、ウェアは国王から勅許を得、帝国戦争墓地委員会が正式に発足した。第一次世界大戦の終結後、大英帝国の戦没兵士の埋葬地を確認して次のように記念する世界的な事業が本格的に開始された。

戦争墓地委員会は戦争墓地を訪れて埋葬された兵士の身元を確認し、厳密に規格された墓石（ヘッドストーン）・犠牲の十字・追悼の石の三つによって、戦死者を恒久的にその地に記念する事業を行った。

一、戦没兵士の遺体は戦争が終わった後も、本国に送還しないこと。
二、死者の各々は、ヘッドストーン上の名前によって個々に記念されるべきであり、遺体が発見されない兵士の氏名は、記念碑のパネルに刻むこと。
三、軍隊内あるいは民間のいかなる階級、人種、信条による区別を設けずすべて平等に扱うこと。
四、ヘッドストーンおよび記念碑を恒久的建造物とすること。
五、ヘッドストーンの規格における統一性を保つこと。

遺体を戦地から引き揚げず、戦地での埋葬を永続化するという方針はこの帝国戦争墓地委員会が提唱したものであり、それまでの英国にはみられなかった扱いである。すでに一九一五年三月には、第一次世界大戦時の連合軍最高司令官（headed Allied armies）であったフランス人のジョセフ・ジョッフル元帥（Joseph Jacques Cesaire Joffre）により戦時中は遺体発掘が禁止されていたが、(29) 特定の戦争墓地を定め、これを永続化したのである。

この方針は当時の内閣によっても支持された。それは衛生的見地だけではなく経済的見地からであった。遺体の送還にかかる経費は個人の負担とするならば、富裕層だけが肉親の遺体を取り戻すことができるということになり、必然的に貧富の差が歴然となってしまう。(30) これを防ぐ意味でも支持されるべき方針であった。

これら帝国戦争墓地における象徴的構造物（図4-5）は、死の平等を示すため、いずれも厳密に規格化され、さ

図 4-5　英連邦戦争墓地と犠牲の十字

らに特定の宗教を明示しない簡潔かつ重厚な意匠が意識的に採択されている。[31] その主なものは「ヘッドストーン」「犠牲の十字」「追悼の石」の三つである。

第一のものはヘッドストーンと呼ばれる墓石である。これは委員会所属の芸術家がデザインし、その規格も厳密に定められている。

戦争墓地のデザインに尽力した著名な建築家にハーバート・ベイカー(Sir Herbert Baker)がいる。一九一九年一月九日付のタイムズ紙に掲載された「戦争記念碑」と題した記事によると、ベイカーは停戦が発効した直後に、追悼式典について「兵士たちの犠牲によって守られたイングランドの決して壊されることのない歴史と美徳の表現」でなければならないことを主張していたとされる。彼は南米、インドにおいて活躍していた建築家であり、インドの首都デリーではセノタフのデザイナーであったラティンズとも共に働いている。ベイカーのデザインした英連邦戦争墓地でもっとも有名なものは、西部戦線の激戦地であったベルギーのイープルにあるタイン・コット墓地である。これは世界各地にある英連邦戦争墓地の中でももっとも大規模なものであり(三五八七名の身元の判明した戦死者を葬っている)、一一九二七年に落慶した。他にもウインチェスター・カレッジの戦争記念碑なども有名である。

第二のものは、レジナルド・ブルームフィールド(Reginald Bloomfield)のデザインによる[32]、十字架にサーベルをかたどった「犠牲の十字(The Cross of Sacrifice)」であり、サーベルが十字架に重ね合わされたデザインで、これも規格化されている。

そして第三のものとして、「追悼の石(The Stone of Remembrance)」とよばれる八トンもの重量のある石製構造物がある(図4-6)。これはロンドンにあるセノタフのデザインを担当したラティンズによるものである。彼は「古典主義」の建築家と評されると述べたが、「追悼の石」のデザインに採り入れられた柱などの構造比率もパルテノン神殿に関する研究から導き出したものだという。世界中に四〇〇箇所以上もの地域に設置されているこの石には次の一節のみが刻まれている[33]。

その名はとこしえに生きている(THEIR NAME LIVETH FOR EVERMORE)。

これは大戦で息子ジョンを失った文学者ラドヤード・キプリング(Joseph Rudyard Kipling)の撰になるもので、『旧約聖書外典』の「ベン・シラ」からの一節である。この書は「集会の書」と呼ばれ、「イスラエルの先祖たちに示された神の恩恵」と題され、

図 4-6　タイン・コット共同墓地の追悼の石(ベルギー)

内容は民族主義的な色合いの濃いものである。(34)

キプリング自身、戦闘で行方不明となった息子の行方を捜すため、一九二〇年にフランスを訪れる。(35)その過程で戦争墓地委員会の活動を知り、この活動に加わるようになる。この追悼の石、身元不明の兵士の墓に刻まれている「神のみぞ知る(Known Unto God)」、そしてロンドンのセノタフに刻まれた「栄光ある死者」と、いずれもキプリングの撰によるものである。

終戦後には戦死した兵士たちの墓を詣でることが遺族たちの間で始まっており、これは戦地巡礼(pilgrim)と呼ばれた。キプリングの短編作品「園丁(The Gardener)」は、戦争墓地委員会の管理する墓地への訪問が題材となっており、終戦後すぐに未亡人や母親たちが失った夫や息子たちの墓を捜して西部戦線を訪れる様子が描かれている。(36)

しかし、当時の労働者階級の人々、特に未亡人や母親などの女性の多くは、海外旅行はおろかブリテン島を出たことすらなく、巡礼へ赴くためには手助けを必要としていた。トマス・クックなどの旅行代理店は一九一九年に早くもツアーを企画している。英国退役軍人会が斡旋する巡礼は、一九二八年に一万人を超えていた。(37)後述するチャーチ・アーミーや救世軍、またＹＭＣＡなどのキリスト教諸団体も遺族たちの戦地巡礼を援助していた。チャーチ・アーミーは一九一九年一一月から一九二〇年六月までの間に五千人の遺族たちをフランスやベルギーへ送った。救世軍は一九二〇年から二三年の間に一八五〇七人、ＹＭＣＡは六万人の遺族たちの巡礼をそれぞれ支援した。(38)

しかし出征したまま遺体すら帰ってこないという状況は、戦没兵士の近親者にとって耐え難い喪失の経験であり、やはり戦争で失った家族をしのぶなんらかの形象を求める声も大きかった。戦地に仮に立てられた臨時の木製の十字架は、委員会によって恒久的なヘッドストーンに置き換えられていったが、その後、不要になったその

図 4-7　戦地から引き揚げられた木製の十字架と教会の敷地内のウォー・シュライン

木製の十字架を本国の遺族の元へ送還するということが行われていた。

　この事業を担当したのがチャーチ・アーミー(the Church Army)であった。チャーチ・アーミーは英国国教会の平信徒の組織であり、特にスラムにおける社会福祉活動を行っていた。急進的な福音主義者でもあったウィルソン・カーライル(Wilson Carlile)が、社会福祉活動を組織的に行っていた救世軍(Salvation Army)に倣って一八八二年に設立したものである[39]。

　その後、送還された木製の十字架を遺族たちが教会敷地内の戦没記念施設へ設置するという慣習が生じた。これはウォー・シュライン(War Shrine)と呼ばれるが(図4-7)、一種の小祠であり、「戦争祠」とでもいうべき形態となってゆく[40]。

　機械化された大量殺戮であった戦争の終結直後は悲しみと混乱が支配していた。こうした中で戦争記念碑を建設するという行為は、何よりも遺族にとって私的にも慰めの必要性があったため実現されたと考えるのが自然である。それゆえ追悼のこうした形態は、戦争の現実や戦争体験を記録しようというものではなく、彼らの悲しみを「写し取ったもの(copy)」であるという[41]。第一次世界大戦の文化史研究の大家であるジェイ・ウインター(Jay Winter)は、大戦争による大量死がもたらした精神的苦痛を解毒(antidote)するために「黙示録的想像力(the apocalyptic imagination)」が用いられたと指摘している[42]。

四　第一次世界大戦と英国心霊主義

こうして国家的規模の儀礼や記念碑は創設されていったが、遺族たちはそうした国家レベルの祭祀だけでは満足できなかった。かつて経験したことのない大量死についての切実な問い、その意味の追求は、文学をはじめ英国文化の様々な次元にその痕跡を残している[43]。そのことを如実に表しているのが、神秘主義の流行、特に死者との直接的なコミュニケーションを求める心霊主義の団体が大戦期および大戦後に倍増したことであろう[44]。一八九一年に設立されたＮＦＳ(The National Federation of Spiritualists)には四一団体が加入していた。その後、一九〇二年にこの組織はＳＮＵ(The Spiritualist National Union)へと改組され、改組時点で一二五団体を擁していた。ＳＮＵは第一次世界大戦終戦までに三〇九団体となり、一九三〇年代には二〇〇〇団体以上に増加し、その構成員は二五万人以上にのぼったと推定されている[45](表4-2)。

カンタベリー大司教は実際にはこの倍の数の活動があると述べている。メリルボーン心霊協会(Marylebone Spiritualist Association, 現在の The Spiritualist Association of Great Britain)は、ＳＮＵの次に大きな団体であったが、数千人規模の大集会を何度も開催している。その他にも一般家庭などで行われる小さなサークル活動のような小規模の集会があり、『サイキック・ニュース』紙の記者は、そうした小規模の集まりはイギリス全土で一〇万箇所を超えていると報告した[46]。

こうした組織に属さない家庭交霊会も無数に存在し、また金儲けを目的とした詐欺も多かった。スピリチュアリストたちの活動は、魔術条例（Witchcraft Act 一七三五年）と浮浪者条例（Vagrancy Act 一八二四年）による制約を受けていた。これらの法律の改正も全国的な組織の目標のひとつであった。

また、キリスト教的スピリチュアリスト教会も組織化されていった。世界キリスト教スピリチュアリスト連盟（the Greater World Christian Spiritualist League, GWCSL）は一九三一年に創設され、一九三四年の段階で、五六二の加盟教会を有していた。(47) また、キリスト教スピリチュアリスト連合（Christian Spiritualist Church Union）は一九三八年にキリスト教サイキック・ソサエティ（Christian Psychic Society）と改称し、一九三九年の段階で五九の教会を有していた。

ＳＮＵの機関紙である *Two Worlds* 誌は、一九三四年時点で英国には二〇〇〇を超えるスピリチュアリストの団体が存在していると報じているが、ＳＮＵとＧＷＣＳＬでその半数、それらに加盟していないサークル団体などの存在を考えると、非常に信憑性のある推計である。(48)

表 4-2　英国における心霊主義団体数の推移

年号	SNU 関連団体数
1891 年	41
1902 年	125
1914 年	141
1919 年	309
1937 年	520
1938 年	530

心霊主義は、もちろん太古のシャーマニズムにまでその源流を辿ることはできるだろうが、ビクトリア朝に明確に今日の形となったとされる。(49)

世界大戦はスピリチュアリズムに二つのインパクトを与えた。ひとつは彼らの間に戦争支持派と平和主義派の二つの立場の対立を生んだことである。スピリチュアリストの観点からは、いかなる状況においても殺人は忌避されるべきものとされていた。なぜなら殺人は魂が成熟する前に現世での生を終わらせてしまうからである。戦争はスピリチュアリズムとは相容れず、自殺も同様である。スピリチュアリストたちにとって戦争は彼らの信条と相矛盾するもので

あった。(50)

二つめのインパクトは、スピリチュアリズムの興隆である。ゴッフリー・ネルソン（Geoffrey. K. Nelson）はその興隆に二つの理由をあげている。ひとつは、戦争は友や肉親を失った多くの遺族たちを発生させたが、伝統的キリスト教教会は遺族たちに慰めや慰藉を与えることに失敗していたことである。彼らは死者たちとの直接的な交流を求め、死後の生を信じていた。また、戦争により未来に対する不確実性に晒され、霊媒や占いによる予知や予言を求めてもいた。

もうひとつの理由は、二人の著名人のスピリチュアリズムへの改宗である。(51) 英国の心霊主義運動の隆盛に寄与した著名人として、オリヴァー・ロッジ（Oliver Lodge）とコナン・ドイル（Sir Arthur Conan Doyle）がいる。

ロッジは無線通信や点火プラグの発明者としても知られる著名な物理学者であったが、心霊現象にも物理学的な説明を与えようとした。エネルギー保存の原則からいって、死後の生は存在するはずであると考えていた。宇宙はエーテルによって満たされており、エーテルは心霊現象を伝達する媒体とも考えられていた。そしてこの世は仮の姿であり、我々は一時的に肉体を持っているのであって、霊の世界こそ真の世界であるという信念を持っていた。彼は一九一五年、イープルの戦いにおいて愛する末の息子レイモンド（Raymond）を失い、霊媒を介して死者との交流を求め、その信念をいっそう強めた。一九一六年の終わりにその記録をまとめた書物である『レイモンド』を出版し、非常に広く読まれた。彼は米国をはじめヨーロッパにも講演旅行を行い、各国の心霊主義運動に大きな影響を与えた。(52)

コナン・ドイルは医師であり推理小説作家としても有名であるが、晩年は心霊主義者となった（図4-8）。シャーロック・ホームズの物語においても神秘主義的な影響がみてとれるが、彼が心霊主義運動に積極的に関わるようになったのは一九一六年以降である。ロッジと同様に大戦で息子を亡くしたことがその背景にあった。(53) ドイルにとって大戦は壊滅的な打撃をもたらした災厄であり、最愛の息子キングスレイ(Kingsley)のみならず彼の兄弟、二人の義理の兄弟、二人の甥を失った。

以降、ドイルは心霊主義運動の発展に努め、一九一八年から一九三〇年までの間に各地を講演して回り、多いときには週に五都市も回っていた。一九一八年に『新しき啓示(New Revelation)』と題した書籍を出版し、一九二六年には二分冊からなる大著『心霊主義の歴史(The History of Spiritualism)』を出版した。こうした心霊主義の著作の多くは日本でも翻訳されている。

『雪国』や『伊豆の踊子』で知られる川端康成は、性愛と死をテーマとした作家であったが、心霊主義の著作を好んでおり、その一端はいくつかの作品に反映されている。「抒情歌」にはロッジの『レイモンド』が引用・紹介されており、小品でありながらも心霊主義を見事に消化した美しい作品となっている。川端の紹介する『レイモンド』は次のようなものである。

図 4-8　エイダ・ディーンによって撮影されたコナン・ドイルと心霊

陸軍少尉のレイモンド・ロッジはサア・オリヴァ・ロッジの末の子でありました。一九一四年志願兵として入営、南ランカシア第二連隊附となって出征、一九一五年九月一四日フウジ丘の攻撃の時に戦死いたしました。やがて彼は霊媒ミディアムのレナアド夫人やエイ・ヴィ・ピイタアズを通して、霊の国のありさまをいろいろとことこまかに通信いたします。父のロッジ博士が、その霊界の消息を一冊の大きい本にまとめた

のでありました。（中略）

この世で盲目だったものは目が開き、びっこだった男は健やかな両足となり、この世と同じ馬や猫や小鳥もありますし、煉瓦建の家もありますし、もっとほほえましいのは、葉巻やウイスキイ・ソオダアまでが、地上からの香のエッセンスかエエテルのようなものでつくられるのであります。幼く死んだ子供は霊の世界へ行ってから生い立ちます。（中略）

大詩人ダンテの神曲や大心霊学者スウェエデンボルグの天国と地獄にくらべますと、レイモンドの霊界通信はほんの赤ん坊のかたことでありますけれど、それだけにまことしやかなおとぎばなしとしてほほえまれます。そしてまた私は、この長ったらしい記録のうちで、まことしやかな頁よりも、おとぎばなしじみた頁が好きなのであります。ロッジだとて、霊媒の語るあの世のありさまを確かなものと信じているわけではありませず、ただ死んだ息子といろいろの話をしたという、つまり魂が不滅でありますことのあかしを立て、ヨオロッパの大戦争で愛する者を失いました幾十万の母や恋人にこの本を贈ったのでありました[54]。

鈴木貞美らが指摘した「大正生命主義の時代[55]」のみならず、昭和年代においても心霊主義は一定の影響力を持っていたと考えられる。また、吉永進一が近代日本のスピリチュアリズムと知識人の交流・影響関係について資料を渉猟し詳細な研究を続けており、新宗教や近代仏教研究との接合が試みられている[56]。

こうした中、前述した戦没兵士追悼式において心霊写真が撮られるようにさえなる。一九二〇年代に人気を集めた霊媒のディーン夫人（Mrs Dean）によって撮影されたロンドンでの戦没兵士追悼式の様子には、セノタフを前に群衆が黙祷しているなか、無数の兵士たちの霊が充満するように映し出されている。

このディーン夫人とは一九二〇年代に英国で話題を集めたエイダ・エマ・ディーン（Ada Emma Dean）のこと

である。彼女によって撮影された鮮明な「エクトプラズム」の写真も有名であり、ドイルは『スピリチュアリズムの歴史』の中で繰り返しディーン夫人について言及している。ディーン夫人の追悼式での心霊写真はＡＰ通信で配信され、広く話題を呼んだ。(57) 日本では、浅野和三郎によって次のように紹介されている。

ロンドンのディーン夫人はずッと以前から心霊写真家として有名でありますが、この人のヤリ方は一風変ったところがあります。ロンドンの大戦紀念碑前では毎年十一月十一日を以って二分間の黙祷を行うことにして居りますが、その際ディーン夫人が列席して写真を写しますと必(ず)多数の戦死者の顔が乾板に現われます。一九二四年には約五十許《ばかり》の顔が現われ、その中の一部ははッきり姓名がつきとめられたそうであります。(58)

日本における心霊写真の最初のものとされるのは西南戦争で戦死した兵士が写されたものであったといわれるが、原本は失われている。(59) このように戦死者を心霊写真に写し出すことがよく行われたのは、戦争による非業の死と心霊写真には何らかの親和性があったからではないかと思われる。写真技術の普及と戦争とは、いずれも近代という同時代の出来事であった。

英国の美術史・美術理論の研究者であり、ウェールズ大学で視覚文化論を講じているジョン・ハーヴェイ(John Harvey)によると、心霊写真は一九世紀末にはキリスト教の文脈で捉えられていた。とりわけ聖霊の存在を重視するペンテコスタリズムに強調点を置く教会、たとえばロンドンにおけるスコットランド教会(長老派)などでは、異言、肉体顕現、幻視などとともに、精霊の実在を示す「奇跡」として使用されていたとされる。(60) エーテル論が信じられていた時代であり、科学者も宗教家も心霊主義の可能性を信じている者も多かった。また、遺族たちが求めたものは、大戦で死んだ息子たちの死後の生(life after death)への確証であった。ハーヴェイも『写真と霊』の中で次のように指摘している。

心霊主義が遺族に与えたものとは、霊的な交わりというよりも寧《むし》ろ霊との直接的交信である。それは遥かな天上の希望ではなく、彼らの愛する者が――その多くは前線で惨《むご》たらしく殺された――今もあの世で幸福かつ安全に暮らしているという直接的な慰めである。

この意味で川端が作品の中で紹介した「幼く死んだ子供は霊の世界へ行ってから生い立ちます」という箇所や「ただ死んだ息子といろいろの話をしたという、つまり魂が不滅でありますことのあかしを立て、ヨオロッパの大戦争で愛する者を失いました幾十万の母や恋人にこの本を贈ったのでありました」という理解は、この時代の遺族たちの心情を正確に描き出しているといえるだろう。

五　「栄光ある死者」の背景

ラティンズの設計した「セノタフ」や「追悼の石」に共通しているのは、古典主義と融合した「荘厳さ」と「簡潔さ」である。このデザインの背後にも、いくつかの重層する意味と人的な交流があった。

古典への参照や荘厳さについては、ラティンズが、セント・ポール大聖堂(St. Paul's Cathedral)の設計などで知られる一七世紀の建築家クリストファー・レン(Sir Christopher Wren)の作品を若い頃から研究し、それを独自のものとしたものであり、建築学的にもその影響が知られている[61]。

もう一つは、ラティンズと長年親交のあったガートルード・ジーキル(Gertrude Jekyll)女史からの影響である。ムンステッド・ウッド(Munstead Wood)はイギリスのサリー州にあるジーキルの庭園である。ジーキルは著名な園芸家で、その庭園の名をとったムンステッド・ウッドはバラの品種名にもなっている。

ジーキルは、詩人であり、デザイナーであったウィリアム・モリス(William Morris)や著名な美術家・評論家・設計師であったジョン・ラスキン(John Ruskin)と交流があった。ラティンズは、そのキャリアの初期(一八八八年から一八九五年頃)に、ジーキルのムンステッド・ウッドと家屋の設計に携わり、それ以降親交を続けることになる。ジーキルは、ラスキンから学んだ「意図に対しては簡潔に、目的に対しては直截に」という教えをラティンズへと伝え、その後、ラティンズの建築スタイルは変化したといわれている[62]。

図 4-9　シヒスムンダのセノタフ

とりわけセノタフや追悼の石のデザインに影響を与えたとされるのは、ムンステッド・ウッドにある「シヒスムンダのセノタフ(the Cenotaph of Sigismunda)」と名付けられたオブジェクトである[63](図4-9)。このオブジェクトは、屹立した樺の樹を背後にした横たえられた石棺というモチーフをしている。石棺に見立てられているのはベンチである。

名前の由来は、『ラ・マンチャの男』(Don Quijote de la Mancha)の著者としても有名なセルバンテス(Miguel de Cervantes Saavedra)によるスペイン中世の幻想文学

『ペルシーレスとシヒスムンダの苦難（Persiles y Sigismunda）』[64]になぞらえたものであり、大英博物館の学芸員をしていた共通の友人であるチャールズ・リドル（Charles Liddell）の命名によるものという。

キリスト教のシンボルを表示しないデザインについては、ラティンズにはもう一人の支援者がいた。妻エミリー・ラティンズ（Emily Lutyens）である。エミリーは夫の仕事に関心を払うことは少なかったが、追悼の石の設計については、夫へ宛てた手紙の中で、次のように自らの意見を述べている。ちょうど、ラティンズがデザインを模索しているときのことであった。

私はあなたの追悼の石についてとても関心を持っています。それは私の側の生活にとても訴えかけてくるのです。そのシンボリズムはとても正しいものだと理解できます。このまま進めてくれることを願います。名誉ある死者たちの尊い犠牲が平等であることについて、私はあなたとまったく同じ意見です。[65]

そこで語られている「私の側の生活」や「シンボリズム」とは、彼女が信奉していた神智学におけるものであり、キリスト教に限らない普遍的な宗教的シンボルであるべきことを強調するものであった。

ラティンズ家と神智学協会との接点となったのは、一九〇九年、フランスの銀行家ギヨーム・マレ（Guillaume Mallet）の依頼を受けてヴァレンジュヴィル（Varengeville-sur-Mer）をラティンズが訪問したことである。マレは神智学協会に加入していた。興味を惹かれたエミリーは、次の機会に夫と共にマレ家を訪問し、マレ夫人より、アニー・ウッド・ベサント（Annie Wood Besant）の『１９０７年ロンドン講義』を贈られ、その内容に感動し、改宗した。[66]

神智学には、グノーシス派や新プラトン主義の流れをくむキリスト教神智学と、神智学協会（The Theosophical Society）の二つの流れがある。後者はロシア出身のブラヴァツキー夫人（Helena Petrovna Blavatsky）によって一八七五年に創始された団体である。アーネスト・トンプソン（Ernest Thompson）によれば、死後の生と霊魂の進化という二つの考えを、多くのスピリチュアリズム団体と神智学協会は共有している(67)。

ベサントは、一九〇九年、ジッドゥ・クリシュナムルティ（Jiddu Krishnamurti）を養子とし、一九一一年にクリシュナムルティを長とする「東方の星教団（the Order of the Star in the East）」を結成した。エミリーはこの教団に深く関わり、イギリスの代表も務め、機関紙『ヘラルド・オブ・ザ・スター（Herald of the Star）』の発行に尽力した(68)。

ラティンズの四女で末娘のメアリー（Mary Lutyens）は、クリシュナムルティが最初に訪英した一九一一年以来、彼と親交があり、神智学の教義の中で育った。また、クリシュナムルティに関する著作がいくつかある(69)。

メアリーによれば、ラティンズ家において、父エドウィンは建築の仕事に没頭し、家庭を顧みず、母エミリーは婦人参政権運動に参加しつつ教会の活動も活発に行っているような社会改革と信仰に意欲を持った人物であり、すでに改宗の準備は整っていたのだと述べている(70)。

エミリーはクリシュナムルティの信奉者として共にインド、オーストラリア、米国などを回り、「全インド内政自治要求運動（all-India Home Rule movement）」を創設し、会合を自宅で開催してもいた。一九三〇年に、精神的修業は集団ではなく個人で行うものだとしてクリシュナムルティが教団を脱会すると、エミリーも神智学協会を脱会した(71)。

一方、夫のラティンズは英領インド政府によって選ばれ、前述したように提督府を含む首都デリーの設計者の一人として携わり、都市と建物の多くを設計した。これは一九一二年から一九二九年（公式の落慶は一九三一年）にわたる大事業であり、ニュー・デリーはラティンズ・デリーとも呼ばれている(72)（図4‐10）。

図 4-10　ニューデリー北ブロック

また、ラティンズは、一九一一年に、ロンドンのタヴィストック・スクウェア（Tavistock Square）に神智学協会の本部を設計している。この建物は一九二〇年に英国政府に買い取られ、現在は英国メディカル協会のビルとなっている。(73) 記念事業という観点からは、このタヴィストック・スクウェアは英国における対抗的な記憶の集合した場所でもあり、マハトマ・ガンジーの記念碑（一九六八年）や良心的兵役拒否者の記念碑（一九九五年）が建てられており、一九六七年には広島原爆の犠牲者のために桜の木が植樹されている。(74)

むすびにかえて

本章では、戦争記念碑や戦争墓地、二分間の黙祷などの新しい記念碑や追悼儀礼が、新たな「伝統」として創られたことをみてきた。ホブズボウムが述べたように、「伝統の創造（invention of tradition）」とは「過去を参照することによって特徴づけられる形式化と儀礼化の過程のこと」(75)であり、英国の戦争記念碑の場合、それは古代帝国への参照であった。しかし、この「伝統の創造」はまったくランダムなプロセスであったわけではない。そこには独自の文化的コードが存在している。

若桑みどりは、西洋美術史のみならず表象文化論の立場から、西欧におけるこうした公共建築にみられる表象を分析して、ギリシア・ローマ時代にこれらの表象の原型が成立していたことを指摘し、それを「古代のカノン」であるとしている。カノン（正典）とは、特定のテーマとそのテーマを表現するシンボリズムが宗教画のイコンにみられるように定型化したものであると理解することができる。つまり特定の観念をイメージによって表すための一種の文法ができ上がっていたのである。[76] 少なくとも戦没者を追悼し記念する施設の場合、その意匠や象徴という点から考えるならば、この過去への参照は、まさに古代のカノンへの参照であったと考えられるだろう。

すでにみたように、こうした戦争記念碑は、その形態、意匠、象徴性などの点では多層的な意味を持っているが、戦没兵士の解釈、死の意味付けは定型化している。碑の建設は、「国家」と「平和」あるいは「自由」を守るために戦った記録を永遠にとどめようとするものであり、厭戦的なものではありえなかった。そこには、「死者は尊敬されるべきであり、彼らが戦争において為したことは評価されるべきである」という根本的な仮定がある。

また、セノタフや追悼の石などは、もちろんキリスト教の神観念を前提としているが、特定の宗派を連想させないよう周到に練られた形をしている。

近代戦争という出来事は、国民国家という統合レベルがその前提となっており、そこでは宗派性を強調することはできない。そこでは神の観念は抽象化されており、それは、より一般的な、かつてベラーが「市民宗教」と呼んだような神観念であり、そこでは国家と国民が結び付いている。戦没者たちは、近代国家という抽象化された新しい神へと捧げられた犠牲であり、その祭壇と崇拝の形式が作り上げられていった。

「はじめに死者がある」という言葉があるが、[77] ナショナリズムが大衆に広まったのは、大規模な対外戦争のインパクトによるものであった。ナショナリズムが死を正当化したのではなく、むしろ第一次世界大戦の大規模な死の経験がナショナリズムを練り上げていった。その際に伝統的、宗教的、あるいは民俗的、オカルト的な知識までもが総動員された。国家に殉じるという行為が、こうした「伝統」において解釈され、集合的な記憶の枠組みにおいて客体化されていったのである。個人の体験は、社会的な枠組み、この場合には国家という新しく巨大な枠組みに結び付けられ、集合的記憶に組み込まれていったのだと考えられる。そしてその際の物質的な枠組み、あるいは乗りもの《ビークル》として戦争記念碑があったのである。ナショナリズムのもつ独自の強靭さは、こうした伝統的・民俗的な知識と融合していることにその理由がある。戦いの記憶と、国民の大量死という過去の事実が集合的な記憶として形成されてきた過程を、戦没記念碑にはみることができる。

〈第四章図表出典〉

図4-1　Max Weber June 14 1920, Author Unknown, Public Domain.
図4-2　Weaver, Lawrence, Lutyens houses and gardens, Offices of "Country life", ltd., 1921.
図4-4　The Unknown Warrior at Westminster Abbey, London, 7 November 1920, Photo by Nicholls Horace, Public Domain.
図4-6　Photo by Davidh820, 15 September 2013, https://commons.wikimedia.org/wiki/File:Tyne_Cot_Cemetery_Stone_of_Remembrance.jpg, Creative Commons License.
図4-8　Photo of Sir Arthur Conan Doyle with Spirit, by Ada Deane, Public Domain.
図4-9　Jekyll, Gertrude, Colour schemes for the flower garden, Country Life, 1919.
図4-10　North Block, Photo by Laurie Jones, http://www.flickr.com/photos/ljonesimages/3012901642/, Creative Commons License.

（1）　小関隆『徴兵制と良心的兵役拒否——イギリスの第一次世界大戦経験』人文書院、二〇一〇年。
（2）　Wilkinson, A., "Changing English Attitudes to Death in the Two World Wars," in Jupp. P. C. and G. Howarth (eds.), *The Changing Face of Death: Historical Accounts of Death and Disposal*, Macmillan, 1997, p. 149.
（3）　Dumas, S. and K. O. Vedel-Petersen, H. Westergaard (eds.), *Losses of Life Caused by War*, Clarendon Press, 1923.
（4）　Tarlow, S., *Bereavement and Commemoration: An Archaeology of Mortality*, Oxford: Blackwell, 1999, pp. 151–154. Tarlowは全世代で人口の三分の一が減少したとすら述べている。

（5）山中弘「英国における宗教と国家的アイデンティティ」中野毅・飯田剛史・山中弘（編）『宗教とナショナリズム』世界思想社、一九九七年。

（6）井上順孝・島薗進（共編）『新しい追悼施設は必要か』ぺりかん社、二〇〇四年。

（7）"Cenotaph", *Encyclopaedia Britannica.* cenotaph, *Britannica.com*, http://www.britanica.com/bcom/eb/article/6/0,5716,22396+1,00html（二〇〇〇年一月二〇日閲覧）

（8）"Sir Edwin Lutyens", *Encyclopaedia Britannica.* Lutyens, Sir Edwin, *Britannica.com*, http://www.britanica.com/bcom/eb/article/9/0,5716,50639+1,00.html（二〇〇〇年一月二〇日閲覧）

（9）King, A., *Memorials of the Great War in Britain: The Symbolism and Politics of Remembrance*, BERG, 1998.

（10）Gregory, A., *The Silence of Memory: Armistice Day 1919-1946*, BERG, 1994.

（11）ケープタウンにおける近年の研究によってかなり詳しい起源が分かるようになった。Abrahams, J. C.（Tannie Mossie）, *Cape Town's WWI Mayor- Sir Harry Hands*, 2015, https://tanniemossie.files.wordpress.com/2015/04/cape-town_s-wwi-mayor-sir-harry-hands.pdf（二〇一六年一一月九日閲覧）および Abrahams, J. C.（Tannie Mossie）, *Time for Africa: A Two-Minute Silent Pause to Remember. 11:00 on the 11th day of the 11th month, November.* This is devoted booklet（of 44 pages）, Bloemfontein（South Africa）: Oranie Printers, second edition, 2000.

（12）'Pause for Remembrance', South Africa Yesterday, Reader's Digest Association South Africa Limited, 1981, p. 299.

（13）Harrisburg Telegraph, 8 Jan 1919, Page 18.

（14）New-York Tribune, 8 Jan 1919.

（15）The Decatur Daily Review, 8 Jan 1919, Page 10.

（16）The Bismarck Tribune, 7 Jan 1919, First Edition.

（17）「一一日タイムス社発」一九一九年一一月一八日付『朝日新聞』朝刊。

（18）外務省記録「皇太子裕仁親王殿下御渡欧一件」。

（19）宮内庁編『昭和天皇実録　第三』東京書籍、二〇一五年、一一九—一七六頁。

（20）同前、一七七頁。

（21）同前、一九八—二二〇頁。

（22）　Kenta AWAZU, “Rituals of Silence: The Shaping of Memorial Services in Wartime and Postwar Japan,” *Bulletin of the Nanzan Institute for Religion & Culture*, vol. 37, pp. 52–63, 201を参照。オンライン版　http://nirc.nanzan-u.ac.jp/nfile/4257（二〇一五年五月六日参照）。

（23）『朝日新聞』大正一三年八月二七日付、夕刊、一九二四年。

（24）深澤一幸『鑑賞　中国の古典　唐詩三百首』角川書店、一九八九年。

（25）一九四一（昭和一六）年一月一日付『朝日新聞』朝刊。

（26）斎藤吉久「死者に捧げる無宗教儀礼「黙祷」への懐疑」『正論』四〇六号、二〇〇六年、三二四―三三三頁。本論文は「黙祷　死者に捧げる無宗教儀礼の一考察：戦前も戦後も宗教を理解できない日本の知識人たち」と改題し、インターネット・サイトでも閲覧できる。http://www.sankei.co.jp/seiron/koukoku/2006/0602/ronbun1-1.html　二〇一二年一〇月二一日閲覧。

（27）*Times*, November 12, 1920.

（28）以下の記述についてはLloyd, D. W., *Battlefield Tourism: Pilgrimage and the Commemoration of the Great War in Britain, Australia and Canada, 1919–1939*, Berg, 1998およびGregory, A., *The Silence of Memory: Armistice Day* 1919–1946, Berg, 1994.に拠った。英連邦戦没将兵墓地に関しては、Kingsley, G. and E. Gibson, *Courage Remembered*, HMSO, 1995および同会発行のリーフレット The Commonwealth War Graves Commission, THE WAR DEAD OF THE COMMONWEALTH: YOKOHAMA WAR CEMETERY YOKOHAMA CREMATION MEMORIAL JAPAN, 2000などに拠った。日本語として参照できるものとしては、中村伊作『悼惜之碑――欧州戦没将兵墓地を訪ねて』中央公論事業出版、一九八四年、および、郷友総合研究所英霊の慰霊顕彰研究委員会「英霊の慰霊顕彰に関する調査報告」郷友総合研究所『日本の安全と平和』平成一〇年四月、社団法人日本郷友連盟が数少ない例である。

（29）ちなみにジョッフル元帥は大正期に来日しており、一九二二（大正一一）年一月二二日に靖国神社に参拝したという記録がある。

（30）この禁止にもかかわらず、社会的な権力を持った者は肉親の遺体を取り戻していた。グラッドストーン元首相は孫の遺体を発掘させ、本国へ送還させている。中村、前掲書。

（31）モッセは、ドイツの戦没者墓地の事例から、こうした平等性はフランス革命による影響ではないかと推測している。

Mosse, G. L., "National Cemeteries and National Revival: The Cult of the Fallen Soldiers in Germany," *Journal of Contemporary History*, Vol. 14, 1979, pp. 1-20.

（32） King, *op. cit.*, 1998.

（33） Stamp, G., "Introduction," in Garfield, J., *The Fallen: A photographic journey through the war cemeteries and memorials of the Great War, 1914-18*, Leo Cooper, 1990. および Harris, J. and G. Stamp, *Silent cities: an Exhibition of the Memorial and Cemetery Architecture of the Great War*, RIBA Heinz Gallery, 1977. ただし後者は次のインターネットサイトから得た。The latter paper is cited from internet on 13th of Sept. 2005, *Veterans Agency*, http://www.veteransagency.mod.uk/textonly/remembrance/commonwealth.htm. This file modified on 9 January 2004.

（34） 新見宏訳「ベン・シラ　シラの子イエスの知恵」関根正雄（編）『旧約聖書外典（上）』講談社文芸文庫、一九九八年、二四〇―二四三頁。

（35） 橋本槇矩「解説」、ラドヤード・キプリング『キプリング短篇集』橋本槇矩編訳、岩波文庫、一九九五年。

（36） Kipling, R., "The Gardener," Kokusho Kankokai editore, *KIPLING: The Wish House, La Biblioteca di Babele: collana di letture fantastiche diretta da Jorge Borges*, Kokusho Kankokai, 1991.

（37） Walter, T., "War Grave Pilgrimage," Reader I. and T. Walter (eds.), *Pilgrimage in Popular Culture*, Macmillan, 1993, pp. 63-91.

（38） Lloyd. D. W., *Battlefield Tourism: Pilgrimage and the Commemoration of the Great War in Britain, Australia and Canada, 1919-1939*, Berg, 1998, pp. 102-103.

（39） Church Army, *The Encyclopedia Britannica*. https://global.britannica.com/topic/Church-Army（二〇一六年一二月四日閲覧）特にウィルソン・カーライルやチャーチ・アーミーについては次のものなどが参照できる。Neville, G., *Radical Churchman: Edward Lee Hicks and the New Liberalism*, 1998. および Cohn-Sherbok, L., *Who's Who in Christianity*, 2001.

（40） Moriarty, C., "Christian Iconography and First World War Memorials," *Imperial War Museum Review*, Vol. 6, 1992, pp. 63-75.

（41） Moriaty, *ibid.*

（42） Winter, J., *Sites of Memory, Sites of Mourning: The Great War in European Cultural History*, Cambridge University Press,

1998 (Canto edition).

(43) Wilkinson, A., "Searching for Meaning in Time of War: Theological Themes in First World War Literature," *The Modern Churchman*, Vol. 27, 1985, pp. 13–21.

(44) Wilkinson, *op. cit.*, p. 156.

(45) Cannadine, D., "War and Death, Grief and Mourning in Modern Britain," in Whaley J. (ed.), *Mirrors of Mortality: Studies in the Social History of Death*, Europa Publications Ltd., 1981 より作成。

(46) Hazelgrove, J., *Spiritualism and British society between the wars*, Manchester University Press, 2000, pp. 14–15.

(47) Scotland, N., *A Pocket Guide to Sects and New Religions*, Lion Books, 2005.

(48) Nelson, G. K., *Spiritualism and Society*, Routledge Revivals, 1969=2014, pp. 153–173.

(49) ジャネット・オッペンハイム『英国心霊主義の抬頭』和田芳久訳、工作舎、一九九二年。Oppenheim, J., *The Other World: Spiritualism and Psychical Research in England 1850–1914*, Cambridge University Press, 1988.

(50) Geoffrey, K. N., *Spiritualism and Society (Routledge Revivals)*, Routledge, 1969=2013.

(51) Nelson, *op. cit.*

(52) ロッジの著作の多くには邦訳がある。『宗教問答』宍倉保訳、普光社、一九一一年、『死後の生存』高橋五郎訳、玄黄社、一九一七年、『心霊生活』藤井白雲訳、大日本文明協会事務所、大日本文明協会刊行書、一九一七年、『レイモンド　冥界通信』高橋五郎訳、宇宙霊象研究協会、一九一八年、『科学より観たる信仰の本質』大野芳麿訳、洛陽堂、一九二一年、『死者は生きている』今村光一抄訳・編、叢文社、一九七五年などである。なかでも『レイモンド』は次のように訳者や版をかえて、現代でも出版され続けている。『他界にある愛児よりの消息』野尻抱影訳、新光社、心霊問題叢書、一九二二年、『レイモンド　人間永生の証験記録』野尻抱影訳、奎運社、一九二四年、『レイモンド　死後の生存はあるか』野尻抱影訳、人間と歴史社、一九九一年。

(53) ドイルのスピリチュアリストとしての著作は邦訳されている。C・ドイル『コナン・ドイルの心霊学』近藤千雄訳、新潮選書、一九九二年。またこの問題を近年の歴史学の枠組みにおいて考察したものに、Cannadine, *op. cit.* および Winter, J., *Sites of memory, sites of mourning: The Great War in European cultural history*, Cambridge: Cambridge University Press, 1998 がある。

(54) 川端康成「抒情歌」『川端康成集』新潮社、一九六八年、五九五―五九六頁。
(55) 鈴木貞美（編）『大正生命主義と現代』河出書房新社、一九九五年。
(56) 近代日本のスピリチュアリズムに関する吉永の論文は数多いが、本書の関心からいえば、例えば、吉永進一「近代日本における神智学思想の歴史」『宗教研究』第八四巻二号、五七九―六〇一頁、二〇一〇年、Yoshinaga Shin'ichi, Suzuki Daisetsu and Swedenborg. Hayashi, M., Otani, E. and Swanson, P. (eds.), *Modern Buddhism in Japan*, Nanzan Institute for Religion and Culture, 2014, pp. 112-143 などがあげられる。
(57) もっとも写真があまりにも鮮明であったため、生きているフットボール選手やボクサーの顔などが写っていたことが The Daily Sketch 誌の調査によって明らかになったとされる。https://mrsdaffodildigresses.wordpress.com/category/spiritualism-2/
(58) 浅野和三郎「心霊講座」一九四〇（昭和一五）年三月一日発行、潮文社。底本の親本は嵩山房刊一九二八（昭和三）年六月発行、一九二九（昭和四）年六月増補版発行。
(59) 小池壮彦『心霊写真』宝島社新書、二〇〇〇年。また、アメリカ合衆国と英国における心霊写真の初期歴史については、浜野志保「初期心霊写真小論　マムラーからホープまで」『英米文化』三五、英米文化学会、二〇〇五年、五五―七三頁に詳しい。
(60) Harvey, J., *Photography and Spirit*, London: Reaktion Books, 2007.（邦訳：ジョン・ハーヴェイ『心霊写真――メディアとスピリチュアル』松田和也訳、青土社、二〇〇九年。）Hervey, *ibid.*, p. 56（邦訳七〇頁）。
(61) Geurst, J., *Cemeteries of the Great War by Sir Edwin Lutyens*, Rotterdam: OIO Publishers, 2010, pp. 28-35.
(62) Lutyens, Sir Edwin, *Brittanica.com*, *ibid.*, および、Geurst, *ibid.*, p. 28.
(63) Skelton, T. and G. Giddon, *Lutyens and the Great War*, London: France Lincoln ltd, 2008, pp. 37-47.
(64) M・デ・セルバンテス『ペルシーレスとシヒスムンダの苦難』荻内勝之訳、国書刊行会、一九八〇年。
(65) Geurst, *op. cit.*, p. 35.
(66) Lutyens, Mary, *The Life and Death of Krishnamurti*, Krishnamurti Foundation Trust, 2003.（邦訳：メアリー・ルティエンス『クリシュナムルティの生と死』大野純一訳、コスモスライブラリー、二〇〇七年。）
(67) アーネスト・トンプソン『近代スピリチュアリズム百年史　その歴史と思想のテキスト』桑原啓善訳、二〇一一年、でくのぼう出版。（原著：Thompson, E., *The History of Modern Spiritualism* (*1848-1948*), unknown, 1948.）また、神智学については吉村正和『心霊の文化史　スピリチュアルな英国近代』河出書房新社、二〇一〇年、吉永進一、前掲、二〇一〇年等を参照。

（68）Open University, *Making Britain: Discover how South Asians shaped the nation, 1870-1950*, http://www.open.ac.uk/researchprojects/makingbritain/content/emily-lutyens

（69）前述のもののほかに、Lutyens, Mary, *Krishnamurti: The Years of Fulfilment*, Farrar Straus Giroux, 1983, および、Lutyens, Mary, *J. Krishnamurti: The Years of Awakening*, Krishnamurti Foundation Trust, 2003 がある。

（70）Lutyens, M., *op. cit.*

（71）Open University, *op. cit.*

（72）ラティンズ・トラスト　http://www.lutyenstrust.org.uk/

（73）Open University, *op. cit.*

（74）タヴィストック・スクウェア・メモリアル・トラスト　http://www.tavistocksquarememorialtrust.org/

（75）E・ホブズボウム・T・レンジャー（編）『創られた伝統』前川啓治他訳、紀伊国屋書店、一九九二年、一三―一四頁。（原著：Hobsbawm, E. and T. Ranger (eds.), *Invention of Tradition*, Cambridge University Press, 1992=1983.）

（76）若桑みどり『イメージの歴史』放送大学教育振興会、二〇〇〇年、一二二―一四三頁。特にファシズム期に古代のカノンが利用されることについては二五八頁以下で議論されている。

（77）ミシェル・ド・セルトー『文化の政治学』山田登世子訳、岩波書店、一九九〇年。（原著：de CERTEAU, M., *La culture au pluriel*, Seuil, 1980=1993.）また、このすべての始まりにある排除されたもの、秩序の根底にある死という考えは後の『神秘のものがたり』の中で十全に扱われている（*La fable mystique, 1: XVIe - XVIIe siecle*, Gallimard, 1982=1987.）。この点については鶴岡賀雄氏からご教示頂いた。

第五章　古代のカノンと記憶の場
――地方都市における戦争記念施設

はじめに

歴史考古学者のサラ・ターロウ(Sarah Tarlow)は、第一次世界大戦における戦没者の追悼儀礼や記念碑には、伝統的な埋葬法や一九世紀における過剰な装飾性と比べると大きな変化があることを指摘している。それは、この大戦の戦没者たちの、①遺体を送還させない点、②国家全体の人口構成に深刻な影響を与えるほど先例のない規模の悲劇であった点、そして③その死が悲惨なものであった点をあげている。二〇世紀に入ると、死は家で迎えるものからホスピスや病院で迎えるものとなり、清潔で痛みのないものに変わっていった。そして医療技術の進歩や社会の衛生化により、若く健康な者たちが死ぬことはますます考えられなくなっていった。しかし、この近代戦争では、若く、まったく健康な者たちこそが、痛々しく、むごい、そして予期せぬ死を強いられた。一九世紀的な死の儀礼は、こうした死に対して応答するにはまったく準備ができていなかった。死者は通常の死者ではなく、通常の記念では不十分であると感じられ、新しい記念の形が必要であった。それゆえ、国家レベル、地方レベル、そして個人のレベルで、新しい応答が発生したのだと述べている(1)。

前章では、英国の国家レベルにおける追悼式の発生と戦争記念碑について考察した。そうした制度がいかに形

図 5-1　サウスエンド・オン・シー(エセックス州)

成されていったのかという歴史的過程と戦争記念碑にみられる特徴を考察し、そこに古代のカノン(正典)と呼びうるような特定の過去への参照の形式をみることができた。また、モニュメントの意匠それ自体の多様性とそこに意味の多層性があることをみた。

そこで問題となるのは、仮に正典の利用が広くみられる現象であるならば、正典を使いながら、いかに国民国家を表象するという個別性を獲得することが可能となったのか、という点である。問いの形を変えるなら、自国民と自文化の独自性と優越性を主張する観念であるナショナリズムと、国家を超えた共通性や何らかの普遍性を持つと考えられるような正典との関係はいかなるものであり、いかなる過程によって生み出されていったのだろうか。

そこで本章では、まず、地方における戦争記念碑を概観し、そこに現れる特徴を考える。次に、地方における戦争記念碑や追悼式に関して、筆者が手に入れることのできた地方史の資料を中心として、戦争記念碑や追悼式といった記憶の場の成立の過程やその構成について考察し、さらにこの小さな事例をより広い理論的文脈へ結びつける可能性を考えたい。地方都市における記憶の場が、具体的にはいかに形成されていったのかという問題を、エセックス州立文書館における戦争記念碑関係文書を通して考察する。国家レベルでの記憶の場の形成が、地方においてはいかに捉えられ、形成されていったのかを、これらの歴史資料は明らかにしている。

一　第一次世界大戦と戦争記念碑建設ブーム

英国における戦争記念碑は、第一次世界大戦の戦没者を追悼し、後にそれ以降の戦没者が付け加えられる形をとっているものがその大半を占めている。(2) 単に戦争を記念するのみならず、実際には戦没者を追悼し記念するというこうした形態は、他のヨーロッパ諸国においてもみることができ、それゆえこの大戦争はヨーロッパにおける戦没者記念施設建設の画期であったということができるであろう。

英国では、国立戦争博物館(The Imperial War Museum)および、英国の歴史的記念物に関する王立委員会(the Royal Commission on the Historical Monuments of England, 現在はイングリッシュ・ヘリテイジ(English Heritage)と改組・改称)によって「戦争記念碑総目録(The National Inventory of War Memorials)」作成プロジェクトが推進されている。このプロジェクトでは、英国全土に現存する戦争記念碑の完全なデータベース化と、保存および研究上のデータ拠点とすることが明確に意識されている。(3)

同プロジェクトは国立戦争博物館の別館である研究棟の一室に拠点を構え、英国全土の戦争記念碑に関するデータの集約を行っており、実際の地方における調査を担っているのはボランティアである。ボランティアには地方史家や退役軍人が多く、また英国退役軍人会(Royal British Legion)をはじめとするいくつかの協賛団体の協力が大きい。(4)

国立戦争博物館では大戦直後の一九二一年に全英各地に建設された戦争記念碑の写真の収集活動を始めたが、あまり情報は集まらなかった。六〇年以上が経過した一九八九年、記念碑の破壊や消失を防ぎ維持管理するため、この総目録プロジェクトが開始された[5]。

この努力は成功し、第一次大戦におけるソンムの戦い（西部戦線）の九〇周年を目途として、二〇〇六年にこのデータベースはWar Memorials Registerとして公開され、写真をはじめ所在情報、製作者等の詳細情報をインターネット上で検索することができる。またこのサイトは、追加の情報の集約のための窓口ともなっている[6]。

英連邦諸国のひとつであるカナダでも、カナダ軍記念碑総目録プロジェクト（National Inventory of Canadian Military Memorials）が現在行われており、二〇一六年時点で七五〇〇以上が登録されている[7]。

このプロジェクトとは別に、英連邦戦争墓地委員会の主催するボランティア・プロジェクトとして「戦争墓地画像化プロジェクト（War Grave Photographic Project）」がある。これは世界中に存在する戦争墓地の写真とそこに葬られている戦没者の名前とを一致させ、遺族たちのためにインターネット上でデータベースを公開しており、二〇一三年に英国王室からの承認も得ている[8]。

公開された戦争記念碑総目録プロジェクトによると、二〇一六年現在、英国内（ブリテン諸島）にある六万八千を超える戦争記念碑が登録されており、公開されていないものも含めるとその数は一〇万を超えるものと推定されている。これらは、そのほとんどが一九一八年以降の一〇年間に建設されたものであるといわれ、この一〇年間は記念碑建設のブームでもあった[9]。こうした記念碑には地域の財産家の寄付によるものもあったが、その多くが一般大衆からの寄付によって作られている。また、これらの記念事業には、公会堂や病院の建設、架橋事業などの実用性のあるものもあるが、やはり圧倒的に多いのは、十字架をかたどったものやブロンズ像などの、実用性のないモニュメントの建設であった。これらの意味で、記念碑建設は地域社会を巻き込んだ大規模な象徴的行為（symbolic act）であると考えられる[10]。

二　地方における追悼式と戦争記念碑の多層性

英国各地における戦争記念碑は多様であるが、その形態は大きく分けて像、塔、十字架などに分類できる。像にはギリシア・ローマの伝統が再び取り上げられ、聖ジョージなどの守護聖者や聖ヘレナなどの女神像が多くみられる。塔のタイプにはセノタフに似た尖塔や円柱などがみられ、古代エジプトや古代ギリシアの影響が明白である。いずれも遺体は安置されていない。名簿が納められているか、あるいは碑の台座や壁面に名前が刻まれているだけである。戦没兵士追悼記念日には、町や村の中心にあるこうした記念碑を中心として地方の追悼式と、二分間の沈黙の儀礼が行われる。戦争記念碑を媒介にして、王室と国家、中央と地方の同時的連続性を構成する国家儀礼が行われている。

図 5-2　ケルト十字の戦争記念碑(ウェールズ)
撮影）筆者

戦争による大量死を磔刑に処せられたキリストの代理贖罪と重ね合わせて解釈することは広くみられる。これは兵士の死をキリストの受難(Passion Story)になぞらえて理解し、受け入れようとするものである。記念碑に現れているのは自己犠牲としての死、自発的な死による救済、残された者(救われた者)たちが記憶にとどめることによる未来の救済などのキリスト教的なテーマである。

また、碑の銘板に多くみられる言葉は「命を捧げた(GAVE)」であり、敵の名や殺害されたという言葉はほとんどみられない[11]。英国における戦争記念碑は「正戦論」と自己犠牲のキリストを表象するものであって、キリスト教的伝統が用いられたのは、死の解釈枠組みとしてなのである。

しかし、戦争記念碑として実際にキリスト像が使われることは、初期の教会主体のもの以外にはほとんどみられない[12]。また、記念碑が建設される以前のイングランドでは、教会以外の公共の場所に十字架が見出されることはきわめて稀であったといわれる[13]。特に宗教改革を経験した英国の場合、カトリックとみまがう十字架に抵抗があったとされる。戦争記念碑としてしばしば使われる十字架は、「ケルト十字」と「犠牲の十字」といわれる二つのタイプのものである。前者は一九世紀後半に高揚したケルト・ロマンティシズムの影響であり、ローマ以前の英国固有の文化であると主張されてきたものである[14]。後者は、前章にみた戦争墓地にも用いられたデザインである。これらは、十字架という点ではキリスト教文化を表すものであるが、特定の教会ではなく、国家を指し示しているという意味で、より一般化されたものであるといえよう。

三　エセックス州立文書館における戦争記念碑関係文書

エセックス州はロンドンの北東、北海に面し、英国防衛上、要の都市のひとつであり、レーダー施設の他、現在でも連隊の所在地であるコルチェスター市を擁する。また、コルチェスター(Colchester)市は、歴史記録上の最古の都市であることを誇っており、エセックス州自体も、歴史的資料の保存に非常に力を入れている。エセックス州立文書館(Essex Record Office)ではよく整理された戦争関係の地方資料が文書やマイクロフィルム等で閲覧可能であるし、膨大な日記類も参照できる。それらの資料の中に戦争記念碑の記録も多数含まれるが、戦争記念碑といっても国家のもの、市町村によるもの、個人によるものと多様である。資料区分としては、それらは軍事、建築、教区、その他の地方誌の形に分類され保存されている。その意味で、戦争記念碑に関する資料は、未整理のまま眠っているといえるであろう(15)。

これは国家レベルでも同じことがいえる。王立歴史文書委員会(Royal Commission on Historical Manuscripts)が管轄する国立公文書館(the National Register of Archives, NRA)では所蔵する二三九巻の報告書および四一、〇〇〇件の未公刊資料などが閲覧できる。具体的には「陸軍史資料(Sources for Military History)」および「建築および庭園資料(Sources for Architectural and Garden History)」が、そうした史料分類である(16)。

国立戦争博物館の戦争記念碑総目録プロジェクトのデータによれば、同州内には一七〇九件の戦争記念碑のデータが存在する。また、筆者はエセックス州立文書館において、同州内に少なくとも四二の、何らかの形でWar Memorial に関連する史料の所在を確認できた。本稿ではこれらの中から詳細な資料を入手することのできたコルチェスター市の戦争記念碑を中心的に取り上げる。

四　コルチェスター市における第一次世界大戦記念事業

後に「コルチェスター戦争記念碑の思い出(The Colchester War Memorial Souvenir)(18)」という著作で、第一次世界大戦直後からの五年間を記録したこの地方の知識人であるエドガー・ハント(Edger A. Hunt)は、一九二三年に次のように書いている。

大戦争の四年間――一九一四年から一九一八年――は、古代から長く続く、さまざまな出来事に満ちたこ

図5-3　コルチェスター市の戦争記念碑
注）背後にあるのはボーディシアの居城
撮影）筆者

のコルチェスター市において、最も記憶されるべき四年間である。

この記憶されるべき出来事は、いかなる施設として創られ、そして記憶の場はどのように成立したのであろうか。

コルチェスター市には、ローマ支配時代にボーディシアの抵抗の拠点であった石造りの城が残されており、前述したように現在英国で「記録された中でもっとも古い歴史の町」とされている。第一次世界大戦の記念碑建設の計画は、この城を含む広大な土地を買い上げ、広大なキャッスル・パークを建設し、その正面入口に戦争記念碑を建設するという、市を挙げての大きな事業となった。中央通り《ハイ・ストリート》から城を背景とし、記念碑を望める位置に設置する案が入念に計画されたのである。この事業のために、市は市長をはじめ有識者、知識人、宗教者、大土地所有者からなるさまざまな委員会を発足した。ハントは、自らモニュメント委員会の議長を務めた。こうして古代から現在（第一次世界大戦）までを単線的に結ぶ歴史として、記憶の場が、数年かけて建設されたのである。

図5-3は同市の戦争記念碑である。英国ポートランド島産の白い石灰石の台座の上、正面に「勝利の像（一一フィート）」、右に「聖ジョージの像（七フィート）」、左に「平和の像（七フィート）」、正面と背面に「二つの銘板

（六フィート）」が置かれている。像と銘板はいずれも青銅製で、台座はローマ帝国トライアヌス帝記念柱をモデルとしている。

一九一九年初頭、コルチェスター市長、聖職者、地域の貴族や富裕層、政治家、軍人、知識人など一四名によるモニュメント計画下位委員会が創設された[19]。若干のメンバー変更をしながら、この下位委員会は数度にわたる討議を持ち、同年春、聖ジョージの日（四月二三日）に公式に市長の前で会議報告がなされた。

一方、中央の動きとしては、これに先立つ一九一八年、王立芸術アカデミーが全英の彫刻家たちを招聘し、戦争記念碑のデザイン展を主催した。また同アカデミーは「戦争記念碑の扱いに関する提案」と題したリーフレットを各公共団体に配布した[20]。同リーフレットは王立全英彫刻家協会（The Royal Society of British Sculptors）からも出されている。コルチェスターのモニュメント計画委員会はこのデザイン展に出品された彫刻家H・C・フェア（H. C. Fehr）のデザインを満場一致で採択した。

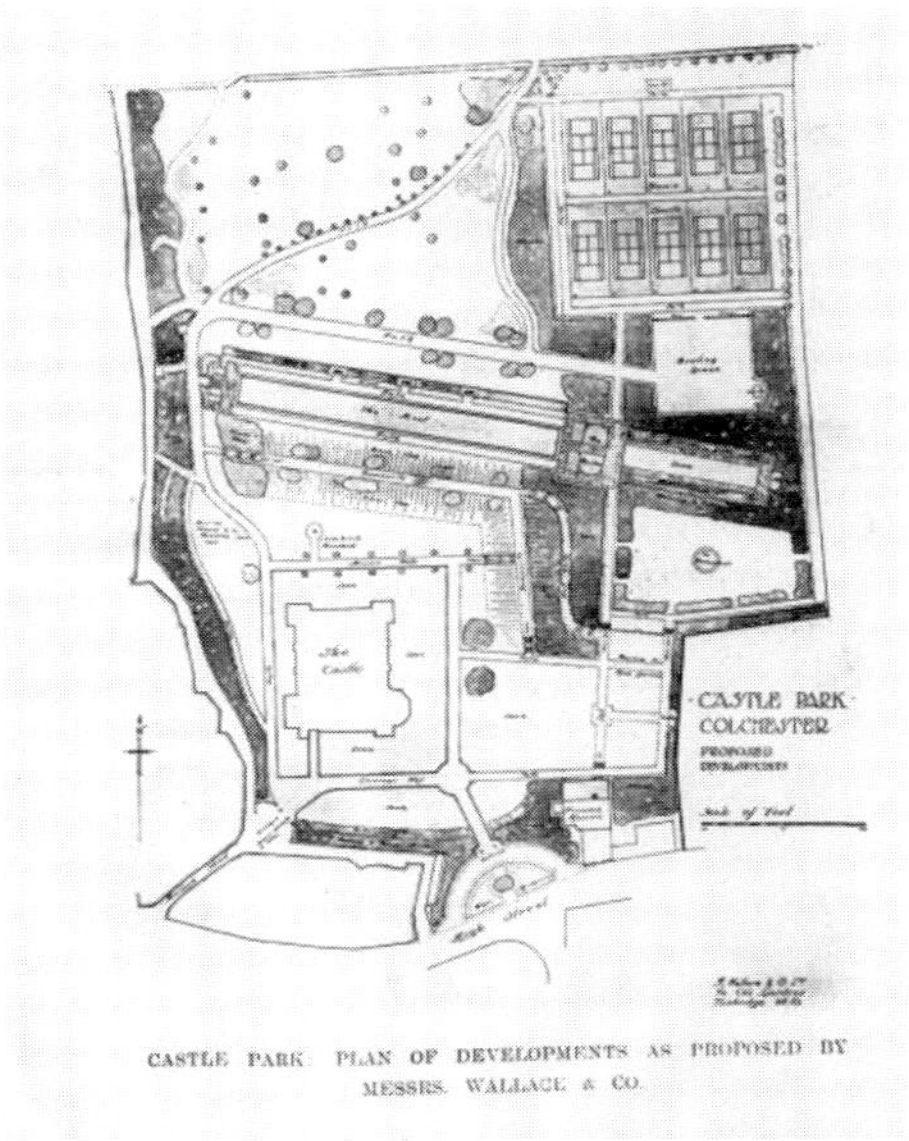

図 5-4　キャッスル・パーク計画図面

出典）Hunt, E. A. *et al.* (eds.), *The Colchester War Memorial Souvenir*, Colchester: The Essex Telegraph Ltd., 1923.

一九二二年には、記念碑の完成に先立って、碑の台座となる石の中に小箱を埋め込む儀式が行われた。この小箱には、一二五〇人にのぼる同市出身戦没兵士の名前のリスト、さまざまな戦闘記念メダル、戦勝を伝える新聞等が入れられていた。この儀式において、市長は「Britons《ブリテン人》, Britons, Britons are they! Britons, every-one!」と繰り返し呼びかけるジョン・オックセナム(John Oxenham)の詩「勝利の日」を引用し、聴衆に感銘を与えた。

モニュメント委員会議長であったハントは、それに続く演説で「我々はこのモニュメントが何を記念するために造られたのか深く心にとどめるべきである」と述べ、四つの項目をあげている。それは、「偉大なる勝利と全能の神への感謝の、石と青銅による表現」を第一として、「すべての戦没者」「廃失者、退役軍人を含めたすべての戦士たち」「王とその国の勝利のために武器を取り戦い、あるいは労働によって戦ったコルチェスター市のすべての男女」を記念するためであった。

また同じ演説の中で、彼はある軍人からの手紙を紹介している。それはセポイの乱として知られる一八五七年のインドの大反乱のときに虐殺の舞台となったカーンプルに作られた「記念の庭」の有名な天使像をコルチェスターの戦争記念碑のモデルとするべきだという提案だった。そして今、キャッスル・パークに建設されるものこそ、このコルチェスターの人々にとっての「記念の庭」であり「追悼の石」であると、その意義を述べている。

翌一九二三年、整備された公園の正面に戦争記念碑が完成した。これは一大事業であった。そのため、一般からの寄付の他に、地元の有力貴族であったカゥドレイ伯爵夫妻(Lord and Lady the Viscount Cowdray)によって城と公園敷地である森林の買収資金として一〇、〇〇〇ポンドが寄付された。

このモニュメントの意匠が王立芸術アカデミーから配布された「提案(Suggestions)」から採択されたものであることから、他の多くの場所にも同様の意匠をもつ記念碑がみられるものと思われる。事実、フェアはコルチェスター市以外にも少なくとも八つの都市から戦争記念碑のデザインを委託されている。(21)

第一次世界大戦は、戦地のみならず国内も前線(Home Front)とされ、地域社会が何らかの形で参加せざるをえなかった大戦争であったのである。それゆえ、記念碑建設は単に死を悼むためだけのものではなかった。それは地方の一大事業であり、彼らの共通の経験と勝利を記念するのみならず、さらに彼らの郷土意識や古代から続いているとされる彼らの「歴史」を形にしたものでもあったのである。

五　聖ジョージ像の多層性

次に、この記念碑に使用されている聖ジョージ像に注目してみたい。委員会および下位委員会は、三つの像それぞれについてその意義を文書で報告しているが、この像については、次のような見解を述べている。

聖ジョージの像はイングランドの騎士道精神と男らしさの象徴である。彼は死せる龍の上に立ち、敵の征服を図像化している。彼の表情は勝ち誇っているが、どこかしら悲しげである。あたかも、「我らの栄光ある死者」のことを考えているかのように。彼の鎧の胸の部分には聖ジョージの十字がある。彼はイングランドの守護聖者であるだけでなく、ボーイ・スカウトの守護聖者でもある。毎年、聖ジョージの日はコルチェスター中のボーイ・スカウトたちにとって記念碑を訪れる

図 5-5　コルチェスター市の戦争記念碑　聖ジョージの像

撮影）筆者

よい機会となるであろう。偉大なる戦争において、イングランドの男らしさが発揮され実現されたことを考え、彼らによって示されたよい模範に従って生きようと願うからである。（中略）我々の記念碑は、「怖れることなく、恥辱なく（without fear and without reproach）」という偉大な騎士像に適うように挑戦し、騎士道に従って生きようとするように彼らを鼓舞するであろう。(22)

聖ジョージ（ゲオルグ、ジョルジュ、ゲオルギウス）は、特に騎士の守護聖者（Patron Saint）とされ崇拝されてきた。(23)また円卓の騎士やボーイ・スカウトの守護聖者であり、イングランドの守護聖者でもある。(24)白地に赤の十字を持つイングランド国旗はセント・ジョージ・クロスと呼ばれる。聖ジョージ崇拝は、ヨーロッパ、キリスト教文化圏において民俗宗教（主に農耕儀礼）と融合する形で広範に広がっている。聖者伝説としての聖ジョージについては、ヤコブ・ド・フォラギネ（Jacobus de Voragine）によって一三世紀にまとめられた『黄金伝説』（*Legenda aurea*）に詳しい。(25)

聖ジョージ伝説にみられるのは、インド─ヨーロッパに広範に分布しているアンドロメダ─ペルセウス型の神話構造である。(26)それは、ペガサスを駆るペルセウスが海魔ティアマトを倒しアンドロメダ王女を伴侶として得る、というストーリーであり、図式化するならば、旅をする（あるいは漂泊の）英雄→悪龍（蛇）退治→女性の救出→女性との結婚→再び旅へ、という構造を持つ。日本では『古事記』のスサノオによるヤマタノオロチ退治の神話が同じ構造を持っている。ヨーロッパ、特に英国において、この聖ジョージ崇拝にはいくつかの異なる意味の層がある。

第一は、アンドロメダ─ペルセウス型といわれる「龍退治」の神話である。実際、フェアはこの神話のモチーフを作品に取り入れた、寓意的な意匠を好む作家であった。彼のもっとも有名な作品はロンドンのテイト・ギャラリー西側バルコニーにある「ペルセウスによるアンドロメダ王女の救出（Perseus Rescuing Andromeda）」であろう。これは第一次世界大戦以前に、一八九三年に制作されている。[27]

第二は、殉教者（martyr）としての伝説である。聖ジョージはカッパドキア出身の軍人であり、ディオクレヒアヌス帝とマクシミアヌス帝によるキリスト教徒大迫害の際に、度重なる拷問に耐え、最後にディオスポリスという町で三〇三年頃斬首されたとされるキリスト教の殉教者であった。この伝説は少なくとも六世紀まで遡れるとされる。[28]

第三は農耕の守護聖者としての、ヨーロッパの民間信仰との融合である。[29] 語源的に George はそれぞれ「大地」「働く」という意味の *geos* と *orge* とから成っており、「大地に働く者」であると考えられていた。ジョージという名は、大地における豊穣をもたらす者であるとされ、特に「良き草」「葡萄」「果実」を実らせる者である。他にも「聖なる（*gerar*）」「奮闘（*gyon*）」「巡礼者」等の意味を持っているとされる。

ブルガリアの聖ゲオルギウス祭は、時期が復活祭に近いこともあり、そこで行われる儀礼は再生・復活の意味を持つものである。この祭りによって冬が終わり春の到来が告げられる。聖ジョージの祭日（殉教の日）が民間暦の中で時間的指標の役割を果たしていることは、復活祭が移動祭日であるのに対し、聖ジョージの祭が固定祭日（四月二三日）であることからも理解することができる。民間の農耕暦の中に固定される指標として、この日が農耕の開始日であり、牧畜の開始日でもある。[30] このように、ヨーロッパ民間信仰と融合する形で、聖ジョージ崇拝は広く行き渡っている。

第四に、騎士および王国の守護聖者としての意味である。聖ジョージは、一二二二年にイングランドの守護聖者とされた。騎士に与えられる最高栄誉であるとされる「ガーター勲章」は聖ジョージに由来し、一三四八年にイングランド王エドワード三世によって創設され、西欧諸国で最古の騎士に対する勲章である。また、同王は一

図 5-6　聖ジョージとドラゴン(ヴェローナ　13 世紀後半)

三八八年にウインザー城に聖ジョージ寺院を建立した。また一七世紀にチャールズ二世は、ピューリタン派のクロムウェルを悪龍とし、自らを聖ジョージに擬して彼を処刑し、王政復古を成し遂げている。以来、英国王室は、特に聖ジョージを王室の守護聖者として崇め、ジョージの名を冠した王や貴族が多く出ている。王室の男子は、国家の危機に際し国民の先頭に立って聖ジョージのように戦うことを使命としている(31)。

また、英国においては、国家が女性として表象され、それを守る騎士あるいは戦士としての国民によって補完され、それが一種の運命性を象徴する「文法」となっている(32)。こうした構図は、ローマ統治下にブリタニア(Britannia)と呼ばれたときからあるもので、エリザベス一世統治下の一六世紀にさらに強化されたものであり(33)、騎士の守護聖者としての聖ジョージ崇拝と相まって封建時代に形成された国家観であるとされる(34)。

聖ジョージ像にみられるテーマは、怪物退治、レイプ・レスキュー、他者の征服である。それは槍を持ち、馬に乗る騎士によって表される(図5-6)。他者は外部の敵の表象で、異形のもの、足下に踏みつけられている悪龍として表される。実際、第一次世界大戦期の英国では、ベルギーはレイプされようとする女性像として表され、それを救う騎士のイメージとして表象されることが頻繁に行われ、他者の征服というテーマが繰り返されている。

聖ジョージがボーイ・スカウトの守護聖者であるのは、彼が騎士の守護聖者であったことに由来する。ボーイ・スカウトの歴史は二〇世紀になって始まる。スカウティング(scouting)は「斥候・偵察」を指すが、創始者であるベーデン=パウエルは、ボーア戦争時の英雄であり、『偵察術と斥候術』(一八八五年)『斥候の手引』(一八九九年)等の著作がある。ボーア戦争以降、彼は特にスカウト運動に力を入れてゆき、『少年のための斥候術(Scouting for Boys)』(一九〇八年)はベストセラーになるとともに、教育実践の場で使われるようになった。[35] 本書において、彼は大英帝国を支える少年たちに必要な精神的支柱として騎士道精神の復活を説いた。スカウトの誓には、国家に対する忠誠、騎士道精神が盛り込まれている。

興味深いことに、ベーデン=パウエルは騎士道精神と日本の武士道との類似を主張している。日露戦争における日本兵士の美談、忠誠心や勇敢さと徳や礼節を重んじる精神性をことのほか取り上げて評価し、武士道を学ぶことによって英国における騎士道精神が復活することを主張した。彼は日本への訪問や訪英した東郷平八郎や乃木希典と会見もしており、後に皇太子(昭和天皇)との謁見もしている。[36] こうしたことの背後には、日露戦争後に広く欧米に受け入れられた新渡戸稲造の『武士道』の存在があるのであろう。[37] しかし、新渡戸の『武士道』もまた伝統の創出のひとつであった。お雇い外国人として来日し東京帝国大学で教鞭をとった日本研究家チェンバレン(Basil Hall Chamberlain)は、『武士道』をはじめ、ご真影や国家儀礼という明治政府によって創られた国家崇拝の制度化を「新宗教の創造(Invention of a New

図5-7　新兵募集のポスター(第1次世界大戦期，イギリス)

Religion)」であると批判している。これはホブズボウムなどを先取りした重要な視点である。また、これは文化の混交性を示す格好の事例であると同時に、近代日本で創出された武士道に、英国人であるベーデンパウエルが騎士道精神を学ぶという双方向の影響関係があったことが興味深い(38)。

聖ジョージの意匠それ自体は芸術家の業《わざ》であることは明らかである。モチーフ自体が幾重もの意味の層を持っていることも、この意匠を採択した委員会が作り出したというわけではない。つまり、モニュメントに聖ジョージの意匠を採用したことによって、委員会の解釈(あるいは支配的なイデオロギー)が社会の成員にインプットされる、という人心操作的なイデオロギー論をここに読み込むのは妥当ではない(39)。また、彼らがそうした神秘的なイメージを現実のものとして信じ込み、聖ジョージを崇拝していたのだと考えるべきでもない。ここで重要なのは、委員会のメンバーたちが、近代国家としての英国が初めて経験した対外的な大戦争において、コルチェスター市民である自分たちの戦いと勝利を記念し、そして同郷の兵士たちの大量死を追悼するのにふさわしいものとして、この像を選択したことそれ自体なのである。このように、古代に参照し、さまざまな意味が凝縮された「象徴」が選択されたことに意味があるのである。

モニュメントの意匠の選定においては、アーティストと、依頼者である地域コミュニティの双方の様々な意図があったが、それは王立芸術アカデミーが発行したリーフレットの形に収斂されていく。このリーフレットの提案によって、その意匠は選ぶものへと変わっているからである。コルチェスター市の戦争記念碑の場合はまさにそうであった。このことは重要であろう。また、地方によっては、条例によって望ましい戦争記念碑が定められてもいた。いずれにしてもこうした標準化に果たしたアカデミーの役割は大きい。英国地方史家のブラウン(Jane Brown)は、ノースハンバーランド(Northhumberland)の事例でこのことを明確に指摘している(40)。

同じエセックス州のより小さな地域の事例をみてみよう。州の西端、州都であるチェルムスフォードに程近いところに、ストーマリーズという村がある。ここで第一次世界大戦の戦没者記念施設を作ろうとする動きがあった。エセックス文書館には「ストーマリーズの戦争記念碑に関する議事録」と題された手書きの議事録が残されている。これは教区議会の議事録から戦没者記念施設に関する記事のうち、重要なものを秘書が抜粋したもののようである。一九一八年に始まり、一九二四年までの六年間にわたる議事録が収録され保存されている。

第一回目の会合は一九一八年一二月一二日、ゴードン・スミス師(Rev. Gordon Smythe)の提案によって召集された。参加者は教会主管者や教区議会議長をはじめとする二五名であり、いずれもその教区の有力者や知識人たち(多くは夫妻)である。

議事録によれば議題は、平和宣言を記念するための記念施設の建設の可否と、そのような記念施設の性質についてであった。国王と国家に命を捧げた者たちへの記念施設はいかにあるべきかが議論され、次のような五つの案が出た。

一、教会へのオルガンの寄贈
二、村の目立つ場所へ戦没者追悼祠(shrine)を建設すること
三、学校への教室とクロークルームの寄贈
四、新しい学校の建物寄贈
五、村の図書室と娯楽室の建設

記念碑は村の広場に作るべきこと、教会の壁に名前を刻んだ銘板を作ること、記念碑とする像のスケッチを持ち寄ることなどが今後考えるべき課題として挙げられた。

一九一九年三月四日の会合では、教区主任聖職者から、図書室と娯楽室を兼ねたホールの建設、その用地として領主から教区所有の土地を聖職領畑地寄贈によって得ることが提案された。そして、それはもっぱら記念碑という建設目的にのみ使用されなくてはならず、法律的にも、その建物および土地ではいかなる宗教的礼拝も行ってはならないとされた。この議会では、その提案は論争を引き起こすことなく受け入れられ、非宗教的な施設としてこのホールを考えることとした。後年、この計画はより大規模なものになり、ホールの建設は隣接するコールドノートン村と合同で行うことになった。そこでもこの建物内部でいかなる宗教的行事も行ってはならないことが再度確認されている。

戦没者記念施設の建設は、町や村を挙げての一大記念事業であり、宗教施設とは分けられた、公共性のある事業として計画されていた。

六　英国地方教会における第一次世界大戦の解釈

では実際に行われた追悼式の礼拝はどのようなものだったのだろうか。次にみるのは戦勝平和記念日(The Victory and Peace Day)における礼拝である。一九一八年一一月一一日の休戦記念日(Armistice Day)は、国家を挙げての服喪の日としてその後定着してゆくが、これとは別にベルサイユ条約が調印された翌一九一九年七月には英国全土でさまざまな戦勝記念祭が行われた。ロンドンのホワイトホールにあるセノタフの仮設置など、国家レベルでの動きと同時に、地方でも個別に礼拝式や記念祭が催され、王を讃える国歌が各地で歌われた。エセックス州では、一九一九年七月六日、コルチェスター市の聖ポール大聖堂で行われた戦勝感謝礼拝をはじめとして各地で同様の礼拝が行われた。

地方紙であるエセックス・テレグラフ紙は、この日、州内各地の教会二六箇所で行われた礼拝の様子を伝えている。興味深いことに、聖書のどの部分を使って、どのような説教が、誰によって、どこで行われたのかを同紙は網羅的に伝えている。

表5-1に掲げた一覧表に明らかなように、第一次世界大戦の勝利へ捧げられた感謝の礼拝において、もっとも使われたのが詩篇(Psalm)であったことが分かる。その他イザヤ書、歴代誌、エレミア書等である。具体的に

図 5-8　上：休戦記念日の1918年11月11日，コルチェスター市長が停戦協定への調印を発表した直後の様子。下：戦勝平和記念日における戦没者への敬礼の様子。

出典）Hunt, E. A., *et al.* (eds.), *The Colchester War Memorial Souvenir*, Colchester: The Essex Telegraph Ltd., 1923.

は、次のような箇所である。(41)

主の御業、御手の業を彼らは顧みようとしません／彼らを滅ぼし、再び興さないでください

主は私の力、私の盾／私の心は主に依り頼みます

主は油注がれた者の力、その砦、救い

その内容は、いずれもユダヤ民族の運命を描いたものである。神は盾であり、庇護者であり、悪を罰し、滅ぼすものである。神は正義であり、平和は神によってもたらされた平和である。そこでは戦闘の慣用表現《イデオム》に彩られた神の力と、まさに正義が行われたのだということが記されている。こうした旧約聖書への言及は単に説教者の好みで選ばれたわけではない。これが、英国国教会のエセックス地方におけるもっとも手近にあり、近づきやすい解釈であり、妥当なものだったのだと考えるべきだろう。そしてその解釈は、この戦勝平和記念日において州内のいたるところで会衆に対して提示され、いわば劇的に確認されたのである。

こうした戦没者と大戦の勝利に感謝を捧げる礼拝はどのように執行されたのだろうか。少し時代は下るが、それを示す礼拝式の式次第の史料が残されている。(42)

この史料は、エセックス連隊内チャペルに戦争記念としてステンドグラスの窓、袖机、死者の名前を記したリスト（Roll of Honor）が献納されたことを記念して行われた儀式の様子を伝えている。この儀式はエセックス連隊第六大隊の戦没者に対する追悼のために、一九二七年六月二三日日曜日、南エセックス州ウォーレイ（Warley）において行われた。式は次のように進行した。

表 5-1　聖書引用一覧(エセックス・テレグラフ紙　1919 年 7 月 6 日付)

	引用箇所	説教者	教会・場所
1	Psalm 20, v. 10	The Bishop of Colchester	the United Service in the Castle Park
2	Psalm 124, v. 1-2	Canon Brunwin-Hales	St. Mary's
3	S. Luke 10, v. 25	Rev. G. H. Basset	Christ Church
4	not appared	Rev. G. M. Behr	St. Stephen's
5	Rev. 18, v. 2	Rev. H. F. V. Carter	St. Leonard's, Hythe
6	St. John 14, v. 27	Rev. H. F. de Courcy-Benwell	St. Martin's
7	Psalm 115, v. 1	Rev. John Evans	St. Giles
8	2 Chronicles 20, v. 28 and 29	Rev. J. Montague Harris	St. Nicholas
9	Psalm 136, V. 23-24	Rev. J. F. Hewitt	St. Mary Magdalene
10	Psalm 48, v. 14	Rev. B. L. Hirst	St. James's
11	Isaiah 32, v. 17	Rev. A. Hill	Artillery Street Primitive Methodist Church
12	Jeremiah 18, v. 4	Rev. Daniel Hughes	Stockwell Chapel
13	Psalm 85, v. 8	Rev. W. Looker	Wesleyan Circuit (minister)
14	Colossians 3, v. 15	Rev. E. R. Monk-Mason	Holy Trinity
15	Psalm 87, v. 7	Rev. J. R. Mitchell	Eid Lane Baptist Church
16	Psalm 126, v. 4	Rev. G. A. Newcomen	St. Leonard's, Hythe
17	II. Samuel 28, v. 17	Rev. K. L. Parry	Lion Walk (evening)
18	Psalm 29, v. 11	Rev. Henry Stephens	All Saints, Stanway
19	Isaiah 25, v. 9	Rev. W. E. Spencer	St. Botolph's
20	Acts 9, v. 31	Rev. J. C. Triphook	St. John's
21	Psalm 122, v. 8	Rev. T. S. Raffles	St. Leonard's, Lexden
22	St. John 14, v. 27	Rev. A. J. L. Shields	Christ Church
23	Isaiah 26, v. 3	Rev. T. R. Underwood	St. Paul's
24	Exodus 15, v. 9, 10, and 11	Rev. Stanley Wilson	St. Mary's
25	Psalm 46, v. 7	Rev. W. Beale White	St. Giles
26	Colossians 3, v. 15	Rev. Clement A. Worsfold	St. Andrew's Greenstead
27	Isaiah 26, v. 12	同上	同上

開式の賛美歌二九八番
聖書の朗誦
「ローマの信徒への手紙」
「ルカ書」
使徒信経
応唱聖歌
賛美歌四二八番
開幕式
挨拶：ランボーン卿
答辞：エセックス州バーキング市主教
閉式の言葉
キップリングによる退場賛美歌
国歌
祝福

最初に朗誦されたのは聖書の神の愛と題された節、「ローマの信徒への手紙」第八章三一節以降章末までである。

では、これらのことについて何と言ったらよいだろうか。もし神が私たちの味方であるならば、だれがわたしたちに敵対できますか。

わたしたちすべてのために、その御子をさえ惜しまずに死に渡された方は、御子と一緒にすべてのものをわたしたちに賜らないはずがありましょうか。

だれが神に選ばれた者たちを訴えるでしょう。人を義としてくださるのは神なのです。だれがわたしたちを罪に定めることができましょう。死んだ方、否、むしろ、復活させられた方であるキリスト・イエスが、神の右に座っていて、わたしたちのために執り成してくださるのです。だれが、キリストの愛からわたしたちを引き離すことができましょう。艱難か。苦しみか。迫害か。飢えか。裸か。危険か。剣か。

「わたしたちは、あなたのために／一日中死にさらされ、／屠られる羊のように見られている」と書いてあるとおりです。

しかし、これらのすべてのことにおいて、わたしたちは、わたしたちを愛してくださる方によって輝かしい勝利を収めています。

わたしは確信しています。死も、命も、天使も、支配するものも、現在のものも、未来のものも、力あるものも、／高いところにいるものも、低いところにいるものも、他のどんな被造物も、わたしたちの主キリスト・イエスによって示された神の愛から、わたしたちを引き離すことはできないのです。


次に朗誦されたのは「ルカ書」第二章二九節以降である。

主よ、今こそあなたは、お言葉どおり

この僕を安らかに去らせてくださいます。
わたしはこの目であなたの救いを見たからです。
これは万民のために整えてくださった救いで、
異邦人を照らす啓示の光、
あなたの民イスラエルの誉れです。

主教による挨拶によると、この飾り窓は「神の栄光とエセックス連隊第五大隊(5th Battation The Essex Regiment)兵士たちの永遠に聖なる思い出に対し」捧げられている。

むすびにかえて

エセックス州における地方史の史料を中心に、国家における追悼儀式が、地方においては独自の郷土意識と結びつけられた記念事業でもあったこと[43]、モニュメントの意匠の選定においては過去に参照し、正典が用いられていること、同時に騎士道精神などの点では中世的なイメージも用いられていること、また戦没者に対する宗教的な解釈において、聖書の中でもとりわけ民族主義的な書が強調されていたことなどをみた。

英国近代史家のステファン・ゲーベル(Stefan Goebel)は、大規模な、そして産業化された戦争であった第一次世界大戦は、史上かつてない大量虐殺であり、前近代とはあまりにも大きな断絶があったとし、戦争記念碑によって遺体が返還されない死者に名を与えることによる記念化が行われたと指摘している。第四章でみた追悼の石に刻まれたキプリングの撰になる「彼らの名はとこしえに生きている」という文に表されているように、そこで行われているのは記念行為によって死者を取り戻すこと、たとえ肉体は帰らなくても記念行為によって、その名を不朽なものにすること(perpetuation)であったという。そして、こうした追悼の行為(remembrance activities)は、戦争の犠牲者たちを伝統的な枠組みの中に位置付け、目に見えるものにした。その際に、中世的なイメージや象徴が使用されることによって、この断絶を埋める役割を果たしたと指摘している(44)。

これらの事例から、記憶の場の構成要件について考えてみよう。記憶の場を構成する第一のものにモニュメントがあげられる。それは記念碑などの何らかの象徴的建造物であり、人を圧倒し惹き付ける魅力をもち、あるいは感銘を与えうる意匠を持った建造物である。そこには古代のカノンという正典をはじめ、さまざまな意味が凝縮しているという点で、それを象徴といってもよいであろう。

第二に、解釈を与える文化的枠組みである。ウインターが黙示録的想像力と指摘したものであり、とりわけエセックス州では旧約聖書への言及がきわめて多いことをみたが、これらの感謝礼拝や追悼式などで繰り返し提示された死を解釈し、意味を与える文化的枠組みである。

第三に、世界の再定義を与える、追悼式や礼拝という追悼儀式や宗教儀礼の執行そのものである。それは独自の郷土意識や歴史意識が託された場であり、社会的な劇空間である。そこでは、特定の儀礼執行者が明確に存在し、演者と観客とによって、彼らの社会が死に立ち向かう共同体として再現される劇が行われているのである。

これら三つは互いに影響を与え合い、記憶の場を構成しているが、いずれもそれ独自の文脈を持っている。それゆえ他の要素に還元することはできない。そしてそれぞれを、象徴、意味、儀礼と概念化することができるであろう。

考古学の立場からジョナサン・トリッグ(Jonathan Trigg)は、戦争記念碑はコミュニティにおける記憶を保持する「風景のひとつ」であるという。そのようなモニュメントは公的領域を包含すると共に、私的で個人的にも「近づきうるもの」であったという(45)。

こうした、地方コミュニティに建設された戦争記念碑は、「墓もなく、墓を訪問することもできない人々にとっては、死を悼むことを可能とするもの」だったのであり、多くの記念碑は「様々に異なった経験をひとつの集合的なものへと変換し、多くの場合、この集合化は共有された記憶へと念入りに作り替えられている」と指摘している。そして、「記念碑の建設は大戦後のコミュニティの紐帯を再創造するもの」であり、碑に刻まれた戦没者の名前のリストは「戦死者を思い起こさせるのみならず、残された家族たちの名前をも想起させるもの」であった。戦争記念碑は「共有された歴史と共有されたコミュニティのアイデンティティを風景の中に定義する（位置付ける）」ものであることを指摘している[46]。

このように、ナショナリズムの生成過程は、集合的記憶を媒介項と考えることによって、理論的にもより適切に扱うことができる[47]。戦没者祭祀の行われる記憶の場は世界の再定義の場である。追悼式という儀礼的機会は、それ自体が、集合的かつ政治的な意味を持つ場である[48]。地方の教会で行われた戦勝感謝礼拝という特別な礼拝の場は、あるいはモニュメントを前にして世界観が宣言される追悼式や記念式典は、この意味で記憶の場であったと考えることができる。近代国家という新しい神には、そこで血肉が与えられたのである。

〈第五章図表出典〉

図5−1　Southend-on-Sea war memorial, Photo by John Allan, http://www.geograph.org.uk/photo/734140, Creative Commons License.

図5−6　St George and the Dragon Verona, Anonymous, Biblioteca Civica, Public Domain.

図5−7　Britain Needs You at Once: WWI recruitment poster, Parliamentary Recruiting Committee Poster No. 108.

（1）　Tarlow, S., *Bereavement and Commemoration: An Archaeology of Mortality*, Oxford: Blackwell, 1999, pp. 151–154.

（2）この調査は一九八九年より開始され、現在も進行中である。以上の情報は、前述した The Conservation of War Memorials による。また、これは戦争墓地（War Grave）とは区別されている。The Commonwealth War Graves Commission と戦争墓地については Ward, G. K. and E. Gibson, *Courage Remembered*, HMSO, 1991 に詳しい。また、日本における学術的な調査としては国立歴史民俗博物館歴史研究部において、「非文献資料の基礎的研究」として平成一二年度から開始され、平成一五年三月、報告書をまとめている。筆者もメンバーのひとりであった。詳細は『近現代の戦争に関する記念碑』（平成一五年、国立歴史民俗博物館）を参照。

（3）同博物館の Nick Hewitt 氏（Project Co-ordinator）より提供された Booklet The Conservation of War Memorials による。

（4）Friends of War Memorials, Federation of Family History Societies, Western Front Association 等である。二〇〇一年に筆者が訪問した際にもその調査はボランティアによるものであるとの回答を得ている。そうしたデータには重複しているものも多いが、NIWM の活動のひとつは、それらのデータすべてを整理し、画像や、所在地、刻銘、状態、さらには彫刻や銅像の場合はそのデザイナーまでもデータベース化することである。

（5）Moriarty, C., "The national inventory of war memorials," *The Local Historian*, Vol. 20, No. 3, 1990, pp. 123-125.

（6）公式サイト（http://www.iwm.org.uk/memorials/search）およびボランティアによって運営されている独立メディアである第一次世界大戦ニュースサイト（http://www.centenarynews.com/e?id=17）を参照。二〇一六年一二月一五日閲覧。

（7）http://www.veterans.gc.ca/eng/remembrance/memorials/national-inventory-canadian-memorials（二〇一六年一二月一七日閲覧）

（8）https://www.twgpp.org/（二〇一六年一二月一七日閲覧）

（9）Smith, M., "The War and British Culture," in Constantin, S., M. W. Kirby and M. B. Rose (eds.), *The First World War in British History*, Edward Arnold, 1995, p. 171.

（10）King, A., *Memorials of the Great War in Britain: The Symbolism and Politics of Remembrance*, BERG, 1998.

（11）Davies, J., "War Memorials," in D. Clark, *The Sociology of Death: theory, culture, practice, Sociological Review Monographs*, Blackwell, 1993, pp. 117-119.

（12）戦争記念碑にみられるキリスト教シンボルについては Moriaty, C., "Christian Iconography and First World War Memorials", *Imperial War Museum Review*, Vol. 6, 1992, pp. 63-75.

(13)　Wilkinson, *op. cit.*, pp. 150–151. ただし、前述したターロウは、彼女のフィールドであるオークニー諸島(Orkney Islands)の事例ではキリスト教が戦没者の解釈に大きな影響を与えており、世俗化の影響は小さく、中央である大都市圏と地方とでは世俗化の進行には違いがあるとも指摘している。Tarlow, *op. cit.*, pp. 168–170.

(14)　ケルトに関する基本的文献としては次のものを参照。中央大学人文科学研究所(編)『ケルト――伝統と民俗の想像力』中央大学出版局、一九九一年。鶴岡真弓『ケルト――装飾的思考』ちくま学芸文庫、一九九三年。また、ケルト文化の概要を示すものとしては次のものを参照。ジョン・シャーキー『イメージの博物誌一八　ミステリアス・ケルト』(鶴岡真弓訳)平凡社、一九九二年。

(15)　同資料館において、同州内に少なくとも次の四三の War Memorial に関する何らかの史料が確認できた。Benfleet, Bradwell-on-Sea, Gt. Burstead, Chelmsford, Coggeshall, Dovercourt, Gt Easton, Felsted, Lexden, Loughton, Maldon, Gt. Oakley, Prittlewell, Southminster, Tollesbury, Saffron Walden, Woodford, Halstead, Finchingfield, Wivenhoe, Terding, East Bergholt, Darliwy, Epping, Mistley, Billericay, Brentwood, Cladian, Colchester, Dedham, Henhamgh, Ongar, Pitsea, Purleigh, Rayleigh, Sheeburyness, Southend, Ctock, Woodham, Mominer, Walton.

(16)　この点に関して、同委員会の Ian Hart 博士からご教示を頂いた。

(17)　Hunt, E. A., J. P. (Chairman of the Monument Committee), *The Colchester War Memorial Souvenir*, Colchester: The Essex Telegraph Ltd., 1923.　現時点での所蔵は、University of EssexのThe Albert Sloman Library およびコルチェスター市立図書館にそれぞれ確認できた。以下の記述は、特に明記しない限り同書によるものである。

(18)　Hunt, E. A., *et al.* (eds.), *The Colchester War Memorial Souvenir*, Colchester: The Essex Telegraph Ltd., 1923.

(19)　下位委員会のメンバーは次の通りである。The late Bishop of Colchester, Colonel C. H. Beatson, C. B., The Rev. Canon Brunwin-Hales, The late Mr. W. W. Bunting, Dr. Corfield, Mr. A. Crowther, Mr. C. T. Gale, Mr. Edger A. Hunt (Chairman), Mr. Percy Sanders, Rev. W. E. Spencer, Mrs. Towsey, Mr. A. Owen Ward: with The Mayor, Mr. G. F. Wright, ex-officio.

(20)　King, *op. cit.*, 1998, pp. 70–71.

(21)　Burton-on-Trent, Eastbourne, Leeds, Portsmouth, Langholm, Grangetown, Lisburn, Lockerbie 等である。Hunt, *op. cit.*, p. 31.

(22)　*Ibid.*, p. 25.

（23） Wilson, S. (ed.), Saints and their cults: Studies in Relious Sociology, *Folklore and History*, Cambridge: Cambridge University Press, 1983.

（24） *The Encyclopædia Britannica*, volume 5, p.198.

（25） de Voragine, J., *The Golden Legend: Readings on the Saints*, Vol. 1, p. 238, trans. by Ryan, W. G., Princeton, N. J.: Princeton University Press, 1993.（邦訳：ヤコブス・デ・ウォラギネ『黄金伝説』前田敬作他訳、人文書院、一九八四年。）

（26） 植田重雄は聖ジョージ神話を、次のように適切にまとめている。植田重雄『守護聖者――人になれなかった神々』、中公新書、一九九一年。

　リビアのシレナという町の近くの湖に悪龍が棲んでいて、その吐く毒気のために多くの人々が病気になって死んでいった。シレナの人々は龍の怒りをなだめるために、日に二匹の羊を犠牲に捧げた。しかし羊も次第になくなり、羊一匹と人間を供えるようになり、ついには若い男女も少なくなっていった。最後に王は愛する王女を犠牲に捧げることになった。八日間王は嘆き悲しんだ後、龍のいる湖までゆき、王女を一人残して帰っていった。たまたまそこを通りかかった騎士ゲオルグは、いきさつを聞き、龍退治を決意する。やがて湖から現れる龍の恐ろしさに震える王女に、ゲオルグはすぐに立ち去るように叫ぶ。かれは敢然と、狂暴な形相で襲いかかる龍を目がけて突進し、槍をふるい、幾度か闘ったのちに、王女に腰帯を龍の頭に投げよと叫ぶ。王女がそれを投げると、龍は温和しくなりこれを捕らえて町にひきずってゆき、王と民衆の面前で、ゲオルグは剣を抜いて龍の息の根をとめてしまう。この勇気ある騎士の行為を見て、多くの人々がキリスト教に帰依し、王は処女マリアとゲオルグの栄誉のために多くの教会を建てた。洗礼のための泉が噴出し、多くの病人を癒した。王はゲオルグに沢山の宝物を捧げたが、彼はこれを皆貧しい人々に頒け与えた。さらに彼は王に四つのことを守るようにと告げた。教会をつねに敬うこと、司祭を大切にすること、ミサをおごそかに行なうこと、貧しいものを絶えず思いやることである。告げ終わるや、彼は王や王女に別れを告げ、さらに遠く旅を続けたという。

（27） 作品の基本的な情報についてはテイト・ギャラリーのウェブ・サイト http://www.tate.org.uk/ を参照。

（28） Hall, J., *Dictionary of Subjects & Symbols in Art*, Revised Edition, London: Harper & Row, 1979.

（29） Folklore, *Encyclopædia of Religion*, Vol. 5, p. 366.

（30） 伊東一郎「聖ゲオルギウスの変容――ブルガリアの伝承と儀礼より」青木保・黒田悦子（共編）『儀礼――文化と形式的行動』東京大学出版会、一九八八年。および *Encyclopædia of Religion*, An Overview, Vol. 5, p. 333.

(31) 植田重雄、前掲書。

(32) ナショナリズムにおけるジェンダー・イメージの利用や、ナショナリズムが根底的にジェンダー化されていることが指摘されている。Dawson, G., *Soldier Heroes: British adventure, empire and the imagining of masculinities*, London and New York: Routledge, 1994. また、特に第一次世界大戦後に作られたモニュメントをジェンダーの視点から考察しているものとして次のものがある。Carden-Coyne, A., "Gendering Death and Renewal: Classical Monuments of the First World War," *Humanities Research*, Vol. 10, No. 2., 2003, pp. 40–50.

(33) Mikalachki, J., *Boadicea: Gender and Nation in early Modern England*, London: Routledge, 1998.

(34) Colman, R., "Saint George for England," *Contemporary Review*, April, 1997. This paper is cited from internet, http://www.britannica.com/bcom/magazine/article/057424219500.html

(35) *The Encyclopædia Britannica.*

(36) 上平泰博・田中治彦・中島純『少年団の歴史——戦前のボーイ・スカウト・学校少年団』萌文社、一九九六年。および阪下朝一「『少年団』と『少年団日本連盟』——組織と活動の研究」『日本大学大学院総合社会情報研究科紀要』第四号、二〇〇三年、一—一三頁。

(37) 新渡戸稲造『武士道』(改訂版)矢内原忠雄訳、岩波書店、一九七四年。

(38) Chamberlain, B. H., *The Invention of a New Religion*, Watts & Co., 1912. これは後に和訳され『日本事物誌』の「武士道」の項目に収録されている。チェンバレン『日本事物誌(一)(二)』東洋文庫、高梨健吉訳、平凡社、一九六九年。概略については、翻訳者でもある高梨健吉『文明開化の英語』中央公論社、一九八五年を参照。また「武士道」を近年のホブズボームらの議論と結び付けたものとして、鈴木康史「明治期日本における武士道の創出」『筑波大学体育科紀要』二四号、二〇〇一年、四七—五六頁を参照。

(39) 筆者のイデオロギーに関する理論的立場については、以下の文献による。粟津賢太「社会統合と儀礼国家論」『ソシオロジカ』第一九巻、二号、一九九四年。および粟津賢太「モーリス・ブロックのイデオロギー概念に関するノート」『宗教と社会』第二号、一九九六年。

(40) この事例では許可されなかったデザイン等も挙げられており、非常に興味深い。Brown, J., "Recording War Memorials in Northumberland," *The Local Historian*, Vol. 26, No. 4, 1996, pp. 209–222.

(41) 聖書の訳は基本的に『和英対照聖書　新共同訳』(日本聖書教会、一九九七年)に拠った。特に断りのない場合、以下も同様である。

(42) Essex Record Office Library London Collection 356.

(43) 以下の文献でも戦争記念碑の建設が国民意識だけではなく郷土意識を誇示するためでもあったことが指摘されている。小島崇「近代イギリスにおける戦争の記念・顕彰行為――対仏戦争～第一次世界大戦の記念碑」若尾祐司・羽賀祥二(編)『記録と記憶の比較文化史――史誌・記念碑・郷土』名古屋大学出版会、二〇〇五年、一〇五―一三三頁。

(44) Goebel, S., *The Great War and Medieval Memory: War, Remembrance and Medievalism in Britain and Germany, 1914–1940*, Cambridge University Press, 2007, pp. 28-29.

(45) Trigg, J., "Memory and Memorial: A Study of Official and Military Commemoration of the Dead, and Family and Community Memory in Essex and East London," Pollard T. and I. Banks (eds.), *Scorched Earth: Studies in the Archaeology of Conflict*, Brill, 2008, pp. 295-315., p. 295.

(46) *Ibid.*, p. 296.

(47) 集合的記憶研究に関する筆者の立場については、次のものを参照。粟津賢太「集合的記憶のポリティクス――沖縄におけるアジア太平洋戦争後の戦没者記念施設を中心に」『国立歴史民俗博物館研究報告』第一二六集、二〇〇六年、八七―一一七頁。

(48) 例えばエルツは、人類学の立場から、合葬を次のように解釈している。「すなわち最終の儀式は、いつもはっきり集合的な性格を表している。それは社会全体それ自身への集中を想定している。けれどもこの場合、死者たちを社会的な融合(コミュニオン)に再統合させるのに直接介入してくるのは、家族でもなければ、部落でもない、それは民族である。そこでこの行為は、以後、政治的な意味を帯びてくる。死者たちを合わせることで、いろいろな血縁集団や地縁集団がより高次の統一を形成する。かれらは連帯感を意識して、これによって結ばれ、お互いに助け合おうとする。死者の《社会》をつくることで、生者の《社会》が規則的に再生されていくのである。」ロベール・エルツ『右手の優越――宗教的両極性の研究』吉田禎吾他訳、ちくま学芸文庫、二〇〇一年、一一一―一一二頁。

第六章　市民宗教論再考
——米国における戦没者記念祭祀の形態

はじめに

世俗主義の体制をとる近代国家であっても一般化された聖なる次元を持つという考えは、宗教社会学においては市民宗教論として議論されてきた。その議論が提起する問題領域は広いが、大きくいうと「国民を裁定する超越的な倫理基準」と「国民的自己礼賛の形式」の二つの主題を持つ概念である。

第一の「国民を裁定する超越的な倫理基準」という主題は、ベラーによる規範的な研究を導いた。[1] これは、公的領域における宗教の重要性と社会変動との関係を問うものであり、世俗化や私事化、公共哲学、公共宗教などの、宗教社会学および関連諸学において議論されてきたテーマでもある。第二の「国民的自己礼賛の形式」という主題は、そこに国家イデオロギーを見出し、これを批判する研究を導いた。これらは、市民宗教を「ナショナル・イデオロギーにおける宗教的なテーマ」[2] と考え、国民を美化し崇拝する「宗教的ナショナリズム（religious nationalism）」[3] として扱うものである。また、市民宗教は国民と政治が宗教化される現象であるとも指摘されてきた。[4]

こうした多くの議論から、市民宗教概念には、次のようないくつかの異なるテーマが含まれていることが明ら

かとなった。(5)

①フォーク・レリジョン Folk Religion
②国家の超越的な普遍主義的宗教 Transcendental Universal Religion of the Nation
③宗教的ナショナリズム Religious Nationalism
④民主主義信仰 Democratic Faith
⑤プロテスタント的市民忠誠 Protestant Civic Piety

これらのテーマのうち、②④⑤は「国民を裁定する超越的な倫理基準」に関する研究として、また、①③は「国民的自己礼賛の形式」に関する研究として整理することができるだろう。ベラーは、前者に限定してこの概念を使用するようになった。それは後の『心の習慣』や『善い社会』などの米国社会に存在する倫理的な次元を追求した彼の規範的な研究においても明らかであろう。(6)

後者の国民的自己礼賛の形式という次元は、米国の公立学校で行われる「忠誠の誓い（Pledge of Allegiance）」などのように、学校という空間においてなされる儀礼としても存在し、これらは常に議論の的となってきた。(7)またこうした次元の存在を「見えざる国教」であるとする研究者もいる。(8)

リチャード・ピラード（Richard Pierard）とロバート・リンダー（Robert Linder）は、米国の市民宗教と大統領の関係性を詳細に検討し、大統領の役割には預言者型と司祭型とがあることを論じた。ピラードらによれば米国の市民宗教は、「国家における政治と宗教の連携」を意味しており、次のような政治化された宗教的理念を基盤としている。(9)

①神は存在する。
②神の意志は民主主義的手続きを通じて理解され、実現される。
③米国は現代史において、神の主要な代理を務めてきた。
④政治的、宗教的な意味において、米国人としてのアイデンティティの主たる拠り所は国家である。

国家が誕生してから百年の間にアメリカの市民宗教は独自の祭式、すなわち崇拝体系を発展させた。これらの儀式、祝日、象徴は愛国心と敬虔の情を融和させ、そしてある程度神と国家とを融合させた。例えば、戦没将兵記念日《メモリアル・デイ》は罪を贖うために犠牲となって生命を捧げた死者を称える、一種の近代的な崇拝形式としての大祭日《ハイホリデー》と見ることもできる。同様の一般化は、感謝祭と独立記念日についても当てはまる。両式典での儀礼や言語は特定の教派にも、広く福音派キリスト教と定義されるものにも属さない、より一般的な、祖国に対する信仰である。そのために、参加者たちは自分の思うままに解釈する幅を持つことができるのである。

多くの市民宗教論がその「教義」を扱うものであるならば、その儀礼的側面についても問うべきであろう。記憶の場としての戦没者追悼記念施設に着目することによって、市民宗教論において提示された国民的自己礼賛という問題をより具体的に考えることが本章の目的である。米国社会において記憶の場はいかに成立し、いかに変容してきたのだろうか。

一　米国における戦没者祭祀――メモリアル・デイ

英連邦には属さないが、同じアングロ・サクソン系の文化を持ち、二度の世界大戦を連合国側として戦った米国の場合にも、英国と同様の国家儀礼をみることができる。その代表的なものにメモリアル・デイがある。

米国を二分する内戦であった南北戦争の戦死者のうち、当初は勝利した北軍の戦死者だけが顕彰されていた。しかし、現在、このメモリアル・デイにおいては南北の差別なくその戦死者が顕彰されている。このメモリアル・デイの伝統は南北戦争終結の翌年、ミシシッピ州コロンバスの共同墓地において四人の女性たちによって南軍北軍の区別なく花が捧げられたことに由来し、この習慣が米国全土に徐々に広まっていったともいわれる(10)。

一八六六年、ニューヨーク州ウォーターローに住む薬剤師のヘンリー・ウェレス(Henry C. Welles)が南北戦争の戦死者の墓を花で飾り彼らに敬意を表すことを提案し、これがオハイオ州セネカ郡の事務官であったジョン・マレイ将軍(General John B. Murry)によって受け入れられ、戦死者を敬う日を作るための委員会が組織された。一八六八年五月五日、ジョン・ローガン将軍(General John Logan)は将軍令第一一を発令し、同年五月三〇日をデコレーションデイとすることが公式に宣言され、この日に式典が行われた。この将軍令は、この日の意義を次のように記している。

一八六八年五月三〇日を、祖国を守るために死んでいった仲間たちの墓を、花や他の方法で飾る目的のために選定する。我々は彼らの墓を聖なる思いで見つめ、守らなければならない。打ち捨ててしまったり、歳月に朽ちるに任せたりしてはならない。自由と、分割されることのない共和国のために支払った代償を決して忘れぬための、現在と後の世代のための証言として。

一八八八年、デコレーションデイはメモリアル・デイという名称に改められ、他の戦争での戦死者に対しても同時に敬意を払う日となり、「国家の戦争に命を捧げたすべての兵士」に対する追悼の日となった。しかし南部ではデコレーションデイを認めず、第一次世界大戦終結までは別の日に南北戦争戦死者の追悼を行っていたといわれる。その後、一九七一年に統一休日法（後述）により、五月の最終月曜日をメモリアル・デイとし、米国の祝日とすることが宣言された(11)。

メモリアル・デイは戦没者を敬う日である。伝統として退役軍人たちのパレードが行われ、国立共同墓地にある戦没者の墓石は花や星条旗によって飾られる。人々は胸に赤いケシの造花をつけ、戦没者を追悼し、彼らに感謝と尊敬の念が払われる。同時に、この日は米国において夏の始まりといえる日であり、家族が集まってピクニックをしたりバーベキューをしたりと、初夏を楽しむ日ともなっている。

ロバート・シャウフラー（Robert Haven Schauffler）(12)によって編纂された『メモリアル・デイ』と題されたアンソロジーは、南北戦争を題材にした散文や詩などを編纂したものである。本書には、南北戦争とメモリアル・デイに関する、主として一九世紀後半に出版された雑誌記事、詩、小説、逸話、伝説などのうち、編者の心の琴線に触れたものが収録されている。同書は一九一一年に初版が出版され、一九二一年、一九四〇年と版を重ね、一九九〇年に復刻されており、メモリアル・デイが当時のメディアによってどのように受け止められたかを示す社会史上の資料である。

同書には著者による長文のイントロダクションが収録されている。そこでは、一八九〇年六月二一日付の『イラストレイテッド・アメリカン』誌に掲載された作者不詳の記事が抜粋されている。

この祭典は、新しく付け加わった近代的な意味だけではなく、聖なる日という語源的な重要性を持っている。それは我らの万聖節(All Saints' Day)であり、自らを国家へ捧げ、血によって洗礼を受け、殉教者として列福され神聖化された栄光ある死者たちの記憶にとって聖なるものであり、アングロ・サクソン気質の崇高な面である再統合(re-union)を表している。(13)

ここでは、メモリアル・デイは万聖節になぞらえられる聖なる日であり、その祭りによって死者たちと再びひとつに結ばれることが、アングロ・サクソンの文化的伝統であると考えられている。

先の章でみた英国の事例と同様に、先んじて発生した多くの犠牲者たちに対応する形でさまざまな儀礼が発展してきたのである。

こうした新しい死者崇拝の儀礼はいかに構成され、それは米国社会においていかなる意味を持っているのだろうか。

二　南北戦争戦死者の意味づけと市民宗教の「新約」

メモリアル・デイの制定の前提となった南北戦争は、米国における記憶の場の形成において決定的な意味を持っている。次にみるのは米国の経験した主要な戦争の死亡者数である。(14)

南北戦争の戦死者は北軍(the Union)一一〇、〇七〇人、南軍(Confederate)七四、五二四人、合計一八四、五九四人であった。これは第二次世界大戦の二九二、一三一人に次ぐ戦死者数である。しかし、当時の人口比を換算した場合の致死率は第二次世界大戦が〇・二一九パーセントであったのに対し、南北戦争は〇・五三八パーセント

表 6-1　米国の主要な戦争における犠牲者数

紛争名	人口（百万人）	兵士数		戦死者	
		人数（千人）	人口比	人数（人）	人口比
独立戦争	3.5	200	5.7%	4,435	0.127%
米英戦争（1812）	7.6	286	3.8%	2,260	0.030%
米墨戦争	21.1	79	0.4%	1,733	0.008%
南北戦争					
北　軍	26.2	2,803	10.7%	110,070	0.420%
南　軍	8.1	1,064	13.1%	74,524	0.920%
両軍合計	34.3	3,868	11.1%	184,594	0.538%
米西戦争	74.6	307	0.4%	385	0.001%
第一次世界大戦	102.8	4,744	4.6%	53,513	0.052%
第二次世界大戦	133.5	16,354	12.2%	292,131	0.219%
朝鮮戦争	151.7	5,764	3.8%	33,651	0.022%
ベトナム戦争	204.9	8,744	4.3%	47,369	0.023%
湾岸戦争（第一次）	260	2,750	1.1%	148	0.000%

出典は章末にまとめた。以下同。

で、実に倍以上である。従軍したのは両軍合わせて三八六七、五〇〇人であり、これは当時の全人口の一一・一%にものぼる。国内を戦場としたこと、国内で行われた内戦であったことなども考え合わせると、米国において初めてマス・デス（大量殺戮）が行われた最初の近代戦争はこの南北戦争であった。これはヨーロッパにおける第一次世界大戦、日本における日露戦争に相当するものであったと考えることができよう。英国において第一次世界大戦が The Great War と称されるように、南北戦争は The Great Civil War と呼称されることもある[15]。それは、米国において国民とは何かを問いかける苦い経験でもあった。

地方において、メモリアル・デイの儀礼の主な舞台となるのが全米各地にある「国立共同墓地（national cemetery）」であり、退役軍人局（The Department of Veterans Affairs, VA）の下部組織であるＮＣＡ（National Cemetery Administration）が維持管轄にあたっている[16]。この国立共同墓地は三九州に一二〇箇所存在する。また戦没兵士を記念した三三の記念碑も管理している。この他に米国内務省（The Department of the Interior）が管轄する米国国立公園局（National Park

Service)が維持管理にあたっている共同墓地が一四あり、また軍によって維持管理されている共同墓地もアーリントン国立墓地などが二箇所ある。現在、合計で一三六の国立共同墓地があり、その他に州立退役軍人共同墓地(State veterans cemeteries)が全米で約八〇箇所存在する。国立共同墓地には、現在までに総計で二五〇〇万人以上の兵士たちが埋葬されている。(17)

一八六二年七月一七日、米国議会は、国家のための任務中に死亡した兵士を埋葬する国立墓地に使用される土地を大統領が購入することを認めた立法を制定し、一四の墓地が設立された。その後、一九世紀を通して、主に南北戦争の戦場跡に七三の国立墓地が設立され、兵士たちが埋葬された。

一九三〇年代に、ニューヨーク、ボルティモア、ミネアポリス、サンディエゴ、サンフランシスコおよびサンアントニオなどの、退役軍人たちが多く住む主な大都市圏に新しい国立共同墓地が設立された。また、ゲティスバーグのような戦場と結び付いたいくつかの共同墓地は、歴史的に重要な意味を持っているゆえに国立公園局に委譲された。一九七三年には、陸軍省(War Department 国防省の前身)から復員軍人局へ八二の国立共同墓地が委譲され、国立共同墓地は一〇三箇所となった(公法九三―四三)。

次にみるのはこうした国立共同墓地の事例である。サンフランシスコ国立共同墓地はプレシディオ軍用地に位置する、米国におけるもっとも古い軍事施設のひとつであり、西海岸における最初の国立共同墓地である。(18)

一八七三年三月三日の議会法通過により、国立共同墓地への埋葬者が南北戦争へ従軍した兵士のみならず水兵や海兵ににまで拡大され、南北戦争の退役軍人たちにサンフランシスコ国立共同墓地へ埋葬する資格が与えられた。同墓地は一八八四年一二月一二日に発令された陸軍省一般命令第一三三によって設立された。その後一八五〇年代から一八九〇年代初期までに南北戦争以前の国内の要塞や宿営地に埋葬されていた遺体も、この共同墓地に集められ再び埋葬された。現在は二八・三四エーカーの敷地内に約三〇、〇〇〇名の遺体が埋葬されている。

図 6-1　サンフランシスコ国立共同墓地のモニュメントと銘板(撮影：筆者)

サンフランシスコ国立共同墓地には次の四つの記念碑がある。一八九三年五月三〇日に南北戦争戦死者のために建てられた「The G.A.R.メモリアル」、一八九七年のメモリアル・デイに建てられた「太平洋守備隊(the Pacific Garrison)メモリアル」、「軍人の母たちのモニュメント(The American War Mothers Monument)」そして「無名戦士のモニュメント」には一九三四年までに、五一七名の遺体が埋葬されている。

この無名戦士へ捧げられたモニュメントには銘板がはめ込まれている。図6-1はこのモニュメントと銘板である。この銘板には有名なエイブラハム・リンカーンのゲティスバーグ演説の全文が刻まれている。この演説は単に米国の民主主義を謳ったものではない。激戦地であったゲティスバーグにおいて、戦死した兵士たちのために共同墓地が作られ、その際に戦没兵士の追悼のために行われた死者と生者を結び付ける演説であった。この共同墓地に眠る戦没者の死を意義付けているのはこの演説にみられる「神の下の国家」なのである。

これらの南北戦争の戦没者を追悼する施設として始まった国立共同墓地には、あたかも神による十戒が刻まれた石板のようにゲティスバーグ演説の銘板が設置されていたり、あるいはリンカーンの像が据えられていることがある。それがこの戦争と戦没者たちを意義付ける

図6-2　リンカーン記念堂の像とゲティスバーグ演説

象徴的な意味を持っているからであろう。

この演説はその発祥の地であるゲティスバーグ国立共同墓地においても荘厳なモニュメントとされている。米国史上意義深い共同墓地として、ゲティスバーグ国立共同墓地も国立公園局の管轄となっている。

また、ワシントンDCにあるリンカーン記念堂(Lincoln Memorial)と巨大なリンカーン像は宗教性を帯びており、その背後にある文字が記すように寺院(temple)に祀られて(enshrined)いる[19]。そしてこの坐像の他に、やはり巨大なゲティスバーグ演説が壁に刻まれている(図6-2)。この圧倒的な巨大さはそれ自体が象徴的な構造物であるモニュメントとしての意味を持っている。

リンカーン記念堂の設計はヘンリー・ベーコン(Henry Bacon)によるものである。第四章で英国の戦没者記念施設をみたが、このリンカーン記念堂もギリシャ―ローマの正典に従い、パルテノン神殿になぞらえて造られている[20]。また、リンカーン像はダニエル・フレンチ(Daniel Chester French)の彫刻によるものであり[21]、一九二二年五月三〇日に公開された。

メモリアル・デイは記憶の場として、特定の知識を生成し、あるいは伝達する場であると考えることができる。この意味で図6-3の写真は象徴的である。これはシカゴにあるオーク共同墓地における様子を写したものである。南北戦争を経験した退役軍人、第一次世界大戦を経験した兵士、そしてボーイスカウトの少年。この三世代がメモリアル・デイに戦没者の墓石へ星条旗を飾り、共に敬礼している。彼らの背後にある石の台座にあるのはリンカーンの立像である。彼らはこの像の前で撮影に臨んでいる。

図 6-3　南北戦争退役軍人と現役兵士,そしてボーイスカウトの少年

　リンカーンは「一生を通じて洗礼を受けたことはなかったし、どの宗派にも属していなかった」という[22]。リンカーンが自らの所属する教会について最後まで明らかにしなかったことは、死後いろいろな憶測を呼び、さまざまな説が飛び交った。例えば、彼はデサイプルス派であったとか、カトリックの洗礼を受けたとか、心霊主義者であったなどである。いずれの憶測にも証拠は乏しく、強いて言えばリンカーンは、世界市民的《コスモポリタン》な神を信じていたのだという[23]。このことは、市民宗教の神とは、特定の教会の神ではなくより一般化されたものであるとするベラーの市民宗教論とまさに適合的であろう。

　リンカーンは、生き生きとした洞察をもって米国の歴史を理解する新世界のイザヤであり、エレミアであり、パウロに擬えられる予言者型の大統領であった[24]。ゲティスバーグの演説には、米国を二分して戦った南北戦争を神から課せられた「試験(test)」であり、「試練(trial)」であるとする認識が示されている[25]。そして、北軍、南軍という区別をせずに、兵士たちのそれぞれがこの神の下に建国された国家のために勇敢に戦い死んだのだという解釈を提示している。したがって、この演説における people は「人民」ではなく、等しく米国の「国民」を指し示している。[26] その国民を再びひとつに結び付け(re-union)るという歴史的な意義を持ったものとして、この演説は解釈されているのである。

今世紀に入り、二〇〇一年九月一一日に発生したいわゆる九・一一同時多発テロ事件の犠牲者を追悼する式典が翌二〇〇二年九月一一日に行われたが、犠牲者たちの名前を一人ずつ読み上げてゆく儀礼の前に、ニューヨークのM・ブルームバーグ市長により朗読されたのがこのゲティスバーグ演説であった。この演説が、現代でも犠牲者を追悼し、その死を米国の理想の中に位置付ける象徴的な意味を失っていないことが分かる。

ゲティスバーグの象徴的意味をここで考える必要があるだろう。それはベラーの提起した市民宗教論を再考する手がかりともなるからである。

ベラーは米国の市民宗教における主要テーマをいくつかあげているが、主要なものは次の三つである。

①移民から独立戦争―出エジプト。米国のイスラエル。国家建設
②南北戦争―死と再生、不可分の共和国のための犠牲、リンカーン、ゲティスバーグ演説
③第二次世界大戦以降―世界秩序、世界の変革、人権

第一のテーマは移民から独立戦争で、これは米国史における出エジプトであり、新国家建設は米国のイスラエルとして理解され、宣揚された。これは米国の市民宗教における「旧約」であるという。

第二のテーマは南北戦争である。南北戦争は奴隷制度の廃止をめぐった戦争ではない。共和制からの離脱を宣

言した南部の各州に対して、これを抑えるための戦争であった。それゆえ、反乱を鎮圧する戦いであったのであり、共和制の存続が神の意思に沿ったものであるかどうかが試された戦いでもあったのである。これには多大な犠牲を伴った。これらの犠牲は共和制の存続を兵士たちの死によって贖ったものであり、自らも暗殺されたリンカーン大統領は戦死者たちとともに、死と再生の象徴である。ベラーはこれを米国の市民宗教における「新約」であると指摘している。

そして、第三のテーマでは、人権を梃子とし、国内と世界に倫理基準を与えるものとして米国が考えられている。それは人権の擁護と実現を目的とし、海外へ干渉してゆくという米国の世界変革の使命というテーマである。これは二度の世界大戦を経ることによって経験され、明確になってきたものだという。

ベラーが指摘したように、南北戦争が米国の市民宗教における新約であるとされるのは、リンカーンの存在が大きい。彼の死は贖罪であり、独立戦争と米国のイスラエルという理念が米国の市民宗教における「旧約」であるとするならば、リンカーンの象徴するテーマは「新約」であるといえるであろう。キリストになぞらえられたリンカーンには、自己犠牲としての死と、それによって贖われた生というテーマがみられ、神格化されている。(27)

そこで贖われた生とは、分裂の危機にさらされた共和国を救ったこと、戦没者たちの共同墓地の建設を約束し、ゲティスバーグの演説によって、兵士たちの死に、神の目的という神聖な意義を与えたことである。そして自らは暗殺によって命を落としたリンカーンは、死と再生の象徴である。リンカーンは、幾重にも層をなす、意味の凝縮された象徴となっている。

三　退役軍人記念日と無名戦士の墓

英国および英連邦諸国では、一一月一一日を戦没兵士追悼記念日としていることをみたが、米国の場合、一一月一一日は退役軍人記念日(Veterans Day)とされている(28)。

本来、退役軍人記念日は、一九二六年六月四日に議会決議によって「休戦記念日(Armistice Day)」として制定され、一九三八年五月一三日の議会承認を経て法定休日となった。いうまでもなくこれは英連邦や欧州諸国と同様に第一次世界大戦の休戦を祝う日であった。当初、この日は戦争による世界的規模での破壊や分断を繰り返さないためにという不戦の意義を持っていたが、その後、第二次世界大戦と朝鮮戦争を経ることにより、次第にこの意義は変容してゆく。

一九五四年六月一日にこの一九三八年の制定法が修正され、一一月一一日は、すべての戦争における米国兵士・退役軍人に敬意を表する日とされ、休戦(Armistice)の代わりに退役軍人(Veterans)という言葉が冠されることになった。同年一〇月八日にはアイゼンハウアー大統領(Dwight D. Eisenhower)による「退役軍人記念日宣言(Veterans Day Proclamation)」が出されている。

その後、統一休日法案(ホリデイ・ビル)が一九六八年六月二八日に署名された。この法案は、ワシントン誕生記念日、メモリアル・デイ、退役軍人記念日およびコロンブス記念日の四つの祝日を常に月曜日に祝うことにより、週末から三日間の連休とするものであり、連休の創設による文化的・商業的効果を狙ったものであった。新しい法律の下での最初の退役軍人記念日は一九七一年一〇月二五日に行われたが、各地で多くの混乱がみられ、多くの州がこの決定に従わず、一一月一一日に休日を祝い続けた。

一九七五年九月二〇日、フォード大統領（Gerald R. Ford）は、三年後の一九七八年一一月一一日から本来の日付に退役軍人記念日を戻すとする公法へ署名し、この法は圧倒的な支持を受け、現在の日付に定着した。

一方、このホリデイ・ビルにはメモリアル・デイも含まれていた。メモリアル・デイは五月の最後の日曜日とされた。これに従うとこの日は五月二五日から三一日の間を移動することになる。一九七一年の発行後、メモリアル・デイの変更は混乱はあったものの数年のうちに全米に普及した。しかし、元の日付へ戻すべきだという意見も退役軍人会を中心に根強くある。

ハワイ州選出のダニエル・イノウエ（Daniel Ken Inouye）上院議員[29]は、戦争の意義や戦死者たちへの尊敬の気持ちが曖昧なものとなってしまうことを憂慮して、メモリアル・デイを本来の日付に戻すべきだとするこの法の修正案を一九八七年から死去する二〇一二年まで繰り返し提出し続けた。一九九九年の第一〇六回連邦議会では次のように呼びかけている。

〔ホリデイ・ビルによって、メモリアル・デイは〕国民にとっての意義を失ってしまった。米国の戦闘によって犠牲となった兵士たちに思いを馳せ、尊敬の念を抱く日であったものが、夏の始まりを祝うための休日となってしまっている[30]。

この修正に賛同する団体として、「対外戦争復員兵士の会」[31]や「南北戦争北軍退役軍人の子供たちの会」[32]などがある。現在では、同じくハワイ州選出のワカコ・ハナブサ（Colleen Wakako Hanabusa）上院議員[33]がこの修正運動を続けている。

退役軍人記念日に関する式典は退役軍人局の管轄である。退役軍人記念日の式典は毎年一一月一一日にアーリントン国立墓地(Arlington National Cemetery)にて行われる。この日の一一時に無名戦士の墓の前には大統領あるいは大統領の代理人が必ず出席し、本来は軍隊における消灯ラッパである葬送ラッパが演奏される中、墓石に花輪が捧げられる。この日は、退役軍人の記念日であるから、生存する退役軍人に敬意を表するものではあるが、多くの場合、一分間の黙祷が祖国を守るために命を捧げた兵士たちを追悼するために捧げられる。また一一日に先立つ一週間は儀礼週間とされ、関連する式典が行われる。特にワシントンＤＣでは、退役軍人の名前を延々と読み上げてゆく儀礼が連日行われる。

休戦記念日から退役軍人記念日へというこの意義付けの変化には、米国の関心がヨーロッパから国内問題へ変化したことがうかがわれる。その意味でこれは記念日の土着化の過程であるとも考えられる。また、いったん確立してしまうと記念日の移動は難しいものであるということを示している。なぜなら、南北戦争以来、二度の世界大戦、朝鮮戦争、ベトナム戦争という多くの犠牲者の存在があり、その日付には遺族たちの想いが沁み込んでいるからである。

次に、アーリントン国立墓地をみてみよう。バージニア州アーリントン郡にある米国の国立墓地は、元々は南北戦争時の南軍の将軍であったロバート・Ｅ・リー(Robert Edwin Lee)の妻の土地であったが、一八六四年に南北戦争の戦死者が埋葬され、六七年には現在のメモリアル・デイに相当する追悼式がアーリントンで開催され、南軍北軍を分けへだてない国家的な意味を持つようになった。一八九二年より、南北戦争からさかのぼり、独立戦争の戦死者も埋葬されるようになった。また、南北戦争当時は奴隷であるとされた四〇〇〇名を超える黒人も「市民」として埋葬されており、第二次世界大戦の敵軍であるイタリアやドイツの兵士も六〇名ほど埋葬されている[34]。

アーリントン国立墓地における無名戦士の墓には一戦争につき一遺体のみが埋葬されている。姓名、所属、階

図6-4　アーリントン国立墓地におけるさまざまなエンブレム

級のいずれによっても特定できない、身元不明で、かつ戦闘によって死亡した兵士の遺体である。戦場から数体の遺体が集められ、その後一体のみが選定され、その戦争におけるすべての無名戦士を代表するものとして埋葬された。現在、第一次世界大戦、第二次世界大戦、朝鮮戦争、ベトナム戦争の無名戦士が埋葬されている。墓碑には次の刻印がある。

HERE REST IN HONORED GLORY AN AMERICAN SOLDIER KNOWN BUT TO GOD

（神のみぞその名を知る兵士、名誉と栄光に包まれてここに眠る）

宗教的多様性が尊重される米国では、兵士たちは宗派を超えて国家に殉じたとされ、国立墓地は信仰の自由を保証する形で運営されている。第四章にみた英国の事例では、戦勝国であり、英国国教会、王室を持った国家であっても、宗教的な多元性を保障する形でパレードや式典が行われていることが確認できるが、こうした多文化主義的な配慮はアーリントン国立墓地の一角にある共同墓地における墓石に刻印する紋章(Headstone Symbols)に見てとることができる。アーリントンにおける共同墓地の墓石は統一された景観を維持するために米国政府によって決められている。統一された墓石は無料であるが、墓石に個人的な信仰上の象徴を刻印したい場合は、自費で五七種の宗教的紋章が公式に認められている(二〇一三年現在)。五七種類のリストの中には、キリスト教諸宗派、ユダヤ教、ムスリム、ヒンドゥー、バハーイ教、スーフィズムなどの他に、金光教、天理教、生長の家、創価学会インターナショナルなどの日本の新宗教なども含まれている。また、これ以外にも規定に従って新しいものを申請することもできる。

アーリントン国立墓地は国家的な聖地(Sacred Ground)として考えられており、そこに相応しくない者を除外する規定もある。これは、第一〇五回米国議会(一九九七年)で公法として承認され、現在は「連邦規則集」に規定されている(第二四一一セクション、二〇一一年制定、二〇一二年発効)。これによれば合衆国法によって死刑の確定した者や死刑が執行された者の埋葬や記念碑の建立は禁止されている。この規定に基づき、すでに埋葬された者であっても遺灰を掘り起こし、撤去することを行っている。[35]

四　近代国家と死者崇拝

米国における『ナショナル・トラウマと集合的記憶』を著したアーサー・ニール(Arthur Neal)は、二〇世紀米国において集合的記憶を形成しえた国民的なトラウマとなっている事件として次の項目をあげている。[36]

大恐慌

日本軍による真珠湾攻撃
共産主義の脅威
キューバミサイル危機
ケネディ暗殺
ベトナム戦争
マーチン・ルーサー・キング牧師暗殺
ウォーターゲート事件
テクノロジーの事故（チャレンジャー号、スリーマイル島原子力発電所）

また、エドワード・リネンタール（Edward Linenthal）は、米国が経験した戦争の戦跡のうち、聖地化されているものとして次の五つをあげている。(37)

レキシントン・コンコードの戦い（独立戦争）
アラモの戦い（テキサス独立戦争）
ゲティスバーグの戦い（南北戦争）
リトルビッグホーンの戦い（インディアンとの戦い）
真珠湾攻撃（太平洋戦争）

米国の地理学者であるケネス・フット（Kenneth Foote）が指摘するように、ここにはある「選択性（selectivity)」が存在する。

すなわちほとんどの史跡は、地元や地域の聖地となることすらままならず、ましてや国家の聖地とされる史跡の数はごくわずかだという事実である。この過程の選択性は、歴史を高度にフィルターを通してみる見方を生み出す。ボストン虐殺、ハーパーズ・フェリー、パール・ハーバーが顕彰されたのは、それらを国家の歴史の英雄的な物語に作り替えることが可能であったからである。[38]

米国では、戦没者追悼施設や記念碑に関する社会学的研究として、すでに一九四九年にバーナード・バーバー(Bernard Barber)による論文を見ることができる。[39]おそらく社会学的研究では最初のものであろう。また、ジェームズ・メイヨー[40](James Mayo)、ジョン・ボドナー[41](John Bodner)等のモノグラフが刊行されている。

第四章でみたように文化人類学的な研究では、戦没兵士の追悼式は、デュルケームのいう記念的儀礼と、喪と贖罪儀礼の複合した性格を持っていると考えられるし、キャロライン・マーヴィン(Carolyn Marvin)とデイビッド・イングル(David Ingle)は、米国社会において、星条旗を民族社会のトーテムであるとして体系的な分析を行っている。[42]

米国社会を研究対象とした社会学的・民俗学的研究を行った古典的なものにロイド・ウォーナーの業績がある。[43]ウォーナーは、「市民宗教」概念を提出したベラーに大きな影響を与えており、実際ウォーナーのメモリアル・デイに関する業績がなければベラーのこの論文は著されなかったであろう。

ウォーナーによれば、米国社会にはさまざまな休日や宗教的な意味付けを持つ日によって構成された象徴システムともいうべき儀礼的カレンダーが存在するという。その中でも、クリスマス、サンクスギビング・デイ、メモリアル・デイ、そして独立記念日は、米国民にとって、自分たちについての共通の感情を表現し、彼らの感覚を他者と分かち合う機会となっている。このカレンダーによって、人々はひとつに結び付けられ、彼らの共通性が強調され、共通の歴史的遺産と結び付けられている。人々の個々の差異を縮小し、共通の感情を刺激し、彼らを同じように考えさせ、感じさせ、行為させている。

単純なものであれ、複雑なものであれ、すべての社会にはこうした儀礼的カレンダーがあり、世俗の期間と儀礼の期間との季節ごとの周期的な変化があり、それは第二章で示したオーストラリアのアボリジニの儀礼サイクルと変わらない。英国において聖ジョージの日が春の始まりの日であるのに対し、メモリアル・デイは夏の始まりの日であると考えられている。儀礼的カレンダーは生活暦と密接に、そして有機的に関連付けられている。これはデュルケームの提示した問題関心を正当に引き継ぐものであるといえるであろう。

また、ウォーナーは多元化している米国社会を一枚岩のようには捉えていない。彼のフィールドとした都市社会はさまざまな下位集団、あるいは階層を含んでおり、それゆえ、ある社会内における集団の複数性に留意してはいる。つまり、個々の教会などの宗教団体やさまざまな世俗的団体も、なんらかの独自の聖なる象徴システムを持っているが、それらは部分的であり、コミュニティ全体からは切り離されている。また外国起源の伝統に基づくさまざまな宗教団体あるいは非宗教団体も、米国の象徴的生活からは逸脱しており、社会的紛争を巻き起こす原因とさえなっている。

しかし、これらの複数の並列し、相互に独立して行われている儀礼に対し、国家的な追悼儀礼は特異な様相を示している。メモリアル・デイとこれに関連する休戦記念日や退役軍人記念日などの儀礼は、小規模に、そして国家とは独立して行われる個々の宗教的あるいは世俗的な小さな儀礼を、周期的にコミュニティ全体と結び付ける機能をもっているという。ウォーナーは、これらの儀礼の特徴を、「死者崇拝（cult of the dead）」であると指摘している。中心を占める集合表象は戦没者であり墓である。それらが集合した共同墓地こそが崇拝の捧げられる場である。この場では、戦没者はカトリック、プロテスタント、ユダヤなどの個別の神という限定性、教派性、異国性などを失った、より一般的な「神(the gods)」に結び付けられ、祝福される。第一次世界大戦以降は赤いケシの造花を胸に飾るという共通の象徴を持つようになった。それは兵士の流した血の色(Bloody Red Poppy)を表している。この死者崇拝において、国家のために死んだという事実は聖なる価値を持つ。それは自己犠牲としての死(voluntary death)であり、米国の価値である自由とデモクラシーを守るために死んでいったと解釈されるのである。それゆえ、現在、人々が生きている生者の世界と死者たちの世界は儀礼的に結び付けられており、この死者崇拝の儀礼は国家と市民とのあり方や集合的な道徳律を再現させる価値観を構成するものなのである。

ウォーナーの分析は実際のフィールド調査に基づいた都市人類学の先駆的なものとして評価されるべきはもちろんであるが、(44) 構成主義的な観点からも再評価されるべきであろう。また、この分析は儀礼の経過的ダイナミクスをよく捉えている。メモリアル・デイという死者崇拝の儀礼を四つのステージとして理解すべきであると彼は分析している。追悼・慰霊によって提起された個々の記憶行為の相互作用は、時間と場所の共有という観点から分析される。それは時間軸を考えるならば継起的相互作用であると考えるべきである。第一ステージでは、社会におけるさまざまな行為主体がそれぞれに想起の実践を始める。そうした地方、あるいは社会の下位部分で進行する個々のさまざまな相互作用は、第二、第三というステージを経ることにより、個々にバラバラで時間も場所も共有することのない状態、時間は部分的に同じであるが空間は共有されていない状態、時間は同じであるが空間は共有されていない状態と継起的に進行する。そして第四のステージにおいて、儀礼の行われる時間と空間が共同墓地にて共有される。そこで大規模な国家的儀礼を期に再統合される。これが最終ステージである。

さらに、彼のいう儀礼的カレンダーの考えは、一年を通して周期的に行われる儀礼システムの総体をひとつのダイナミックなリズムの総体として捉えることを可能にしてもいる。この考えはきわめて興味深い問題を提起している。ネーションがその被構成性を隠蔽され、イデオロギーとして大きな力を持つためには、自然化され、土着化され、日常性に根を下ろさなければならない。これは戦没者追悼記念日の事例には多く見ることができる。米国のメモリアル・デイは初夏の訪れを告げる休日である。そして、米国におけるホリデイ・ビル(統一休日)に見られたように、たとえ作り上げられたものであっても、ひとたび固定すると、そのカレンダーは変化を拒む。同じ日に新たな意味を重ねることは可能であるが、変化は拒まれる傾向がある。

ウォーナーによるメモリアル・デイの分析は、米国社会における周期的な再統合(re-union)の儀礼を見事に描いたものであるといえるだろう。その点からいえば、これまでの儀礼国家論の批判と同じく、「統合―強化」の儀礼しか扱っていないというのは確かである。その意味でいえば、やはりこれは一面的な分析であるといわざるをえないだろう。

むすびにかえて

この第Ⅱ部では、事例研究編として英国と米国の戦没記念施設を事例として歴史的に概観し、戦没者の公的な記念に関する欧米のあり方をみてきた。そこには特定の宗教的な象徴の排除と同時に宗教的多元性の確保という一見すると矛盾するかのような原則が維持されていることが分かる。

戦没者は、宗教的あるいは人種・民族的差異を超えて、国家に殉じたのである。ここでは個別的な宗教性や民族性は排除されている。これは国民国家の正当性に関わる問題であり、やはり厳格に峻別されている。特定の宗教や思想、あるいは民族に偏らないからこそ、米国は国民国家《ネーション》たりえているのである。そこには、顕彰・追悼の場は国家がこれを提供するが、人々の追悼の形態は多元的あるいは自由であるべきとする原則が働いている。

確かに、ウォーナーの儀礼理解は、基本的にはデュルケームの古典的な集合表象学説に基づいている。しかし、象徴に対する着目と死者崇拝の形態という特徴付けは第二章でみたような、批判に応えうるものである。ウォーナーの分析は構成主義的な観点から再読されるべきであろう。そして、儀礼は価値の表れではなく、儀礼を執行することによって共同体としての共通感情が生成されるという構成主義的な儀礼理論とウォーナーの理論を接合することは可能であると思われる。

メモリアル・デイという戦没兵士を追悼し顕彰する記念日は、決して統一された一枚岩のようなひとつの儀礼ではない。その日を目指して行われているのは、さまざまな団体による個々の記念行為である。それらは時間も空間も共有していない個々の行為である。それが、最終的には市街地から共同墓地へ至るパレードという形で合流してゆき、最終的には共同墓地へ至ることによって、時間も空間も共有されるひとつの大きな儀礼的機会を形成することになる。

ウォーナーによれば、そこで集合表象が獲得されるというデュルケームの集合表象学説が繰り返される。その点では、米国という複雑な現代社会であっても、周期的に散在の時期と凝集の時期を繰り返す(デュルケームのいう)アボリジニの社会であっても同様であるということが示される。そして、そこで分析は終わってしまうのである。前提とされる社会全体の統合が繰り返されるのであるが、結論はその前提に付け加えるべき何物も提示しない。つまり、この結論は分析の以前からすでに先取りされていたものであって、つまりこれはデュルケームの仮説の検証ではなく精緻化なのである。

そこではウォーナーが以前に分析したような社会階級や社会的差異は解消され、国民というひとつのアイデンティティのみが提示され(おそらく獲得され)る場である。ここでは儀礼に関わらない人々の意識はまったく考慮されないし、個別に行われる儀礼や行為に携わる人々の意識すらも考慮されていない。実際には、メモリアル・

デイを単なる休日としか捉えていない者もいるだろうし、それに違和感を覚える者もいるであろう。

また、それは儀礼を無時間的なものとして捉えてしまっており、より広い社会的文脈において捉えるという視点も欠いている。戦争を行っている最中にメモリアル・デイを迎えることもあるであろうし、反戦運動が高まっているときに迎えることもあるであろう。社会が好景気に沸いているときもあるであろうし、不況の時代もあるであろう。軍事的なものが批判にさらされているときもあるであろうし、危機的状況において人々の結束が重要視されているときもあるであろう。メモリアル・デイを国民的な統合の儀礼と考えるとしても、それは決して無時間的なものではありえず、その儀礼が行われる実際の社会的文脈と結び付けて考える視点も必要である。ウォーナーの指摘した近代国家における死者崇拝の儀礼に着目することによって、集合的記憶の変化の領域、競合の領域、より広い社会との相互作用であるポリティクスの領域をも考察する必要がある。

ウォーナーによるメモリアル・デイの分析の長所は、個別に行われる儀礼の複数性への着目である。それを個々の想起の実践(mnemonic practice)と捉えることによって、「記憶の場」の理論と接合することができるであろう。今日的観点から言い換えるならば、それはブルデュの主張するような「場＝界」の理論と結び付けて考えることによって再構成される必要があるのである。[45]「場＝界」とは、社会における相対的に独立したミクロコスモスである。それはゲームの行われる場であり、闘技場《アリーナ》である。[46]すでに生産性を喪失してしまった統合理論を越えて、国家的な追悼の機会における個々の死者崇拝の儀礼のダイナミクスとして描き、分析する可能性がそこには存在している。

〈第六章図表出典〉

表6-1　Al Nofi, *Statistical Summary: American's Major Wars*

http://www.cwc.lsu.edu/cwc/othr/stats/warcost.htm, based on Principal Wars in which the US Military Personnel Serving and Casualties, Washington Headquarters Services, Directorate for Information Operations and Reports, U.S. Department of Defense Records, Table 2-23. Casualties are limited to U.S. military forces.

図6-1　San Francisco National Cemetery, 1 Lincoln Boulevard, San Francisco, San Francisco County. Photographer: Fraser, Clayton B. Fraser design. Library of Congress Prints and Photographs Division Washington, D.C. 20540 USA

http://hdl.loc.gov/loc.pnp/pp.print（二〇一六年一二月七日閲覧）Accession number: HALS CA-1-25.

図6-2　リンカーン記念堂の像　Washington, D.C. Inside the Lincoln Memorial. photographer: Bubley, Esther. CREATED/PUBLISHED 1943 Dec. Library of Congress Prints and Photographs Division Washington, D.C. 20540DIGITAL ID:（digital file from intermediary roll film）fsa 8d41680

http://hdl.loc.gov/loc.pnp/fsa.8d41680（二〇一六年一二月八日閲覧）

リンカーン記念堂のゲティスバーグ演説　Lincoln Memorial. Gettysburg address at Lincoln Memorial II. photographer: Horydczak, Theodor. Library of Congress Prints and Photographs Division Washington, D.C. 20540 USADIGITAL ID:（intermediary roll film）thc 5a50131

http://hdl.loc.gov/loc.pnp/thc.5a50131（二〇一六年一二月八日閲覧）

図6-3　Civil War veteran standing and saluting with a Boy Scout and a soldier at a gravesite in Oak Woods Cemetery on Memorial Day. Chicago Daily News, Inc., photographer.（blank）CREATED/PUBLISHED 1927. Chicago Historical Society, Clark Street at North Avenue, Chicago, IL60614-6071. DIGITAL ID（original negative）ichicdn n083420

http://lcweb2.loc.gov/ndlpcoop/ichicdn/n0834/n083420.jpg（二〇一六年一二月八日閲覧）

図6-4　VA Form 40-1330, Application for Standard Government Headstone or Marker, U.S. Department of Veterans Affair, https://www.va.gov/vaforms/va/pdf/VA40-1330.pdf（二〇一六年一二月八日閲覧）

（1）　Bellah, R. N., *Beyond Belief: Essays on Religion in a Post-Traditionalist World*, University of California Press, 1991=1970.（R・N・ベラー『社会変革と宗教倫理』河合秀和訳、未来社、一九七三年。）

（2）　Fenn, R. K., *Toward A Theory of Secularization*, SSSR monograph series, No. 1, 1978, p. 41.

（3）　Richey, R. E. and D. G. Jones, "The Civil Religion Debate," in Russell E. R. and D. G. Jones（eds.）, *American Civil Religion*, Harper & Row, 1974.　ここで提示された整理はゲーリックにも踏襲されている。Gehrig, G., *American Civil Religion: An Assessment*, SSSR mono graph series No. 3., 1979.

（4）　Richardson, H., "Civil Religion in Theological Perspective," in Russell and Jones, *op. cit.*, pp. 161-184.

（5）　Russell and Jones, *op. cit.* および、Gehrig, *op. cit.*

（6）　R. Bellah（*et al.*）, *Habits of the Heart: Middle America Observed*, Harper Collins, 1988.（ロバート・N・ベラー（他）『心の習慣――アメリカ個人主義のゆくえ』島薗進他訳、みすず書房、一九九一年。）および Bellah R.,（*et al.*）, *The Good Society*, Knopf, 1991.（ロバート・N・ベラー（他）『善い社会――道徳的エコロジーの制度論』中村圭志他訳、みすず書房、二〇〇〇年。）

（7）　新田浩司「アメリカ合衆国における国旗に対する忠誠の誓いの法的問題について」『地域政策研究』第七巻第二号、高崎経済大学地域政策学会、二〇〇四年、一―一六頁。

（8）　例えば森孝一『宗教からよむ「アメリカ」』講談社、一九九六年、同『「ジョージ・ブッシュ」のアタマの中身――アメリカ「超保守派」の世界観』講談社、二〇〇三年などを参照。

（9）　リチャード・V・ピラード／ロバート・D・リンダー『アメリカの市民宗教と大統領』堀内和史他訳、二〇〇三年、麗澤大学出版会、三四頁。（原著：Pierard, R. V., and R. D. Linder, *Civil Religion and the Presidency*, Zondervan, 1988.）

（10）　米国退役軍人局ウェブサイト 'Memorial Day Order'（http://www.cem.va.gov/history/memorialdayorder.asp）二〇一六年九月二八日閲覧。

（11）　現在でも南部のいくつかの州では異なった日にメモリアル・デイを行う。例えば、ルイジアナ州およびテネシー州では六月三日、サウス・カロライナ州では五月一〇日に「南軍メモリアル・デイ（Confederate Memorial Day）」を行っている。Memorial Day（Last Monday in May）, *Celebrate Holidays in the U. S. A.*, United States Embassy Stockholm, 2005.

（12）　シャウフラーは音楽家であり、一八七九年、米国人宣教師の両親の元にオーストリアで生まれた。二歳の時に米国へ帰国し、そこで教育を受けた。彫刻家であり、詩人であり、とりわけ著名な音楽家であり、音楽批評家であった。彼の文学作品には、Scum o' the Earth, The White Comrade などがある。

（13）　"Introduction," Memorial Day, in Schauffler（ed.）, *Memorial Day: Its Celebration, Spirit, and Significance as related in*

Prose and Verse, with a Non-sectional Anthology of the Civil War, Dodd, Mead and Co., 1911=1990.

（14）　ウイリアム・ノードハウス（エール大学教授）の次のレポートから転載したものである。Nordhaus, W. D., "The Economic Consequences of a War with Iraq," in *War with Iraq: Costs, Cosequences, and Alternatives*, American Academy of Arts & Sciences, Committee on International Security Studies, 2002.　データ・ソースはルイジアナ大学の Statistical Summary: American Mejor Wars（http://www.cwc.lsu.edu/cwc/other/stats/warcost.htm）である。

（15）　"Anonymous, Memorial Day," in Schauffler（ed.）, *Memorial Day, op. cit.*, 1911=1990, pp. 9-10.

（16）　*The National Cemetery Administration*, Fact Sheet, Department of Veterans Affair, 2005.
また以下の情報は米国退役軍人局の国立共同墓地管理局（ＮＣＡ）のＨＰに公開されている。http://www.cem.va.gov/history.htm

（17）　一四箇所は以下の通りである。

Battleground National Cemetery, Washington, D.C.
Andersonville National Historic Site, Andersonville, Georgia
Chalmette Cemetery, New Orleans, Louisiana
Antietam National Battlefield Site, Sharpsburg, Maryland
Vicksburg National Military Park, Vicksburg, Mississippi
Little Bighorn Battle National Monument, Crow Agency, Montana
Gettysburg National Military Park, Gettysburg, Pennsylvania
Andrew Johnson National Historic Site, Greenville, Tennessee
Fort Donelson National Battlefield, Dover, Tennessee
Shiloh National Military Park, Shiloh, Tennessee
Stones River National Battlefield, Murfreesboro, Tennessee
Fredericksburg and Spotsylvania County Battlefield Memorial National Military Park, Fredericksburg, Virginia
Poplar Grove National Cemetery, Petersburg, Virginia
Yorktown Battlefield Cemetery, Yorktown, Virginia

（18）以下の記述は一九九五年に現地施設で入手した *San Francisco National Cemetery* による。

（19）土田宏はリンカーン記念堂を訪れたときの衝撃を、次のように生き生きと描き出している。「リンカンが神になっている。／階段を上りきり、巨大な記念堂を見上げ、そしてその中のリンカンの大きな像を見たとき、私はそう思った」土田宏『リンカン――神になった男の功罪』彩流社、二〇〇九年、五頁。

（20）"The National Memorial to Lincoln: Designed by Henry Bacon," *Art and Progress*, The American Federation of Arts, Vol. 4 No. 3, 1913.

（21）*Lincoln memorial, Washington D.C.*, National Park Service, Published 1947.　および Frank Owen Payne, *Daniel Chester French's new Lincoln, 1850–1931, Lincoln Memorial*（*Washington, D.C.*）, The Architectural record, 1920.

（22）藤本龍児『アメリカの公共宗教――多元社会における精神性』エヌティティ出版、二〇〇九年、二一三頁。

（23）"Appendix III Lincoln Not a Church Member," Wolf, W. J., *The Religion of Abraham Lincoln*, Seabury Press, 1963, pp. 201–204.

（24）*Ibid.*, p. 25.

（25）*Ibid.*, p. 171.

（26）土田前掲書、二一〇頁。

（27）鈴木有郷『アブラハム・リンカンの生涯と信仰』教文館、一九八五年。

（28）以下の記述は主に Bigler, P., *In Honored Glory: Arlington National Cemetery The Final Post*, Vandamere Press, 1999 および *Honoring All: Who Served*, Department of Veterans Affairs, 2002 に拠った。

（29）Daniel K. Inoue. 第二次世界大戦の英雄であり、アジア系米国人として米国議会の最高位である上院仮議長となった。

（30）Inouye, D. K., "Restoration of Traditional Day of Observance of Memorial Day," *Congressional Record*, Part 10, United States Government Printing Office, 1999, p. S621.

（31）Veterans of Foreign Wars, 略称ＶＦＷ。米西戦争および米比戦争の退役軍人の組織として一八九九年に始まった非営利団体であり、一七〇万ものメンバーを擁する大きな団体である。http://www.vfw.org/（二〇一六年一二月四日閲覧）

（32）The Sons of Union Veterans of the Civil War, 略称ＳＵＶＣＷ。南北戦争で北軍（Union）側として戦った兵士の子孫からなる団体であり、一八八一年に組織化され、一九五四年に公認された。メンバーは六〇〇〇人ほどである。http://www.suvcw.

org/および、同団体のメモリアルデイ特設サイト(http://www.usmemorialday.org/)を参照。(二〇一六年一二月四日閲覧)

(33) Colleen Wakako Hanabusa. 日本名は花房コリーン若子。米国議会の公式サイト http://bioguide.congress.gov/scripts/biodisplay.pl?index=H001050 を参照。(二〇一六年一二月四日閲覧)

(34) Bigler, *op. cit.*

(35) United States Congress Senate Committee, *Preserving Sacred Ground: Should Capital Offenders Be Buried in America's National Cemeteries?*, Bibliogov, 2010 および『朝日新聞』二〇〇一年七月一五日。法令そのものについては、合衆国政府印刷局(The U.S. Government Printing Office)http://www.gpo.gov/ を参照。
http://www.history.com/news/arlington-national-cemetery-8-surprising-facts(二〇一四年三月一六日閲覧)

(36) Neal, A. G., *National Trauma and Collective Memory: Major Events in the American Century*, M. E. Sharpe: New York, 1998.

(37) Linenthal, E. T., *Sacred Ground: Americans and Their Battlefields*, 2nd Ed., University of Illinois Press, 1993.

(38) ケネス・E・フット『記念碑の語るアメリカ――暴力と追悼の風景』和田光弘他訳、名古屋大学出版会、二〇〇二年、二六三頁。Foote, K. E., *Shadowed Ground: America's Landscapes of Violence and Tragedy*, The University of Texas Press, 1997.

(39) Barber, B., "Place, Symbol, and Utilitarian Function in War Memorials," *Social Forces*, 28, pp. 64-68, 1949.

(40) Mayo, J. M., *War Memorials as Political Landscape*, Praeger: New York, 1988.

(41) Bodnar, J. E., *Remaking Amarica: public memory, commemoration and patriotism in the twentieth century*, Princeton University Press, 1992.(J・ボドナー『鎮魂と祝祭のアメリカ――歴史の記憶と愛国主義』野村達朗他訳、青木書店、一九九七年。)

(42) Marvin, C. and D. W. Ingle, *Blood Scrifice and the Nation: Totem Rituals and the American Flags*, Cambridge University Press, 1999.

(43) Warner, W. L., *American Life: Dream and Reality*, Chicago: University of Chicago Press, 1953. 本書は後に Yankee City シリーズに *The Living and the Dead: A Study of the Symbolic Life of Americans*, 1959, Yale University Press として収録された。このプロジェクトは一九三〇年代の、典型的なニューイングランドの町であるといわれるマサチューセッツ州エセック

ス郡にあるニューバリーポートをフィールドとした調査である。その後、一九七四年には次のものに収録されている。Warner, W. L., "An American Sacred Ceremony," in Richey, E. R. and D. G. Jones, *American Civil Religion*, Harper & Row, 1974, pp. 89-111. 残念ながら、近年のわが国の宗教社会学では Waner の業績に言及されることはあまりないが、井門富士夫は例外的にその価値を主張している。井門富士夫「アメリカの宗教伝統と文化——アメリカ宗教のゆくえ」井門富士夫（編）『アメリカの宗教伝統と文化』大明堂、一九九二年。

（44）米山俊直「ヤンキー・シティとはどんなところか」月刊みんぱく（編）『世界の民族』河出書房新社、一九九六年、二〇一—二〇二頁。

（45）こうした、記憶の社会学の観点からこれまでの社会学的な解釈に対する批判は、独立行政法人日本学術振興会の助成事業として国立歴史民俗博物館において行われた国際研究集会「戦争体験の記憶と語り（War, Memory and Narrative）」（二〇〇七年二月一五日・一六日）においてなされた筆者とジェフリー・オーリック氏（ヴァージニア大学）との議論においても再確認された。また、この会議の内容は次のものに収録されている。関沢まゆみ編、『戦争記憶論——忘却、変容そして継承』昭和堂、二〇一〇年。

（46）Bourdieu, P. and L. J. D. Wacquant, *An Invitation to Reflexive Sociology*, University of Chicago Press, 1992.

第七章　近代日本ナショナリズムにおける表象の変容
――埼玉県における戦没者碑建設過程を通して

はじめに

本章では日本における戦没者記念施設の展開を、埼玉県における戦没者記念碑建設過程の中に検討する。特に地域の歴史資料によって、近代国家における戦没者記念碑とはいかなる意味で捉えられてきたのか、またその変容はいかに跡付けることができるのかを通時的に考察したい。

近代日本の歴史は、戊辰、西南、日清、日露と続く対内・外戦争の歴史でもあった。大量の戦死者の存在は看過することのできない事実である。ナショナリズムを主権国家における統合のイデオロギー的な根拠であると考えるならば、ナショナリズムと情緒性を結び付ける重要な表象のひとつとして戦没者碑があったと予想すること(1)ができる。しかし、こうした解釈には問題が二つある。第一に、図式的理解によって研究が規定されてしまう点である。はじめからいわゆる天皇制イデオロギーを仮定してしまうことにより、歴史資料にその前提を読み込んでしまうのである。「旧慣ノ洗除」を目標とした、明治国家の伝統的な儀礼や風俗に対する合理化政策や新しい儀礼の創出は、民衆の生活にはそぐわないものであり、両者の間には越え難い異質性があったことはよく知られている。(2)第二に、イデオロギー論の孕む問題がある。ある表象と観念とを単線的な因果関係で結んでしまうことにより、イデオロギーからの逸脱を含む実際の民衆意識の多層性を削減してしまう点である。そのような観点からは、あたかも永久機関であるかのように観念の再生産しか説明できない(3)。こうした表象と観念との結び付き、あるいは表象の政治性は慎重に扱われなければならず、実証的に検討されなければならない(4)。

それでは、我々は、こうした表象と観念とをいかに結び付け、理解すべきであろうか。イデオロギーの問題は、被治者の側からみるならば「支配の正当性」をめぐる問題として考察される必要性がある。かつてウェーバーが述べたように、支配とは、「特定の人々の服従が得られる可能性」(5)であり、「すべての支配は、その『正当性』に対する信仰を喚起し、それを育成しようと努めている」(6)のである。本章ではこうした問題を意識しつつ、埼玉県における戦没者碑建設の通時変化を考察していきたい。

戦没者碑をめぐる問題は昭和五七年の大阪地裁に始まる、いわゆる箕面忠魂碑裁判などを契機に社会的関心が集まった。そこでは、忠魂碑の宗教性が問題とされ、その歴史的・社会的性格をめぐって議論されてきた。その議論は忠魂碑が宗教的施設であるか習俗であるかを焦点とし、その意味で神社非宗教論や政教分離原則などを問題化した。周知のようにこうした碑の性格をめぐって、神道学者と法学者との間には見解の対立がみられる。

一方で、碑表は神道神学上宗教施設ではない(7)、あるいは記念碑は法的にも非宗教的なものであったとし(8)、他方で、宗教化と習俗化は排他的な概念ではない(9)、または神社非宗教論は循環論法に陥っており、神社が法的に宗教でないのは法的に宗教として扱っていないからであるとする(10)対立があった。

こうした議論は双方とも碑の性格をめぐる本質論であり、訴訟という実践的な課題がこのような限界を生み出しているのであろうが、社会学の立場からするならば、象徴や記号を意味の固定されたものとして、実体論的に扱うことは危険である。戦没者記念施設の建設は、それが実用を目的としたものではないことからも象徴的な行為であり、同時に、国家に殉じた者に対する解釈でもある。

その後歴史的実証研究が進んでおり、籠谷次郎による大阪府、奈良県、埼玉県の事例をはじめとして、多くの調査研究が公にされている[11]。また、市町村史・誌などの形での自治体における調査も進められており、今後の研究の深化が期待される。

埼玉県の事例を扱ったものにはすでに籠谷の研究がある。籠谷論文[12]の概要を示すならば、戦没記念碑は個人碑として出現し、忠魂碑という名称が一般化したのは日露戦争後である。その変化は質的な変化を裏付けており、それは明治期の碑に対する非宗教的な指導方針から、碑を国民動員へと積極的に利用することへの変化であった、という。籠谷の研究は、実証に基づき、時代によって忠魂碑の性格が一様ではないことを示した点、また、その後の研究の範を示した点でも評価されるべきである。しかし、彼の問題意識もやはりあくまでも訴訟問題とそれゆえ忠魂碑にあり、本章で扱う集合的記憶の問題にはない。

本章では、埼玉県立公文書館所蔵の埼玉県行政文書、特に戦病没者碑の「建設願」を中心的な史料として、戦没者碑建設の歴史的過程における民衆意識とその通時的変化を、碑建設に対する当局（内務・文部省を頂点とする）の対応と併せて、訴訟問題とは別に再検討する。

一　近代における記念の意味

まず、「記念」という概念それ自体が、近代日本においていかに捉えられていたか、ということについて考えることから始めたい。明治一五年の『朝野新聞』には、「意外ノ流行」と題した次のような投稿が掲載されている[13]。

今又此ニ生計ニモ何ニモナラヌ物ニシテ意外ノ流行物ヲ現出セリ即チ紀念碑是レナリ
夫レ紀念ハ人ノ念ニ紀シテ忘レザラントスル為メニ設クル者ナリ（中略）之レヲ建ツル所以テ原《たず》ヌルニ或ハ道徳ヨリシ或ハ功伐ヨリス皆其大功大徳アル者ノ為メナリ然ルニ今ノ紀念碑ヲ見ルニ向島ニ上野ニ増上寺ニ其外ニ林立シテ殆ド日比谷練兵場ニ兵隊ヲ排布シタルガ如シ其中偶マニハ英雄豪傑トモ謂フベキ人ノ為メニセシ者ナキニ非ズト雖モ此ノ林立シタル石碑ヲ一々分析シテ見レバ必シモ念ニ紀セズトモト思フ人亦多カラン今ノ如ク紀念碑流行セバ明治二十三年此マデニハ飴屋モ納豆屋モ等外出仕モお三モ権介モ皆紀念碑ノ列ニ在ルベシ然ルトキハ折角朝廷ヨリ設ケ置カレタル公園地モ此紀念碑ノ為メニ充塞シ我々ヲシテ遊歩スルコト能ハザラシムルニ至ラントス（後略）

この記事では、文明開化、近代化に逆行するかのような現象として記念碑の建設が捉えられ、「林立シテ殆ド日比谷練兵場ニ兵隊ヲ排布シタルガ如シ」と、その建設が急速に増えていったことが伺われる。しかも、注目すべきは、「飴屋モ納豆屋モ等外出仕（最下級の官吏）モお三（台所で働く使用人）モ権介（飯炊きなどをする使用人）モ」とあるように、碑の建設が、必ずしも「英雄豪傑トモ謂フベキ人ノ為メ」ではなく、むしろ一般人を対象としたものが多いことを嘆いている点である。近代国民国家と記念事業との間にある本質的な関係は社会学あるいは歴史学上の重要な問題であるが[14]、日本における近代国家の建設過程における、こうした紀（記）念碑の建設ブームはどのような意味を持っていたのだろうか。また、こうした碑建設のブームの中に、戦没者碑もあったことを考慮しなければならない。

さて、史料上頻繁に現れてくる「紀念碑」という言葉であるが、現在の「記念碑」との意味上の違いについてもここで若干触れておくべきであろう。

「記念」も「紀念」も、その字義はともに「後日の思い出となるもの。物をとどめてのちのしるしとすること」である。我が国の最古の史書に「記紀」があるように、両者とも「シルす」の訓を持つが、当用漢字音訓表では「紀」に「シルす」の訓が掲載されておらず、辞典類（『日本国語大辞典』（小学館）、『広辞苑第四版』（岩波書店）など）では「紀念」を「俗用」としており、『大辞林』（三省堂）には「紀念」という項目自体が収録されていない。しかしながら「紀念」を俗用とする根拠は不明確であり、「紀念碑」の文字は昭和三〇年頃までは使用されていた(15)。昭和三〇（一九五五）年発行の『広辞苑』（初版）、『大漢和辞典』（大修館書店）もともに「紀念」を「誤用・俗用」としているが、同時代である昭和三〇年前後の「法令用語改善」（昭和二九年）や「同音の漢字による書きかえ」（昭和三一年）には指定されていない(16)。

「紀念」を誤用・俗用とした理由や初出がどこにあるのかは難しい問題であるが、興味深いのは「記念」は翻訳語であったという指摘である。石井研堂によると、明治二年、当時の民部大輔広沢真臣の依頼を受けて福沢諭吉が西欧諸国の警察法を翻訳したが、このときのフランス警察法のなかに出てくる当該用語が初出であるとしている(17)。また、『日本国語大辞典』が収録している用法に、明治四年に刊行された中村正直訳『西国立志編』（第六編第一二章）の「労爾徳（ロルド）曼士非爾徳（マンスフィールド）の記念碑の像」という記述がある。これは his famous monuments in memory of Lord Mansfield の部分の訳にあたる。こうした経緯を考えるならば、英語のモニュメントやフランス語のモニュマン（原語はともに monument）という、西洋から学ばれ、取り入れられた近代的な概念として「記念碑」という言葉があったと考えることができる(18)。

一方、『明解漢和辞典』（長澤規矩也編著、三省堂、昭和三四年）は「紀念」の字義に「かたみ」を載せ、『大字源』（角川書店）は記念の古訓を「かたみ」としている。「かたみ（形見）」という言葉は、すでに万葉集、古今集にみられ、「死者や遠く別れた人を思い出す記念とするもの」（『新明解古語辞典（第二版、三省堂）』）の意である。

『廣文庫』には以下の記述がある。「遊仙窟ニハ記念ヲカタミトヨメリ、記ハオボユル、念ハオモフ也、物思習ヒアリシ、面影イヒシ言ノ葉如シ向シテ、暫クモ忘ル、事無ケレバ、形見ト書スルモ叶ヘリ」。また、特に古語では喪服の色を指して「かたみの色」といったり、火葬の際に出た煙が立ち上り、空にかかっている様を「かたみの雲」という用法がみられる。ここには日本的な死のイメージや霊魂観が反映されているとみてよいだろう。その意味で「紀念碑」という言葉をあえて用いている場合には、そこには死者の霊の依り代であるというニュアンスが込められているのかもしれない。後述するように墓碑に紛らわしいものを禁止するという内務省の碑建設への対応を考えるならば、こうした死者をイメージする「紀念」を使うことを嫌ったのではないかとも考えられるが、この通達文自体にも「紀念碑」という言葉が一般名詞として使われており、こうした正記・誤記の並存は一般的であった[19]。このように史料上にあらわれる「紀念碑」という言葉には、明治政府が採り入れた近代的な概念としての「記念」と古語から伝わる「かたみ」との間の緊張が存在している。この緊張は史料の上にもはっきりと現れている。

二　コロニアル・クライシスへの対応としての招魂の観念

幕末期から死者の魂を招いて執り行われる招魂祭の場としての一時的な招魂場や各地の招魂社などが存在していた。また東京招魂社から靖国神社への変遷、各府県の護国神社の創建にみられる戦没者の慰霊は「国事殉難者」に対する招魂祭を近代的な起源とする。「国事殉難者」に対する招魂祭は、文久二（一八六二）年八月二日の孝明天皇の「安政の大獄以来の尊攘派志士等の赦免・招魂祭の命」に依り、同年一二月二四日、京都東山霊山の霊明舎にて執行された。この招魂祭は、その祭文に明らかなように「和魂《にきみたま》は朝廷の守り、荒魂《あらみたま》は攘夷」とし、招魂・鎮魂と冥助・攘夷（死者の霊の助けによって夷狄を撃ち払うこと）を目的とするものであった。それゆえ、あくまでも自軍戦死者のみを慰霊・招魂するという性格を持っていた。その後招魂社の成立、靖国神社、護国神社という二つの方向への発展については他の研究に譲るが、「招魂」の観念については若干整理しておく必要があるだろう。[20]

招魂の観念にはいくつかの要素をみることができる。第一にあげられるのが御霊《ごりょう》信仰である。御霊とは延喜三（九〇三）年、謀略によって憤死した菅原道真に代表されるように、異常死者を祀る風習であり、最後の一念がこの世にとどまるものと考えられた。後に怨霊を恐れるものから、神としてその霊威を頼む「御霊」へと昇華したものであり、特に戦役や海難事故等による死者を祀るものである。[21]柳田国男によれば、霊威を恐れ新しく祀られた御霊が、現在も各地にみられる「若宮」であるという。[22]また、戦役に関していえば、元寇戦場の「蒙古塚」、南北朝の乱以降の「安国寺利生塔」、朝鮮の役後の「慰霊塔」等、敵味方供養、特に勝者が敗者を供養する敵方供養という性格を持っていたとされる。[23]

第二には、蘇生儀礼としてのタマヨビ・タマヨバイがある。赤田光男によれば、招魂（タマヨビ・タマヨバイ）には、陰陽師によるものと、民俗儀礼として一般化したものとがある。前者には、万寿二（一〇二五）年、藤原氏子息の死に際し、土御門家によって行われた招魂儀式があり、後者は普通の人々における死者の蘇生儀礼である。[24]民俗学においては山中他界、海上他界、天上他界、地下他界等のさまざまな他界観（死者の世界やあの世などの観念）の存在が知られているが、民俗儀礼としての招魂は家族の死後すぐに他界の方向へ死者の名を呼んで帰って来るように促す風習である。タマヨバイに関する民俗学的調査は井之口章次によって昭和二七年までの調査が報告されている。[25]

第三に、平田派復古神道における宗教性があげられる。復古神道が単に尊王攘夷の思想的背景であったからというだけではない。『霊能御柱《たまのみはしら》』『勝五郎再生記聞』[26]など、平田派国学に明瞭に現れている幽冥論の他界観や霊魂・死生観は、当時の民俗的な解釈、民衆基層的な考え方を積極的に採集して成立したものである。[27]墓地、石塔、寺堂、仏壇、位牌を依代とする伝統的な仏教的な霊肉別留観とは異なる形で、神道の中に人間の普遍的課題である「死」を位置付けようとする試みでもあった。

明治期の招魂祭は、このようなさまざまな観念の習合として営まれたものと考えられる。それはまた、西欧列強による植民地化、いわゆるコロニアル・クライシスに対応する過程で生まれたものであり、それゆえ、国外勢力による植民地化の危機の中で統合を果たすという新しい国家意識と結び付いたものであった。この点が後の戦没者碑の性格、特に国家側の記念碑理解に決定的な影響を与えている。それは敵方供養ではなく、政府軍戦死者のみの慰霊・顕彰であり、また賊軍とされた反政府軍死者の慰霊顕彰が国家の側からは否定されていたことからも、国内的な覇権構造をはっきりと示しているのである。[28]

しかし大原康男が注意を促しているように、ひとくちに招魂碑といっても、招魂墓碑、招魂場碑等と多様であり、碑銘からだけではその性格を一概に決められず、[29]実態に沿ってその性格をみてゆく必要がある。

三　招魂碑から記念碑へ

前述のように戦没者を祀る儀式は「招魂」の形で始まったと考えられるが、埼玉県においても、碑建設に関する史料の初出は「招魂碑」としてである。明治一二(一八七九)年に出願された、賀美郡金久保村曹洞宗陽雲寺の事例[30]がこれである。「武田家ノ遺臣」によって提出された出願書「招魂碑建設願ノ義」には、建碑の目的を、久寿三(一一五六)年に討死した春日帯刀義賢なる者の慰霊にあるとしている。つまり、これは平安時代に討死した武士の招魂・慰霊のための碑であり、ここには御霊信仰的な要素と、祖先の顕彰という意図をみることができる。また仏教寺院での慰霊ということからも、民間における「招魂」の観念が神道のみに限られたものではなかったことが分かる。

　この建設願について、同年九月二四日付で埼玉県令白根多助より内務省社寺局長宛てに「社寺取扱規則ニ明文不相具候ニ付為念社寺局へ照会」がなされている。同年一〇月に建設は許可されたが、明細書の提出が求められ、同年一二月、翌年四、五、六月と四回にわたり図面、連署等を備えた明細書が添えられ届出されている。

　ここにいう「社寺取扱規則」とは明治一一（一八七八）年九月九日、各府県宛内務省達乙第五七号第一条のことであり、碑の建設は社寺の創建と同じ範疇に入れられていた(31)。その後、明治一九（一八八六）年六月八日付で内務省訓第三九七号第五条「社寺仏堂ノ創建並ニ官有地紀念碑建設取締方」(32)が出され、その第五条において、碑建設にあたる規制に一定の基準が定められた。次にみるように、記念碑は基本的には建設してはならないが、但し書きに該当するような「国家に功労あるもの」は伺い出よとするものである。

　五条　官有地ニ紀念碑建設セサル事

　但、国家ニ功労アルモノ及頌揚スヘキ事蹟アルモノハ事由ヲ具シ伺出ツヘシ

　紀念碑ハ其人在世ノ功蹟ヲ頌揚シ、公衆ノ感格《〔ママ〕》（覚）ヲ生セシメ行為ヲ励マスヲ要トスルモノナルニ、建碑出願ノモノ詩歌或ハ尋常ノ履歴ヲ刻シ、一家ノ追慕ニ止リ一般公衆ニ影響セサルモノ多シ、依テ本状ノ如シ

　このような大枠の下に、出願は土地管理者の承諾、所轄警察署の許可、市町村長・郡長の許可、その後県令（後に県知事）、県令から内務省社寺局への稟請という経路で許可を受けた。土地管理者の承諾を明記した願書、

警察署の許可書、碑建設の仕様・図面等が基本的な必要書類であり、その際、建碑の目的を記した趣意書が添えられることもあった。

招魂碑の次に現れるのは個人碑の史料である。明治一二（一八七九）年一月に出願された「故里長四氏紀念碑」の事例[33]がこれにあたり、同月中に所轄警察署から許可を得た。出願書によれば、本件は村治に功績のあった者の顕彰を目的としたものであった。この件に対し三月、内務省からは「聞届難シ」の判断が出されている。その理由は「多少頌揚スベキ事跡ナキニシモアラズト云ドモ要スルニ尋常ノ感想ヲ動スルニ過ギザルモノニシテ素ヨリ公衆ノ感覚ヲ生ゼシメ行為ヲ励マスト云ウニ至ラザルモノ」であることが、埼玉県知事吉田清英より伝えられている。

この出願は、里長の死後「遺族皆不幸ニシテ家産之《これ》失《な》ク各所ニ流離彷徨シ」それゆえ「招魂慰霊ノ典モ意ノ如クナリ能ハザル」状態にあり、これを「黙視シ難ク」感じた有志によって「勤労ニ追悼シ慰魂ノ為メ」行われた。碑の建設は、祀る者がいないか、あるいは貧窮のため困難であるという状況に対する対応であった。また、もともとこの願書には「招魂碑」と記されていたが、手続きの過程で「紀念碑」と改められている。碑の裏面の文案には「碑を以って招魂之典を修める（原文は漢文体）」と目的が記されている。先にみた祖先の顕彰や御霊信仰の要素の他に、頌徳と慰霊との複合した観念としても「招魂碑」があったことが分かる。

また、明治二四（一八九一）年八月に出願された「甘薯《ママ》先生碑」の件[34]では、同月中に所轄警察および郡長より許可が出されたが、一〇月、県知事より「聞届ケ難シ」と回答されている。碑の建設は、「国家ノ功労アルモノ」以外には許されなかった。

これらの個人碑建設願に対する不許可通知には、当局の記念碑に対する態度が明確に現れている。つまり、記念碑の建設理由には国家に対して何らかの功績が求められ、それがいかなる人格者・有徳者であろうとも、単なる村の功績者の碑を建設することは許されなかったのである。

それでは国家に貢献した、「尋常」ならざる、そして「公衆ノ感覚ヲ生ゼシメ」るものとはいったい何だったのであろうか。内務省の理解は明瞭かつ具体的である。戦没者碑がそれであった。史料的には西南戦争従軍死者の事例がこれにあたる。明治二〇（一八八七）年七月、次のような「神社境内碑表建設願」(35)が出された。

北埼玉郡外田ヶ谷村古澤左右エ門次男古澤真次郎

右ノ者明治八年徴兵ニテ同十年西南ノ役ニ従軍シ同年四月五日戦死ニ付其後官ヨリ吊賜金下附アリタルモ生計ニ困難ヲ極メ該金ヲ空シク費消シ其功績ヲ記スヘキ碑表タモ無ク可憐次第ニ付方面義捐者ヲ募リ拾九円五拾銭ノ金額ヲ以テ魂魄ヲ慰メ並テ偉績ヲ永遠ニ保存セシメ度《たし》（以下略）

この願書は、まず、遺族が「生計ニ困難ヲ極メ」る状況であり、これを憐れむべきこととしている。これは招魂碑の建設願と共通する状況である。そして碑建設の目的は「魂魄ヲ慰メ」ること、同時に「偉績ヲ永遠ニ保存セシメ」ることにあった。また「碑文」にも「千年後過ぎて之を読むもの有、庶幾《こひねがは》くは景仰する所を知らん（原文は漢文体）(36)」と刻まれている。この碑の建設には慰霊・招魂の観念に加え、永遠の顕彰という時間観念をみることができる。永遠、永久などの語は、この後多くの史料にみることができるが、ここにも、新しい国家意識に基づいた明治政府の政策である記念事業と、慰霊・招魂という民俗的知識が緊張を孕みながら共存している。同件は出願と同じ月である明治二〇年七月に県知事より内務省へ伺いが出され、翌八月、内務大臣山縣有朋より許可されている。

次に国家への貢献の新しい形態として現れるのが、日清戦争戦病没者碑である。徴兵・対外戦争・戦没という明治国家になって発生した新しい犠牲の存在は、個々の家に降りかかった不幸であると同時に、共同体に発生した異変であると受け止められ、犠牲者に対する慰霊祭・家族に対する慰問は早くも日清戦争後に行われていた。この近代国家としての初の対外戦争にあたって、内務省は民情の収集を行っていた。明治二八（一八九五）年四月には埼玉県知事より内務大臣宛てに「従軍者家族扶助及慰問状況報告」[37]がなされている。同報告によれば、戦没者の弔祭は「県会議員、徴兵参事員、各町村長又ハ近隣町村ノ有志者、小学校教員及生徒数百或ハ数千人ノ参会者ニシテ」大規模に行われていた。

こうした状況の中で、建碑事業は明らかに宗教的な意味で捉えられていた。明治二八年八月二八日に、比企郡大岡村妙安寺住職を願主とする次のような「征清軍戦病没者追吊碑建設願」[38]（吊は弔の俗字）が出されている。

右奉願上候昨年八月中日清交戦ニ付従軍者ニシテ戦死又ハ病没者本郡ハ勿論其他追吊ノ為発願者トナリ村内各寺院及村内重立ノ賛成ヲ得テ別紙図面ノ通リ本村大字岡馬頭観世音境内追吊碑建設致度尤該費用ハ賛成者応分ノ寄付ヲ以テ建設致シ然ル上永代毎年建設ノ日ヲ以テ施餓鬼施行仕候ニ付何卒特別ノ御詮議ヲ以テ右御聞届被成下度別紙図面相添各々連署ヲ以テ此段奉願上候也

明治二八年八月二七日

（以下、連署　印）

また願書に添えられた「追吊（弔）碑建設ノ趣意書」には「我忠勇ナル軍人諸士ガ砲煙弾雨ノ間ヲ奔走シ生命ヲ顧ミザルハ固ヨリ国民ノ本分ニシテ敢テ名誉ノ為ニアラザルナリ然リトイエドモ亦是レガ勇魂ヲ追吊（弔）スルハ我同胞ノ責任トスル所ナリ」とあり、碑建設・追弔は出願者たちの心情の発露であり、宗教的意識と「国民」としての同胞意識が相補的なものとして考えられている。

同年一二月、本件に関して「永年施餓鬼ヲナス趣右ハ紀念碑ノ目的ニアラズ」という内務省社寺局からの照会があり、翌明治二九（一八九六）年二月、内務大臣芳川顕正より「詮議及ビ難シ」とされた。理由は「単ニ紀念等ノ為碑表建設ノ義ハ差支無之モ永年祭事執行参拝ノ目的ニ供スルカ如キハ新ニ仏堂ヲ設置スルト同様ノ次第」というものであった。

同じ日清戦争戦没者碑では、明治三一（一八九八）年一一月、秩父郡吾野村大字坂石町の人々によって出願された「故陸軍上等兵朝日勇君哀悼之碑」の事例(39)がある。同件趣意書には、「熟考スルニ本村ニ於テ兵役ノ為死没セシ者曾テ無之ニ付之カ紀念碑ヲ建設シ同亡者追悼ノ為メ」と、その目的が追悼にあることが記されている。本件についても、翌三二年一月、および三月と内務省より照会があった。問題とされたのは「書面ニハ従軍中病死シタルモノノ為ニ追悼ノ意ヲ表シトアリ」という点、また「残余金ニヨリ建碑当日神官ノ祭祀料其他神酒供物等ノ資ニ充ツ」という点の二点であった。これらは内務省によって「紀念碑ヲ祭祀ノ標的物トナスモノノ如ク被認候」とされ、結果的に本件は同年七月一三日付で内務大臣西郷従道より「聞届ケ難シ」と回答されている。

また、戦没者碑のみならず、その他の宗教的趣旨を持つ記念碑の建設も、この時期には許可されていない。明治二六（一八九三）年一二月一八日付で、南埼玉郡大相模村大字西方、真言宗新義派大聖寺住職以下同寺檀徒総代数名により、「境内石碑建設願」(40)が出された。願書によれば、同寺本尊の由来について「往時ヲ追懐セシ」者等による「護摩燈明講」の記念碑の建設がその目的であった。本件は翌二七年二月八日付で、内務大臣井上馨より「十九年訓第三九七号第五項ノ但書ニ該当ノモノトハ認メサルニ付聞届ケ難シ」と回答されている。

籠谷が指摘するように、埼玉県におけるこの時期の記念碑には、当局は、一、碑前で施餓鬼を行うもの、二、碑を参拝の対象とするもの、三、神官祭祀料を出したり、神酒・供物を出すことなどを認めなかった。内務省の方針は、記念碑には「慣行にしろ、習俗にせよ、宗教上の行事として生まれた行為の全てを排除[41]」することを求めていたのである。

また、宗教的な要素が排除された記念碑は、同時に、あくまでも死者を対象としたものでなければならなかった。明治三〇(一八九七)年三月五日付で出願された「北埼玉郡星河村春日神社境内へ紀念碑建設ノ件[42]」は、従軍生存者を対象とするものであった。この件について内務省社寺局は、同年三月二二日付で「生存従軍者ノ為建碑ノモノト被認候ヲ以テ詮議不及次第ニ有之候」との回答を出している。

「神事トシテハ招魂碑佛事トシテハ忠霊碑[43]」という内務省社寺局への照会に明らかなように、民間の招魂観念は、祀る者のいなくなった功労者の魂を、神式にしろ仏式にしろ、これを慰霊し顕彰するものであり、「碑を以って招魂之典を修める」ための「参拝ノ目的」を持つものであった。

四　記念碑から忠魂碑へ

次に現れるのが日露戦争従軍者碑である。日清戦争と比較して、犠牲者の点でも大戦争であったこの日露戦争では、従軍兵士家族に対して、埼玉県では明治三八(一九〇五)年二月に町村単位で「軍人救護組合」を組織している。この組織によって軍人家族の支援と近隣住民による相互扶助を促していたが、現状は「然ルニ爾後応召軍人著シク増加シ」たことにより、対応しきれるものではなくなっていた。同年四月の郡長視察の結果は「未ダ其見ルヘキモノナキハ甚遺憾[44]」と報告されている。

対外戦争による具体的な犠牲の増大は、共同体における慰霊碑建設の機運を高めていた。しかし同時に、内務省の方針は一貫して宗教的な要素の排除であり、その建設を規制するものであった。このことが碑をめぐる社会的な葛藤となっていたことが資料にも現れている。明治三七（一九〇四）年一二月、内務省は埼玉県知事木下周一宛てに次の通牒[45]を出している。

社甲第三九号
日露戦役モ既ニ多月ニ渉リ候ヨリ、従軍戦死者等ノ数モ少ナカラス、就テハ該戦死者等ノ為メ社寺境内地ヘ之カ紀念碑建設方ニ付、間々伺書進達ノ向モ有之候処、其功績ヲ表彰シ、忠魂ヲ追悼セントスル如キハ、固ヨリ民心ノ至情ニ出ツルモノニシテ、敢テ咎ムヘキ義ニハ無之候ヘ共、今回ノ戦役タル前途遼遠ニシテ、其終極ノ期未タ容易ニ之ヲ知ルヘカラス、然ルニ一戦死者アル毎ニ、猥リニ其情ニ任セ之ヲ建設セシムルニ於テハ、自然互ニ其建設ヲ競ヒ遂ニ一種ノ弊害ヲ醸生スルニ至ヤモ難計義ト存候、就テハ此等計画ノ実行ハ決シテ一時ノ情ニ馳スルコトナク、静ニ前途ヲ考ヘ、一定ノ時機ヲ待タシムル方可然ト存候間、此趣旨ニヨリ適宜御注意御措置相成候様致度、依命此段及通牒候也

内務省は、碑建設が「忠魂ヲ追悼セントスル」ものであり、それを「民心ノ至情ニ出ツルモノ」であるとの理解を示している。しかしながら「一戦死者アル毎ニ、猥リニ其情ニ任セ之ヲ建設セシムルニ於テハ、自然互ニ其建設ヲ競ヒ遂ニ一種ノ弊害ヲ醸生スル」として、建碑を自粛すべきことを訴えている。

また、明治三九（一九〇六）年六月には、再び埼玉県知事大久保利武宛てに「内務省社甲第九号ノ内」の通牒[46]が出されている。

今般訓第四六六号ヲ以テ明治十九年六月訓第三九七号訓令五条但書改正相成候処、右ハ当省ヘノ経伺ヲ廃

シ、貴庁専決ニ任カセラレタル儀ニ候得共、神社境内ニ在リテハ単ニ招魂碑、忠魂碑、弔魂碑、忠死者碑ト称スルモノ、如キ墓碑ニ紛ハシキモノハ許可セラレ難キ儀ト御諒知相成度、依命此段及通牒候也

明治三十九年六月十五日

内務省社寺局長水野錬太郎　印

内務省宗教局長斯波淳六郎　印

埼玉県知事大久保利武殿

追テ、同一紀念碑ヲ一町村内二箇所以上ノ社寺境内ニ建設セントスル場合ハ、何レカ一箇所ヲ撰ハシメ許可スル例ニ有之候、為御心得此段申添候也

この通牒は「当省ヘノ経伺ヲ廃シ、貴庁専決ニ任カセラレタル儀ニ候」とし、許可の権限を地方長官に移すこと、また「墓碑ニ紛ハシキモノ」は許可しない旨を再度徹底するものであった。さらに、追仲にみられるように碑建設における「一町村一碑」の方針を打ち出している。ここには、明治四（一八七一）年七月の「郷社定則」に「郷社ハ凡戸籍一区ニ一社ヲ定額トス」と定め、一九万社あった神社を、日露戦争後、一二万社へ統廃合してしまう神社整理の政策と同じ、形式的合理性がはっきりと現れている。そして、後述するように、この方針は、碑建設の許可にあたって非常に重要視されており、許可を得る場合の必要条件となるのである。多くの研究が示しているように、第二次大戦後、公共の用地からは移動されたとはいえ、現存する戦病没者碑の布置が、きわめて形式的な合理性によって貫かれているのを確認することができるのも、この方針のためである(48)。

また、これらの通牒はそのまま各郡長へ伝えられた。『埼玉県行政文書件名目録　社寺編』によれば、行政文書に残っている限りで、埼玉県は郡長宛の関連通牒を都合七回出している(49)。

繰り返し出されたこれらの通牒によって、規制の基準が一般化していった。同目録によれば、明治期の社寺境内関連行政文書の中で境内地に建設を求めた約二三〇件に上る出願中、不許可になったものは二三件ある。それらの不許可事例は明治中期までに集中しており、明治三四年以降は、四〇年と四二年にそれぞれ一件をみるだけである。また、出願中八五件が戦没者碑に関するものである。その中でも八一件が日露戦争従軍者のものであり、したがってそれらは明治三七（一九〇四）年以降の七、八年間に集中している。「日露戦役紀念碑」「明治三十七八年戦役紀念碑」という名称の、日露戦争の戦役記念碑がほとんどである。いずれにしても、こうした碑の建設ラッシュと、相次いで出された規制によって、記念碑建設は徐々に型にはめられていったのであり、そのことは出願書の画一化として現れている。例えば、明治三三（一九〇〇）年八月一五日付で、比企郡吉見村より、次のような「碑表建設趣意書」[50]が出願された。

明治二拾七八年戦役タルヤ空前ノ大事ニシテ極メテ正大ノ義挙タリ固ニ其戦功ヲ全フシ皇威八紘ニ掲リ国光四海ニ輝クモノ一ニ叡慮文武ナル皇恩ニ因ルモノニシテ亦挙国尽忠ノ至誠与ニ後世ノ亀鑑ト為ス可候此ニ比企郡東吉見村外三ヶ村ヨリ徴ニ応ジ軍ニ従フ所ノ某偕ニ相謀リ地ヲ西吉見村大字御所安楽寺境内ニトシ碑表ヲ建設シテ偉績ヲ千歳ニ伝ヘント欲スル所以ニ御候モノ也

本件は日清戦争の戦病没者碑ではあるが、哀悼、慰霊などの言葉はもはや払拭され、戦役は「皇威八紘ニ掲リ国光四海ニ輝クモノ」であり、建碑の目的も「後世ノ亀鑑（手本）ト為ス」また「偉績ヲ千歳ニ伝ヘント欲スル」ものであるとしている。この件は、同年一一月一二日、内務大臣末松謙澄により「聞届ク」とされた。

この頃には、民衆の側にも、どのような出願書を提出すれば許可されるかという標準、つまり一種のノウハウが一般化していたとみることができるだろう。それは、第一に、国家に功労のあるもの（具体的には戦病没）であり、かつ死者を対象としたものであること。第二に、宗教色を排し、慰霊哀悼ではなく記念に焦点をあてること。第三に、祭祀参拝の対象とせず、永久の顕彰を目的とすること。第四に、行政的には、同村内に同種の記念碑が存在しないこと（したがって合祀となる）である。

こうした規制が認識されるに従って、規制の網を潜り抜けるものも出てくる。明らかに宗教的であるのにもかかわらず許可された事例が存在する。明治三九（一九〇六）年三月八日に、児玉郡大光普照寺住職以下檀徒総代により出願された「皇軍戦没忠魂供養塔」[51]の事例がそれである。

本件の「建設願」には、日露戦争戦病没者のために供養塔を建設し「各宗僧侶ヲ招待シ一大供養法会ヲ営ミ」とある。これが宗教的な建造物であり、宗教的参拝の対象であることは明らかであった。本件については、同年三月二二日郡長から所轄警察第二部長へ、建設の必要があること、永久保存のためのものであることの二点について照会があった。照会の重点はこの二点のみであり、宗教性については看過されている。数日後の三月二七日付で、住職によって当該二点についての答申がなされているが、それは宗教的施設であることを再び主張するものであった。四月四日、以上の答申に、檀徒中の戦死者のためのものである旨が加えられ、県知事より内務大臣宛に御伺いが出される。結果は、四月一四日付、内務大臣原敬によって「聴届ク」とされたが、許可通知には「但、建設ノ上ハ参拝ノ目的ト為ササル様指導」との但し書きが付けられている。

こうした事例は、同村内に碑建設の必要なこと、および永久保存のためであることの二点に許可の重きがあったこと、また碑建設出願の動機がいぜんとして宗教的なものであったことを示している。しかし、あくまでも建設後はそれを参拝の対象とすることは認められなかったのである。出願者による政治的工作の有無は、史料からはうかがい知ることはできないが、少なくとも、本件には碑建設に対する県知事、郡長の裁量が大きな比重を占めていたことが分かる。この傾向は、県知事へと権限の移行した明治三九年以降、増大していったものと思われる。

出願書にみられる典型化・画一化が進む過程で、条件を満たさないような出願書には、郡長などの手によって副申が添えられ、当局へ通りやすいような形にされていることが認められる。こうした変化をよく表すものとして、大正二(一九一三)年五月七日付で許可を受けた南埼玉郡慈恩寺村帝国在郷軍人会の事例(52)をあげることができる。

本件は、同年五月一日、分会長と同村尼林山寺住職とによって「碑表建設願」が出されたものである。この出願書自体は「明治三十七八年戦役ニ従軍シ戦死病没シタル忠勇義烈タル軍人諸子ノ名誉ヲ永ク不朽ナラシムル為ニ建設セントスル次第ナリ」というだけのいたって簡単なものであった。しかしこの出願書には、五月七日付で郡長より知事宛てに次のような副申書が添えられている。

図 7-1　忠魂碑(長野県須坂市。国立歴史民俗博物館調査)

忠魂碑建設願書進達副申

本郡慈恩寺村帝国在郷軍人会慈恩寺村分会長中山金蔵ヨリ同村大字慈恩寺村天台宗慈恩寺観世音境内へ忠魂碑建設致度旨ヲ以テ願書提出候ニ付遂調査候所右ハ明治三十七八年戦役タル広古ノ国難ニ戦病没シタル同村出身者ノ忠勇義烈タル名誉ヲ不朽ニ伝ヘムトスルモノニシテ士気ヲ鼓舞シ尊皇愛国心ヲ振励シ得ヘクト被存候而シテ同

村内ニ他ニ同種ノ碑表ヲ建設シアルモノ又ハ建設セムトスルモノ無之候ニ付御詮議相成度書面進達

これはきわめて模範的な出願である。碑建設の目的は、哀悼や慰霊にはなく「忠勇義烈タル名誉ヲ不朽ニ伝ヘム」ためであり、同時に国民の「士気ヲ鼓舞シ尊皇愛国心ヲ振励シ得ヘ」ものである。さらに同村には「他ニ同種ノ碑表」も建設されてはいないし、その予定もないことを明確にしている。そして本件には副申と同日付で知事より「許可」が与えられている。

このように画一化したものとして出現したのが「忠魂碑」である。画一化、典型化は碑の性格についての変化を表している。この傾向は大正期を通して変わらず、大正期の慰霊碑建設にかかわる社寺関係の史料のほとんどが「忠魂碑」という名称を用いている。また出願者も、遺族や村落の有志から、明治四三(一九一〇)年に成立した帝国在郷軍人会分会へと移行している。

史料に現れた通時変化には、戦没者碑は招魂碑・個人碑として始まり、規制の過程で画一化し、記念碑・戦役紀念碑を経て忠魂碑となってゆく過程を確認することができる。明治期を通して、「墓碑ニ紛ハシキモノ」や、施餓鬼などが行われる宗教的な建造物であってはならないという内務省の碑に対する態度は一貫しており、多くの通牒に明らかなように、一町村一碑という合理的な配置が目指されていた。それは個人碑ではなく、死者の合祀であり、同時に慰霊招魂ではなく国家それ自体と国家に対する忠誠、その永遠の顕彰という独特な観念を表象するものとされていたのである。

五　忠魂碑から忠霊塔へ

大正期に入ると、碑建設に関する史料にはいくつかの変化をみることができる。この時期の史料には、「御大典記念碑」「即位記念碑」「みくるまのあと記念碑」(53)等の天皇に関係するものがある。また先に日露戦争後大規模な神社整理が実行されたことを述べたが、整理に伴った「合祀記念碑」などを多くみることができる。個人碑も多く許可を受けている。「仁者寿塚越先生寿碑」(54)「故野本治兵衛氏ノ彰巧碑」(55)「海軍少佐川口駒太郎記念碑」(56)等である(ちなみに明治期に不許可になった「甘藷(薯)先生碑」は、昭和一八年になって建設されている)(57)。

このように大正期には、建碑事業それ自体の一般化、および規制の緩和をみることができる。しかしいぜんとして戦没者碑からは宗教色が排されており、明治後期までに忠魂碑として一般化・画一化したものと同じ傾向が続いている。この時期の対外戦争関係の碑建設の事例は二一件ある。内訳はすべて日露戦争従軍者碑であり、うち五件は戦利品奉納記念碑である。

しかし、昭和期に入り、満州事変以降、こうした忠魂碑は忠霊塔とともに礼拝の対象となってゆく(58)。礼拝の行われる舞台を提供したのが在郷軍人会や青年団等の社会教化団体と学校であった。神社や寺院と切り離したところに礼拝があったことが興味深い。紙枚の関係上、ここでは学校に関するものだけを述べる(59)。

大正期以降、記念碑の資料は社寺関係と学校関係に分散しているが、昭和期には学校関係の史料が優勢を占めている。社寺関係史料はわずか二件を数えるだけであるが、『埼玉県行政文書件名目録学務編』には戦没者碑建設に関するものが二〇件ほどあり、いずれも許可通知を含む一式書類である。名称に関しては、学校関係資料では「忠魂碑」(九件)または「表忠碑」(五件)の碑銘が比較的多く、昭和一〇年代に入ると「忠霊塔」(二件)が現れてくる。

学校敷地内への碑建設の基準についてであるが、大正六(一九一七)年三月七日付で、文部省普通学務局長赤司鷹一郎から埼玉県知事岡田忠彦宛てに「市町村立小学校敷地内ニ記念碑建設方ニ関シ通牒(60)」が出されている。内容は、小学校令第三〇条但書に関する長野県知事からの照会へ回答したものを例示として送ったものである。

教育兵事等ノ目的ノ為特別ノ必要アル場合ニ限リ一時之カ使用ヲ認ムルノ趣旨ニ有之候ニ付記念碑等ノ如キ永久的建設物ノ敷地ニ使用スル場合ニ於テハ貴県小学校設備ニ関スル規程中相当規定ヲ設ケラレ便宜御取締相成差支無之候条御承知相成度依命此段及通牒候也

学校敷地内の建碑は、基本的には小学校令に従い、それが教育を考慮したものであること、また、校庭のうち生徒の運動などにおいて差し障りのない場所に建設すること、の二点を重要視するものであった。一式書類は社寺関係のものに比べるといたって簡単であり、碑の持つ教育上の効果に重点が移行している。次にあげるのは昭和一一(一九三六)年一月四日付で申請された「北埼玉郡三俣村立三俣尋常小学校校地使用ノ件(61)」の事例である。この「表忠碑」建設の申請書では、次のような教育上の意義が主張されている。

教育上ニ及ス影響

一、児童ニ日々表忠碑ニ接スルニヨリ忠孝ノ精神ヲ涵養スルコトヲ得殊ニ年少時代ニ受タル感化力ハ将来ヲ永クスルモノナリ

二、敬虔ノ至情ヲ覚醒シ国民性ノ清浄潔白ヲ愛シ熱烈燃ユルガ如キ祖国愛ニ生キントスル志操ヲ啓培スル

コトヲ得

三、感謝ノ念ヲ旺ニセシムルト共ニ国家的情操ヲ培フコトヲ得

本件は二七日付で所轄警察署長より許可、また四月六日付、県知事斎藤樹より村長宛てに許可がそれぞれ出されている。次にみるのは、昭和三(一九二八)年九月一二日に在郷軍人会忍町分会より申請し、一〇月三日付で北埼玉郡忍町長宛てに許可された「北埼玉郡忍町尋常高等小学校校地使用許可指令」[62]である。

校地使用ノ義ニ付申請

本町ニ於テ有志者相謀リ大典記念トシテ表忠碑ヲ忍町尋常高等小学校敷地ノ一隅ニ建設致度希望有之候右ハ児童ヲシテ将来尚武ノ気風ヲ養成可致又児童ノ運動上格別ノ支障無之場所ヲ選シテ建設可致候ニ付御認可相成度別紙校地略図相添エ此段及申請候也

こうした表忠碑は特定の戦役記念碑とは異なり、維新以来、あるいは西南戦争以来の忠魂を顕彰し、いわば戦没者の系譜として近代日本の歴史を描き出すことにその目的があった。教育上の効果が意識されていることがこうした傾向となって現れ、またこの傾向は強まっていく。史料には、後の忠霊塔に先立って、遺品などを納め合祀の形態をとる「招魂祠建設」[63]の事例が現れる。これは昭和九(一九三四)年九月八日付で入間郡霞ヶ関村長より申請、一五日知事より許可されている。ここにも次のように教育上の効果がうたわれている。

一、教育上ニ及ス意見

西南役以来ノ戦病死者ノ御霊ヲ合祠シ招魂祠建設シ忠君愛国ノ精神ヲ涵養振作スル所以ナリ

こうした史料に明らかなように、学校における碑建設は当初から「志操ヲ啓培スル」「尚武ノ気風ヲ養成可致」「忠君愛国ノ精神ヲ涵養振作スル」等の目的があった。また、そうした意図の実現のためには礼拝の対象とすることを排除しなかった。この点に、社寺関係史料との大きな違いをみることができる。

この頃、社会・歴史的文脈も大きく変化している。二・二六事件の翌年である昭和一二(一九三七)年には日中戦争が勃発し、文部省教学局設置が設置され、官製のイデオロギーである『国体の本義』が発行される。翌昭和一三(一九三八)年三月の国家総動員法成立に先立って、二月一六日　警発甲第一四号、警保局・神社局長通牒「支那事変ニ関スル招魂社又ハ紀念碑ノ建設ニ関スル件」が出され、さらに昭和一四(一九三九)年一月、内務省における同省警保局・神社局・陸軍・海軍・文部・厚生省各係官協議を受け、同二月二七日、陸軍省より陸普第一一一〇号、副官通牒が出される。そこでは「ナルベク単純ナル忠魂碑タラシムルコトナク永遠ニ護国英霊ノ栄域トシテ尊崇ノ中心タラシムルコト」が主張されている[64]。国家側の碑解釈が大きく変更されたのである。

そして、同年七月七日、首相平沼騏一郎を名誉会長とする財団法人大日本忠霊顕彰会が設立され、内地においては一市町村一基、外地においては主要戦跡への建設が目標に掲げられた[65]。これらの事業は、戦争遂行あるいは戦意高揚のための政策でもあったが、同時に、はっきりと昭和一五(一九四〇)年の紀元二六〇〇年に向けた記念事業の一環として位置付けられていた[66]。

忠霊塔は内部中央に納骨室をもつものであり、建設上の規格は同会発行になる小冊子『内地向小型忠霊塔建設仕様書』[67]などに見て取ることができる。一八頁からなるこの冊子は、第一編七章、第二編六章という構成で塔の形式、工事法等の詳細にわたる技術的な標準を定めたものであり、巻末には大判の図面が添えられている。「第一章敷地選定上ノ要綱」の冒頭には次のようにある。

一、本忠霊塔建設ノ敷地選定ニ当リテハ今次聖戦ニ護国ノ華ト散リタル我ガ忠勇義烈ノ士ノ分骨ヲ安置シテソノ忠霊ヲ顕彰シ偉勲ヲ永遠ニ記念スル環境ヲ選ブヲ要ス（以下略）

埼玉県の学校資料ではこうした「忠霊塔」の事例を二件みることができる。その一つである「入間郡三ヶ島村国民学校地ニ忠霊塔建設ノ件」[68]は、同村村長を代表者とし、帝国在郷軍人会三ヶ島村分会および賛意を示した者達の協賛により、昭和一七（一九四二）年九月一七日に申請された。同件は同年一〇月一五日県知事より認可されている。次にみるのは、この申請書における「忠霊塔建設ニ関スル事由」と題された四項目にわたる文章である。この文章は所轄警察の部長宛ての許可通知が添えられ、また、表記には片仮名と仮名が混在していることなどから、おそらく聞き書き調書であると思われる。第一項目では、塔建設の動機が語られており、そこには明確に「靖国ノ神トシテ斉《かしこ》キ祀ラルル神々ノ御墓」という規定が見られる。続く第二項目では、他の学校史料にみられるものと同様にその教育上の効果が語られる。特筆すべきは、次の第三項目と第四項目である。（濁点等は原文のまま）

図 7–2　忠霊塔（所沢市三ヶ島小学校構内，筆者撮影）

三、実際ニ於テ多数分骨ヲ納メアル忠霊塔ノ前ニ立ツ時ハ如何ナル人ト雖モ一種云フヘカラサル崇高感謝ノ念ニ打タレ自然ト頭ノ下ルノハ勿論我モ忠霊ノタテラレタ様ナ至誠至忠ノ心ニナリタイト我心ヲ浄化セヌモノハアリマセン、コレカ在来ノ遺骨ヲ納メテナイ忠魂碑ナドニ対スル時トハ大イニ其ノ実感カ違フノテアリマシテドウシテモ遺骨ヲ納メテ忠霊塔ヲ建テナケレバナラヌ理由テアリマス而シテ村民ノ常時参拝シ崇敬ノ的ト為スモノデアリマス

四、忠霊塔ニハ維新以来皇戦ニ従ヘ天皇陛下ノ為ニ一命ヲ捧ケラレタル所謂忠霊ノ遺骨ヲ納メ未来永劫此ノ忠霊塔一本デ行クモノテアリマスカラ維新以来ノ戦役ニ於ケル忠霊ノ御遺骨（なければ何でも御形見であれば結構です何もなければ土に帰して居らるるのでありますから御墓の土でもよろしいと思います）を同様御納メニナル事ヲ御願申上ケマス之レデコノ真ニ忠霊ニ対スル顕彰モ出来御遺族ヲ慰ムル事モ出来ルノデアリマス夫レ故ニ出来ル丈後世に恥シクナイ様立派ナシカモ総テノ人々ノ熱誠ノ籠ツタモノヲ建テタイト存シマス

忠魂碑から、表忠碑、招魂祠という学校史料にみられた特色が忠霊塔に至って結実しているのをみることができるであろう。この「建設ニ関スル事由」は、忠霊塔を、遺骨を納めぬ忠魂碑とは「大イニ其ノ実感カ違フ」と、納骨に大きな価値を置いて、その必要性を訴えている。忠魂碑の出願にみられたような非宗教的な要素は完全に払拭され、「崇敬ノ的ト為スモノ」として、宗教的な要素は排除されるよりもむしろ必要なものであると考えられていた。戦没も、地域共同体に発生した異変ではなく、後世まで続く歴史の中に位置付けられ、天皇の臣下の共同体として国民の出来事と考えられているのである。

むすびにかえて

埼玉県における碑建設史料にみられる通時的変化をみてきた。明治期の内務省が考えていた戦没者碑とは、国家に対する功労(戦病没)者というイメージを呈示するものであり、その顕彰に重点があったことは明らかである。また紀念碑の合理的配置など、政策には明確に形式的合理性がみられる。合祀・合同慰霊祭は新しい共同体を可視化するものであり、許可制をとったことは、宗教の上位に国家を置くものであった。実効的な側面をみるならば、このような形式的合理性の目指したものは宗教的権威を序列化することによる独占と整理、風俗慣習の削減であると考えられる。確かに、宗教と習俗は排他的な概念ではない。しかし、明治政府のとった碑建設に対する態度は習俗ですらなかったのである。このような記念事業の在り方は西洋から学び取られた明治政府のとった統治政策のひとつであった。こうした形式的合理性には、M・フーコーによって「統治性(governmentality)」や「統治的合理性(governmental rationality)」等と概念化されたものをみることができるだろう[69]。形式的な合理性に貫かれた手続きは、「行為に対する指令(conduct of conduct)」[70]として、近代国家が民衆を国民として主体化する際に、人々が直面するものである。

一方、明治初期から中期にかけての不許可通知にみられるように、民間では碑を依り代として考えることが自然であった。これらの史料には、民間の招魂観、つまり依り代としての戦没者碑という捉え方と、国家功労者(自軍戦死者)のみの非宗教的な記念という内務省の碑解釈との位相のずれを指摘することができる。この位相のずれは一貫して存在していたと考えられる。こうした傾向に国家の側は抗してきたのであるが、そうした非宗教的な方針は満州事変、日中戦争、太平洋戦争を迎える政治的状況の中で変更された。そこでは宗教的なものではなかった忠魂碑までも、宗教的な意味を担うようになった。この論理は学校や軍人会を介在して碑の扱いや意義の中に持ち込まれたものであり、礼拝の場も社寺境内から学校へ移行している。そこで考えられた共同体はもはや地域社会であるだけではなく、日本国民全体を天皇の臣下として想像するものであり、西南戦争以降の戦没者を歴史の中に位置付けるものであったのである。

記念碑が家族国家観をイメージする具体的な材料・表象のひとつであり、民俗的な霊魂観・祖霊観に国家的な要素を滑り込ませ、「家永続の願い」から「国家の永続」へという観念の質的変化・変容を示しているものと考えることもできるであろう。(71) しかしながら、このような観念と表象とを短絡的に結び付けるのは危険である。なぜなら、そうした解釈は、招魂碑から忠霊塔へ到る漸次的な変化や、碑が宗教化される文脈を見落としてしまうからである。実際、満州事変以降の比較的短い期間に、碑の性格は大きく変化した。(72) この変化は、国際社会から孤立し、自国の優越性を主張しなければならなくなっていった当時の変化を敏感に反映している。その意味で、碑の宗教化は政治的な影響を大きく受けたといえるであろう。このように建設願という地方史の公文書の通時的変化を詳細に追うことによって、その画期を特定することができた。特に昭和一〇年代の社会的歴史的文脈の変化については次章でより詳細に検討することとする。

(1) 戦没と戦病没は厳密に言えば異なる概念であるが、例えば日清戦争では戦死者よりも脚気による死者の方が上回っており、その意味では戦病没者碑とすべきであるが、両者を含めて戦病没者とされることや、戦没者に戦病没者も含まれることも多い。また、西村明は「戦争死者」という概念によって、戦争犠牲者、とりわけ原爆による死者までを含めようとしている。西村明『戦後日本と戦争死者慰霊――シズメとフルイのダイナミズム』有志社、二〇〇六年。ただし本書では、とりあえず戦病没者を含めた一括したものとして「戦没者」とする。

(2) 海野福寿・大島美津子『家と村（日本近代思想大系）』岩波書店、一九八九。また、明治初期に頻発した農民騒乱の様子を伝えるものとして土屋喬雄・小野道雄（編）『明治初年農民騒擾録』勁草書房、一九五三年を参照。また、埼玉県では有名な秩父事件がある。この事件は自由民権運動のひとつとして考えられてきたが、実際にはむしろ百姓一揆にみられるような土着的・伝統的要素が強く、反近代を主張するものでもあった。こうした事件理解の集大成として、稲田雅洋『日本近代社会成立期の民衆運動――困民党研究序説』筑摩書房、一九九〇年がある。

（3）筆者はすでにこうしたイデオロギー論の孕む問題について考察している。拙稿「社会統合と儀礼国家論」『ソシオロジカ』第一九巻、第二号、一九九四年、および「モーリス・ブロックのイデオロギー概念に関するノート――宗教的知識の多様性の検討のために」『宗教と社会』第二号、一九九六年。

（4）こうした研究者の解釈やテキストの持つ政治性についての問題は、オリエンタリズムをめぐって議論されている。例えば大田好信「オリエンタリズムと人類学」『国立民俗学博物館研究報告』第一八巻、第三号、一九九三年などを参照。

（5）マックス・ウェーバー『社会学の根本概念』清水幾太郎訳、岩波文庫、一九七二年、八六―八七頁。

（6）ウェーバー『支配の諸類型』世良晃志郎訳、創文社、一九七〇年、四頁。もちろん、ウェーバーの呈示した支配の三類型は、いわゆる動機理解的方法に立ち、行為者である被治者の視点から支配を理解しようとするものである。この三類型は、どれかひとつではなく複合体の優勢な状況であり、可変的であり、民衆意識の多層性を意識している。しかしながら、この概念は、彼自身、理念型は分析用具にすぎないと繰り返し注意を促しているにもかかわらず、あまりにも実体化されてしまっており、もう一度、柔軟に捉え返される必要があるだろう。もっともウェーバーは必ずしも一義的に使っているわけではなく、カリスマ的支配から合理的支配へという合理化の歴史過程を意図している文脈もある。たとえば、アンダーソンはウェーバーのカリスマ概念は、合理化概念を形式的に補完する必要上生み出された「修辞」にすぎないと批判している（ベネディクト・アンダーソン『言葉と権力――インドネシアの政治文化探求』中島成久訳、日本エディタースクール、一九九五年、特に第二章）。

（7）照沼好文「碑表、形象等に関する研究」『神道宗教』第一一〇号、一九八三年、一八―五二頁。

（8）大原康男「忠魂碑の研究」『國學院大學日本文化研究所紀要』第五一輯、一九八三年、「続・忠魂碑の研究――護国神社の成立と忠霊塔建設運動に焦点をあてて」『國學院大學日本文化研究所紀要』第五二輯、一九八四年、「神道指令と忠魂碑」『國學院大學日本文化研究所紀要』第五三輯、一九八五年。これらの論文は一部修正の後、単著の形にまとめられている。大原康男『忠魂碑の研究』暁書房、一九八九年。

（9）土屋英雄「忠魂碑のための私有地貸与と政教分離」時岡弘編『人権の憲法判例』成文堂、一九八四年、九七―一二〇頁。

(10) 平野武「忠魂碑の性格に関する議論について」『龍谷法学』第一七巻第二号、一九八四年、四一―七八頁。
(11) こうした研究史については、粟津賢太「慰霊・追悼研究の現在――想起の文化をめぐって」『思想』第一〇九六号、岩波書店、二〇一五年、八―二六頁を参照。
(12) 籠谷次郎「戦没者碑と『忠魂碑』――ある忠魂碑訴訟によせて」『歴史評論』四〇六号、一九八四年、二七―五五頁。
(13) 『朝野新聞』明治一五年五月一六日付。
(14) Gillis, J. R. (ed.), *Commemorations: The Politics of National Identity*, Princeton University Press, 1994. および阿部安成(他編)『記憶のかたち――コメモレイションの文化史』柏書房、一九九九年。
(15) 例えば、昭和二七年のダイアナ台風による「水害紀念碑」(平田町勝賀地)等がある。特に仏教寺院等の宗教行事では現在でも「紀念」という語が「記念」の意味で使われている例が見受けられる(成田山)。また外国の場合、中国、香港、台湾等では今でも「紀」の方が使われており、中国語の用法としては「紀」の方が正字である。
(16) この点に関して岡島昭浩氏(福井大・国語学)からご教示を賜った。
(17) 石井研堂『明治事物起源――第一編人事部』ちくま学芸文庫、一九九七年、九八―一〇〇頁。
(18) 語源はともにラテン語 monere である。横山正「記念碑」『大百科事典』平凡社。
(19) また、この並存は政府関係者の間にも多く見られる。例えば、京都大学附属図書館が所蔵する「日清戦役紀念碑」の拓本(資料番号〇〇六九一)は山縣有朋の書であるし、久里浜の「北米合衆国水師提督伯理上陸紀念碑」の碑文は伊藤博文の書である。
(20) 現在参照できるまとまったものとしては小林健三・照沼好文『招魂社成立史の研究』錦正社、一九六九年、および、村上重良『慰霊と招魂』岩波新書、一九七四年、等をあげることができる。
(21) 桜井徳太郎『霊魂観の系譜』講談社学術文庫、一九八九年。および赤田光男『祖霊信仰と他界観』人文書院、一九八六年、宮田登「家の神、村の神と国の神――民俗学からみた『靖国』」『伝統と現代』第七九号、一九八四年、伝統と現代社、一六三―一七二頁、等。
(22) 柳田国男「人を神に祀る風習」『柳田国男全集　第一三巻』ちくま文庫、一九九〇年、六四四―六八〇頁。
(23) 村上前掲書、一九七四年。
(24) 赤田前掲書、一九八六年。

(25) 井之口章次「魂よばひ」『民俗学研究』第三輯、一九五二年。また、その後、民俗学者たちによる昭和三七年から三九年にかけての全国の集中調査でも報告されている。これらは各都道府県の『日本の民俗』として第一法規出版より出版されている。

(26) 『日本思想体系　平田篤胤・伴信反・大国隆正』岩波書店、一九七三年、および『日本の名著二一　平田篤胤』中央公論新社、一九七二年、等を参照。

(27) 平田篤胤の思想形成、国学の体系化が、民俗的基盤との交流にあったことを論じた比較的最近のものに、井上順孝「平田篤胤と民衆基層信仰」『宗教研究』第一輯、第五一巻、二三二号、一九七七年、二一―四二頁がある。特に後の招魂社成立に際して影響を与えたとされる来世観については、安蘇谷正彦「平田篤胤論」『伝統と現代』第二四号、一九七三年、一二九―一三六頁を参照。また、周知のように、超越性に関してキリスト教の影響が指摘されてもいる。例えば、海老澤有道『日本の聖書――聖書和訳の歴史』講談社学術文庫、一九八九年、等を参照。

(28) 森岡清美・今井昭彦「告示殉難戦没者、とくに反政府軍戦死者の慰霊実態(調査報告)」『成城文芸』一九八二年、一―三七頁。また、今井はその後も反政府軍の慰霊・顕彰実態についての調査を継続している。今井昭彦「戊辰戦役における戦死者の処理と慰霊活動について」『社会科研究集録』第三〇号、一九九四年、六二―六四頁、「上野彰義隊と函館碧血碑」『ビエネス』第一号、一九九五年、三六―四四頁。さらに今井昭彦『反政府軍戦没者の慰霊』御茶の水書房、二〇一三年をまとめている。

(29) 大原前掲論文。

(30) 『埼玉県行政文書』(以下『埼』と略記)明五七―一四―一。行政文書に招魂碑が現れる最初のものは『埼』明五七―一一―二であるが、史料保存上の問題から今回は閲覧ができなかった。

(31) 第一条　社寺ノ創建ハ(民有地ニ建設スルモノ)神官住職氏子檀徒若クワ信徒ト為ルヘキモノ(寺院ハ末寺法類トモ)連署戸長奥書ヲ以テ願出永続財産ノ目途且其地所建設社寺ノ体ヲ具フルモノニ限リ允許ルヲ得ヘシ再興復旧等総テ之ニ準ス
　但別紙書式ニ倣ヒ其都度当省へ届出へシ
「宗教関係法令一覧」安丸良夫・宮地正人『宗教と国家(日本近代思想大系)』岩波書店、一九八八年。

(32) 『埼』明一三五三―六。

(33) 『埼』明一〇二九―六。

(34)　『埼』明六一七―二九。
(35)　『埼』明一〇二九―二。
(36)　書き下し文は、籠谷前掲論文、一九八四年、三八頁に依った。
(37)　『埼』明八六三。
(38)　『埼』明二三五三―三。
(39)　『埼』明二三七七―一〇。
(40)　『埼』明二三七七―一。
(41)　籠谷前掲論文、一九八四年、四三頁。
(42)　『埼』明二三五四―五。
(43)　明治三一年、埼玉県より内務省への照会。大原、前掲論文。
(44)　『埼』明八六三「時局ニ関スル事項」。
(45)　『埼』明二三九七―五。
(46)　『埼』明二三九九―二二。
(47)　村上重良『天皇制国家と宗教』日本評論社、一九八六年。神社整理に関する詳細な歴史社会学的研究としては、森岡清美『集落神社と国家統制』吉川弘文館、一九八七年を参照。
(48)　籠谷次郎「市町村の忠魂碑・忠霊塔について――靖国問題によせて」『歴史評論』二九二号、一九七四年、四九―七一頁。今井昭彦「群馬県における戦没者慰霊施設の展開」『常民文化』第一〇号、一九八七年、二五―五三頁。また地方の忠魂碑・忠霊塔について、今井昭彦『近代日本と戦死者祭祀』東洋書林、二〇〇五年をまとめている。また、各自治体史・誌も、碑所在地にみられるこうした傾向を跡付けている。
(49)　明治三一年四月二九日付「招魂碑建設ニ関シ児玉郡長へ通牒」、明治三七年六月九日付「社寺境内ノ建碑ニ関シ各郡長へ通牒ノ件」、同年一二月二八日付「戦死者紀念碑建設ノ件ニ関シ各郡長へ通牒」、明治三八年四月一九日付「碑表ニ征露ノ文字ヲ使用セントスルモノ取扱方ニ関スル件各郡長へ通牒」、明治三九年五月九日付「社寺境内へ建碑出願取扱方ノ件各郡長へ通牒」、同年六月一九日付「社寺境内ニ紀念碑建設ノ件ニ付各郡長へ通牒」、同年六月二六日付「神社境内招魂碑忠魂碑弔魂碑忠死碑ト称スルモノノ如キ墓碑ニ紛ハシキモノハ許可相成難キ旨内務省社寺局通牒」等がそれである。

(50)『埼』明二三七九―二―一一。
(51)『埼』明二四〇〇―一一。
(52)『埼』大一七八―八。
(53)『埼』大七四一―七。
(54)『埼』大一七八二―一二。
(55)『埼』大一六七七―六。
(56)『埼』大一七八六―八。
(57)『埼』昭四三四二―一一
(58)籠谷前掲論文、一九八四年、五〇―五一頁。
(59)日露戦後経営、および地方における社会教化団体の果たした歴史的意義については、有泉貞夫「明治国家と民衆統合」『岩波講座　日本歴史近代四』岩波書店、一九七六年、等を参照。
(60)『埼』大八五四―六。
(61)『埼』昭三三四三―三四。
(62)『埼』昭二一〇八―三一。
(63)『埼』昭二八四七―一二九。
(64)村上前掲書、一九八六年、一八一頁。
(65)日本における忠霊塔などの建築とキッチュについては、井上章一『戦時下日本の建築家――アート・キッチュ・ジャパネスク』朝日選書、一九九五年を参照。その他に、大原康男、前掲「続・忠魂碑の研究――護国神社制度の成立と忠霊塔建設運動に焦点をあてて」、今井昭彦、前掲「昭和戦前期における忠霊塔建設について」。海老根功、前掲『群馬県の忠霊塔等』等がある。大日本忠霊顕彰会と忠霊塔については、本書第八章で扱う。
(66)紀元二六〇〇年に向けた記念事業については、古川隆久『皇紀・万博・オリンピック――皇室ブランドと経済発展』中公新書、一九九八年、等を参照。
(67)財団法人大日本忠霊顕彰会『内地向小型忠霊塔建設仕様書(無鐵筋)』埼玉県立公文書館所蔵。
(68)『埼』昭四二四七―三四。

（69）　Foucault, M., 'On governmentality,' in *Ideology and Consciousness*, Vol.6, 1979.

（70）　Gordon, C., 'Governmental Rationality: An Introduction,' in ed. Graham Burchell（*et al.*）, *The Foucault Effect: Studies in Governmentality*, Chicago: University of Chicago Press, 1991, 1-51.　Rose, N., *Governing the soul: The shaping of the private self*, London and New York: Routledge, 1990.　および Barry, A.（*et al.*）, *Foucault and Political Reason: Liberalism, neo—liberalism and rationalities of government*, London: UCL Press, 1996.「統治性」問題は日本ではあまり取り上げられることがないが、米谷園江「ミシェル・フーコーの統治性研究」『思想』八七〇号、一九九六年、七七—一〇五頁が先駆的に紹介している。

（71）　例えば、大濱徹也はラフカディオ・ハーンの採集した日露戦争戦病没者小作農古川亀四郎（島根県稗村）の妻ナヲの言葉を紹介している。

「今迄は只の水呑百姓であつたかもしれない古川の家は、今では立派に勇士の家として、軍国の家として、日本国民の名誉が輝いているのだと、村長さんも語られた。天子様が夫の祀つてある靖国神社に御参拝なすつたということもきいた。この名誉の家を断絶していいだらうか。いけない。いけない」

大濱徹也「『英霊』崇拝と天皇制」田丸徳善・村岡空・宮田登（共編）『日本人の宗教３　近代との邂逅』佼成出版社、一九七三年、一一三—一七八頁。

（72）　近代以前の神国思想も、政治的覇権によって影響を受けてきたものであることは指摘されている。佐藤弘夫「神国思想考」『日本史研究』三九〇号、一九九五年。

第八章　戦没者慰霊と集合的記憶
――忠魂・忠霊をめぐる言説と忠霊公葬問題を中心に

はじめに

日本の社会学および宗教社会学に多くの先駆的な業績を残している森岡清美には、『決死の世代と遺書』と題した著作がある。(1) 同書は、戦場に赴く兵士たちの死の意義付けを解明しようとした労作であるが、同時に、自身のこれまでの研究からの逸脱であることを自覚しつつも進められた研究であり、(2) 著者本人の、ある非常に切迫した問題関心がそこにはある。(3)

同書の、特に「不孝の償いと忠孝一本」と題された章は、興味深い問題を設定している。遅くとも二〇代半ばまでには死ぬ可能性があると自覚されている世代を分析の対象とすることで、目前に迫った自分の死がいかなる観念によって解釈されているのかを明確にしたという点で、これは知識社会学上の重要な問題提起であるといえるし、何よりも「ナショナリズムによる死の正当化」という本書の問題関心からきわめて重要な研究である。

彼ら「決死の世代」の死の解釈には、次のように「忠孝一本」の観念がみられるという。それは主君への忠誠と親への孝行が一致するという観念である。

決死の若者たちは、戦死に代表される捨て身の奉公によって、不孝を償い親孝行ができると考えた。全部の若者がそう確信したとはいいがたいが、少なくとも、そのように言明するもの、考えるものとされ、そのように言うことで納得しようとした者もあることは、確かであった(4)。

兵役は国民の義務として法定されているとはいえ、（中略）その結果としてもし戦死を遂げ、老いゆく親に孝養をつくす機会を永遠に失うことになれば、これに勝る親不孝はないと考えられる。しかるに、これらの遺書は口々に、戦場での不孝の罪を償うといい、戦死によって恩の万分の一にも報じたいといい、また戦死は最大の孝行であるとさえ言うのである。なぜ、戦死に代表される捨て身の奉公によって不孝を償い孝行ができるのであろうか(5)。

森岡は、国家はこれらの観念体系を、学校や軍隊を通じて若者に「注入し、国家が説く観念体系の権威によって戦死にたいする地域住民の評価が鼓舞され、日常的に接触する地域住民のサンクションを媒介として、戦死により不孝を償い孝行ができるという観念が定着した(6)」と分析している。

さらに、文部省が発行した『国体の本義』（一九三七年）や『臣民の道』（一九四一年）などの国定イデオロギーには、「なぜわが国では忠を離れて孝はなく、孝は忠を根本とするのか」についての説明はなく、そのように断定するだけである。そして、この忠孝一本の観念は、次に指摘されるように原理的に矛盾した観念である。

忠為本［忠を根本とするという観念］は『ねばならぬ』調の道徳的命令として説くことは可能であるが、これを論理的に説明することは不可能である。忠孝一本にしても、忠孝一致の場面だけを前提して、忠孝背反する場面を無視するのでなければ成立しない説である。（中略）忠為本を内容とする忠孝一本の説には、このような論理的破綻があるのである。しかし、滅私奉公が叫ばれた決戦下の非常事態においては論理的破綻など問題とされず、むしろ非合理的な情念に訴えるものとなったが、論理的に考える訓練をへた学徒には理解しがたいものであった(7)。

忠孝一本の観念がこのように原理的に破綻し、自己矛盾した観念であるならば、決死の世代の若者たちにとって、この原理的な矛盾はどのように克服されたのであろうか。

そこでは「戦死」は「滅することではなく、生きることであり、しかも『悠久の大義』に生きること」と説かれたのである(8)。そしてそこには次のような道義的意味が込められているという。

愛する国土を守り、親や弟妹を守るため、という戦死の意味づけこそ、右の四つの意味づけの底にあるほんねであり、もしこれを倫理的に整形すれば道義的責務の遂行ということにも結合するのではないだろうか(9)。

この意味づけとそして死に甲斐に、たとえ身は滅んでも魂魄は永遠にこの地に留まって父母弟妹を地下より守護せん、という誓いが接続したのである。大義は戦争終結の瀬戸際では国体の語に集約もしくは掏り替えられ、戦争指導の権力の座にある人々は国体の名において天皇制の護持にこだわったが、多くの若者が命を賭して守ろうとしたのは、果たして天皇制、とりわけ戦時体制下で機能したような天皇制であったのだろうか(10)。

このように、同書において森岡は、忠孝一本の論理的破綻が、道義的意味に込められた「情念」によって埋め合わされ、またイデオロギーと死に甲斐とが「接続」したことを指摘している。

こうした接続、あるいは情念による飛躍については、これまでにも橋川文三[11]や神島二郎[12]によってナショナリズムにおける「民間信仰との融合」や「擬制村」などの問題として提起されてきた。しかし、この接続はいかになされたのかについては、まだ論じられていない。これは、ナショナリズムの核にある種の宗教性をみるアンソニー・スミスの「エトニー論[13]」や、近代化に伴う急速な社会変動をナショナリズム形成の原動力としてみるエリック・ホブズボームの「プロト・ナショナリズム[14]」論と同じ問いである[15]。

あるいは戦時下の社会を実際に経験した者であるならば、この問題は自明のことであるかもしれず、そのリアリティについてはいうまでもないことなのかもしれない。しかし、こうした情念が伝達され継承されるためには、解明され理解される必要がある。本章の問題関心や研究動機のひとつはこの点にある。

本章では、集合的記憶の問題と関連付けてこの問題の考察を試みる。集合的記憶は社会学における基本的な概念のひとつである。第一章で述べたように、デュルケームの集合的沸騰、アルヴァックスの集合的記憶、シルズの伝統など、これらの論は、社会における儀礼の重要性を主張し、社会における価値の伝達と再生産に関する研究領域を形成してきた。

シュワルツによれば、集合的記憶のもつ社会的機能は分析的に少なくとも二つに区別できる[16]。第一に、集合的記憶は「社会のモデル（model of society）」である。それは、その社会が直面している欠乏、問題、恐れ、心性、願望の反映である。第二に、集合的記憶は「社会のためのモデル（model for society）」である。それは、その社会の経験を定義し、価値と目的を明確化し、それらを実現するための認知的、感情的、道徳的方向付けをするプログラムである。

本章では、こうした集合的記憶の二つの機能を、近代日本における戦没者慰霊をめぐる言説の中に検討する。忠魂や忠霊という言葉の担う宗教的な意味内容は歴史的に変化してきた。その変化は集合的記憶の場に明確にその痕跡を残していると考えられる。

記憶の場が世界の再定義の場であるとしてもこの定義は必ずしもひとつであるわけではなく、競合・並存しうる。それゆえ、現代においても記憶の場を巡るポリティクスが作動している。こうした競合・並存する再定義は、近代日本ではいかに呈示され、収斂していったと考えるべきであろうか。

葬儀という儀礼的機会は、それ自体が、集合的かつ政治的な意味を持つ場である。[17] 死の儀礼が行われる記憶の場は、複数の、競合する世界に対する定義を確定する場であり、すぐれて集合的・政治的な場であることを確認しておきたい。

本章では、記憶の場において、戦没者をめぐって呈示され、言説化されてきた死の解釈を検討する。そこではいかなる世界観や価値観が再生産され、世界はどのように再定義されていったのであろうか。さらに、再定義の中身それ自体よりも、むしろこのような再定義が行われることは、いかなる社会的プロセスとして理解することができるのかという問題を考えてみたい。

一　問題の所在——近代戦争と慰霊の場

近代日本の戦没慰霊制度の展開に関して、招魂社から靖国神社、そして各府県の護国神社という国家レベルでの慰霊システム、また陸海軍墓地や埋葬制度などの展開に関する研究は近年大きく進み、資料的にも整理されてきた。こうした追悼・慰霊システムにおいて戦没者の追悼式が行われたわけであるが、それは公葬という形をとっていた。本章では、特に、忠霊塔建設の全国推進組織として昭和一四年に結成された財団法人大日本忠霊顕彰会と、ほぼ同時期に展開した忠霊(英霊)公葬運動について、入手することのできた資料から考察する。

戦没者の慰霊の問題は、忠魂碑や墓碑などの碑《いしぶみ》の研究として進められ、また訴訟問題と関連して問題化されてきた経緯がある。(18)そこでは碑が宗教的施設であるかそれとも習俗であるかが問題とされた。裁判という実践的な課題がこのような限界を生み出してきたと思われるが、しかし表象の意味を固定されたものとして解釈してしまうことは危険である。同一の表象が社会的文脈によって、記号にも象徴にもなりうるからである。(19)

現在では、実証的な所在調査が全国のみならず海外などでも進められている。同時に、碑の本質論を離れ慰霊・顕彰の実態へと研究が進んできたのだと考えられる。これは一部の先駆的研究を除けば、これまで看過されてきた問題である。

近代日本の歴史は戦争の歴史といっても過言ではない。ほぼ一〇年毎に内戦・対外戦争へと軍事力が動員された。こうした近代戦は大量の戦死者を生み出し、戦没者の慰霊・顕彰の問題が発生した。この問題への対応は三つの方向性をもっていた。

第一に、東京招魂社から靖国神社へ至り、さらに各府県護国神社に至る国家的祭祀の体系の確立である。(20)第二に、軍隊内部における埋葬地や陸海軍墓地という慰霊顕彰施設の展開という方向性である。(21)第三に地域社会における戦没者の解釈、慰霊・顕彰の問題である。こうした地域で発生した具体的な犠牲者たちの存在が、後の忠魂碑や慰霊碑に代表されるような戦没記念碑を生み出すことになったのである。第一、第二の方向性については先行研究に譲ることとし、ここでは第三の点について考えたい。

当時、一般的には戦没者の葬儀は市町村葬などの公葬の形態がとられ、戦没者は合同で慰霊されていた。次にみるのは、明治四三年四月一三日に「大里郡寄居町他七ヶ村」各宗連合和同会の主催によって、同町正福寺にお

いて行われた同地戦病没者の合同吊（弔）魂祭についての新聞記事である。(22)

当日来賓は日露戦争戦病没者の遺族、熊谷連隊区将校、大里郡長代理、各町村長、学校長、其他名誉職員等にて、式は午前十時に始まり、真言宗総本山布教者小林栄達師、仏果結縁の講話をなして式に移り衆僧読経をなしたれば並居る参集者五百余名は何れも痛く感慨に打たれて水を打たるが如くなりし、其より来賓の弔文朗読あり遺族を始め右参集者の焼香ありて浄土宗本山布教師慈彦哲、曹洞宗布教者大田眠世師の講演あり、散会せしは午後四時なりし（後略）

各地で行われていたこうした慰霊祭は、真言宗、浄土宗、曹洞宗等、各宗合同の形で行われていた。その特徴は宗派を超えたところに成立していたことである。

時代は下るが、岩手県藤根村の事例では、一九三三（昭和八）年六月一日に支那事変戦没者の慰霊祭が計画されていた。次にみるのは県学務部長から各町村へ発せられた通牒である。(23)

支那事変陣没者慰霊祭執行要領

一、名称　支那事変陣没者慰霊祭

一、期日　昭和八年六月一日　午前正八時（祭文奏上）

一、主催　各小村、在郷軍人会

一、其ノ小村一場所（適宜ナルモ可成小学校校庭等宜シカルベシ）但シ遠隔ノ地ハ其ノ部落内ノ場所（右ニ準ジ）ニ於テ行フコト

一、参列者　町村民全部（少クトモ各戸ヨリ一人以上参列セシムルコト）
生徒、児童、各種団体員ハ必ズ参列セシムルコト
当日参列セザル者ハ同時刻ニ於テ一分間黙祷慰霊ノ意ヲ表セシムルコト
一、国旗掲揚　当日ハ必ズ国旗ヲ掲揚セシムルコト
一、寺院、工場、船舶等ニ於テは鐘、汽笛、サイレン等ヲ以テ午前正八時ヲ期シ慰霊ノ意ヲ表セシムルコト
一、当日知事ヨリ在満各部隊長ニ県民ヲ代表シテ慰霊祭執行並激励電報ヲ発ス

第四章で英国の黙祷儀礼の事例や、日本でそれを取り入れた関東大震災の慰霊ための黙祷儀礼をみたが、ここにも、同時的連続性が重視されていたことが分かる。ここには、県主催の慰霊祭を岩手公園（盛岡城跡）で行い、それと同日同時刻に、各町村、遠隔地の小村にいたるまで、各戸から少なくとも一人は参加し、学童児童学生は全員参加の上、慰霊祭が執り行われるべきことが示されている。同時刻には鐘やサイレンを鳴らし、また、満州へ向けて電報を発信するなど戦地と本土とを繋ぐ連続性が重視されていた。また、参加できない者は「同時刻ニ於テ一分間黙祷」すべきことが通達されている。

葬祭や慰霊祭の場において、祭文あるいは弔文は、こうした死を意義付け、それを参加者たちの目前で読み上げることにより、世界観の再定義を呈示する儀礼的機会のひとつであったと考えられる。こうした場で、一体何が語られたのかということを考えてみる必要があるだろう。一地域に限らず、全体的な傾向をつかむために、ここでは手がかりとして出版文化を考えてみたい。

『弔祭慰問文教範』『式辞と挨拶』などの戦没者慰霊の場を想定した文例集が終戦までの日本では数多く出版されている。これら一種の戦没者慰霊に関する実用書（マニュアル本）は、多大な犠牲者を出した日露戦時中から出

版され始め、昭和一〇年代までに多くの部数が発行された。研究史からみればまだまだ未開拓の分野でもあり、今回、先行研究として参照できたのは羽賀祥二の論文のみであった(24)。今後さらなる研究が期待される。

この種の出版物は終戦までに多数出版されており、その多くは日露戦争期の明治三七、八年に集中している(25)。こうした文例集は日清戦争の時代に登場したが、それが一般化されていったのはやはり日露戦争の時代であったと考えることができるだろう。日露戦争時には特に、「戦時」とあえて銘打った文例集が多く出版されている。この中で、本章では特に大畑裕『戦時弔祭慰問文教範』(明治三七(一九〇四)年一二月発行、求光閣)および同『続戦時弔祭慰問文教範』(明治三八(一九〇五)年六月発行、同)を手がかりに考えてみたい(26)。

前者の出版物においては、次のように、まず祭文と弔文の定義を行っている。

> 祭文とは酒やいろいろの御馳走を拵え之を霊前に具え上て以て祭るを云うなり而して祭文は敬する意を主とす故に目上の人には皆祭文と言て弔文と言わず(27)
>
> 吊文とは悔やみを云うなり即ち御愁傷の至りです、惨々の事です、御痛ましき事ですと悔やみを陳《の》ぶるなり之には酒やいろいろの物を具えず単に死人に対てし〔ママ〕悔やみ即ち哀悼の意を陳ぶるものなり(28)

図 8-1　弔問文を読み上げる図

出典）大畑裕『戦時弔祭慰問文教範』求光閣，明治三七年（国会図書館蔵）

また祭文と吊文は、次のように立て分けられている。

然れども目下の子や孫若くは弟子と雖も死して既に葬りし後ち一年若くは三年になりたる者は吊文と言わずして祭文と云う所謂一年祭、三年祭のとき読む文之れなり換言すれば既に肉体無くて霊魂になりたるものは貴賤を論ぜず之を祭文と云う(29)

ここには民俗的な祖霊観といいうるような要素をうかがうことができる。つまり適切な儀礼と年月を経た死者は祖霊化する(祖霊の資格を得た霊となる)という観念であろう。

次にこれらの文章はどのように読まれるべきか、つまり「読法《よみかた》」について次のように述べられている。

吊祭文の読法如何ん、其の口調は如何ん他なし悲哀なれ、沈痛なれ、凄愴なれ、決して粗豪の態度を現わす勿れ、暴慢の音声を発する勿れ、怠惰の容姿を示す勿れ(中略)一片の義務的なり、儀式的なりとの素振、挙動、身振を現わせば随《したがっ》て音声散漫して夏蝉の梢に騒ぐが如し(30)

また、こうした吊祭文を読むことは敵方の供養にもなることを、諸葛孔明が敵国である呉の参謀長周瑜の霊前にて読み上げた故事などを引いて指摘している(31)。

このような概念規定や説明の後、具体的な吊文・祭文の例に入っていく。本書におけるそれらの文例は「沙河会戦の戦死者を祭る文」、「九連城の戦死者を祭る文」、「本渓湖の戦死者を祭る文」、「遼陽の戦死者を祭る文」に続き、城廠、得利寺、南山、海城、林盛堡、歪頭山、摩天嶺、烟台、首山堡、橋頭、三塊石山、板橋堡などのように各戦地、戦闘ごとの構成で掲載されている。

また「歩兵の戦死者を祭る文」、「騎兵斥候の戦死者を祭る文」、「輜重《しちょう》輸卒の戦死者を祭る文」などの軍隊の構成に沿ってまとめられたもの、あるいは「戦死馬への弔文」なども掲載されている。その他「楠公を祭る文」「今川義元を祭る文」「古戦場を祭る文」、「墓誌」や「慰問文」なども採録され、難しい熟語には用語解説がつけられ、類語表現も掲載されている。本書はきわめて網羅的かつ実用的な特徴を持っている。

こうした祭文における文体上の形式は「惟時」に始まり「来り饗《う》(享)けよ」という形である。ここには、通常は見えない存在である死者の霊や魂が、こうした慰霊祭の場にはやって来て、捧げられた供物を生者と共に饗食するという観念がある。羽賀祥二は、これが儒教の形式であることを指摘している(32)。いずれにせよ、戦没者の霊に対する祭文はこの形が踏襲されていく。

こうした弔問文は戦死者を追悼するものであるが、そこでは戦死者の生前の人徳よりも、むしろ戦争の意義、戦闘の帰結、戦場の様子を描き出すことに注意が払われている。つまり慰霊祭における弔問は宗教的な行為であると同時に、戦争の解釈でもあり、慰霊祭自体が規格化した戦争解釈を提供する場でもあったと考えられる。同書では戦闘の様子が描き出されているが、その描き方には特定の様式がある。

今や日露戦争結んで解けず、骨を積んで山と為し血を湛えて池と為し或は敵将を生擒《いけどり》するあり(中略)或は砲弾の為に肉塊の四散するあり或は白刃に膏血を沾《うる》ふすあり(33)

鳴呼渾河の水や深しと雖も奉天の城壁や高しと雖も鉄嶺の山や嶮しと雖も君の精忠烈日の如く節操厳霜の如き(中略)今回の挙起れば君勇躍抃舞《べんぶ》して敵境に突進し一戦して南山を屠り再戦して海城を抜き三戦の後は

縦横奮戦、憤呼すること雷の如く[34]

「類語活用」として「憤呼すること雷の如く動き風の如く駆り天の如く行き地の如く止まりて敵其の間隙に乗ずることを得ず」という表現がその直後に載せられている。

また、定型化したレトリックが随所にみられる。勇敢なる行動、私事と公事との立て分け、私を捨て公を優先する滅私奉公の精神、忠君愛国、精忠烈日、忠義一徹、忠臣儀僕、報国尽忠などの道徳観が表現されている。

抑《そもそ》も征露の挙起るや君挺身死地に赴く此時に際し双親堂に在り妻子飢に泣く然るに君の忠義一徹たる家をも身をも顧みず剣光銃火の間に奔走し弾丸雨飛の間に健闘す実に国家の急を前にして私の事を後にし義勇奉公の熱誠天資より発したる者と謂わざるを得ず[35]

然りと雖も余の悲は私事なり君の戦死や公事なり[36]

君の勇気を以て君の豪胆を以て君の報国尽忠の精神を以て決起剣を提て敵地に至らば[37]

忠君愛国の赤誠に富めるは我が将士の特性なれと雖も而も一死君国の為めに尽したる君の壮烈を見ては誰か其の赤誠の深厚なるに感ぜざらんや[38]

この他、「桜花国男子の真価を遺憾なく発揮し[39]」、あるいは「君が勇敢なる行動は実に軍人の好鑑にして所謂桜は咲きて桜に散りたるもの」(40)、「桜花に対して紅涙滴る然りと雖も是れ命なり命や如何ともすべからず茲《ここ》に謹んで君の在天の雄魂を祭る魂尚《こいねがわ》くは来享せよ」(41)などのように、兵士を桜花とするメタファーも随所にみられる。

次に死の意義付けであるが、明治一五年の『軍人勅諭』にも採られた「死或は泰山より重く鴻毛より軽し」(42)の他にも「人各一死あり死或は泰山より重く鴻毛より軽し君の如きは泰山より重しと謂はざるを得ず」(43)、「生て臭を万年に貽《のこ》さんよりは死して芳を百生に流すに如かず」(44)などの儒教的な忠によって意義付けられている。人間一人の生はそれ自体無意味で空しいものであるが、それが歴史と結合することによって初めて意味を持ち、名をあげ忠を尽くすこととなるとしている。

一死以て国に殉せしに由れり其の功何んぞ古の忠臣儀僕の下に出でんや精忠白日を貫きて功名赫々青史を照らす嗚呼壮なる哉、烈なる哉(45)

さらにこの死の意義付けは、「況《いわん》や古今未曾有の世界名誉の戦場に於て」(46)、「事は空前の大事に繋り、時は千載の一隅に際し一身を捐《す》て奮て国に殉す君が偉功は長《とこし》えに朽ちず君が功績は終に絶ゆることなからん（中略）不肖君が柩前に英霊を祭る嗚呼哀哉尚くは享けよ」(47)、「今や我が国権は球上に張り我が国威は宇内に輝き環視の列国喫驚して其の威風を仰がざるなし（中略）諸子が忠誠国に報いし芳名は万国に流れて滅せざるべし敬《つつしん》で諸子在天の霊を祭る魂にして知るあらば尚くは来り享けよ」(48)というように、国際社会における日露戦争の意義付けへとつながっている。戦死は公事であり、国際情勢の中で日本という近代国家が確固とした地位を占めるための戦争に殉ずるという名誉がたたえられている。

前章では、戦没者碑の始まりが武士の慰霊碑である招魂碑にあったことをみたが、「惟時」に始まり「来り饗

（享）けよ」という弔祭文の形式にも武士の文化である儒教の影響が大きいことがみてとれる。

二　大日本忠霊顕彰会における忠魂・忠霊をめぐる言説

前章でみたように、忠魂碑などの戦没記念碑に関する研究は、内務省は当初から碑を非宗教的なものと位置付けていたことを明らかにしている。また神道学においても、碑表は神道学上宗教的な対象ではないことが主張されている。そこでは「墓碑ニ紛ラワシイモノ」あるいは「崇拝ノ的トナスモノ」については、その建設を規制していた。

こうした規制は、昭和一〇年代、とりわけ満州事変以降に大きく転換され、内部に納骨施設を持った宗教的な建造物である「忠霊塔」の出現をみることになった。国内および外地における忠霊塔の建設にあたっては、昭和一四年に設立された財団法人大日本忠霊顕彰会の存在が大きな役割を担っていた。

この頃、社会・歴史的文脈も大きく変化している。二・二六事件の翌年である昭和一二（一九三七）年には日中戦争が勃発し、文部省教学局が設置され、官製のイデオロギーである『国体の本義』が発行される。翌昭和一三（一九三八）年三月の国家総動員法成立に先立って、二月十六日　警発甲第一四号、警保局・神社局長通牒「支那事変ニ関スル招魂社又ハ紀念碑ノ建設ニ関スル件」が出され、さらに昭和一四（一九三九）年一月内務省における同省警保局・神社局・陸軍・海軍・文部・厚生省各係官協議を受け、同二月二七日、陸軍省より陸普第一一一〇号、副官通牒が出される。そこでは「ナルベク単純ナル忠魂碑タラシムルコトナク永遠ニ護国英霊ノ塋域《えいいき》（注・墓地のこと）トシテ尊崇ノ中心タラシムルコト」が主張され(49)、国家側の碑解釈が大きく変更された。七月七日には、平沼騏一郎首相を名誉会長として財団法人大日本忠霊顕彰会が設立される。同会は、内地においては一市町村一基、外地においては主要戦跡への忠霊塔の建設を目標に掲げた(50)。昭和一四年七月七日に九段軍人会館で行われた大日本忠霊顕彰会発会式の席上、会長菱刈隆陸軍大将の挨拶には同会の目的と意義が次のように語られている。

そもそも本会の目的は忠霊を戴いて滅私奉公するため忠霊に接しやすいように、あらゆる施設をいたすのであります。その第一は今次事変の主要会戦地における忠霊塔建設に対する助成並びにこれが維持及び祭祀であります。（中略）これに対して国民全員洩れなく奉仕をもってその完成に尽くすところでなければならぬと思うのであります。その第二は内地に無言の凱旋した遺骨は母隊もしくは市町村において、その慰霊祭を行った後これを遺族に渡され、遺族はこれをわが家の墓地に葬るのでありますが、（中略）年代の経過すると共に墓地の改装、移転、或は遺族の断絶、他郷移住等のため祭祀が絶え甚しきものは破損或は紛失しているものもあるような次第であります。（中略）よってこれを市町村毎に一ケ所に纏め永久に市町村において自分等の身代りとなって斃れた忠死者のために奉仕をして永久に忠霊を戴いて行こうという施設をしたいと思うのであります(51)。

忠霊塔は内部中央に納骨室をもつものであり、その源流はいくつかあるが、その第一に仏教的な納骨堂の伝統がある。本来、「塔」はサンスクリット語の stūpa に由来する仏教概念である。戦死者に対する供養塔を建立しその慰霊とする伝統は日本に存在したといわれる。

近代における忠霊塔の始まりは、日清戦争の戦死者の遺骨を安置した護国寺忠霊堂であるとされる。その起源は東京都小石川音羽、真言宗別格本山護国寺境内にある多宝塔および忠霊堂にある。これは日清戦争時に遼東半島で戦死した軍人のために、当時護国寺貫主であった高木義海によって建立されたもので、明治三五（一九〇二）

表 8-1　海外に建設された忠霊塔一覧

塔名	設立年月	安置数
旅順	明治 40 年　5 月	24583
大連	明治 41 年　9 月	6082
遼陽	明治 40 年 10 月	14847
奉天	明治 43 年　3 月	35728
安東	昭和 43 年　6 月	3429
新京	昭和　9 年 11 月	1106
斉々哈爾	昭和 11 年　9 月	983
哈爾賓	昭和 11 年　9 月	3412
承徳	昭和 13 年　5 月	2566
計		92736

出典）『東京日日新聞』昭和 14 年 8 月 5 日付より作成。

年に完成している。遼東半島は日清戦争後の三国干渉により返還されなければならなくなったことにより、戦地に埋葬されていた遺骨の散逸を恐れた現地の守備隊長遠山規方少将が第四師団従軍僧小林栄達に依頼し、京都泉湧寺に引き揚げ仮安置した。その後七つの箱に入れられた遺骨を四輪車に載せ、これを東海道に沿って宿場ごとに在郷軍人会が順番に徒歩により引いてゆく、一種のリレー式の行進によって移動されたのである。

四輪車は「明治廿七八年戦役戦病歿者之遺骨」と大書した旗を掲げ、横には三本の白木綿を結び、明治三五年九月四日京都の在郷軍人会の手で引かれ出発、一一月二日に到着した。こうして約二ヶ月をかけて運搬され、安置されたのである。途中、名古屋の大州観音や川崎大師など、各地の寺院に奉安・滞在しつつ進み、難所である箱根越えには鉄道を利用したほうがよいという意見もあったが、最後まで徒歩の行進を完遂した。

この逸話は「日清戦役忠死の遺骨／東海道を感激の継走」や「覚めよ顕彰の精神／国民の感謝で築け」などという見出しで、この忠霊顕彰会発足と同時に新聞紙上に報道された(52)。そこでは、一宗一派を超越した美談として語られている。

忠霊塔の第二の源流に、外地のものがある(53)。忠霊塔は、対外戦争によって戦地にて死亡した兵士遺骨を安置するという目的で、外地に建設されていた（表8-1）。日露戦争後、旅順、大連、遼陽、奉天、安東の各地に一基ずつ、満州事変以降、新京、ハルビン、チチハル、承徳の各地に建設される。いずれも巨大な建造物であり、中でも昭和一一年に完成したチチハルのものは高さ三七メートルにも達する。満州における記念碑あるいは慰霊施設

図 8-2　左：奉天忠霊塔
出典）岩崎清七『満鮮雑録』秋豊園出版部，1936 年（国立国会図書館蔵）
右：大連忠霊塔
出典）楯綱雄『満洲景観』大正写真工芸所，1941 年（国会図書館蔵）

の存在は、昭和一五（一九四〇）年の時点で、少なくとも一七七基にのぼっていた[54]。

こうした外地に建設された忠霊塔の最初のものは、旅順白玉山表忠塔である。この塔は乃木希典・東郷平八郎両大将が発起人となったことで話題を集めた。明治四〇（一九〇七）年六月から四二年一一月までの二年五ヶ月をかけて建設され、工費約二三万円はすべて寄付金によって賄われた。納骨祠と塔を分離した構造になっており、塔の部分は巨大な建造物である。塔内部には二四三段の螺旋階段があり、許可を受ければ塔上へ出ることができる。さらに塔上には「二百燭光の電灯九ケ」が設けられており、航路標識、一種の灯台という実用的な機能も持っていた。年に一〇万人を下らないという戦跡視察者が訪れていたという。

除幕式においては乃木が祭文を読み上げた。その形式は「在天の英霊来たり享けよ」で終わっており、それが『東京日日新聞』等で報道されたことにより、祭文の形式が一般にもさらに広まったといわれる[55]。

『忠霊塔物語』は次のようにこの塔の意義を語る。

屹然として聳え立つ白玉山の忠霊塔（ここでは忠霊塔といってもよいと思う）は、ただ単に英霊を祀る意味での貴さよりも、さらにここを基地とし歩一歩、大陸への巨歩を踏み出したわが皇国の輝かしき過去ならびに将来をこれら英霊に報告する意味において、じつによなき生きた記念碑であるということが出来る

白玉山表忠塔除幕式に乃木将軍副官として参列した松平英夫大尉（後の貴族院議員山田英夫伯爵）は、「表忠塔は海の上からもよく見え、はじめてこれを見たときはこの海を通るものは皆この塔を仰いで英霊を偲ぶことが出来る。まことに結構なことだ」と思ったと語っている。(56)

後年、大日本忠霊顕彰会発足の挨拶では、菱刈会長は「旅順の白玉山には二万五千有余の遺骨が祀られたる忠霊塔があるのでありますが、これにお詣りするものは旅順攻撃の当時を回顧して血沸き肉躍るを覚ゆるのであります。」と語っている。

大連の忠霊塔は「御幣型」と呼ばれる幣束を擬した巨大な塔の建造物である。同様のものは奉天忠霊塔にもみられる。(57)この大連忠霊塔は、明治四〇（一九〇七）年関東都督府陸軍経理部が遺灰遺骨の散逸を危惧し、合祀するため同年九月大連朝日広場に納骨堂を起工、翌年九月竣工し、一一月戦地からの遺灰を移したものである。その後、大連市の発展に伴い、南満州鉄道株式会社（満鉄）が全費用四万九千余円を負担し、緑山の中腹に鉄筋コンクリート製の塔を大正一四（一九二五）年六月竣工し、翌年四月一五日に完成した。周囲四四〇〇坪の緑山公園を造営し、忠霊塔前に大広場を設けて大連市の行事を行う場とした。大連を訪れた大日本忠霊顕彰会のスポークスマンであった桜井徳太郎は、「これに遺品館を具備すれば完璧である」と評し、忠霊顕彰会が全国に普及しようとしている忠霊塔の最も模範的な形式であると述べた。このような、戦没者碑を中心とした公園整備は日露戦争の勝利を記念して国内でも進められていた。(58)

『東京日日新聞』には、この大連の忠霊塔に関することが「我が大陸建設の基柱／渡満邦人必拝の聖域」との見出しで掲載されている。「戦場に建てられたという意味よりも、大陸の基地に建てられたという意味において貴重性を持つ」とし、植民地としての大連の発展を象徴するものと捉えられていた(59)。

大日本帝国の旧植民地都市研究は近年発展しつつある研究領域である(60)。旅順の表忠塔がシンボルであると同時に実用性も意図して作られており、また大連の忠霊塔も、シンボルであると同時に広場や公園という都市機能があらかじめ設計に織り込まれていたことをみたが、こうした忠霊塔は、都市計画の中でどのような位置を占めていたのだろうか。換言するならば、どのような用法をそこにみることができるのだろうか。

大連の都市建設は、ヨーロッパに伍する都市として、とりわけフランスのエトワール広場（現在のドゴール広場）を意識して帝政ロシアによって計画されていたものが、日露戦争の敗北によって放置されたことに始まる。中央にある円形広場から放射状に道路が伸びる形に都市の基本デザインがある。円形の広場には哈爾浜《ハルビン》の都市計画においても明らかなように、聖堂が設けられる計画であった。それが日露戦争後、日本人によって踏襲され、さらに改革され、拡張、建設されたのである。

それゆえ、大連、旅順、奉天（瀋陽）、新京（長春）、哈爾浜などは同じ都市構造をしている（図8−3）。こうした都市では、上下水道、緑地計画、広場、鉄道、路面電車、建造物の配置など、南満州鉄道株式会社（満鉄）により徹底した都市インフラの整備が行われていった。これらは当時の東京よりも進んだ都市計画であり、現在でもなお旧植民地のインフラが中国や台湾で利用されていることはその証左であるといえる。

大連に限らず、こうした計画がなぜ可能となったのだろうか。後藤新平と彼の理想に従った官僚、技術者たちの意欲や情熱はもちろんであるが、その背後には「鉄道付属地」という半植民地の運営―統治技術がある。鉄道付属地を中心とした大規模な都市計画とその実現は、内地では予算や利害対立などのさまざまな問題によって決して実現できないものであった。

陸路である鉄道の運営には、沿線に広大な土地を必要とする。満鉄付属地とは、鉄道経営国の属地的行政権を中国側に認めさせた外国行政区であり、半植民地であった。そこでは、警察、軍事、裁判権を日本政府直轄下に

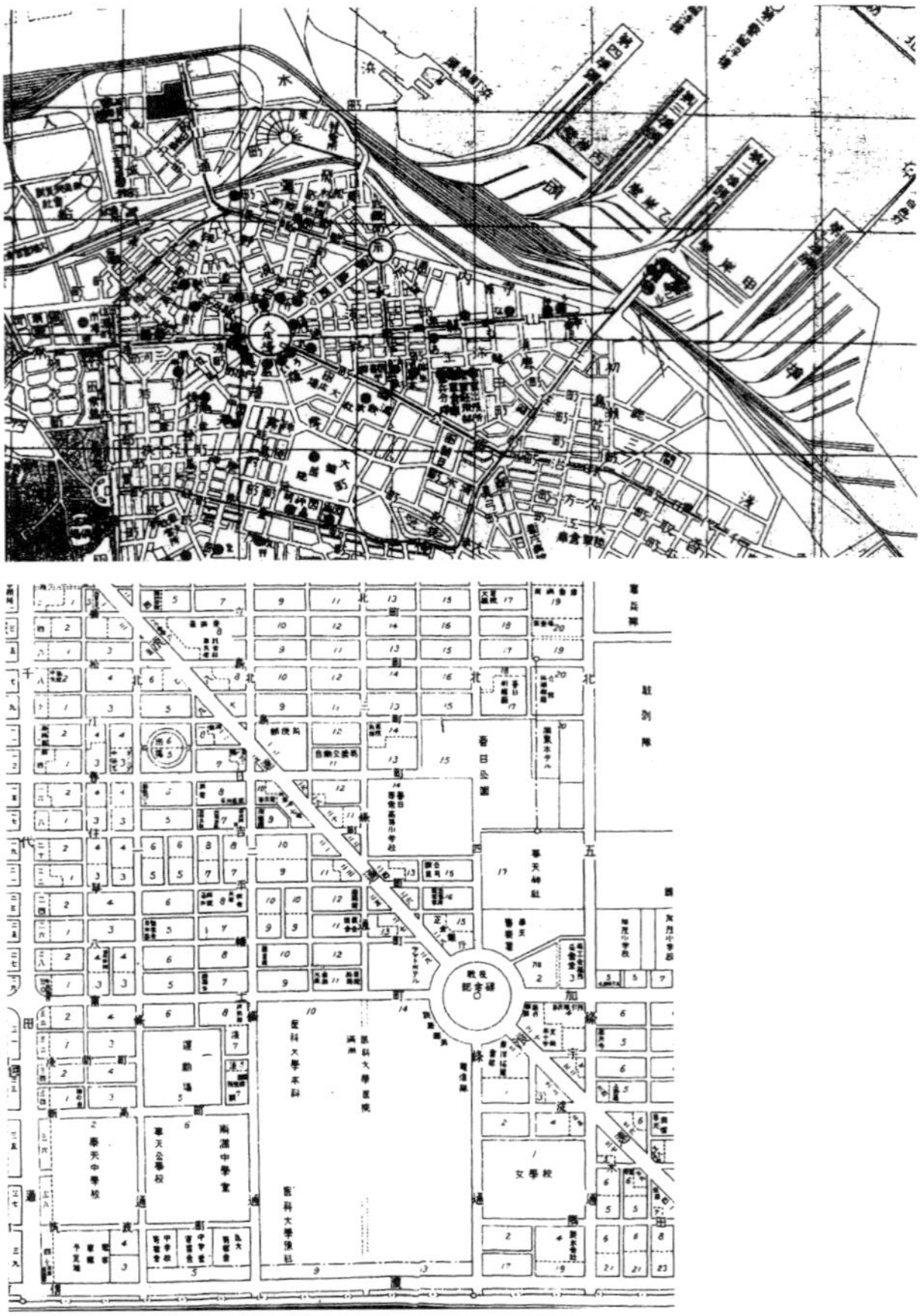

図 8-3

上：大連の地図
出典）「大連市街全図」『最新大連市案内』昭和 10 年，満書堂書店。
下：奉天の地図
出典）『奉天附属地番地入図』昭和九年，大阪屋號書店。

おき、一般行政権を日本政府の命令書によって国策会社である満鉄に委任する形で統治が行われていた(61)。

この鉄道付属地の経営にあたって、その都市計画上のシンボルとなっていたのが、①円形広場とそこから放射状に伸びる幹線道路、そして②忠霊塔であった。中心となる円形広場を囲むように、市庁舎などの行政施設や銀行などの金融施設、また満鉄ヤマトホテルが建設されていた。一方、忠霊塔は付属地の中で、モニュメントとして人々が都市から仰ぎ見ることができるような場所へ建てられたのである。

その意味で忠霊塔は近代都市建設のシンボルであると同時に、植民地経営を正当化する論理を可視化する建造物であった。満鉄の文書に明らかなように、その論理は次のようなものであろう。


満鉄付属地ハ日露戦役ニ於テ我国カ其ノ国運ヲ賭シテ得タルトコロノ聖地テ、畏クモ明治天皇ノ御遺産トモ称スヘク将又満州ノ荒野ニ護国ノ華ト散ツタ十萬同胞ノ形見トモ謂フヘキモノテ、満州全般ニ及フ広凡ナル地域ニ於ケル経済上及行政上ノ特殊権益確保ノ中枢ヲ為シテイル(62)

満鉄付属地は「十萬同胞ノ形見」であるという論理が先んじて成立していた。昭和一〇年代に、「十萬の血によって購《あがな》われた聖地」として大日本忠霊顕彰会はその論理を国内へ持ち込んだのである。

第四章と第五章で考察した英国の事例にみられたように、国家をイメージ化し、帝国を可視化するために参照された「古代のカノン」は日本の事例においても見出すことができるだろう(63)。建築史の観点からは、ファシズム期を特徴付けるものでもあるドイツにおける第三帝国様式が有名であるように、クラシック建築からディテール装飾を削ぎ落とし、骨格を前面に押し出した「新古典主義」の建築様式がそれに相当するだろう(64)。

これらの事業は、戦争遂行あるいは戦意高揚のための施策でもあったが、同時に、忠霊塔の建設図案を全国から公募し、コンペを行う等、紀元二六〇〇年に向けた記念事業の一環としてはっきりと位置付けられてもいた(65)。また『東京日日新聞』『東京朝日新聞』などの大新聞が全面的に大日本忠霊顕彰会の活動を協賛しており、同会設立の予定が発表された昭和一四(一九三九)年七月一日以降、ほぼ毎日、忠霊塔に関連した記事、寄付の呼びかけ、美談などが掲載されてゆく(66)。

奉仕の精神の模範とされたのは福岡市陸軍墓地である。同施設は昭和一〇(一九三五)年三月に大改修を始め、翌昭和一一年四月除幕式、その後も満州事変記念日には七万人の参拝者を得る盛況であったとされる。ここは歩兵第二四連隊および福岡連隊区出身将兵の墳墓であり、昭和一〇年日露戦役戦捷記念三〇周年、歩兵第二四連隊旗拝受五〇周年にあたり、四基の墓碑を新たに建立した。日清戦役戦病没者一三八柱、日露戦役戦病没者五一九柱、シベリア出兵戦病没者一〇四柱、満州・上海事変戦病没者七四柱、その他殉職者一三一柱、合計九六六柱を合祀し、その遺骨が納められた。大日本忠霊顕彰会常務理事であった島内松秀(福岡連帯連隊附中佐)の談によれば、当時櫻井徳太郎大佐は大隊長としてこの連隊に所属しており、完遂された事業は「軍民一致奉仕の模範／汗の結晶・五基の墓碑」と報道され、これが忠霊塔建設の精神的「模範」であるとされた(67)。

こうした記事において興味深いのは忠霊塔の意義付けや解釈に海外の例を持ち出していることである。まず昭和一四(一九三九)年七月一日付『東京日日新聞』に発表された中村明人少将の談話である。これは大戦後のヨーロッパ視察時の感想を述べたもので、続く八月三日から断続的に一一回連載された「忠霊塔物語」第一回も同人による同じ趣旨の談話である。この連載記事は、後に菱刈隆大将名義で『忠霊塔物語』として出版された。また『東京朝日新聞』紙上でも昭和一四年八月三日から五日にかけて「忠霊塔」(上・中・下)という特集記事が掲載され、その中でも有末精三大佐(陸軍省軍務課長、元イタリア大使館付武官他)がイタリアの戦没記念施設について触れている。また同紙では続く八月六日から八日にかけて、建築家の岸田日出刀による「忠霊塔私見」(上・中・

下）という記事が連載されている。

これらの知識人あるいは海外経験を持つ軍人たちは、欧米における戦没者の慰霊施設に言及している。ギリシア・ローマ時代のオベリスクやモニュメントにはじまり、英国のウエストミンスター寺院内部にある無名戦士の墓やホワイトホールにあるセノタフ、フランスの凱旋門にある灯火、米国のアーリントン墓地、ドイツ、イタリアの同様の施設について語る。

第四章にみたように、第一次世界大戦により多数の戦死者を出した英国における戦死者の扱いについては、遺骨を帰還させない点、無名戦士の墓というように一括したもので兵士の名前を刻まない点などを批判している。一方でドイツのミュンヘン、あるいはイタリア航空省の例など、同盟国のものは次のようにポジティヴに評価されている。

〔ミュンヘンの〕忠魂碑はバイエルン国の王様の城のある庭園内で、その前には軍隊博物館とでもいうか、実に立派な日本の遊就館のようなものがある。記念碑は長さ約八メートル、厚さ約二メートルを有する大きな大理石を、長さ約三メートル五〇位ある仰向けに寝ている兵士の上に載せてある。／この大きな大理石の正面には “Sie warden auferstehen”（諸君は再起し得べし）と大きく書いてある。（中略）ドイツは必ず近いうちに復興するだろうということを、この戦死者の慰霊祭事の状況を見て判断することが出来たのである。(68)

これは大正一五年一二月二四日、中村明人少将陸軍省兵務局長による談話である。大理石に刻印されている銘文 Sie warden auferstehen は、実際にはブラームス作曲による〈ドイツ・レクイエム〉より第Ⅵ楽章「わたしたちはこの地上に」の一節であり、それは聖書の「コリントの信徒への手紙一　15・51―52」から採られたものである。つまり、この文がキリスト教の文化的背景を持つことには触れずに、あくまでも日本的な慰霊の視点から紹介、あるいは利用されている。

記事においては、こうした諸外国の事例が紹介された後に、国家的事業として行う忠霊塔の意義が主張される。このように、忠霊塔はこれら西欧の文化的な解釈枠組みを参照し、かつ近代建築のひとつとして構想されている。同時に、植民地の拠点として考えられ、この論理は、遺骨を納めて、子孫へ残そうとする貴重な事業であることを強調し、伝統は日本人の崇高さ、精神性の高さを表しているとする点に収斂しているのである。

日本の独自性や精神的な優位性を示すとされたこの収斂点は、さらに次のような帰結となってゆく。それは忠霊顕彰会理事長であった矢野音三郎は忠霊塔の意義を次のように述べている。

> 報国殉忠十万の勇士の血と肉とは凝って建国の礎となり、（中略）日露戦争や満洲事変の輝かしい聖業の蔭に秘められた雄々しい犠牲は数限りなく、尊い鮮血を持って彩られた戦蹟は満洲の天地到る処に永遠不滅の光を燐然たらしめて居る。(69)

また、大日本忠霊顕彰会のスポークスマンでもあった櫻井徳太郎(70)は、忠霊塔によって日本と満州は「霊的に」一体となったと述べている。

> 日露戦争時には日本人が独力でロシア人を逐い払った。そのために斃れた勇士の忠霊塔が出来た。（中略）今度は満洲事変が起って、建国の犠牲者が出来た。日本人、或いは日本側に協力して働いた満洲人の入った忠霊塔が創られた。（中略）それは満洲国の礎であり、それによって日満は霊的に不可分関係である。(71)

さらに、櫻井にとっては、満州と国内は忠霊塔によって繋がっている。

人柱の精神は今日まで尚お続いている。新らしい人柱である奉仕作業がここに行われている。金でやっているんでない、真心でやっているのである。それらの子供が忠霊塔の境域に木を植えて置く。子供と共に木は大きくなる。石も木も自分が手懸けたものだ。懐かしい。忠霊塔と繋がっている。その魂は第一線の忠霊塔に行く。（中略）八紘一宇の柱は忠霊塔であり、此の忠霊塔の上に八紘一宇の家が出来、大東亜は忠霊精神で結ばれるに至るであろう。戦死の御遺骨を納めた忠霊塔には一億国民の真心が行っているのだから、その一帯は幸福になる。こうした忠霊を中心としての大東亜の結ばりこそ、大御心即ち天道に合する(72)

矢野や櫻井にとって、満州国の建国や八紘一宇の理念の成功は、戦没者の「血」によって贖われたものであり、かつそれは「魂」あるいは「霊」によって媒介されるものであった。「血と肉とは凝って建国の礎」となり、東亜は「霊的に一体」である。国民ひとりひとりも忠霊塔によって戦跡と「繋がって」いる。その「つながり」が土地の幸福をもたらし、それこそが「天道に合する」在り方であるとしている。

三　忠霊公葬運動における忠魂・忠霊をめぐる言説

戦没者に対する公葬が、地方やあるいは企業などのさまざまなレベルでいかに行われていたのかについての研究もあまりない。戦没者の葬儀は基本的には故人の遺志や家族（イエ）の宗教・宗派によって営まれ、多くは仏式であった。あるいは仏式であっても各宗派共同で行われたり、もしくは仏式・神式と二本立てで行われていたりした。戦没者の公葬はすべて神式で行うべきであると主張した忠霊公葬運動の展開に関する研究はごく限られたものである。これらの問題は、公的な葬儀と私的な宗旨がいかに考えられていたのか、換言するならば近代日本における公共性の領域を示すものであり、興味深いものではあるが、まだよく分かっていない領域である。

忠霊公葬運動とは、端的にいえば戦没者の公葬はすべからく神道式で行うべきであるとし、仏式を廃し神道葬を広めてゆこうとする運動である。忠霊公葬運動に関しては、概論的なものを別とすれば、管見ながら長友安隆が神社界を中心にした戦時下の動きについて、従軍神職の問題とともに、その詳細について論じたものがある(73)。長友によれば、戦時期の神道界におけるこの問題は、満州事変以降、日中戦争、太平洋戦争へと戦局は拡大してゆくが、それにともなって公葬問題の発端となった東郷平八郎元帥の国葬が昭和九(一九三四)年六月五日に日比谷公園において行われる。このとき葬儀委員長に明治神宮宮司有馬良橘が任命され、ここで神官の葬儀関与を禁止した明治一五年内務省達の廃止運動が単発的になされたことにこの議論は始まるとされる。この問題は、大政翼賛会においても議論され、神社神道史においては「英霊公葬問題」として研究がなされている(74)。

ここにいう明治一五年内務省達とは、明治初期から明治一五(一八八二)年までの明治政府の宗教方針の転換に伴って発せられたものである。明治五(一八七二)年六月太政官布告により、民間の自葬を禁止し「葬儀ハ神官僧侶ノ内へ相頼ム可キ事」また「従来神官葬儀ニ関係致サス候処、自今氏子ヨリ神葬祭相頼候節ハ喪主ヲ助ケ諸事取扱フ可ク候事」とされた。また明治七年には教導職の葬儀関与も差し支えないものとされた(75)。しかし、明治一五年一月二四日内務省達「自今神官ハ教導職ノ兼補ヲ廃シ葬儀ニ関係セサルモノトス、但シ府県社以下ノ神官ハ当分従前之通」さらに明治一七年一〇月「喪主ノ信仰スル所ニ任セ不可ナカルヘシ」と、自葬の解禁を行った。これにより、法的には、キリスト教でもあるいは無宗教でも葬儀が行えるようになった。

つまり、これらの政策を要約すると、①神社を宗教外に置くために神官の教導職兼補を廃止するとともに、葬儀は教導職のみに関与させ、②その一方では神官の絶対多数である府県社以下の神官については従前通り葬儀関与を認め、なおかつ、③維新以降すでに皇室の葬霊祭などの国事行為には神道儀式を認めていた。こうした政策の転換には、信教の自由と国家の祭祀としての神道の確保という根底的な矛盾があったのである(76)。

戦没英霊に対する公葬祭は皇国の祝典に則り、国礼・国式をもってすべきであるとする主張は、日中戦争勃発後、すでに祭政一致翼賛運動として発生し、祭政一致翼賛協会なる団体が、昭和一五(一九四〇)年五月八日公爵一条実孝を総裁として発足し、「英霊公葬神式統一運動」「神官葬儀不関与廃止運動」を目的とした建白書、請願書などを提出するという言論・ロビー活動を行っている。昭和一四年、影山正治によって結成された政治団体(右翼団体)である大東塾もこの会合に参加している。

大東塾においてこの運動は「忠霊神葬運動」、正式には「忠霊公葬神式統一運動」という。大東塾がこの問題に関与するようになり、独自の運動を展開する契機となったのは、昭和一七(一九四二)年九月二二日空の軍神隼戦闘隊長加藤建夫陸軍少将の陸軍葬が仏式(東京築地本願寺)で行われたことに対し、影山正治大東塾塾長の「皇軍の本義と宗教維新への道」(『生産党報』)という批判論文が発表されたことに端を発している。この論文は次のような主張に始まる。

　空の軍神と讃えられる故陸軍少将、従四位勲五等功四級加藤建夫氏の陸軍葬が、同少将ベンガル湾頭自爆の日より満四ケ月の命日にあたる九月二十二日午後二時より築地本願寺本堂に於て執行された。霊位は「須弥壇」に安置され「導師」は「紫衣緋袈裟」の西本願寺大谷光照法主「持念、三奉請」ののち「敬白文」が読まれ、「読経、焼香」の後告別式に移ったと言う。ここに言う導師とは何ぞ、霊を西方彼岸に渡すための導師である。ここに言う持念とは何ぞ、阿弥陀仏に帰命するための念称である。ここに言う告別とは何ぞ、皇国土を離れて西方十万億土へ旅立つ御霊に対する告別である。ああ又言うに忍びざるところ、軍神の霊いずくに行かんとするか。(77)（中略）「天皇陛下万歳」を奉唱し、固く七生勤皇の誓願をこめつつ、戦死せる忠烈の英魂は、真直ぐに高天原の神座にまい上るのであって断じて西方十万億土の極楽世界や天国に行くのではない。若し行くものありとせば、そは生ける忠臣死せる叛徒に外ならないのである。肉体は捧げるが霊魂は捧げぬと言うならば、そのような忠節は断じて絶対のものではないのである。(78)

この論文が公になった後、昭和一七（一九四二）年一一月二〇日、前田利為大将陸軍葬が再び東京築地本願寺において仏式にて行われる。影山はさらなる批判論文「陸軍葬再論」（『大孝』昭和一八年二月号）を発表する。しかしその後も、昭和一八（一九四三）年一月二七日、塚田攻《おさむ》大将以下陸軍葬は東京青山斉場にて仏式にて執行される。

この問題の大きな転機となったのは昭和一八年六月五日の山本五十六海軍大将の国葬である。これは神式による執行であり、天皇からの勅使が玉串を奉典した。この後、公葬運動側も勢いづくことになる。

昭和一八年六月には「豊橋市公葬問題」が起こる。これは、「本市多年の慣行」として公葬の仏式執行を譲らなかった市長に対する大東塾野村辰夫による暴力事件である。一度は示談となったが告訴され、最終的には傷害罪で執行猶予付の判決が出ている。(79)

『公論』の当該号掲載の座談会には大東塾から武藤包州が出席しており、その際にこの問題の経緯について詳しく述べている。(80)また、大東塾は当初、「戦死者の忠霊に対し、各家庭の〝私葬〟については家の宗旨にしたがって全く自由であるが、陸軍葬、海軍葬、部隊葬、市町村葬等の〝公葬〟にあっては、国葬が法的にそうなって居るように靖国神社の方式たる神式を以て行うべきである」(81)としていたが、やがて日本国民としての葬祭はすべて神式でなければならないと主張するようになる。本座談会では段階的にその方向を目指すべきである旨の発言がされている。

公葬問題のさらなる社会的進展は九月二九日北海道札幌市中島公園特別祭場にて行われた山崎保代陸軍中将以下アッツ島玉砕勇士二五七六名合同葬儀（慰霊祭）が、官幣大社札幌神宮（後の北海道神宮）において神式にて執行されたこと、および山崎中将の公葬（新潟県高田市における市葬）も同市初めての神葬が行われたことであろう。特に前者は明治一五年の内務省達を実質的に有名無実とするものであった(82)。

式の予定が発表され、執行の当日を迎えるまで、遺族の様子、各種の美談、軍人の談話、戦闘の様子や意義など、連日に渡り主要な新聞はこの公葬に大きく紙面を割いている。この葬儀は、メディアを通し、国民が注目する一大イベントともなっていた。この慰霊祭では、北部軍司令官樋口季一郎が次のような祭文を読み上げている。

惟時昭和十八年九月廿九日北部軍司令官樋口季一郎謹みて山崎部隊将士の英霊に告ぐ（中略）その忠烈は正に鬼神を哭かしめ、その功烈は昭々として万古を貫くべきなり、（中略）諸子の勇士はなお髣髴として眼前に在るに、今や已に幽明境を異にして相見ゆるを得ず、（中略）諸子が七生滅賊の精神に徹せる献身奉公の至誠は一億国民の肺肝を衝き為に皇国の興廃殉ぜんとする精神澎湃《ほうはい》として起こるにおいてをや／今や皇国四辺よりする敵の反攻はいよいよ熾烈を加え、戦争勝敗の決は一に懸りて今後における一億国民の強固なる団結と決死奮闘に存するの秋、神霊冀《こいねがわ》くは永く皇天后土を昭鑑し一億の敢闘必勝に加護を垂れ賜わらんことを、ここに恭しく慰霊の典を挙げ以て忠魂義魄を弔う、英霊髣髴として来たり饗けよ(83)。

この祭文には、「惟時」に始まり「来たり饗けよ」という形式が公葬において確立していることをみることができる。

大東塾はその後も説得活動、署名運動や請願、さらに行進や祭典を行ってゆく。[84] また、共鳴する師団長による管下部隊の部隊葬の神葬化や、いくつかの都市や町村の公葬の神葬化などの成果をあげていったとされるが、その主張は政府からは認められることはなく、また昭和一九（一九四四）年一一月八日には影山自身が北支戦線へ出征してしまった。その後、大東塾は運動を続けたが、日本の敗戦により、この問題も終わりを告げたといえる。

大東塾の思想と行動には強烈な宗教的動機が存在している。宗教性そのものについていうならば、塾長影山正治の父、影山庄平の影響が大きいとされる。[85]『忠霊公葬論』に収録された諸論には、影山の一貫した主張をみることができる。

若し武勲抜群の者を特に軍神と呼称し、以て全軍の士気昂揚を図るのであると言うならば、それも一応もっともとして認めてよい。しかし、その場合には、軍神に対する死後の扱いは特別に留意されなければならない。それは、何よりも忠臣中の忠臣であるのだから生死を一貫して、純粋無雑に神ながらでなければならない。万一、軍神の霊が、釈迦や阿弥陀仏に帰依するようなことがあったならば事は言語道断に深刻である。国体は肉の世界のみのこととなってしまう。皇国民の行く手は全く混乱に陥ってしまうのである。（中略）一方に於て靖国神社に神として祀り、一方に於て仏教又はクリスト教を以て高天原以外の霊界に送霊すると言うことは、皇国精神界の大分裂である。[86]

事の次第をたずぬれば、加藤少将の家の宗旨が仏教（多分真宗）であり、本人の意志はともかく、家族の者が切に仏葬を希望したためその希望に従ったままでだと言うことであるかも知れない。しかしその様なことは何の理由にも弁解にもならぬのであって、事はもっと根本的に重大であるのだ。[87]

戦死者公葬をどのような宗教上の形式で執り行うのかを決めるに際し、「遺族の申出を絶対視せんとする傾向」がある[88]が、これは憲法に定める「信教の自由」の西洋的理解による誤りであり、本来の憲法の趣旨によるならば、「遺族の意思如何に関わらず神式一本に統一せらるべきものと確信」されている。これは一見すると矛盾する主張のようであるが、「ここに云う神式とは純粋古神道、即ち神社神道」のことであって、仏教、キリスト教などと並列される「宗派神道」のことではなく、それは古来から連綿と続いてきた日本の文化であり自然な在り方であるという主張なのである。

若しかようなことが今後とも続けらるるとするならば、国民は現在の軍首脳部が那辺まで皇軍たるの自覚と覚悟をもっているかに懐疑せざるを得ないであろう。或いは「信仰の問題は別だ」と言うかも知れない。若しその様な言い方や考え方をする軍人が実在するとするならば、これは大変なことである。信仰の問題こそが根本であって不抜の国体信仰に貫かれざる軍隊であるならば外国軍隊同列の国防軍に堕落してしまうのだ。事の重大さを痛感し皇軍本来の大義に確認して、将来過ちを再びせざる様にしたいものである。[89]

信仰こそが重要であり、すべてはそこから始まるとする主張をここにはみることができる。これをうわべだけの原理主義的主張であるとみるべきではない。そしてここにこそ影山の主張する宗教維新が意味を持つのであり、この主張の背後には、後の『維新者の心情』に明らかなように、明治維新も勢力の大小によって左右されたのではなく、核となる少数の革新者が最初にいたからこそ、日本全土を巻き込むあのような維新の大事業をなしえたのであるという運動論的確信があるのである。

また、前述したように、公葬運動は「神職葬儀不関与達」を撤廃するという法的闘争の様相を呈してくる。そこでは、神道が死の穢れを嫌うものであるとする論にも反駁している。死の意味、天皇の軍隊としての兵士の戦死は、彼らが殉じた行為の崇高さによって、そこに穢れなどはないと影山は主張する。

斯《かか》る法令発布の一原因は死穢の観念にあるものの如くであるが、神代に於ける伊邪那岐命の禊祓《みそぎはらい》に見る如く、死穢は禊祓の神事に依って完全に浄化さるるのであり、況んや至尊の御召に依り醜《しこ》の御楯として御名を称へつつ大君の辺に生命捧げし忠霊に拭うべからざる穢れの有ろう筈は無いのである。(90)

こうして、影山の主張において戦死は次のように意義付けられる。

聖戦奉公のための戦死は生命奉還である。畏みて大君の辺にこそ死ぬるのである。死して忠霊なお無窮に大君の辺にまつろい、以て無限に皇運を扶翼し奉るのである。若しその霊を阿弥陀仏に托して西方十万億土に送り、釈迦仏に附して彼岸極楽に送りやる如きことあらば、忠死の自己否定であり、忠霊の致命的冒涜である。肉体の生命は至尊に捧げるが霊魂の生命は天津日嗣以外に捧げると言うのでは忠節どころか、恐るべき国体反逆の大罪である。このような相対忠は絶対に否定されねばならぬ。これでは断じて「天皇陛下万歳」にはならぬ。即ち「天皇機関説」の極致にほかならない。(91)

終戦時に、影山庄平塾長代行を筆頭に大東塾生一四人は割腹自殺を遂げた。影山庄平の残した時世歌には「神あがる」とある。彼らにとって、死とは再び神の世界へ舞い上がり、還ってゆくことであると捉えられている。その論理を忠霊とされる戦死者すべてに適用しようという信念が彼らの忠霊公葬運動にはあったのだと考えられる。

むすびにかえて――戦没者慰霊と三つの死

本章では、戦没者公葬にみられる弔文や祭文、大日本忠霊顕彰会、忠霊公葬運動における、戦没者碑や戦没者をめぐる言説をみてきた。戦没者慰霊という記憶の場に仮託された三つの言説をみることによって、それら独自の観念を提示しようとした。

ここにみたものが、戦没者をめぐって呈示された死の解釈のすべてを包摂しているなどとする意図はもとよりない。しかしながら、いわば儒教―神道複合とでも呼べるような観念[92]についてのいくつかの類型をここにみることは可能である。

まず、『戦時弔祭慰問文教範』にみられた死の解釈は「死はあくまでも死」とするものである。その意味では死は合理的あるいは世俗的に解釈されている。「公のための死」や「勇敢なる死」、「忠」などにみられるように、戦没者は、公事や国家のために死ぬこと、日露戦争という世界において文明史的な意義を持つ大戦争に命を捧げることによって意義付けられている。その名誉が後世に伝わると解釈することで、戦没者を再定義している。そのために儒教、古典教養、故事、武士道、神道、仏教などさまざまな言葉や概念が動員されているのである。

次に大日本忠霊顕彰会にみられる死の解釈は単なる「忠」ではない。それは死を意味付けるのみならず、死は生につながるとする観念であったことが分かる。ここでは民俗宗教的な世界観が色濃く影を落としている[93]。これらの言説において「死」は無や消滅ではない。それは現実世界を背後から支える力、生命力の源泉として考えられ、さらに大日本帝国の発展を支える霊的な力と考えられている。そこでは遺灰遺骨へのこだわりとともに、不可思議な生命的つながりを遺骨や遺灰を媒介として達成することが強調されている。

最後にみた「忠霊公葬運動」を展開した大東塾の影山の思想においては、「死は奉還」である。忠霊公葬運動は、現世と死後を無矛盾かつ一元的に結び付けようとした運動であったことが理解できる。民俗的な宗教性から、さらに進んで、国体観念と矛盾しないよう、より純化・徹底しようとしたのが大東塾の忠霊公葬運動であったと考えることができる。民族として皇国を守護し、死してもまた皇国を守護するのである。

忠国尽忠などの国家主義と武士道との融合、民間信仰との融合、家観念との融合[94]、これらが提示する観念にはある種の魅力、あるいはイメージを喚起する力があるが、しかしこういった観念は体系だった思想であったのだろうか。戦没者の慰霊の場に看取することのできる観念は、一枚岩的なものではなく、さまざまな観念の混合物であろう。武士道や儒教の忠孝観念を一つの極とし、もう一方の極に大東塾の神道宗教的な意義付けがあり、このマトリクス上に、御霊信仰、忠孝を教える儒教、死者を慰霊する仏教、祖先崇拝、皇国のための死者を祀るなどのさまざまな要素があったのではないだろうか。これをどのように理解すべきであろうか。各々の起源を問うこともある程度は可能であろう。しかし、こうして融合し、組み合わされ生み出されていった観念それ独自の性質と構造を考える必要があるだろう。

本章のはじめに、慰霊祭は世界の再定義の場であると述べたが、何らかの形式で慰霊祭を行うことそれ自体が、その社会に並列して存在しているさまざまな解釈を収斂する行為である。このように複数性を収斂させる場として慰霊祭を考えることができる。また大東塾の思想と運動にみられるように、彼らにとって忠霊公葬運動は、それまでの慣行にみられたこうした複数性を純化しようという闘いであって、複数性を国家的規模で収斂させようとする運動であったことが理解できる。

冒頭に記した森岡の問題意識に戻ろう。「決死の世代」における、イデオロギーと死に甲斐との接続、また観念による飛躍はいかにしてもたらされたのだろうか。

本章の考察からいえることは、「死の厚み」であろう。満州国における巨大な忠霊塔は、「十萬の血によって購われた聖地である」ことを示すものであった。その論理は植民地主義や対外膨張主義を正当化する論理ともなっていた。太平洋戦争末期になると、新聞やニュース映像などのメディアでは、毎日のように軍神が生まれ、報じられている。学徒出陣した兵士にとって戦死は不可避の運命であると捉えられていた。それは個別の不幸ではなく、誰にでも平等に訪れるだろう運命ですらあった。近代戦争によって引き起こされた大量の死をいかに解釈すべきなのか。その死が国家の不可欠な部分を構成していることをいかに理解すべきなのか。これらの死の意味は問いかけられ、さまざまな解釈が生み出されてきた。そうした営みを記憶の場にはみることができる。こうした過去と現在における無数の死の存在、その厚みが、近代日本にはあったのである。もちろんさまざまな思想や自由を統制する制限的立法があったのであり、国家に逆らうという選択肢はほとんどなかったであろうが、同時に、こうした死の厚みに抗うこともできなかったのではないだろうか。近代国家という新しい神は、もう十分に血肉を得てしまっていた。

（1）　森岡清美『決死の世代と遺書――太平洋戦争末期の若者の生と死（補訂版）』吉川弘文館、一九九三年。

（2）　「私は長年にわたり、家ならびに家族、およびこれらとのかかわりで問題になる宗教現象の、社会構造的もしくはライフサイクル的研究に従事してきた。したがって拙著は、私の研究歴からみて新しい展開ということになるが、すでに新しい展開を期待しがたい年齢に達していることを考慮すれば、むしろ既往の軌跡からの逸脱というのが当たっていよう。しかしながら、展開であるか逸脱であるかは私の関知するところではない。ただ、なぜ、このような研究に手を染めることになったかについて、私自身の弁明を整理しておく必要があると思われるのである」i「はしがき」

もちろんこれは森岡の謙遜であろう。この業績は、家族社会学から始まった彼の研究がついには家族国家観の実態の分析にまで到達したのだという評価はもちろん可能である。この点については大積徹也氏からもご指摘を賜った。

（3）森岡前掲書、ⅱ―ⅲ頁。
（4）同前、一二五頁。
（5）同前、一三二頁。
（6）同前、一三三―一三五頁。
（7）同前、一三七頁。
（8）同前、一四一頁。
（9）同前、一四四頁。
（10）同前、一四七頁。
（11）橋川文三『ナショナリズム――その神話と論理』紀伊国屋書店、［一九六八］一九九四年。
（12）神島二郎『近代日本の精神構造』岩波書店、一九六一年。
（13）Smith, A. D. *The Ethnic Origins of Nations*, Blackwell, 1986.（邦訳：アントニー・D・スミス『ネイションとエスニシティ――歴史社会学的考察』巣山靖司・高城和義訳、名古屋大学出版会、一九九九年。）
（14）エリック・ホブズボーム『ナショナリズムの歴史と現在』浜林正夫・嶋田耕也・庄司信訳、大月書店、二〇〇一年。（原著：E. J. Hobsbawm, *Nations and Nationalism Since 1780: Programme, Myth, Reality* (Canto Classics), Cambridge University Press, 1990.）。訳書中の「プロト・ナショナリズム」は、I shall call these bonds "proto-national" の箇所であるので「プロト－ナショナルな紐帯」である（Hobsbawm, *op. cit.*, 1990, p.46.）。
（15）これらの議論の詳細については、本書「はじめに」の他、その原型となった以下の論考を参照。粟津賢太「記憶と追悼の宗教社会学――追憶の共同体をめぐる考察」『南山宗教文化研究所 研究所報』第二六号 二〇一六年、二六―四〇頁（https://nirc.nanzan-u.ac.jp/nfile/4521 二〇一九年七月一五日閲覧）。
（16）シユワルツの定義とその批判の詳細については本書第一章を参照。
（17）例えばエルツは、人類学の立場から、合葬を次のように解釈している。「すなわち最終の儀式は、いつもはっきり集合的な性格を表している。それは社会全体それ自身への集中を想定している。けれどもこの場合、死者たちを社会的な融合（コミュニオン）に再統合させるのに直接介入してくるのは、家族でもなければ、部落でもない、それは民族である。そこでこの行為は、以後、政治的な意味を帯びてくる。死者たちを合わせることで、いろいろな血縁集団や地縁集団がより高次の統一を形成する。かれらは連帯感を意識して、これによって結ばれ、お互いに助け合おうとする。死者の《社会》をつくることで、生者の《社会》が規則的に再生されていくのである」ロベール・エルツ『右手の優越――宗教的両極性の研究』吉田禎吾他訳、ちくま学芸文庫、二〇〇一年、一一一―一一二頁。（原著：Hertz, R., "The pre-eminence of the right hand: A study in religious polarity", *Death and the right hand*. Routledge. Reissue edition. 2006. pp.89-163.）

（18）先行研究およびこの問題に関する筆者の立場については以下を参照。粟津賢太「近代日本ナショナリズムにおける表象の変容――埼玉県における戦没者碑建設過程をとおして」『ソシオロジカ』第二六巻第一・二号、二〇〇一年、一―三三頁。また所在調査に関しては『「非文献資料の基礎的研究」報告書　近現代の戦争に関する記念碑』国立歴史民俗博物館、二〇〇三年。

（19）ここで筆者が意図しているのはリーチによる記号人類学における二分法的記号理解の乗り越えである。彼によれば象徴と記号はそれぞれ隠喩と換喩というコミュニケーション上の特性を持つとする。エドマンド・リーチ『文化とコミュニケーション』青木保・宮坂敬造訳、紀伊国屋書店、一九八一年。（原著：Leach, E., *Culture and Communication: The Logic by which Symbols Are Connected. An Introduction to the Use of Structuralist Analysis in Social Anthropology*. Cambridge University Press. 1976.）

（20）この体系が確立したのは昭和一四年四月一日、内務大臣告示第一四号の指定による。従来の招魂社を護国神社と改称したが、このときに指定護国神社と指定外護国神社とに分けた。指定護国神社は府県社に相当する社格が与えられた。指定外護国神社には村社相当の社格が与えられた。

（21）原田敬一『国民軍の神話――兵士になるということ』吉川弘文館、二〇〇一年、横山篤夫『戦時下の社会――大阪の一隅から』岩田書院、二〇〇一年などを参照。戦闘のみならず、訓練中の事故や病気などで死亡するケースも多い。それゆえ「軍用墓地」という軍の施設軍隊に武器庫が病院を必要とするように、墓地をも必要とした。明治三（一八七〇）年「祭魂社竝埋葬地」として始まり、陸軍連隊所在地や海軍鎮守府所在地等、計九四ヶ所の所在があったことが確認されている。

（22）寄居町教育委員会町史編さん室（編）『寄居町史　近・現代資料編』寄居町教育委員会、一九八七年。

（23）「支那事変陣没者慰霊祭執行ニ関スル件」『昭和八年　社会一件綴』藤根村役場（藤根公民館蔵）、一九三三年。この資料は、国立歴史民俗博物館基幹研究「歴史における戦争――近現代兵士の実像」（研究代表者　藤井忠俊）の調査において入手することができた。

(24)　羽賀祥二「戦病死者の葬送と招魂――日清戦争を例として」『名大文論集』一三七号、名古屋大学文学部、二〇〇〇年。

(25)　羽賀祥二「戦没者の葬送と招魂―日清戦争を例として」『名大論集』一三七号、名古屋大学文学部、二〇〇〇年、八三―一一一頁。および粟津賢太「戦没者慰霊と集合的記憶」『日本史研究』五〇一号、二〇〇四年、一七五―二〇六頁。

(26)　前者は明治三八年六月の段階で第五版、その後第七版まで確認できた。しかし、著者である大畑裕については今回よく分からなかった。ただ、この時期に多くの同種の出版物を著しており、特に、コミュニケーション史の方では彼の著作が紹介されている。明治以降、自由民権運動あるいは議会政治の導入にともなって、日本でも人前で演説する機会が多くなった。これに伴い今日でいうディベート論や雄弁術などの指南書が多く出版されるようになる。大畑も同様の書籍を著している。岡部朗一「明治時代におけるレトリック理論書の系譜」『異文化コミュニケーション研究』神田外語大学異文化コミュニケーション研究所、一九八八年。同「日本のレトリック」橋本満弘他編『日本人のコミュニケーション』桐原書店、一九九三年等を参照。

(27)　『戦時弔祭慰問文教範』より「祭文の定義」。

(28)　同前、「弔文の定義」。

(29)　同前、「祭文の定義」。

(30)　同前、「弔祭文の読法」。

(31)　同前、「弔文の読法にて敵国の怨みを解く」。

(32)　羽賀前掲論文、二〇〇〇年。

(33)　同前、「沙河會戦の戦死者を祭る文（其四）」。

(34)　同前、「沙河會戦の戦死者を祭る文」。

(35)　同前、「戦場病死者を弔ふ文」。

(36)　『續戦時弔祭慰問文教範』より「修二堡戦死者への祭文」。

(37)　『戦時弔祭慰問文教範』より「城廠の戦死者を祭る文」。

(38)　同前、「沙河會戦の戦死者を祭る文（其三）」。

(39)　『戦時弔祭慰問文教範』より「沙河會戦の戦死者を祭る文（其四）」。

(40)　『續戦時弔祭慰問文教範』より「修二堡戦死者への祭文」。

(41) 同前、「城廠の戦死者を祭る文」。
(42) 同前、「沙河會戦の戦死者を祭る文（其四）」。
(43) 同前、「沙河會戦の戦死者を祭る文（其二）」。
(44) 同前、「本渓湖の戦死者を祭る文」。
(45) 同前、「沙河會戦の戦死者を祭る文（其二）」。
(46) 同前、「沙河會戦の戦死者を祭る文（其四）」。
(47) 同前、「遼陽の戦死者を祭る文」。
(48) 同前、「本渓湖の戦死者を祭る文」。
(49) 村上重良『天皇制国家と宗教』日本評論社、一九八六年、一八一頁。
(50) 忠霊塔および大日本忠霊顕彰会に関する研究はまだ非常に少ないが皆無というわけではない。特に井上章一や大原康男などは先駆的なものとしてあげられる。井上章一『戦時下日本の建築家――アート・キッチュ・ジャパネスク』（朝日選書、一九九五年）、大原康男「忠魂碑の研究」（『國學院大學日本文化研究所紀要』第五一輯、一九八三年、一八八―二四五頁）、同「続・忠魂碑の研究：護国神社制度の成立と忠霊塔建設運動に焦点をあてて」（『國學院大學日本文化研究所紀要』第五二輯、一九八四年）、同「神道指令と忠魂碑」（第五三輯、一九八五年）。これらの論文は一部修正の後、単著の形にまとめられている（『忠魂碑の研究』暁書房、一九八九年）。外地の忠霊塔に関する研究は横山篤夫によって継続されている。横山篤夫「『満州』に建てられた忠霊塔」『東アジア研究』第四八号、大阪経済法科大学アジア研究所、二〇〇七年、一二五―一三七頁、同、「日本軍が中国に建設した十三基の忠霊塔」『日本研究』第四九号、国際日本文化研究センター、二〇一四年、五七―一一六頁。

忠霊塔の建設をめぐっては神社界と仏教界との対立があったとされる。また現存する施設を訪ねてみると実際に建設が始まるまでに数年のタイムラグがあったことが分かる。実際の建設の開始が遅れ終戦を迎えたことで、サンフランシスコ講和条約締結以降の昭和三〇年代に相次いで建設されている。その際に「平和の塔」や「慰霊塔」「英霊塔」などと名称が変えられることもあった。群馬県では忠魂碑よりも忠霊塔の方が多い。詳細な所在調査としては海老根功『群馬県における忠靈塔等』（あさを社、二〇〇一年）や今井明彦「昭和戦前期における忠霊塔建設について」（『群馬文化』第二六三号、群馬県地域文化研究協議会、二〇〇〇年七月、三七―四八頁）などを参照。

高知県では早い段階から忠霊塔が建設されているが、これは日露戦争による戦没者が多数にのぼったためであると推測される。特に、高知市や南国市では、高知市内に軍用墓地（陸軍墓地）が現存するが、そこへ合祀せずに地域（旧村単位）における忠魂墓地という形態をとっていることは興味深い。

また、こうした外地における慰霊祭の様子は映像記録としても残っており、現在でも参照できる。「満映通信　第二五四報　脱帽皇帝陛下御拝　忠霊塔春季大会」（『満洲ニュース映画1』VHS MONO 50Min. TSCM-31, TenSharp Collection, 一九九五年）。

(51)　同会の名誉会長となった平沼首相の祝辞とともに掲載。『東京日日新聞』昭和一四年七月八日付。

(52)　『東京日日新聞』昭和一四年八月一三日付等。

(53)　忠霊塔に関しては井上章一による建築史の業績（井上章一『戦時下日本の建築家たち――アート・キッチュ・ジャパネスク』朝日選書、一九九五年）を嚆矢として、海外に建設された忠霊塔については横山篤夫が調査・研究を続けている（横山篤夫「『満州』に建てられた忠霊塔」『東アジア研究』第四八号、大阪経済法科大学アジア研究所、二〇〇七年、一二五―一三七頁、同「日本軍が中国に建設した十三基の忠霊塔」『日本研究』、国際日本文化研究センター、二〇一四年、五七―一一六頁）。国内においては前述した今井が群馬県に多く建設された忠霊塔について、また小幡尚による高知県の忠霊塔の事例（小幡尚「高知県高岡郡北原村における戦没者慰霊――忠魂墓地の設置から忠霊塔の建設まで」『海南史学』二〇一〇年、一五―四五頁）では、建設に関する多くの資料が発掘されている。

同様に、戦死者・殉職者を埋葬する陸軍（海軍）埋葬地に関する研究も原田敬一（原田敬一『兵士はどこへ行った――軍用墓地と国民国家』有志舎、二〇一三年、同『国民軍の神話――兵士になるということ』吉川弘文館、二〇〇一年）や本康宏史（本康宏史『軍都の慰霊空間――国民統合と戦死者たち』吉川弘文館、二〇〇二年）、坂井久能（坂井久能「神奈川県護国神社の創建と戦没者慰霊堂（上・下）」、『神道宗教』第一七四号・第一七五号、一九九九年、一七四号二五―四八頁、一七五号八一―一〇八頁、同「営内神社等の創建」、『国立歴史民俗博物館研究報告』第一四七集、国立歴史民俗博物館、二〇〇八年、三一五―三七四頁）などによって進められてきた。俗にいう「軍人墓地」は、まずもって軍の施設であり、軍の創設と戦闘によって発生した死者を取り扱う必要から発生した、その意味で軍用墓地という用語は第一義的にその本質をついている。こうした研究対象へ早い段階から着目し得たのは、原田や本康がもともと都市史の専門家であり、また坂井や横山や小幡が地方史研究者として生活圏に現場（フィールド）を持ち、それゆえ文献史学を越えてさまざまなエージェントの交錯するリアリティについての学的な感受性を持っていたことと無関係ではないだろう。

(54) 碑の数については以下のものを参照した。財団法人忠靈顕彰會編『滿洲戰蹟巡禮』(財団法人忠靈顕彰會、一九三九年)および、近衛師團司令部編『日露戰役第一軍忠魂碑寫眞帖』(近衛師團司令部、明治三九年)など。

しかし、この数字には疑問の余地がある。一例を挙げると、財団法人忠霊顕彰会　昭和一一年九月一四日調べ『哈爾濱忠霊塔合祀名簿』(発行所不明、この資料は専修大学図書館内「黒竜文庫」に所蔵がある)は、一六五九名を掲載している。このうち満州事変の戦没者が一五三六名であり、日露戦争戦没者は一五名にすぎない。この資料の冒頭には「本名簿ノ内容ハ國外ニ対シテハ公表ヲ憚ルニ付取扱上注意セラレタシ」との注記がある。

(55) 田中丸勝彦「『英霊』の発見」関一敏(編)『民俗のことば』朝倉書店、一九九八年。

(56) 昭和一五年八月一〇日付。

(57) 一七三—一七四桜井徳太郎。

(58) 丸山宏『近代日本公園史の研究』思文閣出版、一九九四年。

(59) 昭和一四年八月一一日。

(60) こうした研究状況を総括する業績としては、青井哲人『植民地神社と帝国日本』吉川弘文館、二〇〇五年を参照。

(61) 越澤明『満州国の首都計画』ちくま学芸文庫、二〇〇二年。同、『哈爾浜の都市計画』ちくま学芸文庫、二〇〇四年。

(62) 地方部残務整理委員会編纂係(編)『満鉄附属地経営沿革全史』南満州鉄道株式会社、一九三九年＝一九七七年(専修大学黒龍文庫所蔵)。

(63) 井上章一　三—一二。

(64) 宮崎の八紘一宇の塔、石川の倭尊の像、明治紀念標、標柱と塔の混合物である一時的な凱旋門なども作られている。木下直之『世の途中から隠されていること——近代日本の記憶』晶文社、二〇〇二年。高木博志「近代における神話的古代の創造——畝傍山・神武稜・橿原神宮、三位一体の神武「聖蹟」」『人文学報』第八三号、京都大学人文科学研究所、二〇〇〇年。

(65) 紀元二六〇〇年に向けた記念事業については古川隆久『皇紀・万博・オリンピック——皇室ブランドと経済発展』(中公新書、一九九八年)などを参照。コンテストの図案や経緯をまとめたものとして、大日本忠靈顕彰會編『忠靈塔圖案』(朝日新聞社、一九四〇年)が非売品ながら刊行されている。

(66) 記事の数量的分析については別稿を期したい。

(67) 「忠霊塔(2)」『東京朝日新聞』昭和一四年八月四日。

(68)　昭和一四年八月三日。
(69)　矢野音三郎「序」財団法人忠靈顕彰會編『滿洲戰蹟巡禮』(財団法人忠靈顕彰會、一九三九年)。
(70)　陸士三〇期。盧溝橋事件時、中国第二九軍顧問という立場にあった。昭和一八年八月、少将に昇進。第五五師団長としてビルマに赴任。新人物往来社戦史室編『日本陸軍指揮官総覧』新人物往来社、一九九五年。筆者が行った大東塾への聞き取りによると、櫻井は戦時中から大東塾へ顔を出していた。忠霊公葬運動は政府や陸軍批判の運動であったため、共鳴する軍人であっても、軍服のまま訪れることはなかったが、櫻井だけは堂々とやってきた。しかし、陸軍軍人の立場から公葬運動それ自体には関わらなかったという。戦後も、大東塾との友好的な関係は続き、機関紙『不二』誌上で影山正治と対談を行っている(『不二』昭和二五年一〇月号、昭和三二年薫風号など、また『影山正治全集　第一五巻』にも収録されている)。また、櫻井は不二歌道会の役員(相談役)にもなっている。
(71)　櫻井徳太郎「支那事變の本義と忠靈顕彰」(『時局雑誌』七月号、三六―四一頁)、三八頁。
(72)　櫻井、同前、四〇―四一頁。
(73)　長友安隆「戦時下神道界の一様相―従軍神職と英霊公葬運動を中心として」『明治聖徳記念学会紀要』復刊第三四号、二〇〇一年、五五―八八頁。長友はこの運動を萌芽期、成長期、完結期と時期区分をして論じ、また大政翼賛会との関連や総動員体制とも関連付けて論じている。神社新報政教研究室編「英霊公葬問題」『増補改訂　近代神社神道史』神社新報社、一九八六年、一七四―一八五頁。
(74)　神社新報政教研究室編「英霊公葬問題」(前掲)。現在、この領域の研究は藤田大誠が継続的に行っている。藤田大誠「近代神職の葬儀関与をめぐる論議と仏式公葬批判」『國學院大學研究開発推進センター研究紀要』第八号、國學院大學研究開発推進センター、二〇一四年、八九―一二四頁。同「近現代神道史の一齣　英霊公葬問題と神職　其の壱～参」『神社新報』第三二二三、三二二四、三二二五号、二〇一四年。
(75)　神社新報政教研究室編「英霊公葬問題」(前掲)によれば、福沢諭吉が「…神道ハ宗教ニ非ズトシ…既ニ宗教ニ非ザレバ死者葬送ノ事ニモ参ル可キモノニ非ズトシテ云々…」(明治一四・時事小言第六編所収)と指摘されていることから、神官の不関与は神社非宗教論との関連にあった政策であると当時から理解されていたようであるとしている。
(76)　教導職との分離、また祭神論争の詳細については、阪本健一『明治神道史の研究』(国書刊行会、一九八三年)第五部第二章「神官教導職の分離――明治神道思想上の一問題」に詳述されている。

（77）「皇軍の本義と宗教維新への道」『影山正治全集　第七巻』影山正治全集刊行会、一九九〇年。
（78）同前。
（79）この事件の経緯については、次のものに詳しい。『公論』昭和一八年一〇月号「忠霊公葬問題特輯号」
（80）『公論』昭和一八年一〇月号「忠霊公葬問題特輯号」。また戦後、影山正治は当時を述懐しているが、一連の「忠霊公葬運動」についても書いている（『不二』昭和四〇年八月号、『不二』昭和四〇年一〇月号に掲載され、後に全集第二三巻に収録されている）。また公安調査庁の資料『戦前における右翼団体の状況（下巻その1）』にはこの事件の経緯がやや詳しく記述されている。
（81）大東塾三十年史編纂委員会『大東塾三十年史』大東塾出版部、一九七二年。
（82）経緯については不明であるが、すでに明治一六年末の段階で、神祇院副総裁より、各地方長官宛、「皇軍戦没将士ノ公葬執行方ニ関スル件」という、戦没将士の公葬に限り当分の間、特別措置として不関与の方針を緩和しようとする依命通牒が作られていたが結局は上層部に握りつぶされたとしている。神社新報政教研究室編「英霊公葬問題」（前掲）。また、阪本健一『明治神道史の研究』（前掲）でも触れられている。
（83）『毎日新聞』昭和一八年九月三〇日付。
（84）大東塾三十年史編纂委員会（編）『大東塾三十年史』大東塾出版部、一九七二年。
（85）筆者は二〇〇三年一一月二〇日、大東会館において神屋二郎氏（大東塾四期生、現在の実質的代表）からの聞き取りを行った。氏によれば「庄平先生は、温厚な人柄であったが霊力の強い人」であったという。影山正治著『忠霊神葬論』（影山正治全集収録）の巻末に付されている祭式は影山庄平の筆によるものである。また、塾の主宰する講習会では、影山庄平が祭式に関する指導をしていたという。いわば塾の宗教的側面を担っていたと考えられる。また影山庄平は神道修成派の教師であった。大正四年「神道興徳会」を設立。九年に「随神大孝道」と改称。昭和六年、神道修成派権大教正となる。昭和一〇年、神道修成派を離脱している。
　神道修成派は、勤皇志士の自覚をもつ新田邦光（一八二九―一九〇二）を教祖とする教派神道十三派のひとつで、神道と儒教との折衷的教義を持つとされる。現在は四代目新田邦夫が管長となっている。嘉永元（一八四八）年立教、明治九（一八七六）年独立。井上順孝『教派神道の形成』弘文堂、一九九三年。
（86）「皇軍の本義と宗教維新への道」前掲、『影山正治全集』第七巻、影山正治全集刊行会、一九九〇年、四三四―四三七頁

（初出『大日本一新会機関誌』昭和一七年九月三〇日付）。当時影山は大日本一新会の総務委員を兼職していた。

(87)「陸軍葬論」同前、四三八―四四二頁（初出『大孝』昭和一八年二月一〇日第一〇四号、後に『皇道』昭和一八年第五号）。

(88)「公葬運動の為に」同前、四五一―四五六頁（初出『大孝』昭和一八年一〇月一〇日第一一二号）。

(89)「陸軍葬論」

(90)「公葬問題の重點」同前、四四三―四五〇頁（初出『大日本一新会機関誌』に発表したものを補足改訂し『大孝』昭和一八年八月一〇日第一一〇号）。

(91)「陸軍葬論」

(92) 国学と儒教との融合や、その死生観の特徴については今後の課題としたい。今回は次のものを参照した。安蘇谷正彦『神道の生死観――神道思想と「死」の問題』ぺりかん社、一九九六年。

(93) 柳田国男「先祖の話」『柳田国男全集　第一五巻』、筑摩書房、一九八八年。現在、靖国神社で前夜祭も含め七月一三日から一六日までの期間に行われる「みたま祭り」は柳田の提案によるものといわれる。靖国神社監修・所功（編）『ようこそ靖国神社へ』近代出版社、二〇〇〇年。

(94) 大濱徹也「『英霊』崇拝と天皇制」田丸徳善・村岡空・宮田登（共編）『日本人の宗教3　近代との邂逅』佼成出版社、一九七三年、一一三―一七八頁。

第九章　媒介される行為としての記憶

——沖縄における遺骨収集の現代的展開

はじめに

本章の目的は、沖縄における遺骨収集の展開とその動態を、社会学における集合的記憶研究の枠組みから理解しようとするものである。

アジア・太平洋戦争における戦没者は約二四〇万人にのぼるといわれる。戦後、国家事業として遺骨収集が行われ、約一二四万五千柱の遺骨が送還されている。しかし、一一五万五千柱は未収骨である。宗教学的な文脈において遺骨収集に注意を喚起した山折哲雄は、戦後の遺骨収集の経過を追ったあとに、一九二六（昭和元）年から五〇年の間に発表された短歌を集めた『昭和万葉集』に詠み込まれた遺骨収集と遺骨への想いを辿り、次のように述べる。

> 戦没者の遺骨ないしは遺骨の埋葬地にたいするこのような執拗で熱い関心は、十五年戦争と敗戦後の時代を通して絶えることなく持続されてきたが、それはあるときは社会的現象としてあるいは政治的課題として社会の耳目をそばだたせ、そして何よりも民族的心性の不可避の発現としてわれわれの意識の底を撃ちつづ

けてきたのである。(1)（傍点は引用者）

宗教人類学の視点からするならば、死者の埋葬や慰霊行為は通過儀礼のひとつであると考えられる。分離―境界―再統合という象徴的な行為・儀礼を経ることによって、葬儀は、「死者に社会的地位を与える」ことになる。(2)つまり、埋葬されぬまま放置されている遺骨は、境界状況のまま六〇年以上放置されている状態であるといえるであろう。

「鉄の暴風」(3)と表現されるように、地上戦が行われた沖縄では、わずか三ヶ月の間に二〇万を超える死者を出した。(4)これは米軍の艦砲射撃、爆撃、上陸戦、掃討作戦による死者であり、敵味方両陣営の軍人・軍属の他、集団自決や戦闘に巻き込まれた民間人の犠牲者も含む。本章では、今なお国内における遺骨収集が行われている沖縄において、独特の喚起力(5)を持つと思われる、遺骨をめぐるさまざまな行為主体の動きを考察の対象とする。(6)

一　遺骨処理――遺骨収集の原風景

沖縄における遺骨収集は自発的・自生的な行為として始まる。北部の疎開地や仮捕虜収容所から帰郷した住民たちが、まずやらなければならなかったのは遺骨の収集と処理であった。遺族会誌には当時の状況が次のように回想されている。

疎開地、或は避難所、又は仮捕虜収容所などから故郷へ引き揚げて来ると、そこは遺骨の世界だった。食糧漁りに野山へ出ると、土手に伏せた兵士が、巻き脚絆を巻いた姿でミイラ化しているのに出会うことは日常茶飯事で、人々はそこに「動かぬ人」がいる感覚で生活を営んだ。住居のテント小屋の裏に、うつぶせに倒れたままこと切れたと思われる遺体があっても、人々はそこで生活する他はなかった。遺体はいつの間にか敷地の片側へ寄せやられて、やがて土が軽く被せられ、暫くして近くに住む人々が協力し合って、いくつもの小さな塚が築かれ、数日経って平服だが物の言い方が「坊さん」という感じの人が作男のような、栄養の行き届いた男をお供に従えて現れ、遺体を納骨堂へ納めるために運び去る光景があちこちで見られた。(7)

一九九八年から公開された米国民政府（USCAR）文書は「日本占領史において大きく欠落していた沖縄の実態」(8)を補完し、当時の状況を明らかに示す重要な資料群である。次にみるように、こうした資料にも、遺骨収集の状況が現れている。

スタッフは一〇日間に渡って沖縄本島南端部をまわり、二七の墓、五カ所の墓地、そしてひとつの壕を調査した。地域住民から得た情報などから、沖縄南部の村々には少なくとも三〇ヶ所ほど、農地などで発見された遺骨の集積場所（gathering places）が作られていた。遺骨には、米兵のものであるという疑いがあった場合の他は、身元を確かめようとする試みはなされてこなかった。こうした身元不明の遺骨の八〇パーセントから九〇パーセントが日本兵のものであると推測できる。米国の建設作業班によって遺骨が道路に巻き散らかされているという風説(9)は誤りであり、茂みや洞窟などに隠れてしまっている場合は別として、地元住民によって遺骨は集積されている。浦添村では地域住民と建設会社などによって「魂魄の塔」が建設されており、ここには既に多くの遺骨が集められ葬られている。(10)

図 9-1　魂魄の塔
出典）沖縄県『沖縄の慰霊塔・碑』沖縄県生活福祉援護課，1998 年。

この遺骨の収集はボランティアによって行われたもので、「仏教徒の団体、女性団体、キリスト教教会、青年団体、教員組合、琉球大学、その他地域の諸団体が、毎週土曜と日曜に各団体から三〇名ずつが少なくとも過去二カ月の間、遺骨収集を行い、三和村にある魂魄の塔へ納骨した」と報告されている。ちなみに、この三和村とは現在の糸満市三和地区のことであり、戦火によって住民がほぼ全滅するほど壊滅的な打撃を受けた真壁村・摩文仁村・喜屋武村の三つの村が戦後(一九四六年)に合併したことによって作られたものである。

発見された遺骨は最寄りの納骨所へ納骨され、その後、市町村当局、遺族会、琉球政府(県)へ通報、琉球政府厚生局が中央納骨所へ納骨という経路をたどった。講和条約発効に伴い一九五六(昭和三一)年に日本政府が沖縄の遺骨収集に乗り出すまでは、地域住民や遺族会が主体となった遺骨収集が行われていたのである。[11]

地域の納骨施設は、一九五五(昭和三〇)年までに沖縄県全体で実に一八八基にも及んでいた。[12] 現在でも、沖縄の戦地となった中南部の市町村には、合計すると一九四基のこうした地域の納骨施設が資料の示す「霊域」として残っている。[13] 沖縄の戦後は遺骨収集とともにあったといっても過言ではなく、このような納骨施設は沖縄の戦後の原風景といえるであろう。

ただ、一九五六(昭和三一)年以降、日本政府が沖縄の遺骨収集に乗り出したといっても、USCARは本土から来た日本人の沖縄での活動を極力制限する方針であった。実際には、日本政府からの委託という形であくまでも琉球政府が遺骨収集を所管し、次にみるように、実際に作業に携わったのは引き続き地元住民や行政職員、遺族会などであった。

洞窟の入口は弾除けの石垣で塞がれ、昼なお暗い横穴の中には、白骨化したいくつもの屍が折り重なるように横たわっていた。四肢は既に土と化し、頭蓋骨だけが怨念の眼窩をぽっかりあけて転がっていた。中にはこめかみに直径一センチほどの弾痕を生生しく残した頭蓋骨もあり、岩壁には小銃弾がささっていて、追いつめられて自決したか、あるいは敵の猛攻に倒れ、傷つき、死んでいったものと推測される(14)。

発見された遺骨には、頭蓋骨を突きとおして雑木が生えているもの、遺骨に木の根が巻きついたもの、大きな石の下に散乱するものの、そのほとんどに苔がついて土と同色になり、長い年月の経過が感じられた。私たちは『只今お迎えに参りました遅くなってすみません』と合掌して、遺骨の一片一片をきれいに土を払い落し、丁重に拾い上げた(15)。

こうした努力によって、地表面に露出した遺骨はその多くが収集された。一九六三(昭和三八)年三月に行われた那覇日本政府南方連絡事務所、琉球政府援護課、沖縄遺族連合会との会合では現在の収骨状況として、対象となる遺骨の九七パーセントが処理されたとしている。未収骨であるものは次の三点が課題として残されているという認識が示された。すなわち、①機械力を必要とする埋没壕、②戦時中、仮埋葬されたもので情報が不明のもの（どこに埋められたのか分からなくなっているもの）、③不発弾などと一緒となっているため危険を伴うものなどである。

二　遺骨処理から遺骨探索へ

一九五六（昭和三一）年以降、沖縄における遺骨収集は日本政府から琉球政府への委託事業となり、さらに、一九七二（昭和四七）年の復帰後は、琉球政府から県生活福祉部援護課が主管となり、身元判明の遺骨・遺留品は厚生省経由で遺族へ送還されることとなった。沖縄出身者の遺骨は那覇市識名に設けられた中央納骨所へ納められた。遺骨収集作業には、多くの組織や団体が関わり、またそうした協力が必要であった。市町村当局、各集落、当時の日本政府の出先機関（那覇日本政府南方連絡事務所）、さまざまな任意団体や宗教団体（具体的には、沖縄遺族連合会、沖縄戦没者慰霊奉賛会、沖縄傷痍軍人会、在郷戦友会、沖縄海友会、日本健青会沖縄支部、高野山大学学生団体、日本遺族会青年部、日本青年遺骨収集団、北海道沖縄戦生存者会、英霊にこたえる会等）の連携・協力があった。

県福祉部援護課の資料によって具体的な数字をみると次のようになる。

表9-1は沖縄戦戦没者の遺骨収集の状況である。この表に明らかなように一九五五（昭和三〇）年度までに、一三五、〇二三柱の遺骨が収集されている。その後、収骨数は数百から千の間を保って推移するが、二〇〇〇年以降は毎年一〇〇前後である。また、表9-2は収骨数と収骨団体の内訳である。沖縄遺族連合会の他に、北海道などの部隊遺族会によるもの、さまざまな新宗教団体、国吉勇氏などの個人によるものを見て取ることができる。

見落とすべきではないのは、遺骨収集が地表遺骨の処理に始まり、埋没遺骨の探索へと変化してきたことであ

表 9-1　沖縄戦戦没者の遺骨収集状況

年度	収骨柱数	累計	年度	収骨柱数	累計
昭和 30(1955)まで	135,023	135,023	昭和 57(1982)	544	178,455
昭和 31(1956)	13,904	148,927	昭和 58(1983)	544	178,999
昭和 32(1957)	316	149,243	昭和 59(1984)	325	179,324
昭和 33(1958)	1,151	150,394	昭和 60(1985)	847	180,171
昭和 34(1959)	3,184	153,578	昭和 61(1986)	517	180,688
昭和 35(1960)	1,963	155,541	昭和 62(1987)	365	181,053
昭和 36(1961)	4,285	159,826	昭和 63(1988)	158	181,211
昭和 37(1962)	1,563	161,389	平成 1(1989)	226	181,437
昭和 38(1963)	829	162,218	平成 2(1990)	187	181,624
昭和 39(1964)	444	162,662	平成 3(1991)	93	181,717
昭和 40(1965)	453	163,115	平成 4(1992)	344	182,061
昭和 41(1966)	535	163,650	平成 5(1993)	222	182,283
昭和 42(1967)	352	164,002	平成 6(1994)	291	182,574
昭和 43(1968)	306	164,308	平成 7(1995)	146	182,720
昭和 44(1969)	400	164,708	平成 8(1996)	90	182,810
昭和 45(1970)	211	164,919	平成 9(1997)	100	182,910
昭和 46(1971)	494	165,413	平成 10(1998)	116	183,026
昭和 47(1972)	1,127	166,540	平成 11(1999)	110	183,136
昭和 48(1973)	2,141	168,681	平成 12(2000)	102	183,238
昭和 49(1974)	1,015	169,696	平成 13(2001)	120	183,358
昭和 50(1975)	1,548	171,244	平成 14(2002)	136	183,494
昭和 51(1976)	3,193	174,437	平成 15(2003)	96	183,590
昭和 52(1977)	1,421	175,858	平成 16(2004)	180	183,770
昭和 53(1978)	578	176,436	平成 17(2005)	81	183,851
昭和 54(1979)	759	177,195	平成 18(2006)	84	183,935
昭和 55(1980)	405	177,600	平成 19(2007)	96	184,031
昭和 56(1981)	311	177,911			

出典）沖縄県生活福祉部援護課『沖縄援護のあゆみ』1996 年，および，1995 年以降は 2009 年 2 月に行った調査で，県援護課担当者から直接入手した数値に基づいている。

表 9-2　収骨数と収骨団体の内訳

年度	集骨数	主な収骨団体	
昭和 55	405	厚生省収骨数	25
		世界救世教沖縄本部	35
		金光教	119
		北海道遺骨収集団	38
		北海道沖縄会青年部	32
		沖縄県収骨数	153
		厚生省・自衛隊・沖縄県	3
		合計	405
昭和 56	311	厚生省収骨数	17
		世界救世教沖縄本部	15
		金光教	49
		北海道遺骨収集団	65
		札幌市連合遺族会青年部	17
		沖縄県収骨数	148
		合計	311
昭和 57	544	厚生省収骨数	288
		世界救世教沖縄本部	7
		北海道収集団	24
		北海道戦友会	2
		札幌市連合遺族会青年部	27
		金光教	41
		大里村	15
		沖縄県収骨数	140
		合計	544
昭和 58	544	厚生省収骨数	161
		世界救世教	5
		北海道収集団	20
		金光教	50
		千葉県遺族連合会青年部	6
		札幌市連合遺族会青年部	15
		沖縄県遺族連合会	38
		沖縄県遺族連合会青年部	19
		沖縄県収骨数	230
		合計	544
昭和 59	325	厚生省	45
		沖縄県	162
		北海道収集団	52
		金光教	53
		沖縄県遺族連合会青年部	8
		世界救世教	5
		合計	325
昭和 60	847	厚生省	128
		沖縄県	126
		北海道収集団	24
		修養団	47
		札幌市連合遺族会青年部	9
		金光教	69
		第 1 回県民遺骨収集	444
		合計	847
昭和 61	517	厚生省	36
		沖縄県	281
		札幌市連合遺族会青年部	7
		金光教	39
		第 2 回県民遺骨収集	154
		合計	517
昭和 62	365	厚生省	162
		沖縄県	145
		札幌市連合遺族会青年部	10
		金光教	48
		合計	365
昭和 63	158	厚生省	26
		沖縄県	109
		札幌市連合遺族会青年部	3
		金光教	20
		合計	158
平成元	226	沖縄県	120
		豊見城村	17
		沖縄県遺族連合会青年部	21
		修養団	20
		金光教	33
		札幌市連合遺族会青年部	15
		合計	226
平成 2	187	厚生省	21
		沖縄県	55
		札幌市連合遺族会青年部	20
		修養団	13
		金光教	18
		札幌市連合遺族会青年部	60
		合計	187
平成 3	93	厚生省	5
		沖縄県	46
		修養団	8
		金光教	19
		その他	15
		合計	93
平成 4	344	厚生省	3
		沖縄県	40
		金光教	41
		修養団	4
		沖縄県遺族連合会青年部	63
		その他	19
		白梅の塔より転骨	174
		合計	344
平成 5	222	厚生省	14
		沖縄県	75
		金光教	9
		立正佼成会	11
		その他(国吉氏外)	13
		札幌(江口氏他)	100
		合計	222
平成 6	291	沖縄県	27
		立正佼成会	23
		修養団	5
		金光教	8
		札幌(江口氏他)	36
		県民遺骨収集	84
		その他	101
		合計	291
平成 7	146	厚生省	0
		沖縄県	58
		立正佼成会	3
		沖縄県遺族連合会	8
		金光教	6
		修養団	4
		江口グループ	10
		その他	57
平成 8	90	厚生省	1
		沖縄県	15
		立正佼成会	2
		沖縄県遺族連合会	0
		金光教	0
		修養団	4
		江口グループ	39
		札幌市連合遺族会	3
		その他	26
平成 9	100	厚生省	12
		沖縄県	15
		立正佼成会	2
		沖縄県遺族連合会	15
		金光教	6
		修養団	2
		江口グループ	26
		その他	22
平成 10	116	厚生省	0
		沖縄県	3
		立正佼成会	0
		沖縄県遺族連合会	13
		金光教	2
		修養団	12
		江口グループ	0
		井上グループ	47
		その他	39
平成 11	110	厚生省	5
		沖縄県	16
		立正佼成会	0
		沖縄県遺族連合会	8
		金光教	4
		修養団	7
		江口グループ	24
		札幌市連合遺族会	5
		その他	41
平成 12	102	厚生労働省	13
		沖縄県	16
		沖縄県遺族連合会	9
		修養団	10
		その他	54
平成 13	120	厚生労働省	11
		沖縄県	19
		沖縄県遺族連合会	5
		金光教	11
		その他	74
平成 14	136	厚生労働省	13
		沖縄県	19
		沖縄県遺族連合会	7
		金光教	17
		修養団	11
		その他	69
平成 15	96	厚生労働省	0
		沖縄県	16
		沖縄県遺族連合会	9
		金光教	5
		修養団	10
		その他	56
平成 16	180	厚生労働省	12
		沖縄県	19
		沖縄県遺族連合会	17
		金光教	2
		修養団	26
		その他	104
平成 17	81	厚生労働省	0
		沖縄県	21
		沖縄県遺族連合会	6
		金光教	0
		修養団	15
		その他	39
平成 18	84	厚生労働省	0
		沖縄県	28
		沖縄県遺族連合会	8
		金光教	9
		修養団	24
		その他	15
平成 19	96	厚生労働省	0
		沖縄県	7
		沖縄県遺族連合会	14
		金光教	10
		修養団	1
		その他	64

出典）沖縄県生活福祉部援護課『沖縄援護のあゆみ』1996 年，および，1995 年以降は 2009 年 2 月に行った調査で，県援護課担当者から直接入手した数値に基づいている。

る。敗戦直後から、遺骨収集は疎開地や仮捕虜収容所から帰った住民たちのやむにやまれぬ行為として始まった。その意味で、それは個別民衆的《ヴァナキュラー》(vernacular)な行為であったといえるだろう。一九五五(昭和三〇)年度までに、こうして収集された遺骨は一三五、〇二三柱にも上っている。こうして、地表骨の収集はそのほとんどが終了し、もはや日常の生活には支障をきたさない状態となった。しかし、それでも遺骨収集は終わることはなかった。ブルドーザーや重機などの機械力を必要とする埋没骨の探索と収骨に人々は突き動かされていく。遺骨は探索されているのだ(16)。

三　壕《ガマ》を掘る者たち

一九九五(平成七)年度をもって、大規模な県民遺骨収集も終了した。しかし、現在も沖縄では遺骨収集の努力は続けられている。戦後七一年目(二〇一六年現在)を迎え、遺族たちも高齢化したが、現在はその担い手を変えつつ継続されている。そうした担い手のひとつにさまざまなボランティア団体やNPO法人がある。

具志堅隆松氏は医療機器の補修・修理業を営むかたわら、沖縄戦遺骨収集ボランティア「ガマフヤー(壕を掘る者)」の代表として活動している。彼は沖縄のローカル二紙やFM番組などのメディアにも頻繁に登場する。ガマフヤーは、特にメンバーシップは定めず、緩やかなネットワークの形態をとっている。その核となっているのが具志堅氏であり、ガマフヤーの活動と継続は、彼の個性と努力によるところが大きい。新聞やラジオ、インターネットや地方紙などのメディアで、具志堅氏は個人の携帯電話番号を公開し、遺骨の発見情報の通報先のひとつであることや、本土からの問い合わせや調査依頼等を受け入れている。

遺骨収集作業は次の経路をたどる。まず一般住民から情報の提供を受け、遺骨調査を行う。場所の特定を行った後に、所轄の警察へ連絡し、事件性のない遺骨であることが確認されると収骨作業を行う。その後遺骨を洗浄(洗骨)し、摩文仁の丘にある財団法人慰霊奉賛会の事務所裏にある遺骨安置所へ仮安置する。その後、県担当者が国立沖縄戦没者墓苑へ納骨する。情報の提供がないときは、他の団体の遺骨収集の応援に行ったり、独自にガマを探索したりしている。

ガマフヤーが主催し、那覇市と協力して近年成功をおさめたものが「市民参加型」の遺骨収集である。今一度、市民参加型と銘打つ必要があったことに現在の遺骨収集の担い手の変化がよく表れている。これは現在再開発が進みつつある那覇市真嘉比地区の遺骨収集であった。二〇〇八(平成二〇)年那覇市真嘉比地区・市民参加型遺骨収集と銘打って六月二二日と八月三日に行われ、多くの市民たちの参加者を得た。

また、「市民参加型遺骨収集」の募集広告には次のような「参加条件」が明記されていた。これはこの活動に宗教的・政治的な意図を持ち込ませないための配慮であった。

①個人参加のみとする(団体参加・申込は募集していない)。

②会場内において、「のぼり旗」、「横断幕」、「チラシ配布」等の所属団体等のアピール活動などは行わないこと。

また、返還された米軍用地の再開発は、それまで軍用地ゆえに手付かずだった遺骨収集の問題を再提起している。再開発のために土地を掘ると、大量の遺骨が出てくるのだという。現在は一大商業地域となった那覇新都心の再開発時に、大量の遺骨が収集されずに破棄されたことを憂いて、今度の真嘉比《まかび》地区の再開発にあたってガマフヤーが那覇市に発案したのがこの計画だった。具志堅氏のいう遺骨収集は「尊厳ある遺骨収集」である。彼は

図 9-2　ガマフヤーの遺骨収集で発見された遺骨（西原町）（撮影：筆者）

出演したＦＭ番組のインタビューに答えて次のように語っている[17]。

表面の土を取ったら、砂利のようにあちこちに遺骨や遺品が見える。それがあまりに、範囲が広いし、行政にもマスコミにも訴えたが、遺骨収集は今でこそ市民権を得ているが、受け入れてもらえなかった。遺骨は土と一緒にトラックで持っていかれた。どこかの埋め立てに使われたのかどうか、知らないです。開発は別にどこでもあることだけど、そこに遺骨があるとわかっていて、それを見ない振りができるもんなのかな、と思います。

（ご供養したりね。きちっとこう埋葬したりね）

そうです、ホントにこう、ちゃんとこう、犬や猫じゃないんだから、みんなで取り上げるべきなんじゃないかなと思います。

（何が遺骨収拾へ駆り立てるのか？）

戦争の被害者だから、そのままほっとくのは可哀そうなんじゃないのか。兵隊とはいえ、死ぬ時は人の子。親に見せられないですよ。親はとっくに死んでしまっているんでしょうけど。六二年も誰も訪ねてこないで、アフリカマイマイとミミズだけが頭蓋骨のなかを這いまわっている…ちょっと、こう…。それは葬式が終わって、埋葬されたっていうんならまだしも。だからやはり、一度は誰かがこう、ちょっと、こう、それなりに、こう、掘り出してあげたほうがいいかなあと思いますね。

いだろうと思う。

たくさんの人が、やってあげたいと思うたくさんの人にやってもらったほうが、戦没者の人たちもうれし

（市民参加型の遺骨収集について）

この作業に参加した二四歳の琉球大学工学部学生は「壕の周りを掘ると普通に遺骨が出てきて、生々しさを感じた」と語っている[18]。

佐賀県のNPO法人「戦没者を慰霊し平和を守る会」は第二次世界大戦戦没者の遺品や遺骨を収集して遺族に返還する活動を行っているが、沖縄戦戦没者の遺骨収集を体験するツアーも毎年組んでおり、二〇〇八年度で四回目となる。メディアにも取り上げられ、その模様を追ったドキュメンタリー番組も作成され放映されている。二〇〇八年一月に糸満市での収集作業に参加した福岡県に住む二八歳の沖縄県出身者は「少し掘るだけでどんどん遺骨が出てきた。六〇年以上たっても収集は終わらないんだと思った」と語っている[19]。

その他にも、一九七九（昭和五四）年以降、沖縄での遺骨収集に携わらなくなっていた旧日本青年遺骨収集団（現ＪＹＭＡ）も、二〇〇四年から沖縄での遺骨収集を再開している[20]。一方、二〇〇七年には、文部科学省所管の社会教育団体「修養団」が、一九八六年以来、二〇年にわたって続けてきた沖縄での遺骨収集作業を参加者の高齢化による体力低下などを理由として終了した[21]。金光教那覇教会は、一九七七（昭和五二）年以来、遺骨収集を続けており、現在では非信者も含めて活動している[22]。

遺骨収集に多くの若者たちがボランティアとして参加する状況は沖縄に限ったことではない。アルピニストとして著名な野口健は京都に事務局を持つＮＰＯ法人空援隊（理事長杉若恵亮）とともにセブ島などの遺骨調査活動に参加し、インターネットやテレビなどのさまざまなメディアにおいて発言をしている。そこで遺骨をめぐり、

戦死者たちの望郷の念に想いを馳せ、遺骨に対して手を合わせずにはいられない自身の想いを吐露している。

ある山の中に僕らが洞窟に入ったわけです。そこはですね、一〇〇体以上の大量の遺骨がですね、足の踏み場もなく一面にあるわけです。戦後六〇年たって初めて、そこに我々日本人が入ったわけですね。約一時間、二時間写真とって、いろいろどういう骨があるかって調査をしてですね、で、帰り際もう一回振り返ったんです。で、もう一回振り返った時に、遺骨と目が合うわけですけども、振り返った時にですね、なんとなく声が聞こえた感じがしましてね。俺らは六〇年間、この薄暗い洞窟の中でずっと待ってるんだと。お前もう帰っちゃうのかという声がですね、僕には何となく感じたんです。その時にですね、思わず手を合わして、すみませんと、もう少し、もう間もなくしたら、日本の政府の収集団が来ますと、もう少しの辛抱です。もう少しで日本に帰れます。思わず声あげて謝って帰ってきました。[23]

遺骨収集という行為の意味を社会学の観点から考えてみよう。遺骨収集の現場では、人は個人ではなく一定の規模を持つ集団における関係性の中で行為する。その意味で収骨作業は協働的な行為であるといえる。さらに、収骨された遺骨は、慰霊祭、納骨に至るまでにさまざまな集団の手を経てゆく。集団はそれぞれが独自の組織と目的を持っている。そして、遺骨収集という複合的な協働行為によって参加者は意味を与えられ、意味を見出す。それは新参者と経験豊かな者たちからなる協働的な行為である。[24]遺骨収集はそのような実践である。収骨の実践共同体が構造化に果たす役割を考えることができるだろう。このような協働的行為において集合的記憶が生成されると考えられる。

四　教団による遺骨収集の語り

沖縄はさまざまな教団にとっても祈りの場であり、遺骨収集などのボランティア活動を通して社会参加する場ともなっている。白光真宏会、金光教、立正佼成会、修養団、沖縄仏教会、沖縄宗教者の会等である。沖縄宗教者の会は、県内の各宗教・宗派一五団体で構成され、二〇一五年には第二五回目となる「祈りと平和の集い」などをはじめとして、さまざまな活動を行っている。

金光教が主催する遺骨収集活動は、林雅信氏(金光教那覇教会長)が当初から現在までも中心的な役割を担っている。この活動は、林氏自身が、一九七四(昭和四九)年に遺族会主催の遺骨収集作業に個人として参加したことに始まり、一九七七(昭和五二)年以来、主催者を変えつつも現在まで続けており、二〇一五年度で第四二回目となる。南冥の塔や萬華の塔などにおける慰霊祭の執行や、一貫して継続してきた遺骨収集作業などによって、金光教那覇教会は沖縄の慰霊行為においてよく知られる存在である。

筆者は、同教会主催遺骨収集作業に数回にわたって参加し、共に作業する中でその様子を観察する機会を得た。経験豊かな先達と新参者とからなる一連の協同作業には、一種の徒弟制度のような知識の学習過程が存在する。[25]そのこと自体は非宗教的な遺骨収集ボランティアと同様である。これはジャングルにおいて危険を伴う慣れない作業を行うこと、また作業が数十年間毎年継続して行われていること、したがって経験者の蓄積と新参者の参入が常にあることがその要因となり、しかもその都度変わる現場の状況によってのみ学習が可能であるという状況が背景にある。それは同様の研究(例えばニューギニアの遺骨収集や慰霊巡拝等)でも報告されている。[26]しかし、教団主催の場合(ここでは金光教の場合)、そこで信者たちは何を得ているのだろうか。

教団がまとめた記録誌に掲載されている参加者の感想文には次のような文章をみることができる。

　こうして収骨作業をしてゆくうちに、今日までの自分の生活の中で後悔していることや反省すべき点が次々と脳裏をかけめぐっていった。／私は、このとき初めて自分の今の生活がたくさんの人々の犠牲の上に成り立っていることを感じた。そう思うと、自分が今までのうのうと生きてきたことが申し訳なくて、また、くやしくてどうにもやりきれない気持ちになった。（一九歳男性、第一四回）[27]

　お土地にふれるうちに、私もこうやって土に帰るんだなあと思った。（中略）怖く思ったり、ご遺骨に何か語ってもらおうと思ったり、お慰めしたいと思ったり、いろいろなことを考えて遺骨収集を終えた。（二〇歳女性、第一五回）[28]

　初めての参加でしたが、はやり《〔ママ〕》、ご遺骨の収集作業中は平静を装いながらも、心臓が波打ち手が震えて、それは明らかに感動というものではなく胸に詰まる苦しいものがありました。そして、使われた手りゅう弾も出てきました折には、思わず目頭が熱くなり、『どんな想いでこの方は…』と思い、『今の私はなんと相済まない生き方をしているのだろう』と思わされました。（二九歳女性、第一六回）[29]

　私の班は、第三日に午後から二つの班合同になり、続けて三体の遺骨を発見することができました。それは、岩の上に下顎がのっていて通りがかりに見えるもの、頭蓋骨が木の根にはさまっているものなど、背筋がぞっとしました。／戦争を知らない私は、遠い過去のように考えていましたが、沖縄ではまだ戦争は終わっていないと思いました。（中略）このように今日まで野ざらしにされているとは、想像を絶するものがありました。（中略）三日目の作業が終わり、集合場所に作られた慰霊碑の前でご祈念させて頂き、（中略）知らず知らずのうちに、涙があふれ出てきました。（中略）長い間、野ざらしにして申し訳ありません。（中略）そして、慰霊祭が仕えられ、私自身がほっとした気持ちになり、おかげを頂きました。（三一歳女性、第一五回）(30)

収集された御遺骨を拝見しては深く胸うたるる思いでした。那覇教会長先生の奏上される慰霊拝詞のお言葉を拝聴して涙押えきれず、多くの参列の方々も同じ思いの様でした。（六〇歳男性、第一三回）(31)

残念、かわいそう、助かってくれ、前日、土の上で祈ったそのことが、どっと一度に湧き上がってきた。そして、今日まで待ち望んでおられたみ霊の悲痛な思いが…（中略）あー、何と相すみませんという思いが激しくて、涙ながらの祖先拝詞になった。終わっても誰も動かない。感動というよりも、もっと深い思いに打たれてのことと思う。（中略）このような私の体験は、決して特別なものではないはずだ。全参加者三百四十四名がそれぞれの形で、一人残らず体験しているのだ。（五七歳男性、第一五回）(32)

こうした箇所にみてとれるように、信者たちは御霊《みたま》や土地に対し、「相済まない」とする実感を持っていることが理解できる。そしてそれは、自らの来し方に思いを馳せ、自問するような再帰的な問いとなっている。さらにそうした思いを持ったのは自分だけではなく、他の人々もみな同じ思いである、という共感それ自体への確信がある。

その手榴弾を見つけたとき、すごく、すごく、すごく感じた。あー、ただの手榴弾ではないなーと。手榴弾は自分が思っていたより小さく、すごくずっしりと重かった。自分にとって、あの時のこと、あの場所、一生、絶対に忘れないだろう。／参加させてもらって、ほんとうに『あー、こういうことだったのかー』と、やっとわかった。うまく言えないけど、戦争のこととか、いろんなこと、『こうゆうことだったのかー』と。／御霊様、ありがとう。ごめんなさい。ありがとう。うれしかった。よかった。ありがとう。金光様、みなさん、ほんとうにありがとうございました。（一九歳女性、第一五回）(33)

人の感想文を読んでも本当のことはわかりません。作業をしないとわかりません。私も、初めて沖縄に行って作業をするまで本当に骨があるのか半信半疑でした。しかし、実際に御遺骨を見たとき、自分の世界が変わった気がしました。（年齢不記載、男性、第一五回）(34)

こうした箇所には信者たちが強烈に心を動かされており、またそこで何らかの知識の獲得が行われているという確信を得ている様子をみることができる。だが、そこで得られたものは、その作業の中でこそ伝達しうる言語化できない何ものかでもあることが示唆されてもいる。

遺骨収集参加者の信心の変化について、主催者へのインタビューでは次のように語られていた(35)。

地元の人もおりましたけれども、本土から転勤で二、三年滞在しておった若者もいました。そういう人がね、…この、ご用というのはいろんな意味があるんですね。そのう、ひとつは、信心的にいえば、ものすごい信心の歴史のある家庭の子供ですよ。親は信徒総代とかね、おじさんは教会長とかね。なんか、そういう人がいっぱい来たんです、当時。今もそうですけどね。ところが、ここにおる時にはね、ほとんどお参りしてないんですよ。信心してないの。親は言うんでしょうけども、反発しとったんです。で、沖縄に来たらですよ、ここしかないもんだから、なんかご縁ができてね。お参り始めて、これ、何を、どう感じていたのか知りませんけれども、本土に帰って、それぞれご縁のある教会で、今、ご用をしてますよ。（中略）ほんと、それはありがたい。むこうに帰ってからね、信心がこう…だからそのお父さんとか、おじさんとかからね、沖縄行ってねえ、誰々がこうなりました、ってねえ、喜んでおられますよね。そういう人たちがね、何て言い出したかというと、おそらく信心のしの字もね、神様も御霊もわからんですよ。それが、山に事前調査とか行って、するとみんな言いますですね、「先生、御霊様というのはあるんですねえ」と言うんですね。不思議な出来事が起こってくるんですよ。だからそれを見て、「ああ、御霊様ってあるんですねえ」…それでね、そう言ってたと思ったらしばらくしたら、「先生、神様ってあるんですねえ」と。…信心そのものが変わってきたんですよ。うん。そういうプラス面っていうかね、それがあるから、こうしてもう、三七回、ずぅと来ている人もありますからね。

金光教における遺骨収集には、中心者の意欲や個性の力強さを指摘することができる。また教団は遺骨収集作業によって単なる教勢の拡大を意図しているのではない。その活動は宗教的な信念の中に位置付けられており、教義的な整合性もある。遺骨収集ボランティアという実践共同体に参加した者たちは、その協同作業に従事する中で自らの宗教的な確信やアイデンティティを新たにしている。

沖縄という文脈は、とりわけ「平和」を志向し活動する教団・団体にとっては、公共性を招き入れ、社会歴史的な文脈に参入する機会を提供している。このプロセスは双方向的なものである。つまり、参入であると同時に、それは信仰の文脈に新たな社会歴史的な文脈を引き入れることにもなるからである。信者の観点から考えるならば、それは信者たちの信仰を現代の社会へと再文脈化することや信仰そのものの刷新を提供する機会ともなっている。とりわけ入信動機や信仰への積極的な参加の動機をもたない二世や三世の信者にとって、遺骨収集活動へ参加することは信仰のリアリティと確信を与えるものとなっている。文化論的には、これは第三章で議論した「領有／専有」の具体的な実態であろうと考えられる。

五　「負の遺産」をめぐる駆け引き——遺骨収集と不発弾処理

二〇〇九年二月二三日、共同通信系で「遺骨収集を雇用の受け皿に、沖縄　国に要望へ」と題する報道が配信された[36]。こうした報道を受けて、翌二〇〇九年二月二四日にはガマフヤー、NPO法人プロミスキーパーズ、那覇市NPO活動支援センターの三者による「遺骨収集で雇用支援を」NPO連絡協議会が発足している。那覇市NPO活動支援センターによれば、この試みは、「ガマフヤーの『沖縄戦で酷い死を強いられた人に対する尊厳ある遺骨収集』で、プロミスキーパーズによる『今を生きる人たちの尊厳を重んじた』就労の場にする」という計画である。

現在、沖縄で行われている遺骨収集作業は、沖縄県が年間六〇〇万円ほどの予算規模で行っている国からの委託事業である[37]。市民参加型の遺骨収集は那覇市が主催し、平和交流事業の一環として行われたが、予算はゼロであった。今回のこの計画は、国から県へ委託するのではなく、その受け皿に非営利団体であるNPO法人の協議会へ予算を下ろし、それを就労支援事業と結び付けるというものである。

このような動きが顕在化する前に、ガマフヤー代表の具志堅氏は各方面への働きかけなどを行い、二〇〇九年四月一九日には舛添要一厚生労働大臣（当時）を東京に訪問し、直接要望した。この事業は、緊急雇用創出事業の一環として、五五名のホームレスや失業者を雇用して行われたものである。一二月四日までの約二ヶ月を事業期間として、市からの委託の形で厚生労働省の予算（約二、三〇〇万円）が充当される。二〇〇九年一〇月九日から、真嘉比小学校裏の「大道森」を現場として開始され、二〇〇九年一〇月現在、まさに実施中の事業である[38]。

さらに、具志堅氏の本当の目的はまた別のところにある。彼は、NPO法人「県民の手による不発弾の最終処分を考える会」の代表でもある。このNPOは、沖縄における不発弾処理を企業利益のための事業とするのではなく、非営利団体の事業とし、難病を抱える子供たちの医療支援にその利益を使うシステム作りを目的としている。彼は次のように語った[39]。

本当にやりたいこと、今やらなくてはならないことは不発弾処理の問題です。遺骨収集は、自分ひとりでも、休みの日を使ってコツコツできる。変な話、死んだ人は待っていてくれる。でも、今、生命の危険にある難病の子供たちは待ってはくれない。だから早くこの仕組みを作りたい。

手榴弾は本当に罪深い存在です。敵を倒すというよりも、自分が死ぬため、自決のための道具なんです。人間を殺すための爆弾を、今度は人間を生かすために使いたい。

今回のホームレスの就労支援。この仕組みがうまく回れば、不発弾処理の前例となる。

具志堅氏は、休日をすべて返上し遺骨収集やNPOなどのボランティア活動に捧げている。彼のこうした熱意はどこからくるのだろうか。例えば宗教的な動機付けを考えることはできる。前述した金光教那覇教会では、収骨だけはなく慰霊祭の執行も行っており、彼らの活動は「信心」の中に位置付けられてもいる。しかし、具志堅氏の場合、多くの聞き取りにおいても、それをみることはできなかった。しかし、次のような語りの中にそれを伺うことができるだろう。(40)

二八歳の時に、初めて遺骨収集に参加しました。それは当時、県のボーイスカウトの代表をやっていたので、本土から遺骨収集に来る人の案内をしてくれということで始めました。当時は、遺骨収集は年寄りのやることだと思っていました。参加してみて、あまりにも無造作に遺骨が出てくるので、もう二回目はないなと、思いました。だけど、次の年、手紙をもらって、また頼みますと。結局、協力することにしました。それは、年寄りが冬、雨の中遺骨収集をしているのに、若い者が家の中にいて、ゆっくりしていていいのかと、ということです。それから、ずっとですね。今、五五歳だから、何年だろう。(中略)遺骨収集は遺族の人がやることだから、自分が出しゃばってはいけない、という思いもありました。だけど、ある時、骨が崩れていることに気付きました。これはもう、時間との戦いだな、と思いました。

自分が見つけてしまっていいのだろうかという葛藤は常にありました。つまり、縁もゆかりもない自分が見つけてしまえば、遺骨には身元を示すものがないから、それはやがて国立戦没者墓苑に無縁仏として合葬されてしまう。でも、もしも何か縁のある人が遺骨収集にきて見つければ、家族に再会できるかもしれない。そうした機会を、自分が見つけたことによって奪ってしまうのではないかという葛藤が常にあります。だから、今回の、市民参加型を呼び掛けたのも、少しでも、自分以外の、多くの人によって掘り出してくれればいいという思いがありました。

遺骨に対して、怖いという思いはないです。それは普通の人だから。ただ、遺骨に語りかけるということはあります。たとえば、ずっと掘っていても何も出ない。しんどいなあ、と思っていたら、コロリと出てくる、ということがあった。そういう時に「しんどくなんかないから」と語りかけることはありました。自分は縁もゆかりもない人間だけど、連れてくけどいいか？

「自分が見つけてしまっていいのだろうかという葛藤は常にありました」あるいは「自分は縁もゆかりもない人間だけど、連れてくけどいいか？」という語りの背景には、沖縄の伝統的な霊魂観である「ヌジファ」がある。「抜き霊」、「祓魂」、「招魂」等の語が当てられるが、死者の魂は亡骸と一緒にその場にとどまっており、亡骸を移動させる場合には、亡骸から魂を抜き、グソー（後生、あの世）へ旅立たせるための儀礼が必要であるとする。これはユタやカミンチュなどの霊的な職能者か、あるいは親族のみが行うことができるとする。[41] こうした伝統的な霊魂に対する感覚が、遺骨の身元を明らかにし、親族の元へ返還すべきだという主張の背後には存在している。実際、真嘉比地区で行われた市民参加型の遺骨収集では、発見された遺骨が肉親なのではないかという人々が現れ、厚生労働省にＤＮＡ鑑定を要望している。

ガマフヤーの標榜する「尊厳ある遺骨収集」の前提には、やはり遺骨が身近に存在したという沖縄に固有の状況がある。[42] こうした状況は特定の語りの形式を生み出している。次にみるのは、遺骨調査に参加したＡ氏の語りである。

語り１（Ａ氏）

アメリカの認識票はステンレス製ですね。基本的には。で、日本製のやつは銅。英語はわからんけど、自分の記憶はですよ。「石」というのは石部隊。「武《たけ》」は武部隊。それを子供ながらに、首飾りにして遊んでた。

（たくさん出てくるんですか？）

山行って遊んでいるときはもう、あったら、子供ながらに。

（骨も出てくるんですか？）

骨はもう、普通［に出てくる］。転がっている。頭蓋骨を木にかけて、石投げして遊んでた。金歯があったら金歯抜いたりね。一番、自分なんかが［判別不能］…住まいは首里なんですけどね、あそこで、肉弾、戦車にぶつかって、兵隊が自爆して、アメリカ兵も死んでるんですよ。アメリカ兵はポンチョに入れられて埋められているんですよ。それがたまたま（自分の家の）畑のそばにあって、掘ったら、現金を受け取るんですよ。ドルが。

（米軍からもらえるんですか？）

そうそう。それを、イモを掘らんで、ドルを取ってたんですよ。アメリカ兵から。現金収入。

（くれよったんですか？）

いや。アメリカ兵がみな持っとったから。

（ユースカー［USCAR＝琉球米国民政府］が払うんじゃなくてね。）

ううん。［判別不能］お金だけ取るんですよ。子供ながら。

（あっ。お金も入ってるんですか？）

アメリカ兵が持っているやつです。

（当時はドルが使えたから）

そうそう。ドルになっている時期だから。五セン［ト］とか二五セン［ト］とかね。まさに、イモを掘らんで。

イモ掘っても金にならんから。現金収入ですよ（笑）。

（何年生まれですか？）

昭和二六年です。生活苦しかったから。小遣いです。

（そんなに見つかったんですか？）

いやいや。鎌でこんなにしたら、もう。


この語りでは、子供の頃に遺骨で遊んでいたこと、米軍兵士の遺体から現金を略奪していたことなどが語られる。戦後の沖縄では、米軍倉庫からの窃盗は「戦果」と称されていたが、従属的位置に置かれた民衆の、生活における「しぶとさ」を物語る語りの一形態であるだろう。遺骨にまつわる同様な語りは、さまざまな局面で見て取ることができる。これらの語りには、一種共通の主題がある。それをここでは、とりあえず「聖遺物・探索のナラティヴ（relic gathering narrative）」と名付けておきたい。

語り2（B氏）

変な話なんですけどね。中城公園《なかぐすく》の中に壕が、やっぱりガマがあったんですよ。僕らが中学の頃、冒険隊っていって、壕を探検するのが趣味でやってたら、やっぱりそのままドクロがあるでしょう。何の気なしに、オレの友人が、目ん玉の穴に棒を突っ込んで［外に］出しちゃったんですね。そしたら、彼、目をやられましたよ。

（病気かなんかでですか？）

はい。失明ですね、あれは。

（失明？）

病気で、目をね。…子供だから、そういう遺骨とか何とか［認識は］ないんですね。要するに、興味半分だったんでしょうね。それくらいこう…。

（いっぱいね）

うん。で、やらなければいいものを、棒でですよ。この、壕から出しちゃったんですよ。そしたらだんだん、自分は目が痛いとか言いだして、ね。

（ほおう）

片目やられましたねえ。それくらい、どこの壕に入ってもね、手榴弾とか、そういうのがいっぱいあるんです。穴という穴に、みな、兵隊が隠れているんだよね。それをまた、面白半分に、僕らが中学の時ぐらいには、冒険心といって、手榴弾を拾ったり、怖さ知らずですよね。薬莢拾ったり、それでいたずらをやったり爆発させたり、指切ったりしたやつがいるんですよ。(43)

語り３（Ｃ氏）

（子供の頃に遊びに行くと不発弾などはありましたか？）

そりゃあ、もう、先ほどの骨の話と一緒ですよ。そこらじゅう、ゴロゴロですよ。われわれが、例えば学校の近くだとか、中には（学校の）運動場でもそうですが、どこか一角で、突然、夏のね、日が照っている、三〇度以上の暑い日に、突然煙が出たりしてね。おおって言ってたら、先生が、おおーい、皆のけのけーってね。…黄燐弾だったですけどね。

（黄燐弾ですか。焼夷弾ですよね）

そうです。それからね、あのう、われわれが、これは当時は別に不思議でもなかったですが、機関銃とかカービン銃の弾がですね、あちこち不発弾が残っているのをですね、これを地面に突き立てて、上の方には先の尖った石を置いておいて、で、固定しといて、上から石を落とすんですよ、こう。すると、ボーンッ！地面に潜り込むわけです。で、どこまで入ったか、と（笑）。

（遊んでいたわけですね）

そうです。で、あのう、そんなあのう不発弾なんてのは、もう、探すのには事欠かない。そんで、あのう、与儀小学校で爆発事故がありましてね。それから学校で問題になって、薄々と先生たちも、われわれが、ね、やっていることは分かっていたわけですが、ま、軽く注意だけで済ませていたものが、事故があったものですから、学校であのう、机の、あれがありますでしょ、カバンを放り込んでおくところ、あそこへ入っているものを皆、出せー、と言ったから。

（机に入っているわけですか？）

もう、こんな小さな弾なんか、もうみんな。そんなゴロゴロっていうほどじゃないですが、いくつも出てきました。みんな。ほんで、中には手榴弾まで出したのがいましたからね（笑）。それからもう問題になりましてね。とにかく、お前たちは、絶対にこれからは、触るな、と。もし、こういうのを持っているのが分かったら、両親に言って処罰するぞ、とか、かなり厳しく言われましたね。生命に関することですから。もちろんそんな、弾で遊ぶなんているのは、先生のいないところでやっているわけで、学校でやるわけはないですけども、それぐらい、われわれにとっては、砲弾というのは特別なものではなかったんです。(44)

少なくとも戦中から終戦直後までに生まれた世代までは、こうした経験は多かれ少なかれ共有されているだろう。あるいはその後の世代でも、現在の新都心が米軍のフェンスに取り囲まれていた時代を知っているであろう。それは集合的記憶が産み出された原風景ともいえるだろう。沖縄の戦後は遺骨や不発弾と共にあった。そしてそれは現在でも続いている。現地の人間にはこうした認識がある。工事の前には必ず磁気探査が必要であるし、基地の問題もある。那覇市役所の平和交流室担当者は「那覇市のスタンスは、遺骨処理はあくまでも国の責任」だと明確に述べていた。沖縄の「負の遺産」とはいうが、結局のところ、それは日本の戦後処理が不十分であることに他ならない。そのことが生み出した状況が、沖縄における集合的記憶の源泉となっている。

むすびにかえて――応答する記憶

媒介性という観点から「記憶」の問題を考えてみよう。遺骨収集という「行為」は、何を「生産」しているのだろうか。現在の遺骨収集は、世代が代わり、肉親が戦争とかかわっていない世代の人々によって担われようとしている。探索された遺骨は、直接的な関係者でない者たちにとっても手を合わせるべき存在であり、何らかの慰霊行為が行われ、新しい意味が見出されている。とりわけ遺骨収集がさまざまな集合的行為者(agency)によって行われている沖縄では、このことは顕著である。複数のエージェントの参画によって、意味的な変容も促進されている。新都心や真嘉比という沖縄における新しい商業施設や交通網の再開発と、若い世代の新たなリアルの構築が並行して進行している。また、グローバルな資本主義の浸透とその破壊的な帰結である格差社会への対応としての雇用対策とも結び付けられようとしている。生者であるにしろ死者であるにしろ、その「尊厳」をめぐる相互作用に展開しつつある。

次に、これらのナラティヴを考えてみよう。[45] 今回の調査で得ることのできた語りの大きな特徴は、戦争の実状を「物」から捉えようとしていることである。自前で戦争資料館を作った国吉勇氏は沖縄ではよく知られているが、前述のインタビューのA氏も畑近くにあるプレハブ小屋に農機具などとともに、畑から出土した「物」を収集している。無数の爆弾の破片や信管が抜かれた不発弾、空薬莢、鉄兜、水筒などの軍用品などは、戦争の痕跡を指し示す物であるとともに、戦争を「物語る」ものとして考えられている。そこには「日本軍の物質的劣位」「不合理性」「勝てない戦争」「無謀な戦争」などの主題を顕著にみることができる。

同時に、この「物」に対する強調は、「政治性（あるいは党派性）の回避」という行為でもある。「物」の中立性によって事実性が担保される、という前提に立っている。六五年の間に戦後沖縄（あるいは日本）の政治的状況は大きく変化した。しかし、「物」それ自体は変わることなく存在し、それは常に事実を物語っていると考えられている。

さらに、この中立性はガマフヤーが宗教的な党派性を持たないことによっても担保されている。市民参加型遺骨収集やホームレス支援において行政の参画を促すことが可能であったことも、宗教性を標榜しないことが活動をスムーズにしたのであろう。前述したように、市民参加型遺骨収集では、宗教性だけではなく、「のぼり旗」の禁止や団体による参加の禁止など、政治的な運動も排除されていた。

戦後沖縄において戦没者慰霊の場が政治化してきた背景を考えると、遺骨収集を取り巻く状況が一層明らかになるだろう。例えば六月二三日の「慰霊の日」には、毎年摩文仁の丘で県主催の沖縄全戦没者慰霊祭が行われる。そこには内閣総理大臣、衆参両院の議長、米軍、県、政治・行政をはじめ各界有力者たちを筆頭に、遺族たちが集まり、献花、黙祷が行われる。それと同時並行して、浦添村の魂魄の塔のすぐ後ろにある広島の塔の前では、テントが張られ運動家たちによる会合が開かれている。拡声器を使い、基地移転の問題の現状や反対声明が述べられ、社民党の国会議員なども顔を見せる。慰霊塔は政治運動の結集点としても構成されてきたのである。その喧騒は、遺族たちが粛々と花や供物を捧げる魂魄の塔とは対照をなしている。

行為主体は独自の政治的目標、教義、あるいは信仰活動の中にその運動を意義付けている。こうした政治的、あるいは宗教的な意義付けが、党派性を露わにしてしまうことにより、それとは関係ない人々の感覚から遊離し、かえって分断を招いてきた現状がある。この「市民参加型」の遺骨収集が成功した背景には、活動の意義をもう一度見直し、だれでも参加できるような形で行われたことがあげられるであろう。ネットワーク型のゆるやかな組織形態をとることにより党派性を回避し、遺骨収集の意義は政治性を持たない「人間の尊厳」という点にまずは集約される。しかし、その作業によって戦争の現実が浮き彫りにされる。戦争によって命を絶たれた人間の骨がいまだ放置され、大量の不発弾が放置されている現状を浮き彫りにする。つまり、突き詰めてみればそれは日本の戦後処理がいまだ不十分であるという現実の認識へときわめて容易につながるのである。

確かに、日本政府による戦後処理の不徹底は沖縄に限った問題ではない。靖国問題をはじめとして、原爆症の認定を巡る裁判、東京大空襲をはじめとする地方大都市の空襲への補償を巡る裁判、概了とされた海外における遺骨収集等々、それぞれが大きな問題を提起しているだろう。しかし、新たな都市開発、商業施設化の進む沖縄における遺骨収集は、当事者以外にとっても、そして政治的な無党派層にとっても、戦争と戦後処理の不徹底という問題を日常におけるリアルな現実として突き付けるのである。形骸化し、党派性によって分裂し、諦念の中で、あるいは単に活動家たちの高齢化により、活力を失ったかに見える平和運動や反基地闘争に、遺骨収集はもう一度その意義を問いかけることになるのかもしれない。

そして聖遺物探索のナラティヴは一種の「男の話（men's talk）」として構成されている。男たちは、明らかに楽しそうにそれを語る[46]。また、それは不発弾という危険と隣り合わせの冒険譚でもあり、遺骨にまつわる怪異譚でもある。ジェニファー・コーテス（Jennifer Coates）によれば、このような語りによってもたらされるものは、「彼らが何者であって、何者ではないかの主張」である[47]。そこでは、彼ら住民たちも単なる被害者ではないし、清廉潔癖で、お行儀のよい、か弱き民衆でもないことが主張されている。彼らは金銭に対する欲望や冒険心を持っており、時には怪異に満ちた体験もする。これは沖縄の人々の「戦術」のヴァリエーションであろう(48)。彼らは従位的位置を占めているのではないことが表現されているのだ。現代における、このような「沖縄の戦後」の語りには彼ら特有の専有と抵抗をみることができる。

ここでいう「抵抗」は他の語りに対する抵抗である。それは沖縄の人々が犠牲者としてのみ語られる言説やさまざまな運動や政治闘争にみられる言説に対する抵抗であると考えられる。商品化され、観光化され、あるいは定型化され、使い古され摩耗してしまい、もはや喚起力を失ってしまった言説とは鋭く対峙している。遺骨はリアルなものであり、ときに霊威を持つものでもある。霊感の強い者が新都心の辺りに行くと頭が痛くなる、といった住民の間での噂話にはじまり、遺骨や墓を巡る霊威譚を数多くみることができる。例えば、「開発工事のためにある墓を移築しなければならない。引き取り手がいないものだから大量の骨壺を工事事務所に置いておかなければならなかった。そうすると次々と作業員たちが体調不良を訴えて休んでいく。一度などは、朝礼の時に、十数人がバタバタと倒れていった」「重機が原因不明の故障で動かなくなる。重機の操作技師が原因不明の熱を出し次々と辞めてゆく。現在は四人目だ」「最初の頃はみな『清めの塩』を持って作業に来ていた」等々である。これらは教科書や平和運動、反基地闘争では語られないものであろう(49)。

遺骨収集の経験は、戦争を経験していない現代の世代にとって、もう一度リアルなところから思想的な足場を形成していくことになるかもしれない。その際に媒介となっているものが、遺骨や不発弾といった「物」なのである。とりわけ「遺骨」は死者を直接的に指し示す媒介物であると同時に、中立的な「物」でもある。物質ゆえに、敵味方もすでに区別されない。その兵士がどのような兵士であったのかは、そこでは問題にされない。具志堅氏の語りにみられるように、「人間の骨」なのだからゴミのように扱うのではなく、しかるべく処理すべきだとされる。また、遺族会誌の語りにみられるのは「住民による遺骨処理の適切性」という主題である。累々たる死体を地元住民たちは「一生懸命に弔った」のである。それゆえ、現在の遺骨収集という実践によって次のことが強調されることになるだろう。すなわち、それでもなお、現在でも遺骨が残っており、不発弾が残っている現状である。そこにみられるのは「戦後処理の不徹底性」という主題である。ナラティヴの中に現れる、こうした主題が「集合的記憶」を織りなす繊維となっている。

　戦後七一年を迎える現在の日本でも遺骨の持つ喚起力は失われていない。「遺骨」をめぐる言説が開発事業や行政を巻き込んで新たに人々を編成している。彼らは、遺骨によって戦争と戦後の沖縄を語り、そして現在の沖縄を語っているのである。その意味で、沖縄における集合的記憶は常に生成され続けているといえるだろう。遺骨収集に関連する動き、集団自決の問題に対する激しい抗議[50]にしても、贖われていない過去からの応答であり、集合的記憶からの現在の社会状況や国家に対する応答であると考えられる。

（1）さらにいえば、山折は、遺骨への関心は戦後日本の特徴のひとつであり、決して古代から続いたものではないことも指摘している。山折哲雄『死の民俗学——日本人の死生観と葬送儀礼』岩波書店、一九九〇年、二五頁。

（2）北村毅「戦死者へ／との旅——沖縄戦跡巡礼における〈遺族のコミュニタス〉」『人間科学研究』一八—二、二〇〇五年、一三七—一五二頁。P・メトカーフ、R・ハンティントン、『死の儀礼——葬送習俗の人類学的研究（第二版）』池上良正・池上冨美子訳、一九九六年、未来社。（原著：Metcalf, P. and R. Huntington, *Celebrations of Death: The Anthropology of Mortuary Rituals*, 2nd Ed., Cambridge University Press, 1992）

（3）沖縄タイムス社編『沖縄戦記——鉄の暴風』沖縄タイムス社、［一九五〇］二〇〇一年。

（4）「平和の礎」刻銘者数は、毎年「慰霊の日」にあたる六月二三日に改定される。平成二八年六月二三日現在では、二四一、四一四名である。沖縄県教育委員会および沖縄県埋蔵文化財センターによって進められていた「沖縄県戦争遺跡詳細分布調査」は一九九八年度から始められ二〇〇五年に完成している。この調査によれば、県内九七九箇所の戦跡の現存が確認されている。『電子版　沖縄県戦争遺跡詳細分布調査報告書集成（『沖縄県戦争遺跡詳細分布調査Ⅰ〜Ⅵ』）』すずさわ書店、二〇一五年。

（5）骨のもつ独特な喚起力についての文化人類学的な考察については次のものを参照。Goody, J., *Representations and Contradictions: Ambivalence towards images, theatre, fiction, relics and sexuality*, Blackwell, 1997.

（6）沖縄における戦没者や慰霊に関する研究は近年大きく進んでいる。例えば以下の論文などを参照。浜井和史「沖縄戦戦没者をめぐる日米関係と沖縄」『外交史料館報』一九、二〇〇五年、八九—一一五頁。浜井和史「北の果てから南の島へ——北霊碑巡拝団の沖縄渡航とそのインパクト」『二十世紀研究』二十世紀研究編集委員会、二〇〇六年、五三—七七頁。浜井和史「戦後日本の海外戦没者慰霊」『史林』九一—一、二〇〇八、一九八—二二九頁。浜井和史『海外戦没者の戦後史——遺骨帰還と慰霊』吉川弘文館、二〇一四年。北村毅『死者たちの戦後誌——沖縄戦跡をめぐる人びとの記憶』御茶の水書房、二〇〇九年。上杉和央「那覇から摩文仁へ——復帰前沖縄における『慰霊空間の中心』」『二十世紀研究』二十世紀研究編集委員会、二〇〇六年、二九—五二。上杉和央「記憶のコンタクト・ゾーン——沖縄戦の『慰霊空間の中心』整備をめぐる地域の動向」『洛北史学』一一、二〇〇九年、四七—七二頁。

（7）財団法人沖縄県遺族連合会編編『いととせ』二〇〇五年。

（8）我部正明によるコメント。『沖縄タイムス』一九九八年一月二八日付。

（9）海外戦地や沖縄における「遺骨野ざらし問題」、また戦後の遺骨収集への世論の高まりは、一九五〇年六月、人気歌手であった笠置しづ子たちが乗った飛行機がハワイへ向かう途中、ウェーキ島に不時着し、そこで見た光景が報道されたことに端を発する。厚生省援護局庶務課記録係編『続・引揚援護の記録』厚生省、一九五五年、一六一頁。沖縄におけるこの問題を扱ったものに、北村毅、前掲論文『琉球・沖縄研究』、二〇〇八年がある。また海外の遺骨収集に関しては以下のものが取り扱っている。浜井和史「『内地還送』から『象徴遺骨』の収容へ——戦後日本政府による初期「遺骨収集」の方針策定の経緯」東洋英和女学院大学現代史研究所編『現代史研究』、二—四六頁、二〇一〇年、西村明「戦地慰霊と『中外日報』——等閑視されてきた戦後宗教交流史」『中外日報』二〇一三年一〇月二二日付、Nishimura Akira, The Engagment of Religious Groups in Postwar Battlefield Pilgrimages, Bulletin 37, Nanzan Institute for Religion & Culture, 2013, pp. 42-51.

（10）粟津賢太「集合的記憶のポリティクス——沖縄におけるアジア太平洋戦争後の戦没者記念施設を中心に」『国立歴史民俗

博物館研究報告特集号――近代日本の兵士に関する諸問題』一二六、二〇〇六年、八七―一一七頁。これについては、本書第一章で詳細を扱っている。

(11) 沖縄県生活福祉部援護課『沖縄援護のあゆみ』一九九六年。厚生省編『引き揚げ援護三十年の歩み』ぎょうせい、一九七八年。浜井前掲書、二〇〇八年。西村明「遺骨収集・戦地訪問と戦死者遺族――死者と生者の時―空間的隔たりに注目して」『昭和のくらし研究』六、二〇〇八年、昭和館、三九―五二頁。西村明「遺骨収集・戦没地慰霊と仏教者たち――昭和二七、八年の『中外日報』から」京都仏教会監修、洗建・田中滋編『国家と宗教――宗教から見る近現代日本（下）』法藏館、二〇〇八年、三一一―五七頁。

(12) 粟津前掲論文、二〇〇六年。

(13) 沖縄県『沖縄の慰霊塔・碑』沖縄県生活福祉部援護課、一九九八年。

(14) 財団法人沖縄県遺族連合会編『還らぬ人とともに――沖縄県遺族連合会三十周年記念誌』一九八二年、一九三頁。

(15) 同前、一九五頁。

(16) 遺骨収集に対する沖縄の人々のアンビバレントな想いについては、北村毅が興味深い論考を発表している。北村前掲論文『琉球・沖縄研究』二〇〇八年、四一―五六頁。

(17) 沖縄ローカルＦＭのタイフーンＦＭ（株式会社エフエム那覇）「マジカルミステリーツアー」二〇〇七年一一月二八日放送。なお番組の内容はインターネットでも聴取できる（http://uruma.ap.teacup.com/magical/454.html　二〇〇九年一〇月三一日閲覧）。

(18)『沖縄タイムス』二〇〇八年六月二三日付。

(19)『琉球新報』二〇〇八年一月二〇日付。

(20)『琉球新報』二〇〇八年二月一五日付。

(21)『琉球新報』二〇〇七年一月二八日付。しかし、二〇一〇年二月には遺骨収集と仮納骨を摩文仁の丘で行っている。有志によって活動は継続されているようである。

(22) 土居浩「金光教沖縄遺骨収集奉仕関連年表」日本宗教学会第六七回学術大会パネル「現代日本の戦死者慰霊――慰霊の現場から視えるもの」配布資料、二〇〇八年、於筑波大学。

(23) 視点・論点「先の大戦　いまだ終わらず」（二〇〇八年八月一四日　ＮＨＫ放映）。なおこの番組のスクリプトはインターネット上でも公開されている(http://www.nhk.or.jp/kaisetsu-blog/400/10889.html　二〇〇九年五月二日閲覧)。

(24)　そこで新参者は正統的周辺参加(legitimate peripheral participation)を行っている。J・レイヴ、E・ウェンガー『状況に埋め込まれた学習——正統的周辺参加』佐伯胖訳、産業図書、一九九三年。(原著：Lave, J. and E. Wenger, *Situated Learning: Legitimate Peripheral Participation*, Cambridge University Press, 1991.)

(25)　行為者の認知過程と外部環境と切り離すことはできないとする、「媒介された心」論者のワーチ(Wertsch, J.)も、同様にロシアの心理学者ヴィゴツキー派に属する。

(26)　中山郁「海外慰霊巡拝覚書き——千葉県・栃木県　護国神社主催、「東部ニューギニア慰霊巡拝」の事例から」國學院大學研究開発推進センター編『招魂と慰霊の系譜』國學院大學研究開発推進センター、二〇一三年、二一六—二六四頁。および、深田淳太郎「遺骨収集の終わり方：ガダルカナル島の遺骨収容活動における遺／残された骨をめぐって」日本オセアニア学会関西地区例会、二〇一六年一月二三日。

(27)　金光教沖縄遺骨収集記録『命どう宝』、金光教沖縄遺骨収集運営委員会編、二〇〇五年、二九六—二九七頁。

(28)　同前、三〇二頁。

(29)　同前、三三七頁。

(30)　同前、三〇五頁。

(31)　同前、二九〇頁。

(32)　同前、三〇九頁。

(33)　同前、三三一頁。

(34)　同前、三三五頁。

(35)　「林雅信氏インタビュー」二〇一〇年二月に金光教那覇教会にて実施した聞き取り調査による。同行者、土居浩氏(ものつくり大)。

(36)　「遺骨収集を雇用の受け皿に、沖縄　国に要望へ／沖縄戦の激戦地だった那覇市真嘉比の丘陵地で遺骨を収集するボランティア団体「ガマフヤー」(那覇市)は二三日、ホームレスの就労・自立支援の「プロミスキーパーズ」(沖縄県西原町)と連絡協議会を二四日に設置、失業者雇用の受け皿として遺骨収集を活用するよう国に予算措置を要望していく方針を明らかにした。／ガマフヤーの具志堅隆松代表(五四)は「仕事がなく家庭も崩壊するなど、深刻な状況に陥っている失業者やホームレスの方が増えている。声を上げられない戦没者に(遺骨収集という形で)手を差し伸べることで、経済的に救われる構図を作りたい」と話している。／具志堅代表によると、プロミスキーパーズのほか、地元の公共職業安定所(ハローワーク)を通じて、遺骨収集に参加するホームレスや失業者を募集することを想定。賃金を国費でまかなうよう要望する。／真嘉比地区では昨年、ガマフヤーなどによる収集作業で日本兵とみられる遺骨や遺品が相次いで見つかったが、一帯は区画整理事業で道路や宅地の造成工事が進行。ボランティアだけでは収集し切れない状況で、失業者らに加わってもらうことで作業の迅速化を図る狙いもあるという。(共同通信)」http://www.tokyo-np.co.jp/s/article/2009022301000746.html　二〇〇九年二月二三日閲覧。

(37)　予算規模については、二〇〇九年二月一六日に行った聞き取り調査において、県援護課担当者から、那覇市に関しては市役所平和交流室の担当者から得たものである。

(38)　『沖縄タイムス』二〇〇九年一〇月一日付。

(39)　以下の聞き取りは、二〇〇九年二月一五日に那覇市前島において実施した調査による。

(40)　同前。

(41)　近年では人は病院で亡くなることが多いが、その場合でも病室にて行われることが多いという。これをグリーフ・ケアのひとつの形態として考える研究も行われている。「沖縄県における入院患者の死とユタのヌジファについての研究」研究者番号：三〇二二〇八五七四、研究代表者：浜崎盛康(琉球大学)。

(42)　二〇〇九年二月一五日西原町において実施したフィールド調査時における映像資料。

(43)　二〇〇九年六月二二日、糸満市真壁地区慰霊碑前にて実施した聞き取り調査による。

(44)　二〇〇九年六月二〇日、高野山真言宗波上山護国寺において実施した聞き取り調査による。

(45)　ワーチは「専有」「抵抗」などの分析概念を、セルトーの「戦術」「密漁」などの概念から得ている。M・セルトー、『日常的実践のポイエティーク』山田登世子訳、国文社、一九八七年。(原著：de Certeau, M., *L'Invention du Quotidien*, Vol. 1. Arts de Faire. Union générale d'éditions, 10-18, 1980.)

(46)　一九九〇年代以降、これまでのジェンダー研究は社会言語学をはじめとする関連諸学の成果を取り入れ、男性性も射程に入れるまでになっている。沖縄の文脈における男性性の研究やトラウマの研究は興味深いことであるが、本稿では特定の権力関係下にある「専有(appropriation)」の問題に限定して考えている。

(47)　Coates, J.. *Men Talk: Stories in the Making of Masculinities*, Wiley-Blackwell, 2003, p.2.

(48)「戦術」という用語はセルトーに倣ったものである。セルトー前掲書、一九八七年。
(49) 二〇〇九年一一月那覇市真嘉比において実施した聞き取り調査より。
(50)「軍隊は住民を守らない」という主題は、歴史的な事実であるとともに、沖縄におけるナラティヴの強力な主題でもある。沖縄タイムス社編『挑まれる沖縄戦――「集団自決」・教科書検定問題報道総特集』沖縄タイムス社、二〇〇八年、および大城政保『沖縄戦の真実と歪曲』高文研、二〇〇七年。また、報告者は二〇〇九年二月と六月に、渡嘉敷島において予備的な聞き取り調査を行った。今後の課題としたい。

おわりに
——慰霊・追悼研究の現在

本書では、マックス・ウェーバーの指摘した「追憶の共同体」に関する研究を集合的記憶と関連付けることによって、歴史社会学的研究として行ってきた。

また、「戦没者祭祀の成立と変容」という本書の副題が示しているように、ナショナリズム研究の具体的な対象として戦没者追悼施設と追悼儀礼の成立と変容を検討し、宗教社会学的に考察してきた。

「はじめに」において、ナショナリズム研究を整理し、ナショナリズムの核にあるものが、戦争による死についての共同の追憶であることを確認し、本書の対象と方法を提示した。それは、何らかの意味で公的な位置付けを与えられている戦争記念碑などの戦没者追悼施設と、それを中心にして行われる追悼儀礼である。この近代的な死者崇拝の形式の成立と変容の過程を、主に歴史資料をもとに考察し、そこに込められた多層的な意味や、そこで働いている原理を明らかにしようとした。

本論は二つに分け、第Ⅰ部を理論編とした。理論編では、先行研究を整理するとともに、本書のテーマに理論的な寄与を行った。

第一章では、集合的記憶研究を検討し、物質的フレームと記憶の複数性と、競合する記憶というポリティクスの次元への着目という二つの重要な特徴があることを指摘した。また、沖縄の事例によって、それが国家間の外交問題へも繋がる、ミクロとマクロを結合しうるアプローチであることをみた。

第二章では、儀礼国家論を、その源であるデュルケームにまで遡って検討し、儀礼の認知的特性が後の集合的記憶研究との接合点となることをみた。そしてその接合点から、集合的記憶研究を宗教社会学の伝統の中に位置付けることが可能となった。

第三章では、人間の認知能力が外在的なモノとの相互作用にあるという観点から、文化と外在的な物質性について考察した。認知的次元に着目することによって、文化研究と集合的記憶研究との接合を試みた。

第Ⅱ部は事例編として、英国、米国、日本の事例に現れる集合的記憶の物質的な次元である戦没者追悼施設と、新しい死者崇拝の形態である追悼儀礼の成立と変容について考察した。

第四章および第五章では、第一次世界大戦直後の英国の事例を検討し、戦没者追悼施設と死者崇拝の儀礼が多層的な意味を吸収して成立した伝統であることを確認し、また、そこに働いている原理について考察した。

第六章は、米国の事例から、同様の施設と儀礼の成立と変容について考察した。とりわけ米国における市民宗教とそこに働いている原理について考察した。

第七章と第八章では近代日本における戦没者追悼施設として、各地にある戦没者碑、旧植民地に建てられた忠霊塔、近代日本における死の解釈の問題について考察した。

これらの章における知見を端的に記せば、戦没者に対する公的な追悼や慰霊の文化と制度に関する研究は、近代戦争という人類がかつて経験したことのないマス・デス(大量死)に、各国が(同時に地域や一般の人々が)いかに対応してきたのかを明らかにするものでもあった。これまでの研究が明らかにしてきたのは、戦没者の公的な追悼や慰霊は、近代以前の伝統をもとに、やはり近代に創出され、形成されてきた制度であり文化であるということである。

また、第九章では、第三章において理論的な検討をした、集合的記憶がいかにして紡ぎ出されるのかという問題を、フィールドワークに基づき具体的な事例研究として示した。そこでは、ナラティヴを外在化された文化的な道具と考えることにより、流通しているナラティヴの流用や抵抗として、主要なナラティヴから逸脱する事例を考察してきた。そのナラティヴは「モノ」の存在によって裏付けられていたり、それを梃子として新たな運動や語りの起点となっていたりする状況があった。それが沖縄においては強力な対抗的記憶を織り上げる繊維となっているのである。

本書に収めた論考で充分に扱いえなかったものに、ナショナリズムの持つ感化力の問題がある。なぜ、短期日のうちにナショナリズムは世界中に広まったのだろうか。なぜ、それは現代の人類社会が未だに克服できないでいるほど強力なのか。

実際、一九世紀以降の「産業化された戦争」こそが大量の戦死者を生み出したのであるし、技術と産業との複合が、戦争という現象の基本的な構造である(1)。現在でいえばタックス・ヘイブンに拠点を構えるような国際資本とそのロビー活動によって国家の政治が左右され、人々を動員する。この構図は、一九世紀から変わっていない。その基底には富と権力を求める人間の欲望がある。戦争は搾取の最悪の形態であり、敵味方いずれの国においても殺し合いをさせられるのは低階層の人々である。しかし、本来ならば犠牲者である「国民」たちにその自覚はなく、かえってナショナリズムの高揚を招き、自ら進んで死んでいくのである。なぜこんなことが起こっているのだろうか。

ナショナリズムの感化力というこの問題について、単なる集団心理や同調的行動というような心理学的な解釈で済ませてしまうのではなく、社会学、あるいは宗教社会学的な問いを打ち立てられるのかどうかが大きな課題である。本書はそうした研究として構想された。

言葉を換えれば、これは表象と観念の再生産あるいは伝達の問題であり、もっといえば「文化を説明するということは、特定の観念がなぜ、そしていかにして感染するのかを説明することである」とダン・スペルベル（Dan Sperber）が述べたように「表象の疫学（epidemiology of representation）」研究であるといってもよいであろう。(2)

本書の「はじめに」で述べたように、ナショナリズムをひとつの宗教と考えるならば、その教義の研究は行われてきたし、本書ではその儀礼の研究を行ってきた。さらに問うべきは、その信者たちの研究であろう。そのためには認知論的な研究と同時に、具体的な事例やフィールド研究を新たに構想しなければならないだろう。

また本書では、記念碑のもたらす分断のレベルについては追及することができなかった。記念碑を作ることによって、かえって地域の分断を招く事例があり、これらについての研究は近年進められている。(3)

同様に、本書では、平和主義者たちの運動や個人のレベルでの反戦に触れる余裕がなかった。例えば英国では戦没者追悼式に赤いケシの花の代わりに白いケシの花を捧げる「ホワイト・ポピー」が知られている。この団体は、英国および英連邦の戦死者ではなく、「すべての戦争犠牲者たち（all the victims of war）」を追悼する平和主義団体である。(4)

良心的兵役拒否の歴史は、欧米に限らず近代日本においても存在するが、それらについても本書では触れることができなかった。日本の戦争記念碑の例をあげれば、愛媛県県会議員であった安藤正楽《せいがく》（一八六六―一九五三）は、日露戦争に際し反戦演説を行い逮捕拘留された。土居町藤原の八坂神社（四国中央市土居町藤原五―二三）に建てられた「日露戦争従軍記念碑」の銘文には「世界人類の為に忠君愛国の四字を滅するにあり」と刻し、警察により削り取られた。(5)

こうした個人レベルの思想が到達した高みや、それを支援した人々の存在、宗教史からいえば日本灯台社や創価教育学会、戦後の白光真宏会や日本山妙法寺の活動も視野に入れるべきであろう。近代日本の思想家や団体の活動は、国家主義や軍国主義という現実の権力の前に蹂躙されていったが、色川大吉や安丸良夫などの民衆史研究者のいう地下水脈として、現在も伏流水のように流れているものと思われる。一社会学者の手に余る問題とはいえ、これらの問題を正しく位置付ける必要があるだろう。

一方、本書に収めた論考が書かれた後に社会的な状況も大きく変わり、集合的記憶の問題への関心が高まり、新たな実践が生み出されている。

二〇一一年三月一一日に発生した東北地方太平洋沖地震とそれに伴って発生した津波による東日本大震災以降のことに触れなければならない(6)。

三月一一日の地震発生時刻には、日本各地で黙祷が行われるようになった。同時刻、ニューヨークやパリでも黙祷が行われた。

福島県相馬市で熊谷航《わたる》が発見した津波の浸水域と神社の場所の一致は、過去の津波被害の教訓を示す指標として、いわば記憶の場として社殿が建てられていたことをうかがわせるものであった(7)。

また、津波の教訓を後世に伝え、悲劇を繰り返すまいという想いは各地で記念碑の建設を促している。それは津波の到達点を示す「津波石」の存在に、震災を機に、東北地方のみならず各地で新しく光が当てられたことにもよっている。

沖縄県の先島諸島（与那国島から宮古島にかけての地域）には、一七七一年に起こった八重山地震津波（明和の大津波）などの過去の大津波で打ち上げられ、今も陸上に残る岩塊を津波大石《つなみうふいし》といい、多くは鳥居や注連縄などがかけられた記念遺物となっている。これらの津波石には直径一〇メートルを超え、推定七〇〇トンにもなる巨大な岩塊もあり、見る者を圧倒する。(8)

岩手県田野畑村の羅賀地区には、海岸から約三六〇メートル、標高約二五メートルの場所に明治三陸津波(一八九六年)に運ばれてきたという「津波石」がある。これらは地方紙で再発見され、ニューヨーク・タイムズ紙にも紹介されている。(9)

一般社団法人全国優良石材店の会による被災地復興支援活動である「津波記憶石」プロジェクトは、「従来のように津波の到達点を示すだけではなく、決して忘れてはならない『記憶』を残していくことを加え　津波石+記憶石　津波記憶石というネーミングを作」っている。このプロジェクトは現在までに第二八号(女川町)までが紹介されている。これらの「記憶石」は、現代のアーティストによる近代的なデザインとともに、「てんでんこに逃げよ」などの地元に残る津波伝承を刻み、後世に伝えようとしている。

本書第一章にみたように、記念碑という言葉は、「思い出させる」を意味するラテン語に由来し、記念碑に記憶を重ねるのは意味の過剰表現ではある。しかし、記念碑ではなく「記憶石」としたのは、そこに新たな意味が込められ、石に刻むことの意味が問い直されていると考えられる。

より広い文脈に現在の記憶の問題を位置付けているのはアライダ・アスマン(Aleida Assmann)である。戦後ドイツの現代的文脈と現代日本のそれとはやはりある種の共通性があることは間違いがないだろう。それはナチスドイツやホロコースト、あるいは大日本帝国というトラウマと歴史修正主義とのせめぎあいを抱えた戦後史を持つものであるからだ。また、戦争体験世代の消滅へ向かって、新たな記憶の生成が政府主導のものばかりではなく、さまざまな文化レベルで立ち現われており、新たな国民的象徴が希求されている。

そうした象徴の希求は、流動する社会―歴史的文脈におけるアイデンティティの希求でもあり、そこには帰属意識のメカニズムが働いているとアスマンは指摘している。そこで記憶が強調されるのは、歴史が事実に基づいているのに対して、記憶には過去のある一面を強調し、他を忘却することが許されているからだ。その意味で想起の文化は常に選択的であり、感情を伴っている。記憶は、強力な身体性を伴ったレトリックの力を持っている。しかし、アスマンはそれらは支配的物語《マスター・ナラティヴ》に収斂することはないと指摘している。それを媒介しているのは記憶産業としてのメディアであり、記憶は常に消費される運命にある。移民にしろ民族にしろ、そのアイデンティティは多元的で多様であり、記憶も多声的であり、複数性を持つものである。それらは消費社会を流通している。アスマンの次の言葉はこのような状況におかれた現在の我々の課題を的確に指摘していると思われる。

> 問われているのは、右派の民族主義の落とし穴にはまることなく、左派のポスト民族主義の伝統からいかなる出口を見つけるかということに尽きる。[10]

これらは新たな歴史的・社会的状況によって問われているものであり、それは時代の要請ともいえるであろう。最後に、これらに付け加えて、現代社会における追悼や慰霊は、宗教の公共性、あるいは公共宗教という問題系を提起しているといえるだろう。慰霊や追悼は死者の存在を前提としている。そして、それが公的な機会に行われる場合には、多文化主義的な形にしろ、拡散し一般化した市民宗教的な形にしろ、何らかの宗教的な観念や解釈が用いられる。それは国家の宗教的次元の存在を指し示すものであるし、国家と宗教との関係を問い直す実践的な機会を常に提供し続けるものだからである。

（1） ウィリアム・H・マクニール『戦争の世界史――技術と軍隊と社会』高橋均訳、中央公論新社、二〇一四年。（原著：

McNeill, W. H., *The Pursuit of Power: Technology, Armed Force, and Society since A.D. 1000*, University of Chicago Press, 1984.）ウォルター・ラッセル・ミード『神と黄金――イギリス、アメリカはなぜ近現代世界を支配できたのか』寺下滝郎訳、青灯社、二〇一四年。（原著：Mead, W. R., *God and Gold: Britain, America and the Making of the Modern World*, New York: Alfred A. Knopf, 2007.）

（2） ダン・スペルベル『表象は感染する――文化への自然主義的アプローチ』菅野盾樹訳、新曜社、二〇〇一年。（原著：Sperber, D., *Explaining Culture: A Naturalistic Approach*, Blackwell, 1996.）

（3） スコットランドの事例を扱ったものに、MacLeod, J., "Memorials and Location: Local versus National Identity and the Scottish National WarMemorial," *The Scottish Historical Review*, Vol. 89, No. 227, Part 1, 2010, Edinburgh University Press, pp. 73-95 があり、オーストラリアの事例を扱ったものに、Rainbird, P., "Representing nation, dividing community: the Broken Hill War Memorial, New South Wales, Australia," *World Archaeology*, Vol. 35, No. 1, Social Commemoration of Warfare, 2003, pp. 22-34 などがある。

（4） http://www.ppu.org.uk/whitepoppy/index.html（二〇一六年一二月二五日閲覧）

（5） 安藤の資料は明治大学図書館に所蔵されており、現在の整理と研究成果が公開されつつある。

（6） Kena Awazu, "The Cultural Aspects of Disaster in Japan: Silent Tributes to the Dead and Memorial Rocks," *Asian Journal of Religion and Society*, Vol. 4, No. 1, Korean Association for the Sociology of Religion, 2016, pp. 53-78.

（7） 『中外日報』二〇一三年六月二二日付　http://www.chugainippoh.co.jp/ronbun/2013/0622rondan.html　二〇一五年五月七日閲覧。

（8） 琉球大学理学部　中村衛研究室　http://seis.sci.u-ryukyu.ac.jp/info/tsunamiishi/index.html　二〇一五年五月七日閲覧。および、防災システム研究所　http://www.bo-sai.co.jp/yaeyamajisintsunami.html　二〇一五年五月七日閲覧。

（9） Fackler, M., "Tsunami Warnings, Written in Stone," *The New York Times*, April 20, 2011.

（10） アライダ・アスマン『記憶のなかの歴史――個人的経験から公的演出へ』磯崎康太郎訳、松籟社、二〇一一年。

あとがき

本書は主に二〇〇〇年代に著した論考を下敷きに、大幅な加筆・修正を経てまとめたものです。その主なものは次の通りです。これらの出版においては、多くの方々にご協力を賜りました。ここに記して感謝申し上げます。


「慰霊・追悼研究の現在——想起の文化をめぐって」『思想』第一〇九六号、岩波書店、二〇一五年、八—二六頁。

「地域における戦没者碑の成立と展開」、村上興匡・西村明(編)『慰霊の系譜——死者を記憶する共同体』森話社、二〇一三年、一五九—一八八頁。

「媒介される行為としての記憶——沖縄における遺骨収集の現代的展開」『宗教と社会』第一六号、二〇一〇年、三—二一頁。

「現在における「過去」の用法——集合的記憶研究における「語り」について」関沢まゆみ(編)『戦争記憶論』昭和堂、二〇一〇年、二二八—二四七頁。

「集合的記憶のエージェンシー——集合的記憶の社会学構築のために」『国立歴史民俗博物館研究報告一四七集』、二〇〇八年、四三七—四六三頁。

「戦地巡礼と記憶のアリーナ　都市に組み込まれた死者の記憶——大連、奉天」國學院大學研究開発推進センター(編)『慰霊と追悼の間——近現代日本の戦死者観をめぐって』錦正社、二〇〇八年、七二—一一四頁。

「追悼の多文化主義とナショナリズム——イギリスの事例を中心に」『宗教法』第二六号、二〇〇七年、五三—七七頁。

「市民宗教論再考——米国における戦没者記念祭祀の形態」『ソシオロジカ』第三一巻一・二号、二〇〇七年、九五—一一七頁。

「古代のカノンと記憶の場――英国エセックス州における戦没者追悼施設を中心に」国際宗教研究所（編）『現代宗教２００６』、東京堂出版、二〇〇六年、一五五―一八四頁。

「集合的記憶のポリティクス――沖縄におけるアジア太平洋戦争後の戦没者記念施設を中心に」『国立歴史民俗博物館研究報告特集号――近代日本の兵士に関する諸問題』第一二六集、二〇〇六年、八七―一一七頁。

「戦没者慰霊と集合的記憶――忠魂・忠霊をめぐる言説と忠霊公葬問題を中心に」『日本史研究』五〇一号、二〇〇四年、一七六―二〇六頁。

「記憶の場の成立と変容――欧米における戦没記念施設を中心に」井上順孝・島薗進（共編）『新しい追悼施設は必要か』、ぺりかん社、二〇〇四年、二四五―二六七頁。

「近代日本における戦没記念施設と文化ナショナリズム―大日本忠霊顕彰会を中心に」『ソシオロジカ』第二七巻、一・二号、二〇〇三年、九三―一〇八頁。

「近代日本ナショナリズムにおける表象の変容――埼玉県における戦病没者碑建設過程をとおして」『ソシオロジカ』第二六巻、一・二号、二〇〇一年、一―三三頁。

「ナショナリズムとモニュメンタリズム――英国の戦没記念碑における伝統と記憶」大谷栄一・川又俊則・菊池裕生（共編）『構築される信念――宗教社会学のアクチュアリティ』ハーベスト社、二〇〇〇年、一一三―一三一頁。

「社会統合と儀礼国家論」『ソシオロジカ』第一九巻、二号、一九九四年、一―二五頁。


もうひとつ本書の元となったのは、二〇〇六年に創価大学大学院文学研究科へ提出した博士学位請求論文「近代日本と英国および米国における戦没者追悼施設の構成と変容――集合的記憶の宗教社会学的研究」です。審査の労をとって頂いた中西治先生、栗原優先生、中野毅先生の三人の先生方に感謝申し上げます。

また、本書の執筆が可能となったのは、さまざまな共同研究に協力者や分担者として携わることができたからです。以下に、これまで参加した共同研究の一覧を記し、御礼申し上げます。調査のために英国、米国、そして日本と、実に多くの場所を回りましたが、それが可能となったのは、これらの共同研究助成によるものです。また、フィールド調査においては、聞き取りに協力して頂いた多くの方々のお世話になりました。共同研究では、研究代表者をはじめ共同研究員の方々から得た、専門の垣根を越えた知的刺激によって自分の視野を拡大できたように思います。とりわけ国立歴史民俗博物館時代から公私にわたりお世話になりました新井勝紘先生に感謝申し上げます。

国立歴史民俗博物館基幹研究「歴史における戦争——近現代兵士の実像」（研究代表者　藤井忠俊）

国立歴史民俗博物館非文献資料の基礎的研究「近現代の戦争に関する記念碑」（研究代表者　新井勝紘）

国立歴史民俗博物館個別研究「近代日本の兵士に関する諸問題の研究」（研究代表者　一ノ瀬俊也）

国立歴史民俗博物館基幹研究「戦争体験の記録と語りに関する資料論的研究（研究代表者　関沢まゆみ）

文部科学省科学研究費補助金基盤研究（A）（一）「死者と追悼をめぐる意識変化——葬送と墓についての統合的研究」課題番号一四二〇一〇〇四（研究代表者　鈴木岩弓）

文部科学省科学研究費補助金基盤研究（B）（二）「世界のグローバル化と宗教的ナショナリズム・原理主義の台頭に関する比較宗教学的研究」課題番号一四三一〇〇一（研究代表者　中野毅）

文部科学省科学研究費補助金基盤研究（B）「パーソナルメディアとしての軍事郵便と従軍日記研究」課題番号一八三二〇〇一三（研究代表者　新井勝紘）

文部科学省科学研究費補助金基盤研究（B）「戦争の記憶の創出と変容——地域社会における戦争死者慰霊祭祀の変遷と現状」課題番号一九三二〇一一六（研究代表者　孝本貢）

文部科学省科学研究費補助金基盤研究（B）「戦争死者慰霊の関与と継承に関する国際比較研究」課題番号二二三二〇〇一八（研究代表者　西村明）

文部科学省科学研究費補助金基盤研究（C）「占領による宗教制度改革と戦後宗教史の再検討に向けての基礎的研究」課題番号二二五二〇〇六六（研究代表者　中野毅）

文部科学省科学研究補助金基盤研究（B）「軍事郵便がもたらした体験の共有化と大衆化に関する研究」課題番号二三三二〇一四四（研究代表者　新井勝紘）
文部科学省科学研究補助金基盤研究（B）「戦後の宗務行政が実施した調査の実体解明と宗教団体に及ぼした影響の研究」課題番号二三三二〇〇一九（研究代表者　石井研士）
文部科学省科学研究補助金基盤研究（B）「連合国のアジア戦後処理に関する宗教学的研究：海外アーカイヴ調査による再検討」課題番号二六二八四〇一二（研究代表者　中野毅）

また、英国エセックス大学、英国国立戦争博物館、創価大学、専修大学、南山大学、上智大学の各大学図書館の資料とデータベースへのアクセスがなければ、研究は成立しませんでした。記して感謝申し上げます。

本書は南山大学・南山宗教文化研究所から出版助成を受けて刊行するものです。記して感謝申し上げます。南山宗教文化研究所が提供する、宗教領域における国内外の若手研究者に門戸を開き一定期間研究に従事させる環境は、本当に有益なものでした。多くの先輩たちに恥じぬよう、これからも新しい研究に精進を続けていこうと思います。

さらに、出版を勧めて下さった南山宗教文化研究所の奥山倫明先生に感謝申し上げます。出版社の選定には北海道大学の櫻井義秀先生にご尽力を頂きました。また、出版にあたって相談させて頂いた佛教大学の原田敬一先生、斎藤英喜先生、特に折にふれ激励頂いた畏友大谷栄一氏に、謹んで感謝申し上げます。

本書のタイトル英訳においては、南山大学名誉教授のジェームズ・ハイジック先生にアドバイスを頂きました。記して感謝申し上げます。

修士課程の指導教員であり、文化人類学の手ほどきをして頂いた鈴木二郎先生、長野の広大な地域を一緒に歩いて頂き、たくさんの資料をくださったいしぶみの会代表の海老根功先生、研究の上でお世話になった孝本貢先生に謹んで感謝申し上げます。英国オックスフォード大学オールソウルズ・カレッジのブライアン・ウイルソン先生にも感謝申し上げます。留学中に何度もカレッジやフラットへ招待してくださり、ご指導頂いたほか、英国の隣接領域の研究者の方々へ紹介の手紙を送って下さいました。視野と人脈を広げて頂いたとともに、大きな励みになりました。お世話になったこれらの先生方はすでに鬼籍に入られてしまいました。生前に本書を手に取って頂けなかったことに忸怩たる思いがあります。

そして、これまで私的にお世話になってきた石川利恵子さん、これまで見守ってくれた両親に、謹んで感謝申し上げます。

最後に、兵士、民間人を問わず、国家による戦争で命を落とした数えきれない犠牲者たちに謹んで哀悼の意を捧げます。

二〇一六年一二月

栗津賢太

栗津 賢太（あわづ けんた）

1965年 神奈川県生まれ
1990年 創価大学文学部卒
1997-1998年 英国エセックス大学留学
1999年 創価大学大学院文学研究科博士後期課程 単位取得退学
国立歴史民俗博物館講師，慶應義塾大学非常勤講師，南山大学南山宗教文化研究所研究員などを経て
現 在 上智大学グリーフケア研究所特別研究員
専 門 宗教社会学・宗教人類学
博士（社会学）

記憶と追悼の宗教社会学
——戦没者祭祀の成立と変容

2017年1月31日 第1刷発行
2019年9月10日 第2刷発行

著 者 粟 津 賢 太
発行者 櫻 井 義 秀

発行所 北海道大学出版会
札幌市北区北9条西8丁目 北海道大学構内（〒060-0809）
Tel. 011(747)2308・Fax. 011(736)8605・http://www.hup.gr.jp/

㈱アイワード／石田製本㈱

ISBN978-4-8329-6826-4

人名索引

は　行

ま　行

や　行

ら　行

わ　行

事項索引

さ　行

た　行

な　行

は　行

ま　行

や　行

ら　行

参考文献一覧

外国語文献

Anderson, B. R., *Imagined Communities: Reflections on the Origin and Spread of Nationalism*, revised, Verso, 1991.（ベネディクト・アンダーソン『増補　想像の共同体——ナショナリズムの起源と流行』白石さや・白石隆訳，NTT 出版，1997 年。）

Anonymous, "Memorial Day", in Schauffler（ed.）, *Memorial Day: Its Celebration, Spirit, and Significance as related in Prose and Verse, with a Non-sectional Anthology of the Civil War*, Dodd, Mead and Co., 1911=1990.

Awazu, Kenta, "Rituals of Silence: The Shaping of Memorial Services in Wartime and Postwar Japan", *Bulletin of the Nanzan Institute for Religion & Culture*, vol. 37, 2014.

Awazu, Kenta, "The Cultural Aspects of Disaster in Japan: Silent Tributes to the Dead and Memorial Rocks," *Asian Journal of Religion and Society*, Vol. 4, No. 1, Korean Association for the Sociology of Religion, 2016.

Barber, B., "Place, Symbol, and Utilitarian Function in War Memorials", *Social Forces*, 28, 1949.

Barry, A.（*et al.*）, *Foucault and Political Reason: Liberalism, neo-liberalism and rationalities of government*, UCL Press, 1996.

Bellah, R. N., *Beyond Belief: Essays on Religion in a Post-Traditionalist World*, University of California Press, 1991=1970.（R・N・ベラー，『社会変革と宗教倫理』河合秀和訳，未来社，1973 年。）

Bellah, R.（*et al.*）, *Habits of the Heart: Middle America Observed*, Harper Collins, 1988.（ロバート・N・ベラー（他）『心の習慣——アメリカ個人主義のゆくえ』島薗進他訳，みすず書房，1991 年。）

Bellah R.,（*et al.*）, *The Good Society*, Knopf, 1991.（ロバート・N・ベラー（他）『善い社会——道徳的エコロジーの制度論』中村圭志他訳，みすず書房，2000 年。）

Birnbawm, N., "Monarchies and Sociologists: A Reply to Professor Shils and Mr. Young," *Sociological Review*, 3, 1955.

Bloch, M., *From Blessing to Violence: History and Ideology in the Circumcision Ritual of the Merina of Madagascar*, Cambridge University Press, 1986.（邦訳：モーリス・ブロック『祝福から暴力へ——儀礼における歴史とイデオロギー』田辺繁治・秋津元輝訳，法政大学出版局，1994 年。）

Blumler, J. G., J. R. Brown, A. J. Ewbank and T. J. Nossiter, "Attitude to the Monarchy: their structure and development during a ceremonial occasion", *Political Studies*,

Number 2, 1971.

Bodnar, J. E., *Remaking America: public memory, commemoration and patriotism in the twentieth century*, Princeton University Press, 1992.（J・ボドナー『鎮魂と祝祭のアメリカ――歴史の記憶と愛国主義』野村達朗他訳，青木書店，1997年。）

Bourdieu, P., *Language and Symbolic Power*, Raymond G., and M. Adamson (trans.), Harvard University Press, 1991.

Bourdieu, P. and L. J. D. Wacquant, *An Invitation to Reflexive Sociology*, University of Chicago Press, 1992.

Cannadine, D., "War and Death, Grief and Mourning in Modern Britain," in Whaley J. (ed.), *Mirrors of Mortality: Studies in the Social History of Death*, Europa Publications Ltd., 1981.

Clark, A. and D. J. Chalmers, "The Extended Mind" (http://consc.net/papers/extended.html) Published in Analysis, 58, 1998. Reprinted in Grim, P. (ed.), The Philosopher's Annual, vol XXI, 1998.

Clark, A., "Memento's revenge: the extended mind extended," Menary, R. (ed.), *The Extended Mind*, MIT Press, 2010.

Coates, J., *Men Talk: Stories in the Making of Masculinities*, Wiley-Blackwell, 2003.

Colman, R., "Saint George for England," *Contemporary Review*, April, 1997.

Coser, L. A., "Introduction", in Halbwachs, M., *On Collective Memory*, translated from French by Coser, L. A., The University of Chicago Press, 1992 (=1952).

Davies, J., "War Memorials", in D. Clark, *The Sociology of Death: theory, culture, practice*, Sociological Review Monographs, Blackwell, 1993.

de Certeau, M., *La fable mystique, 1: XVIe-XVIIe siecle*, Gallimard, 1982=1987.

Dumas, S. and K. O. Vedel-Petersen, H. Westergaard, (ed.), *Losses of Life Caused by War*, Clarendon Press, 1923.

Eisenstad, S. N., "Some Observations on the Dynamics of Traditions", Smith, D. E. (ed.), *Religion and Ligitimation of Power in Thailand*, Laos and Burma, Chambersburg, 1978.

Encyclopædia of Religion, "An Overview," Vol. 5, p. 333.

Fackler, M., "Tsunami Warnings, Written in Stone", *The New York Times*, April 20, 2011.

Fenn, R. K., *Toward A Theory of Secularization*, SSSR monograph series, No. 1, 1978.

Foucault, M., "On governmentality", *Ideology and Consciousness*, Vol. 6, 1979.

Foucault, M., *Language, Counter Memory, Practice*, Cornell University Press, 1980.

Geertz, C., "The Integrative Revolution: Primordial Sentiments and Civil Politics in the New States", in Geertz, C. (ed.), *Old Societies and New States: The Quest for Moder-*

nity in Asia and Africa, Free Press, 1963.
Gehrig, G., *American Civil Religion: An Assessment*, SSSR monograph series No. 3, 1979.
Gellner, E., *Nations and Nationalism*, Blackwell, 1983.
Geoffrey, K. N., *Spiritualism and Society* (Routledge Revivals), Routledge, 1969=2013.
Geurst, J., *Cemeteries of the Great War by Sir Edwin Lutyens*, OIO Publishers, 2010.
Gillis, J. R. (ed.), *Commemorations: The Politics of National Identity*, Princeton University Press, 1994.
Goebel, S., *The Great War and Medieval Memory: War, Remembrance and Medievalism in Britain and Germany, 1914–1940*, Cambridge University Press, 2007.
Gordon, C., "Governmental Rationality: An Introduction", in Burchell, G. (*et al.*) ed., *The Foucault Effect: Studies in Governmentality*, University of Chicago Press, 1991.
Gregory, A., *The Silence of Memory: Armistice Day 1919–1946*, BERG, 1994.
Hall, J., *Dictionary of Subjects & Symbols in Art*, Revised Edition, London: Harper & Row, 1979.
Harris, J. and G. Stamp, *Silent cities: an Exhibition of the Memorial and Cemetery Architecture of the Great War*, RIBA Heinz Gallery, 1977.
Harvey, J., *Photography and Spirit*, Reaktion Books, 2007.（ジョン・ハーヴェイ『心霊写真――メディアとスピリチュアル』松田和也訳，青土社，2009 年。）
Hazelgrove, J., *Spiritualism and British society between the wars*, Manchester University Press, 2000.
Hickman, M. J., *Religion, Class and Identity: The State, the Catholic Church and the Education of the Irish in Britain*, Hants and Vermont, 1995.
Hobsbawm, E. and T. Ranger (eds.), The Invention of Tradition, Cambridge University Press, 1992=1983.（エリック・ホブズボウム／テレンス・レンジャー編『創られた伝統』前川啓治他訳，紀伊国屋書店，1992 年。）
Hunt, E. A., *et al.* (eds.), The Colchester War Memorial Souvenir, The Essex Telegraph Ltd., 1923.
Hutchinson, J. and A. D. Smith (eds.), *Oxford Readers: Nationalism*, Oxford University Press, 1994.
Inglis, K. S., "WAR MEMORIALS: TEN QUESTIONS FOR HISTORIANS," *Guerres mondiales et conflits contemporains*, No. 167, Les Monuments Auxmorts de la Premiere Guerre Mondiale, Presses Universitaires de France, 1992, pp. 5–21.
Inouye, D. K., "Restoration of Traditional Day of Observance of Memorial Day", Congressional Record, Part 10, United States Government Printing Office, 1999, p. S621.
Juergensmeyer, M., *The New Cold War?: Religious Nationalism Confronts the Secular State*, University of California Press, 1994.（M・K・ユルゲンスマイヤー『ナショナ

リズムの世俗性と宗教性』阿部美哉訳，玉川大学出版会，1995 年。)

King, A., *Memorials of the Great War in Britain: The Symbolism and Politics of Remembrance*, BERG, 1998.

Kipling, R., The Gardener, Kokusho Kankokai editore, *KIPLING: The Wish House, La Biblioteca di Babele: collana di letture fantastiche diretta da Jorge Borges*, Kokusho Kankokai, 1991.

Kohn, H., *The Idea of Nationalism: A Study in Its Origin and Background*, Macmillan, 1945.

Kohn, H., *Nationalism: Its Meaning and History* (revised), Krieger, 1982=1965.

Lefebvre, H., *The Production of Space*, *trans.* by Nicholson-Smith, D., Blackwell, 1991. (アンリ・ルフェーヴル『空間の生産』斎藤日出治訳，青木書店，2000 年。)

Linenthal, E. T., *Sacred Ground: Americans and Their Battlefields*, 2nd Ed., University of Illinois Press, 1993.

Lloyd, D. W., *Battlefield Tourism: Pilgrimage and the Commemoration of the Great War in Britain, Australia and Canada*, 1919-1939, Berg, 1998.

Lukes, S., "Political Ritual and Social Integration", in Lukes, S., *Essays in Social Theory*, London, 1977.

Lutyens, Mary and J. Krishnamurti, *The Years of Fulfilment*, Farrar Straus Giroux, 1983.

Lutyens, Mary, *The Life and Death of Krishnamurti*, Krishnamurti Foundation Trust, 2003. (メアリー・ルティエンス『クリシュナムルティの生と死』大野純一訳，コスモスライブラリー，2007 年。)

MacLeod, J., "Memorials and Location: Local versus National Identity and the Scottish National WarMemorial", *The Scottish Historical Review*, Vol. 89, No. 227, Part 1, 2010, Edinburgh University Press, pp. 73-95.

Marvin, C. and D. W. Ingle, *Blood Sacrifice and the Nation: Totem Rituals and the American Flags*, Cambridge University Press, 1999.

Mayo, J. M., *War Memorials as Political Landscape*, Praeger, 1988.

Mikalachki, J., *Boadicea: Gender and Nation in early Modern England*, Routledge, 1998.

Moriarty, C., "The national inventory of war memorials", *The Local Historian*, Vol. 20, No. 3, 1990.

Moriaty, C., "Christian Iconography and First World War Memorials," *Imperial War Museum Review*, Vol. 6, 1992.

Mosse, G. L., "National Cemeteries and National Revival: The Cult of the Fallen Soldiers in Germany", *Journal of Contemporary History*, Vol. 14, SAGE, 1979, pp. 1-20.

Mosse, G. L., *Fallen soldiers: reshaping the memory of the world wars*, Oxford University Press, 1991. (邦訳：ジョージ・L・モッセ『英霊――創られた世界大戦の記憶』宮武

実知子訳，柏書房，2002 年。）
Neal, A. G., *National Trauma and Collective Memory: Major Events in the American Century*, M. E. Sharpe, 1998.
Nelson, G. K., *Spiritualism and Society*, Routledge Revivals, 1969=2014.
Neville, G., *Radical Churchman: Edward Lee Hicks and the New Liberalism*, Clarendon Press, 1998.
Nordhaus, W. D., "The Economic Consequences of a War with Iraq", in *War with Iraq: Costs, Consequences, and Alternatives*, American Academy of Arts & Sciences, Committee on International Security Studies, 2002.
Olick, J. K., "Genre Memories and Memory Genres: A Dialogical Analysis of May 8, 1945 Commemorations in the Federal Republic of Germany", *American Sociological Review*, 1999.
Olick, J. K., "Collective Memory: The Two Cultures", *Sociological Theory*, 17: 3, November, 1999.
Olick, J. K., V. Vinitzky-Seroussi and D. Levy (eds.), *The Collective Memory Reader*, Oxford University Press, 2011.
Rainbird, P., "Representing nation, dividing community: the Broken Hill War Memorial, New South Wales, Australia," *World Archaeology*, Vol. 35, No. 1, Social Commemoration of Warfare, 2003, pp. 22–34.
Renan, E., *Qu'est-ce qu'une nation?*, Calmann Lévy, 1882.
Richardson, H., "Civil Religion in Theological Perspective", Russell, E. R. and D. G. Jones (eds.), *American Civil Religion*, Harper & Row, 1974.
Richey, R. E. and D. G. Jones, "The Civil Religion Debate," in Richey, R. E. and D. G. Jones (eds.), *American Civil Religion*, Harper & Row, 1974.
Rose, N., *Governing the soul: The shaping of the private self*, Routledge, 1990.
Rubin, D., "Oral Traditions as Collective Memories: Implications for a General Theory of Individual and Collective Memory", in Boyer, P. and J. Wertsch (eds.), *Memory in Mind and Culture*, Cambridge University Press, 2009.
Scotland, N., *A Pocket Guide to Sects and New Religions*, Lion Books, 2005.
Shils, E. and M. Young, "The Meaning of the Coronation", *Sociological Review*, 1953.
Shils, E., *Center and Periphery: Essays in Macro-sociology*, The University of Chicago Press, 1974.
Shils, E., *Tradition*, The University of Chicago Press, 1981.
Shils, E., *The Constitution of Society*, The University of Chicago Press, 1982.
Skelton, T. and G. Gliddon, *Lutyens and the Great War*, London: France Lincoln ltd., 2008.
Smart, N., *The World's Religions*, 2nd Ed., Cambridge University Press, 1992.（ニニア

ン・スマート『世界の諸宗教Ⅰ・Ⅱ』阿部美哉訳，1999年，教文館，および『世界の諸宗教Ⅱ』石井研士訳，教文館，2002年。）

Smith, A. D., *The Ethnic Origins of Nations*, Blackwell, 1986.（アントニー・D・スミス『ネイションとエスニシティ――歴史社会学的考察』巣山靖司他訳，名古屋大学出版会，1999年。）

Smith, M., "The War and British Culture," in Constantin, S., M. W. Kirby and M. B. Rose (eds.), *The First World War in British History*, Edward Arnold, 1995.

South Africa Yesterday, *Reader's Digest Association South Africa*, 1981.

Spillman, L., *Nation and Commemoration: Creating national identities in the United States and Australia*, Cambridge UniversityPress, 1997.

Stamp, G., "Introduction," in Garfield, J., *The Fallen: A photographic journey through the war cemeteries and memorials of the Great War*, 1914-18, Leo Cooper, 1990.

Wilson, S. (ed.), *Saints and their cults: Studies in Religious Sociology, Folklore and History*, Cambridge University Press, 1983.

Wolf, W. J., *The Religion of Abraham Lincoln*, Seabury Press, 1963.

Tarlow, S., *Bereavement and Commemoration: An Archaeology of Mortality*, Blackwell, 1999.

The National Cemetery Administration, *Fact Sheet*, Department of Veterans Affair, 2005.

Trigg, J., "Memory and Memorial: A Study of Official and Military Commemoration of the Dead, and Family and Community Memory in Essex and East London", in Pollard, T. and I. Bank (eds.), *Scorched Earth: Studies in the Archaeology of Conflict*, Brill, 2008.

United States Congress Senate Committee, *Preserving Sacred Ground: Should Capital Offenders Be Buried in America's National Cemeteries?*, Bibliogov, 2010.

Walter, T., "War Grave Pilgrimage", Reader, I. and T. Walter (eds.), *Pilgrimage in Popular Culture*, Macmillan, 1993.

Warner, W. L., *American Life: Dream and Reality*, University of Chicago Press, 1953.

Warner, W. L., *The Living and theDead: A Study of the Symbolic Life of Americans*, Yale University Press, 1959.

Warner, W. L., "An American Sacred Ceremony," in Richey, E. R. and D. G. Jones, *American Civil Religion*, Harper & Row, 1974.

Wertsch, J. V., *Voices of Collective Remembering*, Cambridge University Press, 2002.

Wilkinson, A., "Searching for Meaning in Time of War: Theological Themes in First World War Literature", *The Modern Churchman*, Vol. 27, 1985.

Wilkinson, A., "Changing English Attitudes to Death in the Two World Wars," in Jupp, P. C. and G. Howarth (eds.), *The Changing Face of Death: Historical Accounts of Death*

and Disposal, Macmillan, 1997.
Winter, J., *Sites of Memory, Sites of Mourning: The Great War in European Cultural History*, Cambridge University Press, 1998 (Canto edition).
Yoshinaga Shin'ichi, Suzuki Daisetsu and Swedenborg, Hayashi, M., Otani, E. and Swanson, P. (eds.), *Modern Buddhism in Japan*, Nanzan Institute for Religion and Culture, 2014.

邦訳文献

A・アスマン『記憶のなかの歴史——個人的経験から公的演出へ』磯崎康太郎訳，松籟社，2011 年。
M・アルヴァックス『集合的記憶』小関藤一郎訳，行路社，1999 年。(Halbwachs, M., *On Collective Memory*, translated from French by Coser, L. A., The University of Chicago Press, 1992 (=1952)).
B・R・アンダーソン『言葉と権力——インドネシアの政治文化探求』中島成久訳，日本エディタースクール出版部，1995 年。(Benedict R. O'G. Anderson, *Language and Power: Exploring Political Cultures in Indonesia*, Cornell University Press, 1990.)
H・ベルクソン『物質と記憶』合田正人・松本力訳，ちくま学芸文庫，2007 年。(Bergson, H., *Matière et Mémoire*, Presses universitaires de France, 1896.)
W・ベンヤミン『複製技術時代の芸術』佐々木基一訳，晶文社，1999 年。(Benjamin, W., *Das Kunstwerk im Zeitalter seiner technischen Reproduzierbarkeit: Drei Studien zur Kunstsoziologie*, Suhrkamp, 1963.)
W・H・マクニール『戦争の世界史——技術と軍隊と社会』高橋均訳，中央公論新社，2014 年。(McNeill, W. H., *The Pursuit of Power: Technology, Armed Force, and Society since A. D. 1000*, University of Chicago Press, 1984.)
M・ウェーバー『権力と支配』濱島朗訳，みすず書房，1954 年。(Weber, M., *Die Typen der Herrschaft, Wirtschaft und Gesellschaft, Grundriss der verstehenden Soziologie*, Mohr Siebeck, 2002=1922.)
M・ウェーバー『支配の諸類型』世良晃志郎訳，創文社，1970 年。(Weber, M., *Die Typen der Herrschaft, Wirtschaft und Gesellschaft, Grundriss der verstehenden Soziologie*, Mohr Siebeck, 2002=1922.)
M・ヴェーバー『社会学の根本概念』清水幾太郎訳，岩波文庫，1972 年。(Weber, M., *Soziologische Grundbegriffe*, Utb Gmbh, 1984=1921.)
M・ウェーバー『マックス・ウェーバーⅡ』大久保和郎訳，みすず書房，1965 年。(Weber, Marianne, *Max Weber: Ein Lebensbild*, Mohr Siebeck, 1984.)
R・エルツ『右手の優越——宗教的両極性の研究』吉田禎吾・内藤莞爾訳，垣内出版，1985 年。(Hertz, R., "Contribution a une etude sur la representation collective de la

mort," in *Annee sociologique*, 1re serie, t. X, 1907. および "La Preeminence de la main drote", in *Revue philosophique*, XXXIV, 1909.)

J・L・オースティン『言語と行為』坂本百大訳，大修館書店，1978年。(Austin, J. L, *How to Do Things with Words*, Oxford University Press, 1962.)

J・オッペンハイム『英国心霊主義の抬頭』和田芳久訳，工作舎，1992年。(Oppenheim, J., *The Other World: Spiritualism and Psychical Research in England 1850–1914*, Cambridge University Press, 1988.)

E・カッシーラー『国家の神話』宮田光雄訳，創文社，1960年。(Cassirer, E., *The Myth of the State*, Yale University Press, 1961.)

A・ギデンズ『社会理論の最前線』友枝敏雄他訳，ハーヴェスト社，1989年。(Giddens, A., *Central Problems in Social Theory: Action, Structure, and Contradiction in Social Analysis*, University of California Press, 1979.)

D・キャナダイン「儀礼のコンテクスト，パフォーマンス，そして意味――英国君主制と『伝統の創出』，1820–1977年」E・ホブズボウム／T・レンジャー編『創られた伝統』前川啓治他訳，紀伊国屋書店，1992年，163–258頁。(Hobsbawm, E. and T. Ranger (eds.), Invention of Tradition, Cambridge University Press, 1992=1983.)

L・A・コーザー『社会闘争の機能』新睦人訳，新曜社，1978年。(Coser, L., *The Functions of Social Conflict*, Free Press, 1964=1956.)

P・コナトン『社会はいかに記憶するか』芦刈美紀子訳，2011年，新曜社。(Connerton, P., *How Societies Remember*, Cambridge University Press, 1989.)

J・R・サール『言語行為――言語哲学への試論』坂本百大・土屋俊訳，勁草書房，1986年。(Searle, J. R., *Speech Acts: Essays in the Philosophy of Language*, Cambridge University Press, 1969.)

D・スペルベル『表象は感染する――文化への自然主義的アプローチ』菅野盾樹訳，新曜社，2001年。(Sperber, D., *Explaining Culture: A Naturalistic Approach*, Blackwell, 1996.)

M・デ・セルバンテス『ペルシーレスとシヒスムンダの苦難』荻内勝之訳，国書刊行会，1980年。

E・デュルケム『宗教生活の原初形態(上・下)』古野清人訳，岩波文庫，改訳版，1975年。(Durkheim, É., *Les Formes élémentaires de la Vie religieuse, Le Système totémique en Australie*, Les Presses Unversitaires de France, 1968.)

M・ド・セルトー『日常的実践のポイエティーク』山田登世子訳，国文社，1987年。(de Certeau, M., *L'Invention du quotidien, 1, Arts de faire*, U. G. E., coll. 10/18, 1980.)

M・ド・セルトー『文化の政治学』山田登世子訳，岩波書店，1990年。(de Certeau, M., *La culture aupluriel*, Seuil, 1980=1993.)

R・ドーキンス『利己的な遺伝子――生物＝生存機械論』日高敏隆他訳，増補改題版，紀

伊國屋書店，1991年。（Dawkins, R., *The Selfish Gene*, Oxford University Press, 1989.）
E・トンプソン『近代スピリチュアリズム百年史　その歴史と思想のテキスト』桑原啓善訳，2011年，でくのぼう出版。（Thompson, E., *The History of Modern Spiritualism (1848-1948)*, unknown, 1948.）
R・V・ピラード／ロバート・D・リンダー『アメリカの市民宗教と大統領』堀内和史他訳，2003年，麗澤大学出版会。（Pierard, R. V. and Robert D. Linder, *Civil Religion and the Presidency*, Zondervan, 1988.）
G・ファン・デル・レーウ『宗教現象学入門』田丸徳善・大竹みよ子訳，東京大学出版会，1979年。（van der Leeuw, G., *Einführung in die Phänomenologie der Religion*, Gütersloher Verlagshaus Gerd Mohn, 1961.）
M・フーコー「作者とは何か」根本美作子訳，ミシェル・フーコー『ミシェル・フーコー思考集成3　歴史学・系譜学・考古学』蓮實重彦他監修，1999年，223-266頁。
M・フーコー「劇場としての哲学」蓮實重彦訳，ミシェル・フーコー同前，396-428頁。
M・フーコー「ニーチェ，系譜学，歴史」伊藤晃訳，ミシェル・フーコー同前，11-38頁。
K・E・フット『記念碑の語るアメリカ――暴力と追悼の風景』和田光弘他訳，名古屋大学出版会，2002年。（Foote, K. E., *Shadowed Ground: American's Landscapes of Violence and Tragedy*, The University of Texas Press, 1997.）
P・ブルデュ『実践感覚Ⅰ』今村仁司・港道隆訳，みすず書房，1988年。（Bourdieu, P., *Le Sens Pratique, Les Editions de Minuit*, Paris, 1980.）
P・ボイヤー『神はなぜいるのか？』鈴木光太郎・中村潔訳，NTT出版，2008年。（Boyer, P., *Religion Explained: The Human Instincts that Fashion Gods, Spirits and Ancestors*, Vintage, 2002.）
J・ボドナー『鎮魂と祝祭のアメリカ――歴史の記憶と愛国主義』野村達朗他訳，青木書店，1997年。（Bodnar, J., *Remaking America: Public Memory, Commemoration, and Patriotism in the Twentieth Century*, Princeton University Press, 1993.）
E・ホブズボウム・T・レンジャー（編）『創られた伝統』前川啓治他訳，紀伊国屋書店，1992年。（Hobsbawm, E. and T. Ranger (eds.), *Invention of Tradition*, Cambridge University Press, 1992=1983.）
W・R・ミード『神と黄金――イギリス，アメリカはなぜ近現代世界を支配できたのか』寺下滝郎訳，青灯社，2014年。（Mead, W. R., *God and Gold: Britain, America and the Making of the Modern World*, Alfred A. Knopf, 2007.）
P・メトカーフ，R・ハンティントン，『死の儀礼――葬送習俗の人類学的研究（第2版）』池上良正・池上冨美子訳，1996年，未来社。（Metcalf, P. and R. Huntington, *Celebrations of Death: The Anthropology of Mortuary Rituals*, 2nd Ed., Cambridge University Press, 1992）

メルロ＝ポンティ『知覚の現象学』中島盛夫訳，法政大学出版局，1982 年。(Merleau-Ponty, M., *La phenomenologie de la perception*, Gallimard, 1945.)
G・ライル『心の概念』坂本百大・井上治子・服部裕幸訳，みすず書房，1987 年。(Ryle, G., *The Concept of Mind*, Routledge, 2009=1949.)
E・ルナン，J・G・フィヒテ，J・ロマン，E・バリバール『国民とは何か』鵜飼哲他訳，インスクリプト，1997 年。
J・V・ワーチ『行為としての心』佐藤公治他訳，北大路書房，2002 年。(Wertsch, J. V., *Mind as Action*, Oxford University Press, 1998.)

日本語文献

赤田光男『祖霊信仰と他界観』人文書院，1986 年。

浅野和三郎「心霊講座」1940(昭和 15)年 3 月 1 日発行，潮文社。

阿部安成(他編)『記憶のかたち――コメモレイションの文化史』柏書房，1999 年。

粟津賢太「近代日本のナショナリズムと天皇制」中野毅・飯田剛史・山中弘(編)『宗教とナショナリズム』世界思想社，1997 年。

粟津賢太「戦没者慰霊と集合的記憶」『日本史研究』501 号，2004 年。

粟津賢太「集合的記憶のポリティクス――沖縄におけるアジア太平洋戦争後の戦没者記念施設を中心に」『国立歴史民俗博物館研究報告特集号――近代日本の兵士に関する諸問題』vol. 126，2006 年。

粟津賢太「集合的記憶のエージェンシー――集合的記憶の社会学構築のために」『国立歴史民俗博物館研究報告』第 147 号，2008 年。

井門富士夫(編)『アメリカの宗教伝統と文化』大明堂，1992 年。

池田光穂「民族医療の領有について」『民族学研究』67 巻 3 号，2002 年，p.309-327。

石井研堂『明治事物起源――第一編人事部』ちくま学芸文庫，1997 年。

石田雄『近代日本の政治文化と言語象徴』東京大学出版会，1983 年。

石田雄『記憶と忘却の政治学――同化政策・戦争責任・集合的記憶』明石書店，2000 年。

伊東一郎「聖ゲオルギウスの変容――ブルガリアの伝承と儀礼より」青木保・黒田悦子(共編)『儀礼――文化と形式的行動』東京大学出版会，1988 年。

稲田雅洋『日本近代社会成立期の民衆運動――困民党研究序説』筑摩書房，1990 年。

井上順孝・島薗進(共編)『新しい追悼施設は必要か』ぺりかん社，2004 年。

井上雅道「当事者の共同体，権力，市民の公共空間――流用論の新しい階梯と沖縄基地問題」『民族学研究』68 巻 4 号，2004 年，p.534-554。

井之口章次「魂よばひ」『民俗学研究』第三輯，1952 年。

今井昭彦「群馬県における戦没者慰霊施設の展開」『常民文化』第 10 号，1987 年。

今井昭彦「戊辰戦役における戦死者の処理と慰霊活動について」『社会科研究集録』第 30 号，1994 年，p.62-64。

今井昭彦「上野彰義隊と函館碧血碑」『ビエネス』第一号，1995 年，p.36-44。

今井昭彦『近代日本と戦死者祭祀』東洋書林，2005 年。

今井昭彦『反政府軍戦没者の慰霊』御茶の水書房，2013 年。

岩田重則『戦死者霊魂のゆくえ——戦争と民俗』吉川弘文館，2003 年。

海野福寿・大島美津子『家と村(日本近代思想大系)』岩波書店，1989 年。

大田昌秀『沖縄　平和の礎』岩波新書，1996 年。

大田昌秀『沖縄の帝王　高等弁務官』朝日文庫，1996 年。

太田好信『トランスポジションの思想——文化人類学の再想像』世界思想社，1998 年。

大濱徹也「『英霊』崇拝と天皇制」田丸徳善・村岡空・宮田登(共編)『日本人の宗教 3　近代との邂逅』佼成出版社，1973 年。

大原康男『忠魂碑の研究』暁書房，1989 年。

沖縄県『沖縄の慰霊塔・碑』沖縄県生活福祉部援護課，1998 年。

沖縄県生活福祉部援護課『沖縄援護のあゆみ』1996 年。

沖縄タイムス社編『沖縄戦記——鉄の暴風』沖縄タイムス社，［1950］2001 年。

籠谷次郎「市町村の忠魂碑・忠霊塔について——靖国問題によせて」『歴史評論』292 号，1974 年，p.49-71。

籠谷次郎「戦没者碑と『忠魂碑』——ある忠魂碑訴訟によせて」『歴史評論』406 号，1984 年。

神島二郎『近代日本の精神構造』岩波書店，1961 年。

上平泰博・田中治彦・中島純『少年団の歴史——戦前のボーイ・スカウト・学校少年団』萌文社，1996 年。

川端康成「抒情歌」『川端康成集』新潮社，1968 年。

北村毅「戦死者へ／との旅——沖縄戦跡巡礼における〈遺族のコミュニタス〉」『人間科学研究』18-2，2005 年。

金光教沖縄遺骨収集記録『命どう宝』，金光教沖縄遺骨収集運営委員会編，2005 年。

宮内庁編『昭和天皇実録　第三』東京書籍，2015 年。

小池壮彦『心霊写真』宝島社新書，2000 年。

厚生省編『引き揚げ援護三十年の歩み』ぎょうせい，1978 年。

厚生省援護局『引揚げと援護三十年の歩み』ぎょうせい，1977 年。

越澤明『満州国の首都計画』ちくま学芸文庫，2002 年。

越澤明『哈爾浜の都市計画』ちくま学芸文庫，2004 年。

小関隆『徴兵制と良心的兵役拒否——イギリスの第一次世界大戦経験』人文書院，2010 年。

近藤光博「宗教復興と世俗的近代」国際宗教研究所編『現代宗教 2005』東京堂出版，p.83-105，2005 年。

財団法人沖縄県遺族連合会編『還らぬ人とともに——沖縄県遺族連合会三十周年記念誌』

1982年。

財団法人沖縄県遺族連合会編『いととせ』2005年。

財団法人大日本忠霊顕彰会『内地向小型忠霊塔建設仕様書(無鐵筋)』埼玉県立公文書館所蔵。

斎藤吉久「黙祷　死者に捧げる無宗教儀礼の一考察：戦前も戦後も宗教を理解できない日本の知識人たち」『正論』平成18年2月号。

阪下朝一「『少年団』と『少年団日本連盟』——組織と活動の研究」『日本大学大学院総合社会情報研究科紀要』第4号，2003年，p.1-13。

櫻井德太郎「支那事變の本義と忠靈顕彰」『時局雜誌』7月号，1942年，p.36-41。

桜井徳太郎『霊魂観の系譜』講談社学術文庫，1989年。

神社新報政教研究室編「英霊公葬問題」『増補改訂　近代神社神道史』神社新報社，1986年，p.174-185。

鈴木貞美(編)『大正生命主義と現代』河出書房新社，1995年。

鈴木有郷『アブラハム・リンカンの生涯と信仰』教文館，1985年。

戦争遺跡保存全国ネットワーク編著『日本の戦争遺跡』平凡社新書，2004年。

大東塾三十年史編纂委員会(編)『大東塾三十年史』大東塾出版部，1972年。

田中丸勝彦「『英霊』の発見」関一敏(編)『民俗のことば』朝倉書店，1998年。

谷川稔「社会史の万華鏡——『記憶の場』の読み方・読まれ方」『思想』No・911，p.4-12，2000年。

地方部残務整理委員会編纂係(編)『満鉄附属地経営沿革全史』南満州鉄道株式会社，1939=1977年。

土田宏『リンカン——神になった男の功罪』彩流社，2009年。

土屋喬雄・小野道雄(編)『明治初年農民騒擾録』勁草書房，1953年。

土居浩「金光教沖縄遺骨収集奉仕関連年表」日本宗教学会第六七回学術大会パネル「現代日本の戦死者慰霊——慰霊の現場から視えるもの」配布資料，2008年，於筑波大学。

冨山一郎『戦場の記憶』日本経済評論社，1995年。

内藤葉子「マックス・ヴェーバーにおける国家観の変化——暴力と無暴力の狭間」(1)・(2完)『法学雑誌』47巻，大阪市立大学，2000年，1号p.116-158，2号p.340-365。

中島岳志『ナショナリズムと宗教——現代インドのヒンドゥー・ナショナリズム運動』春風社，2005年。

長友安隆「戦時下神道界の一様相——従軍神職と英霊公葬運動を中心として」『明治聖徳記念学会紀要』復刊第34号，2001年，p.55-88。

中野毅『宗教の復権——グローバリゼーション・カルト論争・ナショナリズム』東京堂出版，2002年。

中山郁「海外慰霊巡拝覚書き——千葉県・栃木県　護国神社主催，「東部ニューギニア慰霊巡拝」の事例から」國學院大學研究開発推進センター編『招魂と慰霊の系譜』國學

院大學研究開発推進センター，2013 年，p.216-264。

新見宏訳「ベン・シラ　シラの子イエスの知恵」関根正雄(編)『旧約聖書外典(上)』講談社文芸文庫，1998 年，p.240-243。

西村明「遺骨収集・戦地訪問と戦死者遺族—死者と生者の時——空間的隔たりに注目して」『昭和のくらし研究』6，2008 年，昭和館，p.39-52。

西村明「遺骨収集・戦没地慰霊と仏教者たち—昭和二七,八年の『中外日報』から」京都仏教会監修，洗建・田中滋編『国家と宗教——宗教から見る近現代日本(下)』法藏館，2008 年，p.31-57。

西村明『戦後日本と戦争死者慰霊——シズメとフルイのダイナミズム』有志社，2006 年。

新田浩司「アメリカ合衆国における国旗に対する忠誠の誓いの法的問題について」『地域政策研究』第 7 巻第 2 号，高崎経済大学地域政策学会，2004 年，p.1-16。

新渡戸稲造『武士道』(改訂版)矢内原忠雄訳，岩波書店，1974 年。

羽賀祥二「戦病死者の葬送と招魂——日清戦争を例として」『名古屋大学文学部研究論集．史学』137 号，名古屋大学文学部，2000 年。

橋川文三『ナショナリズム——その神話と論理』紀伊国屋書店，[1968] 1994 年。

橋本槇矩「解説」，ラドヤード・キプリング『キプリング短篇集』橋本槇矩編訳，岩波文庫，1995 年。

浜野志保「初期心霊写真小論　マムラーからホープまで」『英米文化』35，英米文化学会，2005 年，p.55-73。

原田敬一『国民軍の神話——兵士になるということ』吉川弘文館，2001 年。

深澤一幸『鑑賞　中国の古典　唐詩三百首』角川書店，1989 年。

藤田大誠「近現代神道史の一齣　英霊公葬問題と神職　其の壱〜参」『神社新報』第 3223，3224，3225 号，2014 年。

藤田大誠「近代神職の葬儀関与をめぐる論議と仏式公葬批判」『國學院大學研究開発推進センター研究紀要』第 8 号，國學院大學研究開発推進センター，2014 年，p.89-124。

T・フジタニ「思想の言葉」『思想』(パブリック・メモリー特集号)，No・890，1998 年，p.2-4。

藤本龍児『アメリカの公共宗教——多元社会における精神性』エヌティティ出版，2009 年。

藤原帰一『戦争を記憶する——広島・ホロコーストと現在』講談社現代新書，2001 年。

細谷千博「総説」，細谷千博・入江昭・大芝亮編『記憶としてのパールハーバー』ミネルヴァ書房，2004 年，p.1-12。

丸山宏『近代日本公園史の研究』思文閣出版，1994 年。

宮田登「家の神，村の神と国の神——民俗学からみた『靖国』」『伝統と現代』第 79 号，伝統と現代社，1984 年，p.163-172。

村上重良『天皇制国家と宗教』日本評論社，1986 年。

参考文献一覧

森孝一『宗教からよむ「アメリカ」』講談社，1996 年。

森孝一『「ジョージ・ブッシュ」のアタマの中身――アメリカ「超保守派」の世界観』講談社，2003 年。

森岡清美・今井昭彦「告示殉難戦没者，とくに反政府軍戦死者の慰霊実態(調査報告)」『成城文芸』1982 年，p.1-37。

森岡清美『集落神社と国家統制』吉川弘文館，1987 年。

森岡清美『決死の世代と遺書――太平洋戦争末期の若者の生と死(補訂版)』吉川弘文館，1993 年。

テッサ・モーリス＝鈴木『辺境から眺める――アイヌが経験する近代』大川正彦訳，みすず書房，2000 年。

テッサ・モーリス＝鈴木「グローバルな記憶・ナショナルな記述」『思想』(パブリック・メモリー特集号)，No・890，1998 年，p.35-56。

安川晴基「文化的記憶のコンセプトについて――訳者あとがきに代えて」アライダ・アスマン『想起の空間――文化的記憶の形態と変遷』安川晴基訳，水声社，2007 年，p.555-575。

靖国神社監修・所功(編)『ようこそ靖国神社へ』近代出版社，2000 年。

柳田国男「先祖の話」『柳田国男全集』第 15 巻，筑摩書房，1988 年。

柳田国男「人を神に祀る風習」『柳田国男全集　第 13 巻』ちくま文庫，1990 年，p.644-680。

矢野音三郎「序」財団法人忠靈顕彰會編『滿洲戰蹟巡禮』財団法人忠靈顕彰會，1939 年。

山中弘「英国における宗教と国家的アイデンティティ」中野毅・飯田剛史・山中弘(編)『宗教とナショナリズム』世界思想社，1997 年。

横山正「記念碑」『大百科事典』平凡社。

横山篤夫『戦時下の社会――大阪の一隅から』岩田書院，2001 年。

吉野耕作『文化ナショナリズムの社会学――現代日本のアイデンティティの行方』名古屋大学出版会，1997 年。

吉村正和『心霊の文化史　スピリチュアルな英国近代』河出書房新社，2010 年。

米谷園江「ミシェル・フーコーの統治性研究」『思想』870 号，1996 年，p.77-105。

米山俊直「ヤンキー・シティとはどんなところか」月刊みんぱく(編)『世界の民族』河出書房新社，1996 年，p.201-202。

寄居町教育委員会町史編さん室(編)『寄居町史　近・現代資料編』寄居町教育委員会，1987 年。

若尾祐司・羽賀祥二『記録と記憶の比較文化史』名古屋大学出版会，2005 年。

若桑みどり『イメージの歴史』放送大学教育振興会，2000 年。